판단하지 않는 힘

판단하지 않는 힘
나한테 너그럽고 남에게 엄격한 사람을 위한 심리학

초판 1쇄 펴낸날 2019년 12월 30일
초판 2쇄 펴낸날 2020년 3월 10일

지은이 대니얼 스탤더
옮긴이 정지인
펴낸이 이건복
펴낸곳 도서출판 동녘

전무 정낙윤
주간 곽종구
책임편집 정경윤
편집 구형민 박소연
마케팅 권지원
관리 서숙희 이주원

인쇄·제본 영신사 **라미네이팅** 북웨어 **종이** 한서지업사

등록 제311-1980-01호 1980년 3월 25일
주소 (10881) 경기도 파주시 회동길 77-26
전화 영업 031-955-3000 편집 031-955-3005 **전송** 031-955-3009
블로그 www.dongnyok.com **전자우편** editor@dongnyok.com

ISBN 978-89-7297-949-4 03180

- 잘못 만들어진 책은 바꿔드립니다.
- 책값은 뒤표지에 쓰여 있습니다.
- 이 도서의 국립중앙도서관 출판시도서목록(CIP)은 서지정보유통지원시스템 홈페이지(http://seoji.nl.go.kr)와
  국가자료공동목록시스템(http://www.nl.go.kr/kolisnet)에서 이용하실 수 있습니다.(CIP제어번호: CIP2019046374)

판단하지않는힘

대니얼 스탤더 지음

정지인 옮김

Good Bad

THE POWER OF
CONTEXT

동녘

차례

일러두기

1. 단행본, 학술지, 잡지, 일간지 등은 《 》 안에, 논문, 방송 프로그램, 영화 등은 〈 〉 안에 넣어 표기했습니다.
2. 본문의 각주는 옮긴이 주입니다.

들어가는 글

사회적 판단과 오류

판단하지 마라, 그러면 오판할 일은 절대 없다.
-장 자크 루소Jean Jacques Rousseau(철학자)

실수하는 존재가 인간이다.
-알렉산더 포프Alexander Pope(시인)

지금은 오류를 연구하기에 아주 좋은 시대다.
-데이비드 브룩스David Brooks(《뉴욕 타임스》논평 기고가)

꼭 미친 사람만 미친 짓을 하는 것은 아니다.
-엘리엇 애런슨Elliot Aronson(《인간, 사회적 동물》의 저자)

다른 사람들의 행동은 그렇게 행동하도록 만든 끈덕진 신념과 욕망의
결과라고 가정하기 쉽다. 반면 그들이 일시적으로 처한 상황이
그 행동에 놀랄 만큼 강력한 영향을 끼쳤을 가능성을 고려하기란 매우 어렵다.
다른 사람들을 관찰할 때 우리는 늘 그 쉬운 생각을 하고, 어려운 생각은
이따금씩만 한다. 나중에 어떤 식으로 설명하든 간에, 분명한 건 이 사소한
사실이 우리가 그토록 자주 서로를 오판하는 이유 중 하나라는 것이다.
-대니얼 길버트, 브렛 펠럼, 더글러스 크럴
(《좋은 아이디어의 심리학The Psychology of Good Ideas》에서)

우리는 사람들과 더불어 살아가면서 늘 서로를 판단한다. 사회적 판단을 하는 것이다. '판단'을 음흉한 단어라고 생각할지도 모르겠지만, 우리는 때때로 판단을 내려야만 한다.

누군가 당신이 마음에 든다며 커피를 한 잔 하자거나 영화를 보자고 데이트 신청을 했을 때, 사귀는 사람이 없다면 당신은 그 사람에 대한 생각이 어떤지 결정해야 한다. 그 사람을 판단해야 하는 것이다. 어느 시점에는 좋거나 싫다고 직접 말하거나, 우회적으로 싫다는 의사를 표현하거나, 어떤 식으로든 의견을 전달해야 한다. 판단을 한다고 해서 나쁜 사람이 되는 건 아니다. 사회적 판단이 반드시 부정적이거나 확실할 필요도 없다. 시험 삼아 한번 만나볼 수도 있다. 일단 데이트를 하고 나서 어떤지 생각해보는 것이다. 어쨌든 데이트 신청일 뿐 청혼은 아니니까 말이다. 그러나 누군가의 청혼을 받았다면 그 사람에 대해 어떻게 생각하는지 제대로 판단해야 한다. 청혼의 경우, 첫 번째 데이트 신청 때에 비해 확실히 판단하는 게 더 바람직하다.

투표권을 행사하기로 결심했다면 출마한 사람들에 대해 판단을 내려야 한다. 후보들에 대한 뉴스와 연설을 듣고 그들에 관한 글을 읽은 뒤 정보에 근거한 판단을 내릴 수도 있고, 육감에 따라 판단할 수도 있다. 우리 대부분은 실제로는 육감을 따르면서도 정보에 근거한 판단을 내린다고 생각한다.[1]

배심원들은 피고를 판단해야 하고, 면접관들은 구직자를 판단해야 한다. 교사들은 학생들을 판단해야 하고, 〈프로젝트 런웨이Project Runway〉에 출연한 유명인들은 디자이너들을 판단해야 한다. 물론 이런 판단을 할 때 대상자의 모든 측면을 판단해야 하는 것은 아니다. 배심원들은 피고에게 범죄 동기가 있었는지 여부만 판단하면 될 뿐 유쾌한 데이트 상대일지 아닐지는 판단할 필요가 없다. 교사는 학생이 해당 수업에서 얼마나 배웠는가를 판단하면 되지 얼마나 외향적인지는 판단하지 않아도 된다. 흔히 우리는 자기도 모르게 자신의 판단 영역을 벗어나는 판단까지 내린다. 교사들은 학생들에 대해 다양한 의견이 있고, 학생들 역시 교사들에 대해 그렇다.

이 책이 전하는 한 가지 메시지는 어떤 영역에서든 우리가 서로를 판단한다는 사실이다. 판단해야 하기 때문에 판단할 때도 있다. 나머지 경우에는 그냥 판단을 해버린다. 나는 판단을 멈추라고 이 책을 쓰는 것이 아니다. 판단하기는 인간으로 살아가는 일의 한 부분이지만, 어떤 이들은 다른 이들보다 더 자주 판단하고, 어떤 판단들은 다른 판단들보다 더 중대한 결과들을 초래한다.

사회적 판단을 다루는 사회심리학의 한 분야로 귀인이론attribution theory이 있다. 귀인歸因, 즉 원인을 어딘가로 돌리는 것은 누군가의 행동이나 어떤 일의 결과에 대한 설명이며, 많은 사회적 판단에서 한 부분을 차지한다. 귀인은 어떤 행동이나 결과가 **왜** 일어났는지에 관한 것이다. 이 책은 귀인이론을 구체적으로 풀어내면서 우리가 원인을 어딘가로 돌릴 때 저지르는 실수들을 다룬다. 어떤 사람이 특정 행동을 하거나 특정 결과에 이르게 된 **이유**를 오해할 경우, 그 행동이나 결과에 근거해 사람을 정확하게 판단하기가 매우 어려워진다.

짐머만은 왜 마틴을 쏘았을까

사회적 판단이 신중한 숙고와 풍부한 정보를 바탕으로 내려질 때도 있다. 하지만 대부분은 깊은 생각 없이, 극소량의 정보만으로 아주 신속히(때로는 맬컴 글래드웰Malcolm Gladwell의 표현처럼 '눈 깜빡임blink의 속도'로) 내려진다. 이런 상황에서는 오류가 생길 가능성이 크다. 무엇보다 대부분의 사회적 판단은 근거 없는 자신감과 확신 아래 내려진다.[2]

잘 알려진 조지 짐머만George Zimmerman 사건 당시에도, 그 후 인종 문제와 관련해 여러 비극적 사건이 발생했을 때도, 심지어 사건이 일어난 지 몇 시간 안 되었을 때조차 도처에서 절대적 확신이 넘쳐났다. 2012년에 백인 또는 히스패닉계인 조지 짐머만은 17세 흑인 소년 트레이번 마틴Trayvon Martin을 총으로 쏘아 죽였다. 짐머만은 자경단에 소속되어 있었고, 얼마 전부터 그 동네에서 살고 있던 마틴은 집으로 걸어가는 길이었다. 짐머만은 왜 마틴을 쏘았을까? 정당방위였을까? 짐머만은 인종적 편견의 틀로 마틴을 재단한 것일까? 911의 녹음테이프에는 한 남자의 비명소리가 담겨 있었다. 비명을 지른 사람은 짐머만이었을까, 마틴이었을까?

최종 결과를 좌우할 힘이 있었던 배심원단은 짐머만의 모든 혐의에 대해 무죄평결을 내렸다. 두 남자의 친구와 가족, 블로거, 기자, 뉴스의 앵커와 게스트, 수많은 페이스북과 트위터 사용자도 각자의 판단을 내렸다. 당신은 그 사건을 어떻게 판단했는지 기억하는가? 당신은 재판 결과를 알고 나서 배심원단과 미국의 사법제도에 대해 분노했는가, 아니면 무죄평결에 안도감을 느꼈는가? 당신의 감정적 반응은 짐머만과 마틴에 대한 당신의 판단, 그리고 그 총격사건에 대해 당신이 어떤 원인을 생각했는지에 따라 달랐을 것이다.

배심원을 제외한 다른 사람들의 판단에서 가장 내 주의를 끈 것은, 총격이 일어난 이유에 대해 어째서 그렇게 많은 사람들이 그토록 신속하고 절대적인 확신을 품었는가 하는 점이다. 목격자는 없었으며, 녹음된 비명을 둘러싸고 전문가들과 증언대에 선 사람들의 해석도 제각각 달랐다. 짐머만의 가족은 그 비명이 짐머만의 목소리처럼 들린다고 말했고, 마틴의 가족은 마틴의 목소리처럼 들린다고 했다. 어떤 이들에게는 짐머만이 인종적 편견을 갖고 마틴에게 치명적 위해를 가했다는 점이 "명백했고", 다른 이들에게는 "의심할 여지없이" 마틴이 짐머만을 난폭하게 공격한 사건이었다. 이들은 자신과 다르게 생각하는 사람들이 순진하거나 인종차별적이거나 사회에 해를 끼치는 행동을 하는 것이 '명백'하다고 여겼다.

　　물론 사람은 누구나 자신의 관점을 구축할 권리가 있다. 내가 양측에 대해 열린 태도를 취함으로써, 어느 한쪽을 강력히 지지하는 독자의 마음이 상했다면 죄송하다. 나의 요점은 겉보기에 합리적인 양측의 사람들이 어떻게 그토록 순전하고 절대적인 확신을 품을 수 있었는가 하는 의문이다. 사람들은 재판 전에도 확신했고, 성급한 결론을 내리지 않도록 설득할 책임이 있는 사회과학자들조차 일부는 그랬다.

　　재판 전 확신에 대해서는 NBC 방송이 편집한 911의 녹음테이프에 어느 정도 책임이 있다. 총을 쏘기 직전 911에 전화를 건 짐머만은 자신이 마틴을 의심하는 이유로 마틴의 인종을 거론한 듯하다. 보도에 따르면 짐머만은 "저 친구 나쁜 일을 꾸미고 있는 것 같다. 흑인처럼 보인다"라고 말했다. 그러나 녹음된 전체 내용을 들어보면 짐머만이 마틴의 인종을 언급한 것은 911 응답원이 인종을 물었을 때뿐임이 드러났다. 편집된 테이프에서는 그사이에 나왔던 질문이 삭제되었다. 그야말로 맥락을 제거한 인용의 사례다![3] 이에 관해서는 2장에서 더 논의할 것이며, 절대적 확신을 부추기는 개연성 있는 원인들에 관해서도 이야기할 것이다. 그리고 처음에는 순전히 911 테이프 때문에 짐머만이 인종주의자라고 확신했던 사람들 중 일부가 어째서 테이프 전체를 다 들은 뒤에도 그 확신을 고수했는지에 관해서도 이야기할 것이다.

물론 나는 행위의 동기가 무엇인지, 녹음된 비명소리가 누구 목소리인지, 그리고 그날 밤 실제로 무슨 일이 벌어졌는지 모른다. 이 책이 전하는 또 하나의 메시지는 어떤 일이 발생했을 때 우리가 그 이유를 끝내 확실히 알 수 없는 일도 있다는 것이다. 짐머만 사건에서는 정말로 한쪽이 옳고 다른 쪽이 틀렸을 수도 있으며, 짐머만과 마틴 둘 다 잘못된 판단을 내린 중간적 현실이 존재했을 수도 있다. 나는 둘 중 어느 한쪽의 행동을 변명하려는 것이 아니며, 어느 쪽이 더 옳았는지 끝까지 알 수 없을지도 모른다. 사실 우리는 모르는 사람들의 행동 대부분에 대해 결코 그 이유를 확실히 알지 못한다. 때로는 아는 사람들의 행동에 대해서도 그러하다.

이 '불가피한 부지不知' 개념을 불편해하는 사람들이 많기 때문에 독자들이 이 개념에 익숙해지도록 일찌감치 언급해둔다. 자신이 모른다는 사실과 불확실한 상태를 좀 더 편안히 받아들이는 것은 편견을 줄이는 좋은 전략이다.

일상적 편향의 사례들

우리가 어떻게 서로를 판단하는지, 어떻게 원인을 특정 방향으로 돌리는지 보여주는 예들은 무수히 많다. 누군가 발을 헛디뎌 휘청하면 우리는 그가 덤벙거리는 사람이라서 그랬다고 설명할 것이다. 누군가 무례하게 말하면 우리는 그가 못된 사람이라고 말한다. 어떤 차가 빠른 속도로 우리 차 뒤에 바짝 붙으면 우리는 그 운전자를 바보 멍청이, 혹은 더한 말로 욕한다. 회의나 수업에 늦게 도착하는 사람에 대해서는 열의가 없거나 게을러서, 아니면 그냥 예의가 없어서라고 추론할 것이다. 누군가 신체적으로 공격하면 우리는 여지없이 그들이 악해서라고 추론한다. 가난을 목격하면 우리는 흔히 가난한 사람들을 탓한다. 이렇게 피해자를 탓하는 현상이 왜 생기는지 그 이유를 알면 아마 놀랄 것이다. 이에 대해서도 뒤에서 이야기할 것이다.

이렇게 우리는 항상 판단을 내린다. 모든 사람이 같은 판단을 내리는 건 아니지만, 어쨌든 각각의 사람들을 관찰한 내용에 대해 일관된 결론을 이끌어내려고 노력한다. 이는 호기심 때문일 수도 있고, 그렇게 하도록 진화했기 때문일 수도 있다. 그 밖에도 여러 개연성 있는 이유가 있는데, 이에 대해서는 차차 논의하기로 하자. 그런가 하면 흔히 잘못된 결론을 내리는 것 역시 인간의 또 다른 속성이다. 우리의 사회적 판단은 다양한 편향들로 매우 위태롭다. 이런 위험이 생기는 것은 우리가 너무 성급히 확신에 차서 판단하기 때문이다.

지금까지 든 예들에서 일관되게 나타난 패턴은, 다른 사람들의 행동을 설명할 때 성격적 특성이나 의도에만 초점을 맞추고 (편집된 '911 테이프'에서 일부 내용이 삭제된 상황을 포함해) 맥락은 거의 또는 전혀 고려하지 않는 점이다. 이런 패턴이나 경향은 대단히 흔하며, '기본귀인오류fundamental attribution error'의 한 부분을 이룬다. 명칭에 '오류'가 들어간다고 해서 그런 판단 패턴에서 나온 결론도 늘 '오류'인 것은 아니다. 예를 들어 높은 속력으로 다른 차 뒤를 바짝 쫓는 운전자들 중 일부는 정말로 바보 멍청이 같은 자들이 맞다. 하지만 우리는 자신의 판단이 사실과 반대라는 증거를 분명히 보고 나서도 여전히 타인의 성격적 특성이나 의도로 그들의 행동을 설명하려는 경향이 있다. 대부분은 자기도 어쩔 수 없이 그렇게 되는 듯하다. 이러한 자동적 편향에는 다양한 결과가 따른다. 기본귀인오류에 관해서는 논의할 내용이 아주 많다.[4]

그런데 똑같은 행동이라도 우리 자신이 한 행동일 때는 어떤 일이 일어날까? 우리가 비틀거렸다면 그건 덤벙댔기 때문일까? 누가 밀어서 그랬을 수도 있다. 우리가 어떤 사람에게 무례하게 말했다면 그건 우리가 못된 사람이기 때문일까? 상대방이 그런 말을 들을 짓을 했을 수도 있고, 그냥 일진이 사나웠을 수도 있다. 우리가 다른 차를 바짝 뒤쫓으면 그건 우리가 얼간이라서 그런 걸까? 어쩌면 우리는 아주 중요한 일정에 맞추려고 최대한 조심히 운전하고 있는 걸지도 모른다. 심지어 그렇게 바짝 붙어 달릴 수밖에 없는 상황에 애태우고 있을 수도 있다. 우리가 지각을 하면 그건 예의가 없다는 증거일까? 피치 못할 사정이 생겨 집에서 늦게 나올 수밖에 없었던 건지도 모른다. 앞차가 너무 느리게 가서 바짝 붙어 달릴 수밖에 없었고, 그래도 결국 지각했을지도 모른다.

이렇듯 자신의 행동, 특히 자신의 부정적인 행동을 설명할 때는 기본귀인오류와 정반대로 나아가는 경향이 있다. 즉, 맥락과 구체적 상황에 초점을 맞추는 것이다. 동일한 행동을 두고 자신과 타인을 이렇듯 다르게 판단하는 것을 가리키는 표현이 여럿 있다. 이중 잣대, 한 입으로 두말하기, 똥 묻은 개가 겨 묻은 개 나무라기, 그리고 단도직입적으로 '위선'이라는 말도 있다. 사회심리학에서는 '행위자-관찰자 편향 actor-observer bias' 이라고 한다.

자신의 미심쩍은 행동을 해명할 수 있는 상황들이 정말로 있을 수도 있지만, 그렇지 않은 경우에도 우리는 상황들을 꾸며대거나 무관한 상황들을 과장해 억지로 끼워 맞추려는 경향이 있다. 행위자-관찰자 편향은 많은 경우 에고$_{ego}$를 보호하려는 목적에서, 또 사람은 당연히 자기에게 유리한 쪽으로 해석한다는 명백한 사실 때문에 발생한다. 적절한 정도의 에고 보호는 사람이 무리 없이 살아가기 위한 기본적인 부분으로, 정신 건강에도 이롭다고 밝혀졌다. 그러나 행위자-관찰자 편향이 생기는 데는 에고나 정신 건강과는 무관한 다른 이유들도 있다. 남의 상황은 잘 몰라도 자기 상황은 잘 안다는 단순한 사실도 그 이유 중 하나다.

자신과 타인과 세상에 대한 우리의 인식은 여러모로 편향되어 있다. 성공은 자기 공으로 돌리지만, 실패는 다른 사람이나 외적 요인을 탓한다. 자신에게 나쁜 일이 생길 가능성은 과소평가하고 좋은 일이 생길 가능성은 과대평가한다. 다른 사람들이 우리 의견에 동의할 확률도 과대평가한다. 또한 자신이 잘 다루는 기술들이 그렇지 못한 기술들보다 살아가는 데 더 중요하다고 생각한다. 자기 삶에 대해서도 실제보다 더 큰 통제력을 행사한다고 느낀다. 그리고 세계는 실제로 그런 것보다 더 정의로운 곳이라고 생각한다. 자신의 관점을 뒷받침해주는 증거에는 주의를 기울이지만 그런 관점에 어긋나는 증거는 무시하거나 왜곡하며, 이런 증거를 제시하는 사람들을 싫어한다. 주류의 정치 뉴스란 늘 상대 당에 유리하게 편향되어 있다고 생각한다. 다른 사람들을 판단할 때는 고정관념$_{stereotype}$에 근거해서, 그들이 우리와 동일한 (인종이든 정치든 무엇이든) 집단에 속하는지 여부에 따라 기억 속에 가장 선명한 것 또는 최근에 저장된 것을 바탕으로 판단한다.[5]

대체로 자신의 이런 실수나 편향은 쉽게 알아채지 못하지만, 다른 사람들이 그럴 때는 쉽게 알아챈다. 그리고 앞서 말했듯, 이렇게 편향된 판단을 내릴 때 흔히 우리는 정당한 근거도 없이 대단한 확신을 갖는다. 편향과 착각의 종류를 대자면 끝도 없다.

편향과 착각은 《마인드버그Blindspot》, 《Blind Spots, 이기적 윤리Blind Spots》, 《생각의 함정Blunder》, 《생각의 오류Don't Believe Everything You Think》, 《보이지 않는 고릴라The Invisible Gorilla》, 《마인드웨어Mindware》, 《마음을 읽는다는 착각Mindwise》, 《상식 밖의 경제학Predictably Irrational》, 《착각의 심리학You Are Not So Smart》, 《우리는 왜 실수를 하는가Why We Make Mistakes》 등 최근 몇 년간 인기를 끈 논픽션 도서들의 소재이기도 하다. 이런 책들이 이렇게 많이 나와 있다는 것은 편향이 얼마나 널리 펴져 있는지, 이런 편향에 대해 신경 쓰며 알고 싶어 하는 독자들이 얼마나 많은지, 그리고 일부나마 이런 편향을 피하고자 하는 독자들이 얼마나 많은지 말해준다.

그러나 장 자크 루소Jean-Jacques Rousseau가 말했듯, 판단 실수를 피할 유일한 방법은 판단하지 않는 것이다. 누구나 실수를 한다. 살아가며 배운다. 완벽한 사람은 아무도 없다. 이런 식의 격언은 차고 넘친다. 이런 말들은 우리가 서로를 판단하는 일을 그만두어야 한다는 뜻이 아니며, 그렇다고 오판이나 착오를 변명해주지도 않는다. 모두 똑같이 편향되어 있다는 말도, 개개인이 편향을 고칠 수 없다는 말도 아니다. 우리는 분명 개선될 수 있다.

현재 당신이 얼마나 편향되어 있든, 이 책을 읽고 나면 편향에 빠질 위험성이 줄어들기를 바란다. 반면 부정적인 쪽으로 너무 정확하거나 너무 편향되어 있어 좀 더 긍정적인 환상이 필요한 사람들도 있다. 나는 정신 건강에서 근본적인 역할을 하는 긍정적 환상에 관해서도 논의할 것이다. 다행히 정신 건강 측면에서 지나치게 정확해 문제인 사람은 아주 드물다.[6]

포괄적 접근법에 반대한다

사회적 판단에서든 다른 판단에서든 누구나 어느 시점에는 실수를 한다. 그렇다고 우리가 모두 똑같은 실수를 저지르는 것은 아니며, 대부분 자기 실수를 빠르게 또는 순순히 인정하지도 않는다. 그러나 모든 사람이 실수를 하는 것은 사실이다. 아마도 이것이 내가 이 책에서 '모든 사람'이라는 단어를 사용하는 유일한 맥락일 것이다. 나는 전체를 포괄하는 단어의 사용은 가급적 피하려 한다. 우리 대부분이 사회적 판단에서 저지르는 또 하나의 실수가 바로 과도한 일반화이기 때문이다. 지나친 일반화도 고정관념을 만들어낸다. 사회과학 대중서의 저자들이 특히 이런 포괄적 접근법이라는 잘못을 많이 저지른다.

《마음을 읽는다는 착각》은 편향에 관한 아주 좋은 책이다. 그런데 저자인 심리학자 니컬러스 에플리Nicholas Epley조차 자주 과도한 일반화를 저지른다. 이 책에서 그는 '여러분'이 A에 대해 특정 방식으로 반응할 것이라거나, '아무도' B를 하지 않을 것이라고 하며, '모두'가 C에 영향을 받거나 C를 원할 거라고 단언하는 식으로 전면적인 언어를 빈번히 구사한다. 그는 여성이나 가난한 사람들과 같은 집단에 관한 연구를 참조하면서도, 그 다채로운 집단 내부에 존재하는 개인적 차이들은 인정하지 않는다.[7]

포괄적 표현의 더욱 두드러진 예는 크리스토퍼 차브리스Christopher Chabris와 대니얼 사이먼스Daniel Simons의 《보이지 않는 고릴라》에서 볼 수 있다. 두 저자는 동시 발생이 인과관계를 암시하는 것은 아니며, 과학은 단 한 번 일어난 어떤 일을 회고적으로 설명할 수 없다는 등 몇 가지 탁월한 주장을 펼쳤다. 그러나 차브리스와 사이먼스는 자주 지나친 일반화를 시도했다. 사실상 100퍼센트에게 해당하지 않을 때도 '모두'라고 말하거나, 무언가가 "모두에게 영향을 미친다"라는 말을 자주 썼다. 때로는 어떤 효과가 절반 이하의 빈도로 일어났다고 말하면서도, 동시에 그 효과가 '사람들' 전반에게 일어난다거나 '자주' 일어난다고 말했다.

차브리스와 사이먼스는 책의 제목이 된 현상 자체도 지나치게 일반화했다. '보이지 않는 고릴라'란 실험 참가자들이 특정 사람들의 행동에 집중하느라 그 무리 속으로 고릴라 의상을 입은 사람이 지나간 것을 알아차리지 못했다는 연구 결과를 가리킨다. 마치 투명 고릴라가 지나간 것처럼 말이다. 이는 '부주의맹inattentional blindness'의 한 사례로, 저자들이 1999년 연구에서 발견한 현상이다. 두 저자는 실험 참가자들 중 '약 절반'이 고릴라를 보지 못했다고 밝혔다. 그 말은 약 절반이 고릴라를 **보았다**는 뜻인데도, 저자들은 고릴라를 못 보는 현상이 "현저히 두드러진다"면서 "우리는 현재에 주의를 집중하고 있는 부분을 제외한 세상의 나머지 양상들은 전혀 인지하지 못한다"라고 썼다.[8]

그래서 처음 《보이지 않는 고릴라》를 읽었을 때 그토록 강력한 언어를 사용한 점과, 표본의 절반에게만 해당하는 현상에서 제목을 따온 점에 무척 놀랐다. 다른 한편으로 절반이라 해도 여전히 매우 놀랍다. 어쨌든 고릴라가 지나간 것이니 말이다.

내가 더욱 놀란 것은 그 책에서 다룬 1999년의 연구 논문을 읽었을 때였다. 그 장면을 실제로 보는 것과 동일한 조건의 동영상*을 본 참가자들

---

* 이 연구에는 농구공을 패스하는 사람들 사이로 고릴라가 지나가는 장면과 우산 쓴 여자가 지나가는 장면을 각각 촬영한 동영상 2개와, 패스하는 사람들과 고릴라와 우산 쓴 여자를 각각 따로 촬영한 후 반투명하게 만들어 서로 겹치게 편집한 동영상 2개 등 총 4개의 동영상이 사용되었다. 실제로 보는 것과 같은 조건이란 반투명하게 처리하지 않은 비디오를

중 고릴라를 못 본 사람은 **분명 절반 이하**였던 것으로 드러났다. 이런 조건에 참가한 사람들 중 약 57퍼센트가 고릴라를 **보았다**고 보고했다. 아마도 실제 백분율은 57퍼센트 이상일 것이다. 고릴라를 알아본 참가자들 중 일부가 최종 보고서에서는 배제되었을 수 있기 때문이다. 원래의 참가자들 중 7퍼센트 정도는 관찰하라고 요구받은 농구 패스 횟수를 잘못 기록했거나, 세다가 중간에 놓쳤다는 이유로 결과에서 배제되었다. 숫자를 잘못 센 것은 (그 참가자들을 배제한 명시적 근거인) 지시에 따르지 않았거나, 주의를 집중해야 할 때 집중하지 못했음을 암시할 수도 있지만, 참가자들이 고릴라를 보아서 주의가 산만해졌다는 뜻일 수도 있다.[9]

《보이지 않는 고릴라》의 서평을 쓰거나 그 연구 결과를 언급한 많은 블로거들과 대중서 저자들도 '약 절반'이라는 대략적인 문구를 그대로 사용했다. 글을 쓰는 많은 이들도 고릴라를 못 본 결과를 더욱 심하게 일반화했다. 그들은 일반적으로 사람들이, 심지어 '대부분의 사람들'이 고릴라를 보지 못했다고 말했다. 학술논문들조차 이 문제를 대강 얼버무리고 넘어가면서 관찰자들이 단순히 고릴라를 보지 못한 경우가 "잦았다"거나, 관찰자들이 "알아차리지 못하는 경향이 있[었]다", 또는 "관찰자들 중 상당수가 고릴라를 보았다고 보고하지 않았다"라는 식으로만 진술했다.[10] 그러나 실제로는 절반 이상이 고릴라를 보았다. 고릴라는 책 제목이 암시하는 것만큼 보이지 않는 존재가 아니었던 것이다.

대중적인 논픽션뿐 아니라 학술논문에서도 과도하게 포괄적인 언어를 사용하는 예가 없는지 잘 찾아보라고 제안하고 싶다. 저자가 쓴 '자주'

말한다. '주 9'에서 9가지 실험 조건을 말하는 것은 저자들이 수행한 연구뿐 아니라 이전의 비슷한 연구들에 대한 설명도 포함한 것이다.

나 '대부분의 사람들', '모든 사람들'이라는 말이 정확히 어떤 의미인지 자문해보라. 정확한 백분율이 제시되지 않았다면 실제 빈도나 양은 그 말에서 느껴지는 것보다 낮거나 적을 수도 있음을 감안하라. 물론 인용된 원래 연구 결과의 수치를 직접 확인해볼 수 있다면 더 좋다.

포괄적 표현의 한층 더 강력하고 더 일관성 있는 예는 남자와 여자를 비교할 때 생긴다. 존 그레이John Gray가 자신의 베스트셀러에서 남자들은 화성에서 왔고 여자들은 금성에서 왔다고 한 주장은 유명하다. 남자와 여자는 근본적으로 다른 존재라는 뜻이다. 그렇지 않은가? 아니다. 꼭 그런 것은 아니다. 성별에 따른 해부학적 특징을 제외하면, 각 성별 집단에 속한 개인들 간의 차이가 두 성별 집단의 평균적 차이보다 훨씬 크다. 각 성별 집단 내부에는 화성이나 금성보다 훨씬 더 멀리 떨어진 다른 행성들에서 온 사람들이 수두룩하다. 성별의 차이에 관한 전문가 재닛 하이드Janet Hyde는 "성별 간 유사성이 성별 간 차이점보다 훨씬 흔하다"고 강력하게 주장한다. 또한 수학에 대한 재능처럼 잘 알려진 평균적인 성별 차이도 사실은 매우 미미하거나 아예 존재하지 않는 것으로 드러났다.[11] 이 주제에 관해서는 코델리아 파인Cordelia Fine이 쓴《젠더, 만들어진 성Delusions of Gender》이라는 매우 명민한 제목의 책이 있다.

그런데도 성별 차이에 관해 이야기하는 많은 저자들이 흑백논리로 접근한다. 남자들은 이렇고 여자들은 그 반대라는 식으로 말하는 것은 과도한 일반화와 그릇된 이분법의 전형적인 예다. 글 쓰는 이들 또한 인종과 종교, 성적 지향, 정치적 지향 등을 근거로 집단들을 비교할 때 조심할 필요가 있다. 대규모 집단들을 서로 비교할 때 얼핏 흑과 백처럼 명확히 구분되는 듯 보여도, 실제로는 어떤 대규모 집단도 그렇게 단순히 구분되지 않는다.

사회과학자로서 나는 언어를 사용할 때뿐 아니라 사고할 때도 과도한 일반화에 빠지지 않으려고 엄격히 경계한다(물론 항상 성공하는 건 아니다). 모든 집단 내부에, 그리고 인간 삶의 모든 사회적 영역 내부에는 수많은 개인적 차이들이 존재하며, 나는 내가 관찰하는 사람의 마음을 읽을 수 없다. 내게는 텔레파시 능력이 없다. 강사로서 수천 명의 학생들을 가르쳐왔지만, 여전히 다음 학기에는 이전의 어떤 학생 프로필과도 일치하지 않고, 동일한 행동을 하더라도 그 이유는 다르며, 전혀 예측할 수 없는 학생이 있을 수 있다. 올해 내 수업을 듣는 학생의 오빠(형)나 언니(누나)가 작년에 내 수업을 들었다고 해서 올해 첫 수업을 듣는 그 동생을 안다고 할 수는 없다. 대부분의 강사가 어느 정도는 학생들 사이에 개인적 차이가 있다는 점을 알 텐데도, 여전히 그 사실을 깨닫지 못하고 지나친 일반화를 시도하기도 한다.

만약 내가 수천 시간 동안 일대일로 사람들을 도운 경험이 있는 임상 치료사이고, 그 시간 동안 기존의 지식을 뛰어넘는 모종의 패턴들을 발견했더라도, 그 패턴이 다음 내담자에게도 적용될 거라고 장담할 수는 없다(물론 적용될 수도 있다). 또한 그것은 내가 당신의 마음을 읽고, 치료실에서 당신이 보인 비언어적인 것들을 해독하며, 당신의 삶에서 실제로 어떤 일이 벌어지는지 안다는 의미도 아니다. 정신과 의사이자《나는 왜 아직 우울할까?Why Am I Still Depressed?》의 저자 짐 펠프스Jim Phelps는 이렇게 썼다. "정신과 의사는 '사람들의 마음을 읽을 수' 있다고 생각하는 사람이 많지만, 우리는 사람의 마음을 읽지 못한다."[12]

사회과학 연구가 사람들에 관한 동일한 사실을 반복적으로 보여주더라도, 그 결과는 여전히 연구 참가자들이라는 표본만을 근거로 한 평균치일 뿐이다. 예외는 거의 언제나 존재한다. 사회과학 연구는 우리가 특정 개인을 완벽히 이해하거나 예측하게 해주지는 않는다. 그러나 사람들 일반을 이해하고 예측할 가능성을 분명히 **향상**시켜 주기는 한다. 사회과학 연구는 사회현상의 근저에 자리한 과정과 원인을 밝혀내며, 이러한 앎은 교육과 정신 건강, 비즈니스에서 성공적인 개입법을 이끌어냈다. 하지만 그 '성공적인 개입법'조차 **모든 사람**에게 효과가 있는 것은 아니다.

일관된 성격이라는 신화

누군가를 협소한 범위의 상황(예컨대 직장이나 교실, 치료실 같은)에서 한두 번 상대한 뒤, 다른 상황에서도 그의 행동을 예측할 수 있다고 생각하는 것도 과도한 일반화에 해당한다. 유명한 사회심리학자 리 로스Lee Ross 와 리처드 니스벳Richard Nisbett에 따르면 사람들은 누군가의 어떤 상황 속 행동을 보고 다른 상황 속 행동을 예측할 수 있다는 잘못된 믿음을 품는다고 한다. 애초에 그런 식으로 행동하게 만든, 좀처럼 변하지 않고 쉽게 파악할 수 있는 성격이 있다고 가정하기 때문이라는 것이다. 사람들은 처음 본 누군가의 행동에서 특정 상황이 아니라 변치 않는 기질을 읽어낸다.

변치 않는 성격이라는 것이 존재한다면 그런 성격은 당연히 일반화해 새로운 상황에 적용하는 편이 타당할 것이다. 변치 않을 테니 말이다. 그러나 구체적 상황의 영향을 받지 않는 불변의 가시적 성격이라는 최초의 가정이 틀렸다는 것은 오래전부터 알려져 있었다. 실제로 이 가정은 기본귀인오류에 해당한다. 로스와 니스벳은 한 상황에서 누군가의 행동을 보고 다른 상황에서 그가 어떻게 행동할지 "예측하는 것은 근본적으로 불가능"하다는 말로 수십 년의 연구를 요약했다. 그들은 이렇게 썼다.

특정 상황에서 한 이전 행위를 근거로 이후 다른 상황에서 어떻게 행동할지 부득이 예측해야만 할 때는 전문가든 일반인이든 정확히 예측하기 어렵다. 그러한 증거가 존재하는데도 대부분의 사람들은 개인의 차이나 특징을 통해 그들이 새로운 상황에서 어떻게 행동할지 예측할 수 있다고 확신한다. 이런 '기질주의dispositionism'가 우리 문화에 널리 퍼져 있다.[13]

이런 과도한 일반화는 이전 상황들 속에 행동에 영향을 미칠 수 있는 사회적 역할이 포함되었을 경우 발생한다. 사회적 역할에는 직원, 상사, 환자, 의사, 학생, 교사, 부모, 경찰관, 이웃, 남자, 여자 등이 속한다. 이런 역할이 존재하고, 그 역할 안에서 행동하는 방식에 관한 규범이 존재하므로 사람들이 역할에 맞게 행동할 때는 다른 상황에서의 자기 행동과 어울리지 않는 방식으로, 심지어 아무리 변치 않는 성격이어도 자신의 평소 성격과 어울리지 않는 방식으로 행동할 수도 있다. 사회적 역할의 힘을 과소평가하는 것은 기본귀인오류의 잘 알려진 예다.[14] 사회적 역할에 관한 논의에는 한 장 전체를 할애할 것이다(5장 참조).

일반적으로 누군가가 어떤 상황에서 고집을 부리거나 공격적으로 행동했다고 해서 다른 상황에서도 반드시 매정하고 불친절하게 행동하는 것은 아니다. 어느 상황에서 부드럽게 말하고 예의바르게 행동했다고 해서 대립이 발생한 다른 상황에 대처하지 못하는 것도 아니다. 1999년 영화 〈블래스트Blast from the Past〉에서 지나치게 예의바른 주인공 애덤이 그 예를 잘 보여준다. 1960년대의 예의바른 부모가 지하대피소에서 기른 애덤은 너무나 공손하고 순진하게 보인다. 그래서 애덤이 새로 사귄 1990년대의 친구들은 애덤이 불량배들에게 둘러싸였을 때 안전을 염려한다.

하지만 애덤은 불량배들의 나쁜 태도를 지적한 뒤 아버지에게 훈련받은 권투 실력으로 그들의 육체적 공격을 가뿐히 막아낸다.

직장 일이 끝나고 더 깊이 알게 된 직장 동료들을 생각해보라. 헬스클럽이나 요가수업, 길거리농구를 하다가 알게 된 지인들을 길에서 마주쳤을 때 평상시 차림이라 알아보지 못하고 지나칠 뻔했던 일을 떠올려보라. 이웃들이 그렇게 조용히 "혼자 지내던" 사람이 그런 행동을 하다니 충격이라고 표현한 수많은 살인자들이나 총기 난사범들을 생각해보라.

특정 상황이 어떤 행동의 발현을 제한하거나 막았기 때문인데도 이를 본 사람들은 그 사람이 다른 상황에서도 그런 행동을 할 수 없다고 생각할 수도 있다. 그런가 하면 새로운 상황의 구체적 측면들 때문에 우리가 안다고 생각했던 사람이 의외의 행동을 보이기도 한다. 부드럽게 말하거나 차분하던 학생들도 콘서트장에서는 목청이 터져라 소리를 질러댈 수 있다. 예의바른 직장 동료들은 복도나 회의실에서 달리거나 점프하지는 않지만, 농구 코트에서는 당신을 앞질러 달리거나 리바운드를 더 잘할 수 있고, 테니스 코트에서는 동점일 때 의도적으로 당신의 머리를 향해 공을 날리며 승부를 확정지을 수도 있다.

경기장이나 체육관이 아닌 곳에서 한 가지 모습의 나와 나눈 상호작용을 통해서만 나를 알던 사람들은 내가 몇몇 스포츠에서 발휘하는 능력과 추진력을 보면 깜짝 놀란다. 내가 탁월한 운동선수라거나 난폭한 사람이라는 말은 아니다. 나는 경기 중에 실질적인 위협을 가하기에는 너무 공손한 사람이라는 말을 들어왔다. 사람들을 '무장해제시키는' 사람이라는 말도 들었다. 나와 경기했던 한 사람은 나에게 진(종종 일어나는 일이다) 다음 실제로 이렇게 말했다. "미안하지만 당신은 그렇게까지 잘할 것처럼 보이지 않았어요. 그렇게 강하다고는 생각하지 않았거든요." 고맙다고 말해야 하는 거겠지?

마찬가지로 내가 알고 있는 매우 친절한 한 교수는 예전에 어느 도시의 롤러더비roller derby* 팀 선수로 뛰었다. 그녀는 자신을 '못 말리는 벨벳'이라고 불렀다. 정말 멋지다. 또 넥타이와 니트 조끼를 착용한 전형적인 교수 패션으로 '아메리칸 닌자 워리어'**에 출전했던 교수도 있다.[15]

마지막 예는 내 아내와 같은 요가클럽에 다니는 매우 상냥하고 예의 바른 젊은이다. 그는 전시에 사람을 죽이도록 훈련받은 해병대원이었다. 전쟁은 극단적인 상황이지만, 이는 내가 주장하는 요점 중 하나이기도 하다. 극단적인 상황들은, 그리고 극단적이지 않은 몇몇 상황들도 우리가 다른 사람들의 특징에 대해 갖고 있는 생각들을 다소 무의미하게 만든다. 단순히 고정관념의 문제를 묘사하는 것처럼 들리는가? 그것도 실제로 내가 하는 일의 일부이기는 하다. 요가를 하는 사람은 군대에 들어가면 안 되는가? 군인이 상냥하면 안 되고 요가를 하면 안 될 이유가 뭔가? 왜 교수들이라고 롤러스케이트를 타고 다른 사람들을 넘어뜨리지 못하겠는가? 당연히 그들은 그럴 수 있다.

그러나 강의실에서 온화하게 강의하는 모습으로만 한 사람을 알고 있을 경우, 그가 격렬하게 몸을 부딪치는 스포츠에서 탁월한 기량을 뽐낸다는 사실을 알면 놀랄 것이다. 요가클럽에서 본 모습으로만 어떤 사람을 안다면, 그가 해병대원이라는 사실에 놀랄 것이다. 어쩌면 평균적으로 군인들은 요가를 하지 않겠지만, 그중에는 요가를 하는 사람들도 분명히 있다. '요가 어크로스 아메리카YAA, Yoga across America'에 따르면 요가

---

* 롤러스케이트를 신고 트랙을 따라 달리며 하는 팀 격투기 스포츠.
** 난이도 높은 장해물 경기를 단계별로 통과해 전국 최고수에 도전하는 스포츠 엔터테인먼트 게임.

는 현역 군인들과 참전 군인들에게 큰 도움을 줄 수 있다고 한다. YAA의 홈페이지에서는 요가 매트에서 요가를 하는 군인 수십 명의 사진을 볼 수 있다.[16] 다른 한편으로는 어떤 사람이 겉보기에 서로 모순되는 여러 역할을 맡고 있다는 사실에 전혀 놀라지 않을 수도 있다. 이는 아마 자신도 여러 역할을 갖고 있음을 인지하기 때문일 것이다.

저자들은 당신을 모른다

지금까지 한 모든 이야기는 내가 주제넘게 독자인 당신을 안다고 가정하지 않겠다는 말과 같다. 평균적으로는 사람들이 특정한 것들에 놀라거나 특정 자극들에 특정 방식으로 반응한다는 것을 안다고 하더라도, 그것은 **당신**이 그렇게 반응했다는 의미도, 앞으로 그렇게 반응할 거라는 의미도 아니다. 나는 손가락으로 당신을 지목하고 있지 않다. 나는 당신을 판단하고 있는 게 아니다. 내가 어떻게 그럴 수 있겠는가? 나는 당신을 전혀 모른다. 이 책에서 논하는 연구 내용이 어느 정도로 당신에게 적용되는지 판단하는 것은 오로지 **당신**의 몫이다.

그리고 몇몇 대중적인 과학 저술가들이 하는 식으로 당신을 시험하지도 않을 것이다. 저지르기 쉬운 실수를 저지르도록 함정에 빠뜨린 다음 "어떤가, 이제 내가 당신 자신에 관해 새로운 뭔가를 알려주겠다"라고 말하지는 않겠다는 것이다. 구체적으로 말하자면, 어떤 암묵연상검사IAT, Implicit Association Test에서 당신이 내놓은 결과를 바탕으로 당신이 무의식중에 인종차별주의를 갖고 있다고 말하지는 않을 것이다. 오늘날에는 학술적인 심리학 사이트부터 대중심리학 사이트, 공영방송과 '오프라닷컴Oprah.com'에 이르기까지 수많은 온라인 사이트에서 암묵연상검사를 접할 수 있다. 그런 사이트들은 우리 모두, 또는 대부분이 은밀한 인종차별주의자라는 주장을 포함해 여러 주장들을 자신 있게 제시하지만, 실제로 암묵연상검사에는 기본귀인오류로 인한 방법론적 한계와 이론적 한계가 있다. 암묵연상검사로는 감춰진 편향을 결정적으로 드러낼 수 없다 (이에 대해서는 2장에서 더 자세히 논의할 것이다).[17]

어쨌든 그렇게 많은 대중서 저자들이 전체에 해당하는 내용인 듯 글을 쓰는 이유는 자기가 '모든 사람'이 어떤지 알고 있다고 생각하기 때문만은 아니다. 많은 경우 포괄적인 언어가 더 듣기 좋아서이기도 하다. 그것은 더 단순명료하고, 권위 있으며 읽을 가치가 있는 것처럼 들린다. 트집을 잡거나 모면하려 하거나 모호하게 얼버무린다는 인상도 피하게 해준다. 발행인이나 편집자도 저자에게 그렇게 하기를 요구한다. 그것이 더 효율적이다. 저자가 제시하는 결과들이 평균치이며, 어떤 독자들은 다르게 행동할 수도 있다는 것을, 또는 저자가 무언가에 대해 100퍼센트 확신하지 못한다는 것을 몇 문장마다 계속 상기시켜야만 한다면 얼마나 거추장스럽겠는가. 사람들에 관해 진술할 때 '평균적으로', '우리 대부분이', '전형적으로', '대체로', '아마도', '그럴 수도 있다', '비교적', '일반적으로', '아마', '그럴지도', '○○처럼 보인다', '경향이 있다', '겉보기에는', '꼭 그런 것은 아니고' 같은 부사들과 어구들을 쓰면 훨씬 더 정확한 표현이 될 수는 있지만, 너무 자주 사용하면 메시지를 흐릿하게 만들고 저자의 권위를 훼손할 수 있다. (내가 대중적인 논픽션 판매의 비밀을 누설하고 있는 거라면 출판업자들과 저자들에게 사과드린다.)

전반적인 책임의 한계

이 절의 요점은, 내가 포괄적으로 말하는 듯 보이더라도 내 말이 **모든**

사람에게 적용되지 **않을** 가능성이 매우 높다는 전제를 항상 염두에 두어 달라고 부탁하는 것이다. 심지어 내가 사람들 전반에 대해 확신을 갖고 말하는 것처럼 들리더라도, 거의 언제나 예외는 존재한다. 나는 '거의', '가능성이 매우 높다', '대체로', '평균적으로' 같은 수식어구들을 사용하는 것이 거의 모든 경우에 더욱 정확하다고 믿는다. 이런 어구를 사용하는 게 더 정확한 이유는 내가 지금까지 전달하려고 노력해왔던, 한 개인을 이해한다는 일에 관한 불편한 현실, 다시 말해 특정 개인이 특정 방식으로 행동하는 이유를 우리는 "필연적으로 알지 못한다"는 현실, 또는 로스와 니스벳의 말을 빌리면 개인의 "근본적 예측 불가능성"이 존재하기 때문이다. 그러나 이런 현실이 내가 몇 문장마다 그 불확실성을 계속 상기시켜야 한다는 뜻은 아니다. 그 현실은 내가 어떤 메시지를 전달하는데 흐리멍덩하거나 우유부단하게 말해야만 한다는 의미도 아니다.

그러므로 나는 대부분 단순하고 효율적으로 글을 쓰고, 요점이 명확하다고 여겨지는 경우에는 요점을 강조하려고 노력할 것이다. 그러나 내가 노골적으로 수식어구를 사용할 때, 그것은 우유부단함이 아니라 사람들의 복잡성에 관한 진실을 말하려는 것이다.

이 복잡성을 더 상세하게 파고드는 데 한 장을 할애했고, 거기서 개인의 차이를 둘러싼 연구들에 관해서 이야기할 것이다(9장 참조). 나는 바로 그 장이 이 책과 편향을 다룬 다른 책들을 차별화해주는 지점들 중 하나라고 생각한다. 모두가 서로 다르다는, 그리고 편향을 낳는 경향들이 모든 사람에게 동등하게 적용되지 않는다는 포괄적 진실을 넘어, 어떤 유형의 사람이 어떤 편향들에 더 취약한지에 관한 사회과학의 내용 일부도 논의할 것이다.

《루시퍼 이펙트The Lucifer Effect》와 엘리엇 애런슨Elliot Aronson의 《인간,

사회적 동물The Social Animal》,《무엇이 우리의 선택을 좌우하는가Situations Matter》처럼 사회적 힘들과 상황의 힘들의 역할을 강조해 행동을 설명하는 대부분의 사회심리학 저술들과 달리, 이 책의 메시지는 개인의 역할 역시 중요하다는 것이다. 대개는 상황적 요인과 개인적 요인이 결합해 행동을 초래한다. 나는 내 연구뿐 아니라 다른 많은 사회심리학자와 성격심리학자의 연구도 끌어올 것이다. 맥락의 힘에도 한계는 있다.

부탁의 말

당신이 나의 반反포괄적 접근법을 진지하게 받아들여주기를 바란다. 당신은 유일무이한 존재다. 대부분의 사람들과 비슷해야 하는 것도 아니다. 당신이 한 상황에서 어떤 방식으로 행동했다고 다른 상황에서도 똑같이 행동하는 것은 아니다. 다른 사람들이 고정관념에 근거해 **대부분의** 사람들이 어떻다고 하거나, 당신이 한 상황에서 어떠했다는 것을 근거로 당신에 관해 부정확한 가정들을 할 때는, 당신은 자신과 관련된 그들의 판단과 가정이 틀렸다는 것을 쉽게 알 수 있을 것이다.

그러나 때로 당신이 대부분의 사람과 비슷할 때도 **있다**. 때로는 당신이 어떤 상황에서 무슨 행동을 했는지가 다른 상황에서는 어떠할지에 관해서 관찰자들에게 꽤 타당한 정보를 제공하기도 **한다**. 어쩌면 심지어 당신은 스스로 인생을 살아가는 방식이(특히 그 방식이 칭찬할 만한 방식일 경우) 일관되고 변함없다는 점을 마음에 들어할 수도 있다. 실제로 어떤 사람들은 다른 사람들에 비해 변함없는 방식을 유지하기도 한다. 그리고 때로는 당신에게 고정관념이 적용될 수 있다. 사회과학 연구에서 나온 평균적 결과가 **당신**과 실제로 관련된 결과일 때도 있다. 앞서 나는 이 책이 논의하는 연구 내용 중 어느 정도를 당신에게 적용할지는 당신 자신만이 판단할 수 있다고 말했다. 그러나 연구 내용의 대부분이 적용될 수 있다는 **가능성**에 마음을 열어놓기를 바란다.

편향을 줄이는 첫 단계는 자신에게 그 편향이 있을 가능성에 대해 개방된 태도를 갖는 것이다. 맞다. 편향들은 평균적으로 일어나는 것일 뿐, 모든 사람이 모든 편향을 보이는 것은 아니다. 그러나 평균이상효과above-average effect, 즉 자신은 좋은 쪽으로 평균 이상이며 편향된 다수에는 속하지 않는다고 생각하는 경향을 조심해야 한다. 우리 대다수는 부정적인 속성들에 관한 한 자신은 다수에 속하지 않는다고 생각한다. 특정 편향은 남들이 걱정할 문제지 자신의 문제는 아니라고 생각하는 경향이 있다. 심지어 평균이상효과에 사로잡히지 않는 일에서도 자기는 평균 이상이라고 생각한다![18]

당신은 예외일 수도 있고 아닐 수도 있다. 하지만 자신이 평균일 수 있다는 가능성을 인정하라. 듣기 거북하겠지만 꼭 해야 하는 말이다. 우리 중에는 원래 특정 편향에 영향을 받지 않는 사람이 있을지도 모르지만, 이렇게 마음을 여는 사람이 다수라면 평균적으로 전반적 편향들이 감소할 것이다.

심리학자 자밀 자키Jamil Zaki는《사이언티픽 아메리칸Scientific American》의 홈페이지 내 자신의 블로그에서 심리학 연구는 평균에 근거하므로 '당신에 관한 것'이 아니라는 내용의 글을 올린 적이 있다. 거기에 나는 "워워, 그럴지도 모르죠. 하지만 당신에 관한 것일 **수도 있으니**, 열린 마음을 유지합시다"라는 댓글을 달았다. 사실 연구의 표본이 정규분포를 따른다면 그 연구가 당신에 관한 내용이 **맞을** 확률은 상당히 높다. 내 댓글에 단 답글을 보면 자키도 내 말에 동의하는 것 같았다. 그러면서도 그는 과학 저술가들은 특정 연구가 특정 독자에게 의미하는 바를 부풀려 과장하는 것을 경계해야 한다고 말했다. 정말 옳은 말이다.[19]

독자들의 말

따라서 사회과학 연구는 특정 독자에게 해당할 수도 있고 해당하지 않을 수도 있다. 모든 독자가 유일무이한 존재다. 이는 내가 책을 쓰는 과정에서 다양한 독자의 말을 들으려 노력한 이유이기도 하다. 그들이 어떤 관점을 취하는지 알아보기 위해 아마존닷컴을 비롯한 여러 곳에서 비슷한 주제의 책들에 대해 일반 독자들이 남긴 서평 수백 편을 읽었다. 또한 사람들의 말에도 주의를 기울였다. 물론 책마다 다르겠지만, 나는 사회과학 분야에서 공통적으로 나오는 불평과 칭찬 몇 가지를 발견했다. 동일한 책에 대한 리뷰들에서도 때로는 관점들이 상충했는데, 이는 안타깝지만 충분히 예상할 수 있는 일이다.

대부분의 독자는 일화, 뉴스에서 뽑아온 실화, 저자의 삶에서 가져온 개인적 이야기를 정말 좋아했지만, 일부 독자는 이런 이야기나 서술 장치가 읽기 힘들 정도로 따분하거나, 심지어 무의미하다고 느꼈다. 연구의 세세한 내용이 나오면 부담스럽거나 따분하다고 느낀 독자들이 많았지만, 어떤 독자들은 그런 세세한 내용이 더 많았으면 좋겠다고 생각했다. 대부분은 과학 저술가들이 연구 내용을 통해 진술을 뒷받침해주기를 원했지만, 일부 독자는 연구 내용의 잦은 인용은 그 책에 새로운 내용이 하나도 없다는 것을 드러내는 증거라고 주장했다. 대부분의 독자는 교수인 저자의 전문지식을 기꺼이 받아들였으며 훈계당한다고 느끼지 않았지만, 어떤 독자는 이 저자가 오만하고 자화자찬하며 거들먹거린다고 느졌다(물론 정말 그런 느낌을 주는 저자들도 있다). 마지막으로, 많은 독자가 250 쪽이나 되는 그 책을 절반 이하의 분량으로(심지어 한 쪽으로!) 쓸 수도 있었을 거라고 불평했다. 책이 더 길었으면 좋겠다고 한 사람들은 아주 적었다. 공통된 감상은 저자들이 출판사가 설정한 쪽수를 채우기 위해 장이 바뀌어도 같은 주장을 계속 반복하며 내용을 늘리기만 했다는 것이었다.

나는 요점을 구체적으로 설명하고 메시지를 전달하는 데 무엇이 가장 흥미롭고 효과적이며 적절할지에 관해 분명한 아이디어들을 갖고 있지만, 독자들의 말에도 주의 깊게 귀를 기울였다. 다수의 시각만 따르고 소수의 불평에 대해서는 개의치 않을 수도 있겠지만, 모든 관점을 포함하려고 노력했다. 모든 장에서 모든 사람을 만족시킬 수 없다는 것은 알지만, 나의 접근법이 더 많은 독자에게 이 책 전체가 더욱 흥미롭고 단단하게 느껴지도록 만들 수 있기를 바란다.

만약 내가 이 분야의 모든 책에 대한 모든 온라인 서평을 살펴보았다고 하더라도, 이 표본추출에는 선택 편향selection bias이 있다는 것을 안다. 온라인에 자신의 생각을 게재하지 않은 독자들은 모두 표본에서 배제되기 때문이다. 그럼에도 일반 독자들에게서 얻은 이 정보는 그냥 흘려보내기에는 너무나 가치 있다. 결국 다음과 같이 하기로 했다.

① 실화와 개인적 경험을 꾸준히 묘사한다

생생한 이야기와 경험을 들려주는 것은 개념들과 연구 내용이 일상의 삶과 어떻게 연관되는지 보여주는 효과적인 방법이다. 그러나 너무 많이는 하지 않으려고 노력했다. 실제로 일화와 사례 연구는 대표본 연구large-sample research studies가 정확하다는 잘못된 인상을 주는 것으로 악명이 높고, 특히 유난히 흥미진진한 이야기일 경우 더욱 그렇다. 그리고 많은 대중서 저술가들은 자신의 관점을 뒷받침하지 못하는 수많은 이야기들은 언급하지 않은 채, 그 관점을 뒷받침해주는 실화들만 마음껏 골라 쓰는 것처럼 보인다. 나는 독자들에게 개개의 이야기들보다는 대표본을 바탕으로 한 연구들을 더 신뢰하라고 강력히 권한다. 그래도 유리한 이야기만 골라 쓰는 폐단을 방지하기 위해, 반대되는 이야기들이 보이면 그 이야기들도 언급할 것이다. 또한 어떤 요점의 예시를 위해 때때로 영화와 텔레비전 프로그램의 장면들도 사용한다. 연구를 바탕으로 나온 결과들이 있을 때는 그 결과들을 존중한다.

② 상세한 연구 내용도 부분적으로 포함한다

나는 연구자이므로 과거에 쓴 글들에는 대부분 연구의 상세한 내용들을 포함시켰다. 그러나 표준적인 교과서가 아닌 대중적 논픽션을 쓸 때 그런 방식은 너무 지나치다는 것을 안다. 따라서 연구 결과들을 알릴 때 때로는 연구의 상세한 내용들을 **어느 정도** 포함시킬 테지만, 결코 많지는 않을 것이다. 더 자세한 내용을 소개하는 것이 당면한 사안과 관련해 중요한 의미가 있거나 흥미를 일으킬 경우에는 관심 있는 독자들을 위해 '주'에 포함시킬 것이다.

③ 단순히 연구 결과를 보고하는 데 그치지 않는다

나는 연구 내용으로써 나의 진술을 뒷받침하는 습관이 있고, 복잡한 연구 영역에 관해서는 일반 독자를 위해 간략히 요약해주는 것이 유용하다고 믿는다. 그러나 단순히 연구 결과의 전달을 넘어설 필요가 있다는 일부 독자들의 의견에도 동의한다. 연구뿐 아니라 이론과 논리, 시사 현안, 그리고 내 개인적 경험에도 기반해 새로운 관련성들을 발견해내고 새로운 통찰을 전달할 필요가 있다. 나는 그 모든 것을 했다. 과거 연구들에 대한 엄격한 평가를 바탕으로 독자들과 대중서 저자들, 심지어 과학자들까지도 스스로 안다고 생각하지만 사실은 모르고 있는 연구 영역의 새로운 결론들도 제공할 것이다. 예컨대 나는 주변에 사람들이 많을수록 피해자들이 도움받을 가능성은 낮다는 오래된 믿음을 바로잡을 것이다. 많은 사람들이 주변에 있다는 것은 막강한 상황적 힘이지만, 대중적 사회과학이 심어준 믿음만큼 강력한 힘은 아니다. 1964년 뉴욕에서 키티 제노비스Kitty Genovese가 살해된 유명한 사건을 이야기할 때, 흔히 그녀가 살해되는 동안 많은 구경꾼들이 그녀를 돕기 위해 아무 행동도 취하지 않았다고 했지만, 실상은 그렇지 않았다.

④ 내 말이 거만하게 들리지 않도록 노력한다

내 말이 독자를 낮춰 보며 가르치는 듯한 오만한 느낌을 주는 부분이 혹시라도 있다면 사과한다. 나는 정말 그럴 의도가 없다. 물론 나는 분명 **뭔가를** 아는 사람처럼 말할 필요가 있다(출판사의 명령이다). 또한 자신의 오만은 알아보기 어렵지만, 다른 사람의 오만을 알아보는 것은 비교적 쉽다. 이런 측면에서 나 자신을 점검하기 위해 동료들과 일반 독자들의 피드백을 받았다. (심지어 이 책의 특정 내용에 관해서도) 나만큼 또는 나보다 더 많이 아는 독자들도 있다는 걸 나는 안다.

질문은 때로는 그냥 질문일 뿐 어떤 입장에 대한 오만한 반대가 아니라는 것을 명심하자. 때때로 논쟁 중에 질문이나 절충안 제안, 논의를 이끌어내기 위한 의도적인 반대 주장이 나오면, 그 논쟁의 한쪽 극단에 속한 사람들이 반대쪽 극단 사람들의 오만한 공격이라고 받아들이는 것을 보아왔다. 폴 에크먼Paul Ekman, 앤서니 그린월드Anthony Greenwald, 데럴드 윙 수Derald Wing Sue를 비롯한 혁명적 연구자들은 오랫동안 수많은 질문을 받았고, 연구 결과에 대한 개연성 있는 대안적 해석들을 제안받았는데, 때때로 이들은 그런 제안이 전면적 공격인 것처럼, 심지어 기만적인 공격인 것처럼 반응했다(이는 혁명적 과학자들의 직업병일까?).

이 책이 던지는 메시지 중 하나는, 누군가가 당신의 입장에 대해 질문을 던지거나 즉각적으로 완전히 동의하지 않는다고 해서 반드시 당신에게 부정적 의도를 갖고 있거나 일부러 속임수를 쓰거나 고의로 무지를 가장하는 것은 아니라는 점이다(물론 그럴 수도 있지만). 누군가가 당신에게 완전히 동의하지 못한다고 해서 자동적으로 이렇게 가정하는 것은 기본귀인오류일 수도 있다. 질문은 때로 새롭거나 헷갈리거나 복잡한 상황에 직면해 더 많은 정보를 얻으려고 그저 던지는 것이다. 대개는 별다른 의미가 숨어 있지 않다. 어쩌면 당신이 자신의 입장을 충분히 명확하게 말하지 않았던 것인지도 모른다. 듣는 사람들이 질문을 하면 그러한 모호함을 명확히 밝힐 수 있다.

어떤 사람들은 이 모든 걸 알면서도 질문자의 질문 **방식** 때문에 여전히 기분이 상하기도 한다. "질문에 대답하는 것은 괜찮지만 질문자가 저런 말투로 질문하는 건 괜찮지 않다"라고 생각할지도 모른다. (어떤 말투를 말하는 건지 알 거라 생각한다.) 그러나 부정적이거나 비난하는 말투라는 느낌이 기본귀인오류의 연장일 가능성도 열어두자. 부정적인 말투라는 결론까지 내렸다면, 부정적 성격 또는 의도라고 결론지었던 것이 한층 더 입증되었다고 느낄 것이다.

물론 관점에 대해 질문하는 것만으로도 짜증이 나고 불쾌하다면, 그건 당신의 판단에 달렸다. 불쾌해하라. 꼭 질문에 답하지 않아도 된다. 제대로 된 사람이라면 어떻게 당신에게 완전히 동의하지 않을 수 있는지 이해할 수 없다면, 그대로 혼란스러워 하라. 자신의 관점을 고수하라.

나는 이 책에서 논쟁적인 사안들에 대해 많은 질문을 던지고, 때로 절충적 입장을 취할 것이다. 그럴 때 한 사안에 대해 극단적 입장에 서 있는 사람들의 기분을 상하게 할지도 모른다. 그것이 내 의도는 아님을 꼭 알아주기 바란다. 그리고 대체로 내게는 한 사안의 양쪽 측면에 관해 모든 중요 항목들을 다룰 만큼 충분한 지면이 없다는 점도 알아주기 바란다. 하지만 나는 복잡한 논쟁들에 관해 균형 잡힌 그림을 제공하기 위해 최선을 다했다.

⑤ 똑같은 주장을 계속 반복하지 않으려 노력한다

이 분야 책들의 분량과 관련해 나는 불필요한 장들의 문제에 매우 민감하다. 다른 책들에서 이런 현상을 보고 불평한 독자들은, 새로운 정보가 거의 없는 후반부를 읽는 대신 그 시간에 훨씬 더 좋은 일을 할 수도 있었을 것이다. 독자들 눈에는 안 보여도 저자는 새로운 정보가 있다고 주장할 수도 있다. 나는 각 장들을, 특히 책의 후반부에 속하는 장들을 더욱 꼼꼼히 검토하며 새로운 정보·관점·적용을 제시했는지 자문했다. 이 질문은 장의 구성을 수정한 이유 중 하나다. 심지어 처음에 짰던 이 책의 개요와 초고에서 몇 장을 삭제했다. 그러나 몇 가지 주요 주제들에 대해서는 책 전체에 걸쳐 여러 차례 강조했다.

미리보기

이 책에서는 맥락의 힘을 과소평가하는 기본귀인오류라는 전형적이고 광범위한 편향을 집중적으로 다룰 것이다. 이는 인간의 지각과 인간관계에 기본적으로 깔려 있는 편향이지만, 편향을 다루는 대중서들에서는 놀라울 만치 별로 주목받지 못한다.

얼마 안 되는 예외 중 하나로, 사회심리학자 샘 소머스Sam Sommers의 책 《무엇이 우리의 선택을 좌우하는가Situations Matter》는 기본귀인오류를 다루기는 한다. 그러나 소머스의 초점은 훨씬 더 넓어 보였다. 그가 계속해서 다룬 주제는 우리가 자신과 타인에 대해 상황의 중요성을 과소평가한다는 것인데, 나는 이에 완전히 동의하지는 않는다. 예를 들어 행위자-관찰자 편향에서 우리는 자기가 처한 상황의 중요성은 **과대평가한다**. 소머스의 책은 (대부분의 사회심리학 교과서가 그런 것처럼) 여러 전형적 상황들의 힘을 강조하지만, 기본귀인오류는 딱 한 번, 그것도 주석에서만 언급할 뿐이다.

나는 맥락의 힘에 관한 전형적 연구들이 공통적으로 이야기하는 몇 가지와 관련해 새로운 정보를 제시할 것이다. 또한 기본귀인오류를 더욱 직접적이고 구체적으로 논하고, 기본귀인오류의 내부적 작동방식과 역사도 설명할 것이다. 교과서에서 일반적으로 다루지 않는, 기본귀인오류로 우리가 어떻게 오판하게 되는지에 대해 다양한 예도 살펴볼 것이다. 또한 문맥에서 떼어내 왜곡한 인용문, 정치인들이 우리의 오판을 유도하는 것, 미세공격microaggression과 암묵적 편향에 대한 연구 자체의 결함 발생, (거짓말 탐지기와 게이다 등) 비언어 해독nonverbal decoding에서 서로를 오독하는 일, 새로운 맥락에서 서로 어떤 행동을 할지 예측하는 자신의 능력을 과대평가하는 것, 피해자들이 겪는 고통에 대해 피해자들을 탓하는 일, 수치심을 조장하는 것, 운전할 때나 직장에서 그리고 기타 많은 상호관계 맥락에서 우리가 그토록 쉽게 화를 내는 것 등 이 모든 일에서 기본귀인오류가 어째서 한 원인이 되는지도 논의할 것이다.

쉽게 화내거나 방어적 태도를 취하는 습관에서 벗어나고 싶은 사람들이 이 책을 읽고 말 그대로 더 평화로워진 삶을 살 수 있으면 좋겠다. 이 책의 메시지가 줄 수 있는 스트레스 감소 효과에 관해 학생들과 다른 사람들이 내게 들려준 몇 가지 이야기도 나눌 것이다. 기본귀인오류를 줄이면 분노와 스트레스, 오판에서 비롯된 보복, 대인관계의 갈등을 줄일 수 있다.

특히 기본귀인오류와 피해자 탓하기가 심리치료 중에 어떻게 일어날 수 있는지도 논의할 것이다. 그리고 인지행동치료에서 기본귀인오류를 범할 수 있는 잠재적 취약점도 알아본다. 또한 사회심리학자들과 대중 과학서 저자들도 (그리고 나 역시) 이 오류의 영향에서 자유롭지 않음을 보여주는 사례들도 제시할 것이다. 그뿐 아니라 기본귀인오류가 어떻게 그 오류 자체를 넘어 확장되며, 선입견과 음모이론을 비롯한 다른 많은 편향들과 사회적 지각 과정들의 일부가 되는지도 논의할 것이다.

맬컴 글래드웰은 2005년에 낸 책《블링크Blink》에서 기본귀인오류에 맞먹는, 눈 깜짝할 순간에 내리는 판단을 옹호했다. 나는 그의 입장에 대해 반론들을 제시할 것이다. 그러나 글래드웰 본인조차 몇 년 뒤에는 기본귀인오류가 "인간의 지각에 관한 가장 광범위한 질문들 자체에" 관련된 이야기를 들려주며,[20] 눈 깜짝할 속도로 내리는 판단은 "잘된 때보다는 형편없을 때가 더 많을 것"[21]이라고 인정했다. (늦더라도 인정하지 않는 것보다는 낫다!)

그렇다. 사람들이 어떤 식으로 행동하는 이유에서는 상황이 중요한 부분을 차지하고, 대개 상황을 파악하는 데는 어느 정도 시간이 더 필요하다. 그러나 저자들과 교육자들 중에는 독자들과 학생들이 상황의 힘에 주의를 기울이게 만들려다가 도가 넘는 지점까지 나아가는 이들이 많다.

그들은 맥락에만 지나치게 초점을 맞추고 개개인의 힘은 과소평가한다. 맥락의 힘에도 분명 한계는 있다. 내가 "개인도 중요하다"라는 제목의 장(9장 참조)을 쓴 것도 그래서다. 대부분의 행동은 상황적 요인과 개인적 요인이 결합해 일어나지, 둘 중 하나만으로 일어나지는 않는다.

스탠퍼드 감옥 실험은 (감옥이라는 환경에서 벌어진 학대 행동의 배후에서 작동하는) 상황의 힘만을 보여주는 사례로서 주로 인용되는데, 간수들의 성격이 실험 결과에 미친 역할, 즉 그 유명한 실험에서조차 개연성 있지만 거의 알려지지 않았던 역할을 부각시킬 것이다.[22] 게다가 나는 상황의 힘을 보여준다고 널리 알려진 방관자 효과(주위에 사람이 많을수록 피해자는 도움을 더 적게 받게 된다는 것)에서도 그 결론의 토대가 된 메타 분석의 계산 착오를 발견했다.

이러한 착오를 수정하고 새롭게 분석한 나의 논문에 근거해, 대규모 군중이 모인 곳에서 발생한 위급 상황에서는 곁에 있던 개개인이 우리가 생각했던 것보다 훨씬 중요하다는 점을 부각시킬 것이다. 그 유명한 키티 제노비스도 전형적으로 알려진 이야기에 비해 주변에 있던 사람들에게서 더 많은 도움을 받았다. 주변에 사람이 많을수록 피해자가 도움을 받을 가능성이 적다는 것은 하나의 일반 규칙처럼 알려져 있는데, 이는 사실이 아닌 것으로 드러난다.[23]

반면 개인과 그들의 개인적 기질을 보지 못하면 과도하게 상황 탓을 하는, 더 드물지만 분명히 존재하는 또 다른 편향에 빠질 위험이 있다. 이는 진보적 정치관을 지닌 이들이 사회문제를 설명하려 할 때 흔히 맞닥뜨리는 비판이기도 하다. 개인의 중요성을 말하는 장에서는 또한 어떤 사람들이 어떤 편향들에 더 영향 받기 쉬운지, 그 이유가 무엇인지에 관한 연구도 소개할 것이다.

마지막으로, 편향들이 부정적 결과들을 불러오기도 하지만 우리에게 이로울 수도 있음을 설명하는 부담스러운 과제에 도전할 것이다. 특정 편향들과 오해들, 환상들은 지나치지만 않으면 정신 건강에 도움이 된다.[24] 예를 들어 부정적인 삶의 사건들을 통제하고 있다는 **느낌**이 실제로 통제하고 있는 **상태**보다 더 중요할 수 있다. 특정 편향들과 환상들은 플라세보 효과가 지닌 물리적 치유의 성질부터 (비록 편향되었더라도) 결정의 속도를 높이는 일상의 효율성까지 다른 몇 가지 측면에서도 이로운 점들이 있다. 그러므로 자신에게서 어떤 편향을 발견하더라도 너무 닦달하지는 말기를 바란다. 모든 편향을 무조건 제거해야 하는 건 아니다. 어떤 편향들은 좋은 것일 수도 있다.

그러나 결국 나는 편향에 장점보다 단점이 훨씬 많다고 주장할 것이다. 그리고 편향들, 그중에서도 특히 기본귀인오류를 줄일 수 있는 여러 방법을 제안할 것이다. 대부분의 대중서 저자들이 제안하는 단순한 방법, 즉 편향에 대해 배우라는 데 그치지 않을 것이다. 편향에 관해 읽거나 배우는 것만으로는 매우 제한적인 도움밖에 안 된다는 사실은 이미 밝혀졌다.

또한 우리와 가까운 사람들이 범하는 편향을 줄일 방법에 관해서도 이야기할 것이다. 물론 자신의 편향을 줄이는 것만도 충분히 어려운 일이다. 가족이나 친구, 연인, 배우자, 심지어 직장 동료의 편향을 바로잡는 일을 어떻게 그들의 마음을 상하게 하지 않으면서 해낼 수 있을까? 그런 일은 아예 시도하지 않는 것이 더 속 편할지도 모른다. 나는 연구 결과를 기반으로 몇 가지 방법을 제안하고, 그 일이 얼마나 어려운지도 강조할 것이다. 더불어 다른 사람의 편향을 발견했다는 우리의 지각 역시 편향된 것일 수도 있음을 항상 의식하자.

독자들의 잠재적 편향과 정신 건강에 관해 말하자면, 책을 쓰는 동안 나는 독자들이 더 정확하게 판단함으로써 정신 건강까지 해치는 건 아닐까 하는 도덕적 딜레마에 빠져 있었다. 어떤 긍정적 환상들은 정신 건강의 근간이다. 이러한 긍정적 환상이 없는 사람들은 '우울성 현실주의depressive realism'라는 경미한 우울증을 경험할 가능성이 더 크다.[25] 나는 학생들에게 사회심리학을 가르칠 때 내가 그들의 정확한 인식을 향상시키는 동시에 우울증을 방지한다는 두 가지 과제 사이에서 균형을 잡으려 노력 중이라는 점을 꼭 알린다. 학생들이 더 정확히 인식하게 되기를 바라지만, 그러는 과정에서 우울증에 빠지는 것은 원치 않는다. 때로는 제임스 가필드James Garfield 대통령의 말로, 때로는 마크 트웨인Mark Twain의 말로 자주 인용되는 것처럼 "진실은 당신을 자유롭게 할 테지만, 그보다 먼저 당신을 우울하게 할 것이다."[26]

따라서 '나가는 글'에서는 진실이, 다시 말해 자유로워지는 것을 목적으로 한 정확한 인지가 가져올 정신 건강의 위험성을 상쇄할 방법들을 제안할 것이다. 우리의 웰빙은 긍정적 환상들과 단순한 오해들이 뒷받침하는 비합리적인 것인 경향이 있지만, 독자들이 이 책과 '나가는 글'을 읽고 내가 '합리적 웰빙'이라 부르는 것을 이룰 가능성이 더 커지기를 바란다. 합리적 웰빙이란, 정신적으로 건강한 수많은 사람들이 쉽게 빠지는 비합리적인 편향에 빠지지 않으면서도 건강한 정신을 유지하는 것이다. 나는 우리가 행복하면서도 합리적일 수 있다고 믿는다.

1장

말과 교통체증

기본귀인오류 기본편

개인의 행동을 상황요인들의 관점이 아니라 개인적 요인(성격 특성)의
관점에서 해석하는, 일상에 널리 퍼져 있는 끈질긴 패턴은 오늘날
성격에 대한 오해의 근본 원인 중 하나로 간주해야 한다.
그것은 우리 사회가 처한 위기의 원인인 동시에 증상이다.

—구스타프 이히하이저Gustav Ichheiser(사회심리학자)

우리를 어떤 방식으로 행동하게 만드는 것은 상황이다.
다른 사람들의 행동에 대해 판단하기 전에 항상 이 점을 명심해야 한다.
나는 이를 제2차 세계대전이 시작될 때 깨달았다.

—토르 헤위에르달Thor Heyerdahl(탐험가)

당신보다 차를 천천히 모는 사람은 전부 다 바보고,
당신보다 차를 빨리 모는 자는 모조리 미치광이라는 걸 알아차린 적 있습니까?

—조지 칼린George Carlin(스탠드업 코미디언)

교통정체에서는 재밋거리를 하나도 찾을 수 없다. 교통정체에 걸리면 시간과 휘발유를 날리고, 배기가스만 내뿜으면서 따분해하다가 지각하기 십상이다. 고속도로에서는 다음 출구가 나올 때까지 꼼짝없이 갇혀 있어야 하므로 상황이 더욱 나쁘다. 다음 출구에 도달해도 빠져나가야 좋을지, 정체가 풀리길 바라면서 가던 길로 계속 가야 할지 알 수 없다. 게다가 우리는 쇼핑몰에서든 차들이 꼬리를 물고 선 도로에서든 사람들이 가득한 곳에서는 대부분 조금은 비합리적인 상태가 된다.

그러니 교통법규가 자기한테는 적용되지 않는다고 생각하는 게 분명한 어떤 참을성 없는 작자가 갓길로 차를 빼서 다른 모든 차들 앞으로 달려 나가는 걸 보면 당신은 꼭지가 돌 것이다. 지가 뭐라도 된 줄 아나? 건방진 놈!

당신은 고함을 지르고 경적을 울려댈 것이다. 이때 '난 남들보다 더 괜찮은 사람이지'라고 생각하는 사람이라면 고함과 경적의 의미를 알아먹고 다시 차선 안으로 돌아와 다른 차들과 나란히 설지도 모른다. 어쩌면 당신은 뒤에서 이런 작자가 달려오는 것을 보고 화가 단단히 나서 차를 갓길로 빼 그를 막을지도 모른다.

매일 통근하는 피터 로Peter Rowe는 뉴저지 유료고속도로에서 교통정체가 발생했을 때 바로 이런 상황에 처했다. 《뉴욕 타임스》에 보낸 편지에서 그는 "갓길 운전자들이 쌩하고 지나가는 걸 보고 있는 것만큼 화가 치미는 일이 없다"고 썼다. 그래서 로는 자기도 갓길로 차를 빼 갓길 운전자들이 다른 모든 운전자처럼 천천히 달리도록 막아서기로 했다. 그랬더니 자신이 정말 힘 있게 느껴졌고, 옆의 트럭 운전자가 불의를 바로잡은 그에게 박수를 보내줬다고 한다. 편집자는 그 편지에 "괘씸한 갓길 운전자들을 혼내주다"라는 제목을 붙였다. 속이 다 후련하다![1]

갓길 운전자를 혼내줘야 한다는 정서는 어디서나 똑같은 모양이다. '22 단어22 Words'라는 블로그에 "교통정체를 피하려 갓길로 달리던 운전자, 대가를 톡톡히 치르다"라는 제목으로 올라온 러시아의 한 동영상에는 갓길 운전자가 갓길이 끝나는 줄도 모르고 계속 달리다가 가드레일을 들이받는 모습이 담겨 있다. 이 동영상에는 그 차가 가드레일에 끼어 바퀴가 공중에서 헛돌고 있는 장면도 나온다. 또 러시아의 통근자들이 그 운전자를 심하게 조롱하는 모습도 볼 수 있다. 러시아어를 아는 친구들에게 번역을 도와달라고 했더니 말해주기 불편해하는 눈치였다.

그 동영상을 올린 블로거는 "저 차가 저런 꼴을 당한 걸 보니 속이 시원하다. 진짜 후련해"라고 썼다. 그 밖에 "덕분에 기분 좋아졌네", "바보 같은 놈" 등의 댓글도 달렸다.[2]

물론 오도 가도 못하게 된 운전자나 갓길 운전자를 보고 누구나 이렇게 반응하는 것은 아니다. 그러나 나서서 본때를 보여주는 행동이나 도덕적 분개에 공감이 간다면 당신도 기본귀인오류를 범하고 있는지도 모른다. 갓길 운전자들은 분명 법을 위반하는 것이며 오만한 사람들일 수도 있다. 하지만 어떤 상황요인이 작동하고 있을 수도 있고, 응급상황일 수도 있다. 갓길로 달린 운전자들이 그런 행위를 한 데 타당한 이유가 있었다면?

예전에 우리 가족이 여행을 할 때 아버지는 모두를 제치고 갓길로 달리다가 비난의 경적 소리를 들어야 했다. 테네시 주간고속도로에서 차들이 꼬리를 물고 조금씩 가다 서기를 반복하는 상황에서 우리 차는 휘발유가 거의 다 떨어져가는 상태였다. 형제들과 누나와 나는 어린아이들이었고, 우리는 조금씩 겁을 먹은 상태였다. 휘발유가 바닥을 보이는 상황에서 아버지는 갓길로 다음 출구까지 달리기로 결정했다. 차들은 경적을 울려댔고, 높은 세미 트럭들은 우리를 막아서려 옆으로 튀어나왔다. 아버지는 방향을 틀었고 어머니는 비명을 질렀다. 누나는 그때 우리가 아주 작게 느껴졌다고 회상했다. 아버지는 충돌하느니 그냥 오도 가도 못할 위험을 감수하는 것이 더 낫겠다고 판단해 다시 차선 안으로 들어갔다. 우리는 간신히 시간에 맞춰 주유소에 도착할 수 있었다.

어떤 운전자가 극단적인 행동을 할 때, 곁에서 보기만 하면 그 이유를 확실히 알기가 대체로 불가능하다. 운전자가 아무리 멍청해 보이더라도 응급상황일 가능성조차 고려하지 못하는 것은 사실상 기본귀인오류나 다름없다. 이런 편향을 피하는 것이 목표라면, 알 수 없는 응급상황일 확률을 완전히 배제하기보다는 10퍼센트라도 잡아두는 게 훨씬 낫다.

우리 가족의 경우, 휘발유가 바닥나는 것을 주 법률이나 사회규범의 관점에서 응급상황으로 볼 수는 없었지만, 아버지는 휴대폰이 존재하지 않던 시절에 어딘지 알 수 없는 곳에서 아내와 어린아이 넷과 함께 꼼짝 못하게 되는 상황을 염려했던 것이다. 물론 부모님이 더 일찍 휘발유를 채워 넣었어야 했겠지만, 이는 별개의 사안이다. 아버지가 갓길로 달린 것은 단지 오만하거나 바보여서가 아니라 더 복잡한 이유가 있었기 때문이다. (덧붙이자면 아버지의 성격은 그와 정반대다.)

아마 이런 경험 때문인지 나는 교통정체 상황에서 때때로 앞질러가는 갓길 운전자들에게 화가 난 적이 거의 없다. 그 운전자는 완전히 바보같은 작자일 수도 있지만, 뭔가 다른 사정이 있을 수도 있다.

기본적 오류

기본귀인오류는 한 개인의 행동이나 그에게 일어난 어떤 결과를 설명할 때 매우 흔하게 나타나며, 특히 서구 문화에서 더 심하다.[3] 기본귀인 오류는 동시에 발생하는 두 과정으로 이루어진다. 첫째, 개인의 특징이나 태도, 감정, 기호, 동기, 능력, 미흡함 등 기질적 요인의 원인적 역할을 성급하게 과대평가하는 것이다. '건방진 멍청이 같으니' 식의 설명을 '내적 귀인' 또는 '기질적 귀인'이라고 한다. 둘째, 상황적 요인이나 구체적 상황들이 원인으로 작용할 가능성을 간과하거나 과소평가하는 것이다. 휘발유가 다 떨어진 상황 같은 것 말이다. 이러한 상황들을 들어 설명하는 것은 '외적 귀인' 또는 '상황적 귀인'이라고 한다. 사회심리학 용어에서 '귀인'이란 설명을 의미한다.

단순히 말하면 기본귀인오류는 성급하게 귀인의 총을 뽑아드는 것이다. 그럴 때는 잠시 멈춰 여러 가능성을 검토하지 않는다. 재빨리 범위를 좁혀 한두 가지 특징들만 검토한 뒤 그것으로 만족한다. 갓길 운전의 예에서 보았던 것처럼, 얄궂게도 그러한 만족감은 때로 사람에 대한 분노에서 생겨나기도 하며, 그 분노를 계속 유지하거나 심지어 그런 분노를 유발하기도 한다(7장 참조).

이렇듯 기본귀인오류는 분노와 연결되고, 무시당하거나 부당한 대우를 받았다는 인식과도 연결된다. 따라서 대부분까지는 아니라도 여러 형태의 대인관계에서 발생하는 갈등(갓길 운전자를 막아서는 것부터 직장 내 대립과 세계대전까지)에 이 오류가 연관될 수 있다. 어떤 사람이나 집단 또는 국가가 부정적 결과를 미치거나 부당한 대우라는 느낌을 주는 방식으로 행동한다면, 우리 대부분은 그런 행동에 관여한 사람(들)이 분명 부정적인 성격적 특징이나 의도를 갖고 있다고 믿는다. 오스트리아의 사회심리학자 구스타프 이히하이저Gustav Ichheiser가 말했듯이, 이러한 인지적 습관은 "우리 사회가 처한 위기의 원인이자 증상"일지도 모른다.[4] 기본귀인오류는 중립적·긍정적 행동에 대해 설명할 때도 나타나지만, 우리는 부정적인 행동이나 예상치 못한 행동, 또는 두드러지는 행동을 볼 때 그 이유를 설명하고 싶은 욕구를 더 강하게 느낀다.

물론 부정적으로 행동하는 사람(들)이 실제로 부정적 성격이나 의도를 갖고 있을 때도 있다. 그러면 거기서 이야기는 끝이다. 그러나 수십 년간 연구를 통해 분명해진 사실은, 그런 경우가 대부분의 사람이 생각하는 것만큼 많지 않다는 것이다. 대개는 그렇게 간단하지 않다.

설명이 변명은 아님을 명심하자. 어떤 행위를 설명하는 데 도움이 될 다양한 상황요인들이 존재하더라도, 행위자를 변명 또는 용서할지 말지는 사회심리학자인 내가 결정할 일이 아니다. 내가 학생들에게 늘 말하듯이, 사회과학은 다른 사람들의 행동을 정확히 **설명하도록** 도와주지만, **변명하거나 용서하기로** 결정하는 사람은 부당한 대우를 받았다고 느끼는 당사자다.

누가 처음으로 이 개념을 생각했을까?

사람들이 상황요인을 간과한다는 점은 유명한 철학자들이나 사회과학자들뿐 아니라 수 세기에 걸쳐 무수히 많은 사람들이 생각했을 것이다. 특히 자기 잘못이 아닌 부정적 결과로 비판이나 처벌을 받은 경험이 있다면, 대부분은 판단하는 위치에 있던 사람들이 상황 속의 어떤 요인들을 간과했다는 걸 알 것이다. 응급상황 때문에 할 수 없이 갓길을 달리는 운전자는 다른 차들이 경적을 울려대고 앞을 막아설 때 부당하다고 느낄 수 있다. 그들이 이런 경험을 하고서, 상황을 간과하는 것이 인간의 인식에 일반적으로 나타나는 현상임을 깨달았는지 여부는 내가 단언하기 어렵다. 또한 대부분의 사람은 이런 문제를 두고 직접 연구를 해보지도 않았을 것이다.

사회심리학의 개척자로 여겨지는 쿠르트 레빈Kurt Lewin은 심리학 일반이 행동과 결과를 설명할 때 개인의 기질에 지나치게 초점을 맞춘 것을 비판했다. 그는 1931년에 와서야 심리학자들이 그 점을 깨닫기 시작했고, 행동이 일어나는 환경과 구체적 맥락을 더 고려하게 되는 이행기가 시작되었다고 말했다.[5] 그렇다면 일반 사람들의 기질적 편향에 대해서는? 나는 이러한 일상적인 기본귀인오류를 처음으로 명확히 언급한 사람은 구스타프 이히하이저라고 생각한다.

구스타프 이히하이저

이히하이저는 제2차 세계대전 당시 폴란드에서 가족을 잃고 1940년에 미국으로 건너갔다.[6] 제2차 세계대전과 당시 그의 체험이 그의 많은 저술에 영향을 미친 것으로 보인다.《행복에 걸려 비틀거리다Stumbling on Happiness》를 쓴 심리학자 대니얼 길버트Daniel Gilbert와 패트릭 멀론Patrick Malone은 기본귀인오류의 역사를 짤막하게 다룬 글에서, 이히하이저를 포함한 많은 지식인들이 제2차 세계대전과 "나치 현상을 … 사회적 상황들이 행위에 대한 놀랍도록 막강한 결정요인일 수 있고" 사람은 "자기 운명의 주인"이기보다는 "시대의 포로"일 수 있음을 보여준 일로 생각했다고 말했다. 길버트와 멀론은 이런 점을 주로 군인들의 순응적이고 고분고분한 특성을 들어 설명했다.[7]

또한 이히하이저는 보통 사람들이 일상에서 서로를 이해하려 노력하는 과정에서 막강한 사회적 힘들을 간과하며, 맥락의 힘을 놓친다는 것도 알게 되었다. 그는 이러한 간과가 기본적 인권도 보장받지 못해 오해와 학대를 당하는 사람들의 고통과 사회적 부당함을 더욱 심화함으로써 사회의 위기를 악화한다고 주장했다.[8]

이히하이저가 제시한 많은 개념들이 현대 사회심리학의 전조가 되고 큰 영향을 미쳤지만, 뜻밖에도 그는 사회심리학 분야에서 그리 잘 알려져 있지 않다. 그의 개념들은 사회심리학에서 가장 유명하고 오래된 두 가지 이론적 틀이라 할 수 있는 귀인이론과 인지부조화 이론과 관련되며, 그 전신 격이라 할 수 있다. 이히하이저가 널리 알려지지 않은 데는 많은 요인이 작용했지만, 특히 내 주의를 끈 것은 비판자들이 기본귀인오류 때문에 이히하이저를 오판한 것처럼 보인다는 점이었다.

플로이드 러드민Floyd Rudmin과 그 동료들은 이히하이저의 일대기를 다룬 논문에서 이히하이저를 비롯한 여러 사람의 중요한 기여가 당시 역사적 상황 때문에 인정받지 못하고 지나갈 수 있다고 지적했다.[9] 그러나 이히하이저는 단순히 많은 아이디어들을 인정받지 못한 정도가 아니라 그러한 역사적 상황들을 간과한 이들로부터 심한 비판까지 받았다. 비판자들은 특히 그가 1920~1940년대에 수행한 초기 연구의 상당 부분을 재발행한 1970년 책을 보고 성급한 판단을 내렸다. 그들은 1970년에 나온 책이 유사한 아이디어들을 담은 동시대 연구들을 언급하지 않았다는 이유로 이히하이저가 학자로서 태도가 불량하며, 남들의 아이디어가 자신의 아이디어인 것처럼 거짓된 주장을 한다고 비난했다. 그러나 이히하이저의 아이디어들은 당시의 동시대 연구들보다 시기적으로 훨씬 이전에 나온 것들이었다. 러드민은 그 동시대 저자들이야말로 이히하이저를 언급했어야 한다고 강변했다.

1970년에 나온 이히하이저의 저서에는 그의 이전 저술들이 분명히 제시되어 있다. 나는 비판자들이 그것으로는 충분하지 않다고 여긴 이유를 잘 모르겠다. 이전 저술들은 독일어로 쓰였고, 구하기 어려웠기 때문일까. 어쩌면 이히하이저가 경험적 연구와 학술발표, 또는 더욱 유명한 간행물에 발표하는 등의 후속 활동을 하지 않아서인지도 모른다. 러드민에 따르면 이히하이저는 제2차 세계대전 당시 폴란드를 떠나 피신할 때 노트와 책을 잃어버린 것부터 시작해 여러 상황들 때문에 후속 활동을 하는 데 지장이 있었다고 한다. 게다가 그는 미국에서 보낸 시간의 상당 부분을 아주 가난하게 살았고, 때로는 정신병원에서 지냈다. 미국 학계의 일원이 아니라는 점도 데이터 수집과 발표, 출판을 극도로 어렵게 만들었다.

이히하이저가 탐구한 중요한 주제는, 사람들이 개인적 특징들에 지나친 관심을 기울이고 상황적 요인들을 간과함으로써 개개인의 일상적 행동들을 오독하게 되는 방식이었다. 이 개념이 바로 기본귀인오류다. 그러나 대부분의 사회심리학자들과 달리, 이히하이저는 사람들이 기본귀인오류를 범하는 이유를 설명할 때 스스로 그 오류를 범하지 않으려고 필요 이상으로 노력했다. 동시대의 사회심리학자들은 일반적으로 기본귀인오류를 개개인의 불완전한 인지 과정 또는 자기보호적인 개인적 동기 탓으로 돌렸으나, 이히하이저는 기본귀인오류가 사회에 의해 조건화된 것이라고 설명했다.

동시대 사회심리학자들이 기본귀인오류와 여타 편향들의 발생에 사회나 문화가 영향을 미친다는 데 동의하지 않았다는 말은 아니다. 기본귀인오류가 동양보다는 서양의 문화에서 어느 정도 더 강력하다는 점은 널리 받아들여지고 있다. 하지만 당시 사회심리학자들은 대체로 문화를 배경에 두거나, 중심 원인보다는 조절자로 묘사했다. 이히하이저는 문화를 맨 앞에 놓았다. 사람들이 기본귀인오류를 범하는 것은 무지해서라기보다는 개인적 이상을 중시하는 문화에 갇혀 있기 때문이라고까지 말했다. 우리는 스스로 상황의 희생자가 아니라고, 자기 삶의 성패에 대해 실제로 행사하는 것보다 더 큰 통제력을 지닌다고 믿도록 길러졌다는 말이었다.

그렇다. 문화는 사람들이 왜 특정 방식으로 행동하고 생각하는지를 신중하게 고려할 때 반드시 포함시켜야 하는, 어디에나 존재하는 상황요인이다. 관련된 문화적 요인들을 고려하지 않는 것은 곧 기본귀인오류를 범하는 일이다. 기본귀인오류를 설명하는 과정에서 기본귀인오류를 저지르지 않으려고 노력한 이히하이저에게 찬사를 보낸다.

그러나 내가 보기에 이히하이저는 잘못된 판단에 대해 사회 시스템을 비난하는 측면에서 너무 지나치게 나아갔다. 그는 사람들이 무지하지 않다고 주장했다. 잘못은 문화에 있었다. 그러나 이는 어느 한쪽이 아닌 둘의 조합 때문일 수도 있다. 주범이 문화라고 하더라도, 즉 한 문화 또는 사회집단에 속한 모든 사람이 동일한 편향을 범한다고 하더라도 그것이 우리가 무지하지 않다는 뜻은 아니다. 오래전에 우리는 지구가 우주의 중심에 있다고 믿으며 그렇지 않다고 말하는 사람들을 처벌하도록 조건화되어 있었다. 그러나 데이터가 그 반대임을 밝혀내게 되면서 우리는 (마침내!) 그때까지 얼마나 무지했는지 깨달았다. 니체는 그러한 집단적 오판을 '유전된 멍청함'이라고 칭했다.[10]

이히하이저 이후

또 한 명의 오스트리아 사회심리학자인 프리츠 하이더Fritz Heider 는 1958년에 지각자perceivers가 행동과 행위자만 볼 뿐 그들이 위치하는 장*이나 맥락은 보지 않음으로써 필연적으로 상황의 인과적 역할을 과소평가한다는 개념을 제시했다. "행동이 장을 집어삼킨다"는 문장은 하이더가 남긴 유명한 표어다.[11] 이히하이저는 이 편향을 "오해의 가장 기본 원인들 중 하나"라고 표현했다.[12] 그러나 실제로 '기본귀인오류'라는 명칭을 붙인 것은 또 다른 사회심리학자 리 로스의 공이다. 1977년에 발표한 유명한 논문 〈직관적 심리학자와 그의 단점들The Intuitive Psychologist and His Shortcomings〉에서 그 용어를 만들어 썼다.[13] 그 용어를 만들어낸 장본인이라는 점 외에도 로스가 오늘날 기본귀인오류와 관련해 이히하이저보다 훨씬 널리 알려진 또 하나의 이유는, 1977년 즈음에는 이미 수많은 연구에 의해 기본귀인오류의 존재가 훨씬 잘 증명되어 있었기 때문이다. 그 사이 그러한 연구들이 축적되어 있었기에 로스는 이히하이저가 제시할 수 없었던 참고문헌들을 제시할 수 있게 된 것이다. 사회심리학은 그 기반을 연구 결과에 상당히 의지하는 학문 분야다.

말에는 무엇이 담겨 있을까?

기본귀인오류에 대한 최초의 연구는 1967년 에드워드 존스Edward Jones와 빅터 해리스Victor Harris가 수행한 것으로 인정된다. 이 연구에서 실

- 장(場, field)은 특정 순간에 한 사람의 행동을 결정하는 심리적 요인의 총체를 뜻한다. 행동과 사회현상은 총체적 심리적 환경에서 빚어지는 결과라고 본 쿠르트 레빈이 도입한 사회심리학 용어다.

험 참가자들은 피델 카스트로Fidel Castro에 대해 특정 관점들을 취한 토론 원고들을 읽었는데, 한 조건의 참가자들에게는 원고 작성자들이 (토론단 고문이 할당한 과제에 따라) 특정 관점을 취하도록 강요받았다고 말해주었다. 그럼에도 이 조건의 평균적인 참가자는 연설 내용을 원고 작성자의 개인 적 태도나 신념에 따른 것으로 평가했다. 존이 쿠바 사람들은 피델 카스 트로 치하에서 더 잘 살게 되었다고 썼다면, 존이 정말로 그렇게 믿고 있 기 때문임이 분명하다는 것이었다. 어이쿠. 이는 분별 있는 추론처럼 보 인다. 원고 작성자들이 상황에 따라 강제로 그런 관점을 취했다는 정보 를 몰랐다면 말이다.[14]

논리의 부재

대니얼 길버트와 패트릭 멀론은 기본귀인오류의 원인과 결과를 다 룬, 자주 인용되는 1995년 논문에서 기본귀인오류가 비논리적이라는 점 을 강조했다. 그들은 이 편향을 범하는 것은 귀인이론의 '기본 규칙'과 '논 리적 규범'을 위반하는 것이라고 썼다.[15] 그러나 길버트와 멀론은 거기서 위반되었다고 한 형식적 논리의 원칙이 무엇인지는 제시하지 않았다. 그 중 하나는 A가 B를 함축한다는 것이 B가 A를 함축한다는 의미는 아니라 는 원리다. A가 B를 함축한다는 사실에만 근거해 B가 A를 함축한다고 생 각하는 것은 '역오류converse error'라고도 불린다.[16]

예를 들자면, 모든 개미는 곤충이지만 모든 곤충이 개미는 아니라는 것이다. 다시 말해 개미인 것(A)은 곤충인 것(B)을 함축하지만, 곤충인 것 (B)이 반드시 개미인 것(A)을 함축하지는 않는다. 개미 외에도 수많은 곤 충들이 존재한다.

귀인의 과정을 이해하는 데 더 관련성 있는 다음의 예를 생각해보자.

A는 아토르바스타틴atorvastatin이라는 약을 복용하는 것이고, B는 혈중 콜레스테롤 감소라고 해보자. 대부분의 사람은 그 약을 먹으면 콜레스테롤이 떨어진다. 즉, A는 B를 함축한다(부작용이 없다는 말은 아니다). 하지만 우리가 아토르바스타틴의 성공률을 100퍼센트로 가정한다 하더라도, B는 A를 함축하는 걸까? 혈중 콜레스테롤 수치가 낮아진 것은 그 사람이 아토르바스타틴을 복용했다는 것을 함축할까? 꼭 그런 것은 아니다. 콜레스테롤 강하제를 먹지 않고도 혈중 콜레스테롤이 떨어진 사람들은 많다. 그 약을 먹는 것이 콜레스테롤을 떨어뜨리는 유일한 방법은 아니라는 말이다. 식습관에 변화를 줄 수도 있고 운동량을 늘릴 수도 있으며 음주와 흡연을 억제할 수도 있다. 또한 콜레스테롤 수치의 변화는 무작위 변동일 수도 있다.

그러므로 누군가의 콜레스테롤 수치가 낮아진 것을 보고 그 약의 효과라고 단정할 수는 없다. 물론 그 효과일 수도 있지만 말이다. 자연과학의 많은 예들은 대체로 이렇듯 단순명료하다.

(더 혼란스러운) 사회과학과 기본귀인오류로 돌아와서 A가 태도attitude를, B가 행동behavior을 나타낸다고 하자. 대부분의 사람들이 강력하게 고수하는 어떤 태도(A)는 기분이 어떠냐는 질문을 받을 때 어떤 식으로든 그 태도를 표현(B)하게 하거나, 토론할 때 특정 관점을 취하는 것처럼 그 태도를 유지하는 방식으로 행동(B)하게 한다. A가 B를 함축하는 것이다. 그러나 그 결과가 100퍼센트 일어난다고 가정하더라도, B 또한 A를 함축할까? 한 가지 행동의 존재가 한 가지 일관된 태도를 반영할까? 꼭 그렇지는 않다. 개인적 태도(A) 외에 다른 요인들이 동일한 행동(B)을 유발할 수 있다. 그런 다른 요인들로는 권위적 인물(존스와 해리스의 '토론단 고문'처럼)의 지시나 동료 간 압력, 정치적 압력, 재정적 혹은 직업적 동기, 특

정 관객을 만족시키고 싶은 마음(그 관객이 기분이 어떠냐고 물어보는 가까운 한 사람에 지나지 않더라도) 등이 포함된다. 스트레스나 도발, 또는 문화와 같은 다른 비태도적 원인들도 있을 수 있다.

동료 간 압력으로는, 십 대들과 청년층이 자신의 개인적 관점이 반영되지 않은 말이나 행동을 하는 순응의 예들이 실생활에서 차고 넘친다. 순응압력은 한 사람의 개인적 관점을 추론할 때 종종 간과하는 상황요인 중 하나다.

사회과학에서는 솔로몬 애쉬Solomon Asch가 순응압력이 사람들로 하여금 실제로는 믿지 않는 말을 하게 만드는 힘이 얼마나 강력한지를 거의 최초로 증명했다. 애쉬의 연구에서 참가자들은 선분의 길이를 판단하라는 질문을 받고, 공모자들 몇 명(다른 참가자들인 척 연기한 사람들)이 틀린 답을 말한 뒤에 답을 할 차례가 되었다. 참가자 대부분은 여러 차례의 시도에서 공모자 무리를 따라 한 번 이상은 틀린 답을 말했다. (공모자들의 행동은 보지 않고) 참가자들의 행동만 관찰했다면 그들이 부주의하거나 멍청하거나 과제에 관심이 없거나 시력에 문제가 있는 것처럼 보였을 것이다. 그러나 여기서는 한 가지 상황요인, 즉 순응압력 또는 사회적 규범이 작동하고 있었다. 우리 대부분은 살면서 그냥 남들을 따라 했던 적이 있을 것이고, 심지어 자기 생각이나 느낌과 정반대되는 말도 했을 것이다.

직업적 동기도 행동에 영향을 줄 수 있는 또 하나의 흔한 상황요인이다. 얼마나 많은 사람들이 직장을 구하거나 유지하려고 특정 행동을 하는가? 얼마나 많은 정치인들이 유권자나 정당에 잘 보이려고 특정 방식으로 표를 던지는가? 영화 평론가들은 특정 영화를 꼭 긍정적으로 보아서가 아니라 이름을 더 알리기 위해 긍정적인 평을 쓸지도 모른다. 할리우드 영화 하면 빼놓을 수 없는 것이 광고이고, 평론가의 말은 영화 광고에도 인용되니 말이다. 일부 평론가들에 따르면 아주 유명한 평론가들조차 명성을 유지하기 위해서는 극찬하는 평을 써야 한다는 압력을 받는다고 한다.[17]

내가 아는 한 교수는 면접 때 어떤 직무들을 수행하기로 동의했다가 임용되고 나자 하지 않겠다고 했는데, 이전에 동의하지 않았냐고 다그치자 일자리를 얻기 위한 면접에서는 당연히 무엇이든 동의하는 거 아니냐고 일축해버렸다. (물론 말로 동의한 것이 진심이었던 교수들의 이야기도 많다.) 순응압력과 직업압력 외에도, 진심이어서가 아니라 다른 이유들로 어떤 말을 하게 되는 예들은 셀 수 없이 많다.

그러니 우리 앞에 있는 것이 B뿐이라면, 즉 특정 관점을 지지하는 말이나 글이나 영화평뿐이라면, 논리적으로 그 화자 또는 필자가 해당 관점을 갖고 있다고 단언할 수는 없으며, 태도 외의 원인들이 작동한다는 증거가 있을 경우 특히 더 그렇다. 대부분의 경우 기본귀인오류는 이러한 논리적 오류에서, 그러니까 'A가 B를 함축한다'는 타당한 믿음을 'B가 존재하면 A다'라는 근거 없는 결론으로 바꾸어놓는 오류에서 발생하는 게 아닐까 생각한다. 내적 요인도 행동의 표현으로 이어질 수 있지만, 표현된 행동이 꼭 내적 요인을 명백히 반영하는 것은 아니다.

불확실함에 대한 불편함

행동을 설명하는 일에 관한 이 진실, 그러니까 행동이 일관된 감정이나 태도를 반드시 반영하지는 않으며, 심지어 본인의 느낌에 관한 진술조차 그러하다는 진실을 매우 불편하게 받아들이는 사람들이 많다. 내 사회심리학 수업을 들은 학생들 중에는 이를 깨닫고 낙심한 표정을 보인 이들이 있었다. 특히 이 주제를 편견에 적용했을 때 더욱 그랬다. 사람들은 편견이 담긴 태도가 없더라도 인종이나 성별, 성적 지향을 근거로 차별할 수 있다. 이는 사실이다. 또 우리가 속한 집단을 근거로 우리에게 경멸적인 말을 던지는 사람들이 우리에게 편견에 찬 태도를 갖고 있지 않을 수도 있다.

2012년 영화 〈월플라워The Perks of Being a Wallflower〉에서 브래드는 '패거트faggot'•라는 경멸적 단어로 패트릭을 부르지만, 사실 브래드와 패트릭 둘 다 게이이고 사랑하는 사이다. 브래드가 풋볼 팀 친구들과 함께 있었을 때 그 집단에 맞추려고 그런 경멸적 표현을 쓴 것이다. 전형적인 동료 압력이다. 연구자들은 수많은 맥락들, 특히 동성애 혐오적 별칭을 사용하는 일에서 남성의 사회적 규범이 수행하는 직접적·즉각적 역할을 기록하고 정리했다.[18]

어떤 집단에 속했다고 누군가를 차별하거나 학대하는 것은 용납할 수 없는 일이다. 이는 끔찍한 행동이다. 그러나 차별과 학대도 엄밀히 하나의 행동이며, 그 집단에 대한 그 사람의 편견적 감정을 반영할 수도 있고 반영하지 않을 수도 있다. 제도적 인종차별도 이런 패턴을 적용할 수 있는 또 하나의 분명한 예다(다시 말하지만, 제도적 인종차별을 용납하자는 뜻이 아니다).

행동이 반드시 그에 일치하는 감정을 반영하지는 않는다는 생각에 불편해진 학생들은 당연히 이런 질문을 던진다. "그렇다면 누군가의 진짜 감정을 어떻게 확실히 알 수 있나요?" 그렇다. 잘 봤다. 우리는 알 수 없다. 적어도 우리가 안다고 생각하는 것보다는 모를 때가 많다. 대부분의 사람들은 다른 사람들에 관해 뭔가 확실히 안다고 느끼고 싶은 욕구가 있

• 게이를 비하하는 단어.

다. 다른 사람들의 느낌이나 생각에 관한 추론에서 100퍼센트 확실하다고 보장할 수 있는 경우가 있을지 모르지만, 있다 해도 극히 드물다. 여기서 나오는 메시지는, 우리가 서로의 마음을 읽을 수 없다는 것이다. 길버트와 멀론은 이렇게 썼다.

> 물론 문제는 한 사람의 내면 자아가 눈에 보이지 않는다는 것이다. 성격, 동기, 신념, 욕망, 의도는 다른 사람에 대한 해석에서 주요한 역할을 하지만, 그래도 이런 정신적 구성체들은 어느 하나 실제로 관찰되지는 않는다. 이런 상태로 사람들은 실제로 관찰할 수 있는 것에서, 즉 다른 사람의 말과 행동에서 그 무형의 것들을 추론해내는 어려운 일을 해내야만 하는 것이다. 보이는 것에서 보이지 않는 것을 추론하려 할 때 우리는 착오를 범할 위험을 감수하는 것이다.[19]

심지어 우리가 마음을 읽을 **수 있다** 하더라도, 또는 사람들이 자기 자신과 자신의 동기, 이유에 관해 스스로 하는 말을 믿는다고 해도 여전히 그들의 말은 참이 아닐 수 있다. 이는 '거짓말 대 정직함'처럼 단순히 구분되는 것이 아니다.《블링크》의 저자 맬컴 글래드웰과《내 안의 낯선 나 Strangers to Ourselves》의 저자 티머시 윌슨Timothy Wilson에 따르면, 때로는 우리도 우리 자신을 모를 때가 있다. 자신의 동기와 이유를 모를 때가 있는 것이다.[20] 의식의 레이더에 잡히지 않는 자기 고양적 편향self-serving bias과 신경학적 과정들이 존재한다. 게다가 사람의 기억력은 결코 완벽하지 않다. 그러므로 심지어 텔레파시 능력이 있다 해도 우리가 알 수 있는 최대한은 어떤 사람이 그런 행동을 한 이유라고 우리 스스로 **생각하는** 것뿐이며, 이는 그 행위의 실제 원인일 수도 있고 아닐 수도 있다.

텔레비전 시리즈 〈스타트렉: 더 넥스트 제너레이션Star Trek: The Next Generation〉에서 피카드 선장은 텔레파시 능력을 지닌 상담사 디에나 트로이에게 적일지도 모를 어떤 외계인이 진실을 말하고 있는지 자주 묻는다. 트로이가 확실히 말할 수 있는 것은, 그 외계인이 자기가 하는 말을 믿고 있다는 것뿐이다.

보이는 것에서 보이지 않는 것을 추론하고, 행동을 설명하며 감정을 추론하는 이 어려운 일의 불확실성을 깨닫는 것은 분명 불편하고 심란한 일이다. 게다가 이 일에 얽힌 **논리** 또한 까다롭다. 심지어 유명한 사회과학 교육자들조차 A가 B를 함축한다는 것이 B가 A를 함축한다는 의미가 아님을 잘 이해하지 못한다.

단어 선택에 논리 적용하기

데이비드 마이어스David Myers가 쓴 사회심리학 교재는 여러 판이 나온 인기 있는 책인데, 여기서 마이어스는 존스와 해리스의 연구를 논하며 그 논리를 따라간다. 그는 누군가 카스트로를 지지하는 진술을 했다는 것이 실제로 그가 카스트로를 지지하는 태도를 지녔다는 뜻은 아니라고 말했다. 전체적으로 마이어스의 사회심리학 교과서는 빈틈없고 실례가 풍부하며 잘 쓴 책이다(이는 내가 수년 동안 강의 교재로 사용한 이유다). 그러나 또 다른 상에서 마이어스는 사람들이 일상 언어에서 사용하는 꼬리표들과 사회심리학자들이 연구 보고서에서 사용하는 꼬리표들은 그들의 개인적 태도나 가치판단을 반영하는 게 틀림없다고 강력히 주장한다. (비교문화심리학 교재의 공저자인 에릭 쉬라에브Eric Shiraev와 데이비드 레비David Levy, 미세공격에 관한 책을 쓴 유명한 저자 데럴드 윙 수 등 다른 많은 사회과학 저술가들도 비슷한 주장을 펼쳤다.) 마이어스는 이렇게 썼다.

조용한 아이에게 '수줍음이 많다'거나 '조신하다'라는 꼬리표를 붙이는지, '표현을 자제한다' 또는 '관찰자'라는 꼬리표를 붙이는지에는 하나의 판단이 담겨 있다. … 공적 부조를 '복지'라고 부르는지 '빈민에 대한 원조'라고 부르는지는 정치적 관점을 반영한다.

와, 그야말로 독심술이다. 그렇다. 마이어스가 "이전의 믿음과 가치관이 사회심리학자들[과 다른 사람들]이 생각하고 글 쓰는 바에 영향을 미치는 것은 불가피하다"라고 설명할 때, 그가 전달한 바대로 A는 B를 함축한다. 나는 그것이 정말 불가피한 일인지 확신할 수 없지만, 그래도 개인적 태도와 가치관(A)이 우리가 쓰는 글(B)에 영향을 미칠 수 있다는 것은 맞는 말이다. 그러나 불가피하다고 하더라도 이것이 B가 A를 함축한다는, 우리가 쓰는 것이 우리의 개인적 태도를 반영한다는 의미이기도 할까? 꼭 그런 것은 아니다. 그런 의미라고 가정하는 것은 비논리적일 뿐 아니라 기본귀인오류이기도 하다. 우리가 무언가를 쓰거나 말하는 데는 다른 원인들도 있을 수 있다.[21]

내가 학교에서 공적 부조를 받는 사람들에 관해 동료들과 이야기할 때 '빈민에 대한 원조'라는 표현을 쓰면 내가 자유주의적 가치관을 갖고 있기 때문일까? 그럴지도 모른다. (사실 나는 마이어스가 그 어구들이 각각 어떤 가치관들을 반영한다고 생각했는지 확실히 모르지만, 일단 누군가 '빈민에 대한 원조'를 말하는 사람은 자유주의자라고 해두자.) 앞서 존스와 해리스의 연구를 논하며 나는 이렇게 썼다. "개인적 태도(A) 외에 다른 요인들이 동일한 행동(B)을 유발할 수 있다. 그런 다른 요인들로는 권위적 인물[…]의 지시나 동료 간 압력, 정치적 압력, 재정적 혹은 직업적 동기, 또는 특정한 관객을 만족시키고 싶은 마음(그 관객이 기분이 어떠냐고 물어보는 가까운 한 사람에 지나지 않더라도) 등이 포함된다." 이런 가능한 원인들 중에서 내가 '복지'가 아니라 '빈민에 대한 원조'라는 표현을 쓴 이유로 그럴듯하게 들리는 것이 있는가?

나와 대화한 동료들이 자유주의자를 자처하는 이들이라면, 나는 자유주의적 가치관을 갖고 있지 않더라도 관객을 만족시키기 위해서, 또는 동료 압력 때문에 자유주의적 어구를 사용했을 수도 있다. 다른 사람들이 나의 정치적 성향을 모르는 채 나와 함께 있는 무리의 정치적 성향을 알고 있고, 내가 사용한 어구를 근거로 나의 정치적 성향을 추론한다면, 그 추론은 기본귀인오류로 간주된다. 이런 상황을 가정하는 것이 내가 줏대 없는 순응자여서는 아니다. 자기가 속한 사회집단의 표준에 순응하는 것은 비록 우리가 인식하지 못하더라도 우리 언어 선택에서 중요한 역할을 할 수 있다.[22]

내가 논문에서 '복지' 대신 '빈민에 대한 원조'라는 표현을 썼다면 어떨까? 그 학술지가 자유주의적 성향을 띤 것으로 알려져 있다면, 논문이 더 잘 출판되도록 내가 자유주의적 어구를 사용한 것일 수도 있다. 어쩌면 원래 내가 '복지'라고 쓴 것을 '빈민에 대한 원조'로 바꾸라고 편집자가 강력히 제안했을 수도 있다. 출판하지 않으면 교수직을 유지하지 못하니 나는 바꾸는 쪽을 택한다. 이 학술지의 정치적 성향은 알지만 내 정치적 성향은 모르는 사람이 내가 사용한 어구를 근거로 내 정치적 성향을 추론한다면 그 추론은 기본귀인오류로 볼 수 있다. 우리가 (저자의 개인적 가치관 외에) 다른 원인을 생각해낼 수 없다고 하더라도, 그것이 다른 원인이 존재하지 않는다는 의미는 아니다. A가 B를 함축한다는 것은 엄밀히 말해 B에서 A를 추론할 증거로는 불충분하다.

정치적인 측면 외에도 편집자들은 늘 최종 원고의 엄밀한 단어 선택에서 중요한 역할을 한다. 우리는 특정 단어의 선택에서 성향을 추론할 때 그런 편집자의 역할에 대해 얼마나 자주 생각할까? 저자들은 원래 택한 단어를 고수하려고 싸울 수도 있지만, 최종 결과물을 만들어낼 때는 싸울 때와 싸우지 말아야 할 때를 판단하고 타협하기도 한다. 게다가 편집자들이 저자 의견을 묻지도 않고 단어를 바꿀 수도 있다.

《뉴욕 타임스》에 〈나의 불안 무찌르기Defeating My Anxiety〉라는 기명 칼럼을 쓴 필자는 '무찌르기'라는 단어로 최소 한 명의 독자를 불쾌하게 만들었지만, 쉽게 알 수 있듯이 그 제목은 필자가 아니라 편집자가 쓴 것이었다. 댓글을 보면 그 독자는 필자가 '정말로 해로운' 관점을 지녔다고 생각했고, 필자 J. L. 콜스J. L. Cowles는 원래 자신이 제출한 제목은 그와 달랐다고 설명해야 했다.[23] 일부 신문과 잡지는 그런 수정을 할 수 있는 권리를 보유하는 정책을 편다. 하지만 필자의 단어 선택에 화를 낼 때 우리는 얼마나 자주 그런 가능성을 고려할까?

다른 언어를 사용하며 자란 필자나 화자는 어떨까? 영국 영어를 사용하며 자란 내 아내는 미국에 온 지 얼마 되지 않았을 때 보조교사로 일했는데, 수학 시간에 '고무rubber'를 달라고 했다가 뜻하지 않게 큰 웃음을 자아냈다. 아내는 '지우개'라는 뜻으로 말했지만 미국에서는 '콘돔'이라는 뜻으로도 쓰이기 때문이다. 학생들 대부분은 아내가 무엇을 달라고 했는지 (결국) 이해했을 것이다. 이를 이해하지 못하고 내 아내가 지나치게 격의 없다거나 사회적으로 부적절하다고 판단한다면, 그 사람은 문화적 맥락(과 수학 수업이라는 맥락)을 간과한 것이다.

다양성에 대한 관심이 커지면서 우리가 흔히 사용하던 단어들과 전문 용어들이 바뀌었는데, 이런 변화가 생기기 수십 년 전에 교육을 받은 학자들은 어떨까? '정신지체'라는 단어에 늘 오늘날처럼 부정적이거나 모욕적인 함의가 있었던 것은 아니다. 실제로 세계다운증후군재단은 독자들에게 "자기 가족에 관해 말할 때도 여전히 '정신지체'라는 표현을 쓰지만, 1960~1970년대에 우리 아이들의 인권과 시민권을 위해 싸웠던, 이제는 고령이 된 다수의 옹호자들"에게 "최고의 존경"을 표해달라고 간곡히 요청한다.[24]

나름의 소신에 따라 정치적 올바름을 반대하는 사람들은 어떨까? "나는 정치적으로 올바르지 않고, 그런 내가 자랑스럽다", "나는 당신의 정치적 올바름이 불쾌하다"라는 범퍼 스티커를 본 적이 있다. 이런 관점을 옹호하는 사람들은 정치적 올바름에 전전긍긍하는 사회에 대해 정치적으로 올바르지 않은 용어를 사용하는 것으로 대응할지도 모른다. 2016년 미국 대선에서 도널드 트럼프를 지지했던 많은 이들은 트럼프가 정치적으로 올바르지 않은 언어를 사용한다는 점을 칭찬했는데, 어쩌면 트럼프는 그들의 기대에 부응하기 위해 더 그런 언어를 사용했을지도 모른다.

논쟁을 일으키거나 시청률을 높이기 위해 어떤 반응을 도발하려는 블로거들이나 방송 진행자들은 어떨까? 그런 식의 커뮤니케이션을 하는 사람들은 개인적으로는 그에 상응하는 가치관을 갖고 있지 않더라도 일부러 모욕적인 말을 사용할 수도 있다. 모욕적으로 받아들이지 말아야 한다는 말은 아니지만(이는 듣는 사람 각자가 판단할 일이다), 사람들이 그런 식으로 글을 쓰거나 말하는 이유를 전체적으로 분석하려면 반드시 맥락을 고려해야 하고, 그들이 드러내는 가치관이 꼭 그들이 품고 있는 가치관이라고 가정하면 안 된다는 것이다.

현실적이 된다는 것

이쯤 되면 (더 일찌감치 그랬을지도 모르지만) 독자들 중에는 내가 너무 나아간다고 생각하는 사람도 있을 것이다. 정신 차리고 현실을 보라고 말하고 싶을지도 모른다. 편집된 출판물을 읽거나 충격적인 말로 물의를 일으키려는 진행자들의 방송을 들을 때라면 몰라도, 일상적인 교류에까지 하나하나 논리 원칙을 적용하다가는 일상생활을 처리할 수 없겠다는 느낌이 들기도 할 것이다. 우리는 100퍼센트 확신할 수 없더라도, 보이거나 들리는 것을 기반으로 다른 사람들이 어떻게 느끼는지를 어느 정도 가정해야 한다.

나도 전적으로 동의한다. 사회라는 세계를 그럭저럭 헤쳐 나가며 길을 찾아가려면, 종종 기본귀인오류의 위험을 감수하고 사람들의 말과 행동을 기반 삼아 그들이 어떻게 느끼는지 가장 그럴듯하게 추측할 필요가 있다. 만에 하나 절대적 진실을 파악하는 일이 가능하더라도, 그러한 진실을 판별하기 위해 전면적인 분석을 하기에는 시간이 제한되어 있다. 그리고 상황에 따라서는 가장 그럴듯한 추측이 정확할 때도 자주 있다.

하지만 이제는 우리의 추론이란 사실상 기본귀인오류의 위험을 무릅쓴 가장 그럴듯한 추측이라는 사실을 제대로 인식하자. 대개 일상의 사교적 교류를 해나가는 데 절대적 확신이 필요한 것은 아니다. 사실 '가장 그럴듯한 추측'에서 '가장 그럴듯하다'는 것은 '비교적'이라는 의미를 띠고 있으며, 엄밀히는 '잘된' 정도의 의미도 아니다. 그런데도 사람들은 너무 자주 절대적으로 확신한다. 자신이 어떤 논쟁적인 사건의 '정확한 실체를' 안다고 생각하며, 페이스북에서 의견에 동의하지 않는 사람이 있으면 친구 사이를 끊어버리기도 한다. "내 두 눈으로 그걸 똑똑히 봤어"나 "내 귀로 그걸 똑똑히 들었다고" 같은 말은, 유감스럽게도 그리 철석같이 믿을 수 있는 말은 아니다. 대인관계에서 일어나는 지각에서 그토록 쉽게 보거나 들을 수 있는 단순명료한 '그것'이 존재하는 일은 드물다. 확신을 조금만 누그러뜨려도 우리는 추가 정보가 들어올 때 생각을 수정할 수 있는 좀 더 개방적인 마음을 가질 수 있다.

대화 도중 머릿속에서 잠시 멈춤 버튼을 누르는 것이 불편하거나 번거롭더라도, 그렇게 하면 다른 사람의 행동이나 말을 근거로 최초의 가정들을 세울 때 개선할 여지가 있다. 조금만 더 노력을 기울이거나 외적 훈련 또는 사전 숙고를 거친다면 서로에 대한 결론들을 보류하도록 노력해볼 수 있다. 정말이지 우리 중에는 단어 선택 하나에 놀라울 만큼 즉각적으로 폭발해버리는 사람들도 있는데, 그런 사람들도 자기가 그러지 않을 수 있는 방법을 안다면 아주 좋아할 것이다. 영화 〈백 투 더 퓨처Back To The Future〉 시리즈의 마티 맥플라이에게 (어쩌면 다른 많은 젊은이들에게도) 그 단어는 '겁쟁이'였고, 그 단어가 촉발한 반응은 마티를 골치 아픈 상황에 빠트렸다. 마티의 방어적 반응은 전형적으로 어린 시절 괴롭힘을 당한 경험 때문에 조건화된 것이지만, 그런 것은 중요하지 않다. 어쨌든 싸움을 거는 말인 것이다. **나를 무시하지 마라.** 《뉴요커》는 실제로 〈싸움을 거는 말Fighting Words〉이라는 글을 실었는데, 이 글은 "아님 말고whatever"라는 촉발어의 힘을 묘사한다.[25]

당신도 듣기만 하면 폭발하거나 부정적 의도를 추측하게 만드는 단어가 있는가? 동료나 친구 중에 어떤 단어만 들으면 폭발하는 사람이 있는가? 뜻하지 않게 누군가를 폭발하게 만든 적이 있는가? 사고는 언제든 일어날 수 있지만, 당신은 누군가를 기분 나쁘게 만들려는 의도는 아니었을 것이다. 정신분석가들조차 "때로는 시가cigar가 그냥 시가일 뿐인 때도 있다"*는 가능성을 인정한다. 어쩌면 당신은 다른 지역 출신이라 촉발

---

* 프로이트는 시가의 모양에 무의식적인 성욕이 반영되어 있다고 보았다.

어를 조금 다르게 사용했을지도 모른다. 상대방에게 촉발어가 있다는 사실을 몰랐을 수도 있다.

그럴 의도가 아니었다고 설명해보라. 이미 상대방이 분노가 치솟았거나 눈물을 흘렸다면, 나쁜 의도가 전혀 없었다고 아무리 설명해도 마음이 상한 그는 적어도 그 순간만큼은 당신에 대한 기본귀인오류를 저지르거나 유지하며 부정적 의도를 추론할 수밖에 없을 것이다. 그들을 비난하는 게 아니다. 그들의 감정이 진짜가 아니라는 말도 아니다. 당신이 단어 사용을 후회하지 않는다는 뜻도 아니다. 많은 사람들이 기분이 상했을 때 기본귀인오류를 고수하는 이유에 대해서는 나중에 논의할 것이다.

예를 들어 마음이 상한 사람은 속으로 생각하든 겉으로 말하든, 그럴 의도가 아니었다면 왜 그런 말을 했느냐고 물을 것이다. 이 질문은 대개 수사적 의문문으로 던져지고, 자신의 상한 감정에 대한, 그리고 당신에 대해 내적 귀인을 펼치는 데 대한 견고하고 타당한 이유로 제시된다. 어쨌든 이 질문에는 몇 가지 답이 가능하다. 하지만 현실적으로 그 질문에 늘 답할 수 있는 것은 아니다. 그러나 가능한 답들을 고려하지도 않거나, 심지어 그런 답들이 존재한다는 사실도 고려하지 않는 것은 기본귀인오류다.

존스와 해리스를 넘어

기본귀인오류를 시험하기 위해 피델 카스트로에 관한 연설문을 사용한 존스와 해리스의 고전적 연구에서, 참가자들은 연설자들이 진심으로 그렇게 생각하지 않는다면 왜 그토록 구체적인 이야기를 했겠느냐고 자문할 수도 있다. 별로 고려되지 않았을 진짜 답은, 토론 코치가 그렇게 지시했기 때문이라는 것이다. 이 연구 패러다임은 '태도귀인 패러다임

attitude-attribution paradigm' 또는 '에세이 패러다임'으로 알려져 있다. 이 패러다임에서는 실험 참가자들이 에세이나 연설문의 내용에서 어느 정도를 필자의 개인적 태도에 의한 것으로 돌릴지 결정해야 한다. 많이 인용되는 고전적 연구이지만, 하나의 연구만으로는 견고하고 폭넓은 결론들을 도출하기에 충분치 않다.

존스와 해리스의 연구 이후로 실험 참가자들이 대마초를 합법화해야 하는지, 낙태를 합법화해야 하는지, 연방 예산을 에이즈 연구에 써야 하는지, 대학 기말시험을 졸업반도 치러야 하는지, 소비자가 특정 제품을 구매해야 하는지 등 다양한 주제의 에세이 또는 연설문을 읽거나 이야기하는 장면이 담긴 비디오테이프를 보는 수많은 연구들이 이어졌다. 이 모든 연구들에 포함된 조건들 중 하나는, 필자나 화자가 특정 관점을 취하도록 강요받았다는 사실을 참가자들에게 알려주는 것이다. 그런데도 수천 명의 대다수 참가자들은 여전히 자신이 읽거나 들은 바를 필자 또는 화자의 개인적 태도로 돌리는 경향이 강했다.

심화 연구에서 연구자들은 존스와 해리스가 만든 기본귀인오류 형식의 한계를 시험했다. 예컨대 어떤 연구자들은 참가자들에게 특정 관점을 취하도록 먼저 요구할 경우, 그래서 그들이 읽는 글의 필자와 동일한 조건을 경험하도록 한다면 혹시 기본귀인오류를 피해갈 수 있는지 알고 싶었다. 답은 '아니다'로 드러났고, 참가자들은 여전히 기본귀인오류를 범했다. 사전에 기본귀인오류의 위험에 관한 경고를 들었을 때도, 연설문 작성자가 자신의 주장을 펼친 것이 아니라 실험자들이 할당한 주장들을 받아쓴 것임을 알려주었을 때도, 필자들에게 상황적 제약을 가한 것이 실험 참가자들 자신임을 인식할 때조차 여전히 기본귀인오류를 저질렀다.[26]

이러한 형태의 기본귀인오류는 풍부한 연구로 뒷받침되고 있으며, 나는 그 오류가 일어날 수 있는 실생활의 시나리오도 몇 가지 이야기했다. 다음 장에서는 이런 형태의 기본귀인오류의 실제 예들에 더욱 초점을 맞출 것이다. 또한 기본귀인오류가 다른 사람들에 대한 기타 여러 편향들과 오해들에 어떻게 적용되는지도 논의할 것이다.

2장

정치와 풍문

기본귀인오류 응용편

우리는 팩트체커들이 우리의 선거운동을 좌지우지하게 내버려두지 않을 것이다.

－닐 뉴하우스Neil Newhouse(미트 롬니Mitt Romney 선거 캠프 여론조사 담당자)

세상에서 제일 뻔뻔한 거짓말은 "사람들이 그러던데"라는 말이다.

－더글러스 멀록Douglas Malloch(시인)

직업적으로 상황을 연구하는 사람들조차 일상의 한가운데로 떠밀려 들어가면
이내 생각 없이 나쁜 습관으로 돌아가 버린다. … 너무나 쉽게,
바로 눈앞에 있는 맥락도 못 보고 지나치는 상태로 되돌아가는 것이다.

－샘 소머스(《무엇이 우리의 선택을 좌우하는가》 저자)

존스와 해리스의 연구에서 사용한 토론 원고 속 말들이 꼭 그 필자의 개인적 관점을 반영하는 것은 아니었다. 그러나 1장에서 강조했듯이, 연구 참가자들에게 그러한 가능성을 납득시키는 것은 매우 어려운 일이었다.

선거에 출마한 유명 정치인이나 심지어 대통령이 실제 연설에서 한 말들은 어떨까? 기본귀인오류의 전문가 대니얼 길버트와 패트릭 멀론은 기본귀인오류가 실제 정치 연설을 듣는 유권자들에게도 적용될 수 있다고 말했다.[1] 실제로 진보와 보수를 가리지 않고, 말하는 정치인 본인도 믿지 않을지 모를 말을 사람들이 그대로 믿어주는 예를 많이 볼 수 있다. 가장 높은 자리부터 살펴보자.

부담적정보험법ACA, Affordable Care Act이 시행되기 전 오바마 대통령은 여러 차례의 연설에서 미국인들이 원하기만 한다면 새로운 의료보험법에서도 그들의 기존 의료보험을 유지할 수 있다고 말했다. 그는 정말로 그렇게 믿었던 것일까? 당파성은 제쳐두고라도(그게 가능한 일인지는 모르겠지만), 듣는 사람 쪽에서는 그렇게 강력히 반복되는 진술을 화자의 개인적 신념에서 기인하는 것으로 생각하는 경향이 있다(이 역시 기본귀인오류에 속한다). 특히 그 화자가 미합중국의 대통령일 때, 게다가 당신이 표를 던진 사람일 때는 더욱 그럴 것이다.

알고 보니, 많지는 않지만 일부는 기존 의료보험을 유지할 수 없는 것으로 밝혀졌고, 오바마 대통령은 그런 일이 일어날 수 있음을 알고 있었던 것 같다. 주로 진보적인 태도를 취하는《뉴욕 타임스》필자들 모두가 이에 대해 오바마 대통령을 지지한 것은 아니었지만, 한 사설에서 대통령이 단순히 "말을 잘못한 것"이라며 그 상황을 정리하자 상당히 거센 반발이 일었다.[2] 반발이 그렇게 거셌던 것은 갈등을 조장하는 미국 정치 풍토 탓만이 아니라 기본귀인오류 때문이기도 하다는 것이 나의 추측이다.

대통령에게 강력한 정치적 압박이 가해지고 있었음에도, 처음에 우리 다수는 대통령의 말이 그의 개인적 신념(과 진실)에서 기인한다고 믿었다. 기본귀인오류 때문이다. 진실이 드러나자 많은 사람들이 배신감을 느꼈다. 장담할 수는 없지만, 의료보험법을 통과시켜야 한다는 압력(그리고 보험에 들지 못한 미국인 수가 너무 많다는 바로 그 사실)이 대통령에게 강력하고 반복적이지만 진실 아닌 진술을 하게 만들었던 것으로 보인다. (물론 그런 압력은 보험 없는 수백만 미국인이 거짓말을 용서해야 할 평계가 된다는 말은 아니다.)

정치 광고를 생각해보면, 누군가의 말을 그 사람의 개인적 신념으로 여겨서는 안 될 이유들이 더욱 명확해진다. 선거는 전쟁이며, 그 과정에서 나타나는 행동들을 (꼭 양해까지 해주어야 하는 건 아니지만) 설명할 수 있는 주요한 상황요인이다. 2012년에 미트 롬니 측 여론조사 담당자 닐 뉴하우스Neil Newhouse는 자신들의 광고 중 하나가 복수의 팩트체크를 통해 거짓임이 드러났을 때 "우리는 팩트체커들이 우리 선거운동을 좌지우지하게 두지 않을 것이다"라는 강경한 발언으로 유명해졌다."[3] 롬니의 캠프가 팩트를 무시하겠다는 의미로 한 말은 아니었을 것이다. 아마 팩트체커들이 틀렸다고 말했다는 이유만으로 틀렸다고 할 수는 없다는 뜻이었을 것이다. 뉴하우스가 어떤 의미로 말했는지 나로서는 추측밖에 할 수 없지만, 진보와 보수 양쪽 모두의 광고에 비판이 쏟아지던 상황이 그런 진술을 하도록 내몬 것은 분명했다. 롬니의 캠프는 그 광고를 계속 유지했고,

이는 대체로 사실을 무시하는 행동으로 해석되었다.

발언의 진실성과 관련해 당신이 2012년 미국 대선 후보들에 대해 어떻게 생각했든, 2016년 대선에는 거짓이 더욱더 판을 쳤다. 백악관 출입기자 린다 펠드먼Linda Feldmann은 〈2016년 선거는 어떻게 팩트체크 선거가 되었나How 2016 Became the Fact-Check Election〉라는 글에서 "팩트체커들이 대활약을 펼치고 있다"라고 썼다. 여름이었던 그 시점에 펠드먼은《폴리티팩트PolitiFact》를 인용해, 도널드 트럼프의 말은 10퍼센트 정도만 진실이거나 대체로 진실이며, 힐러리 클린턴의 말은 약 50퍼센트가 그렇다고 보도했다.[4]

선거 참모들 사이에는 연설과 광고가 초당적 팩트체크에서 무참히 걸러져도 유권자들은 별 영향을 받지 않는다는 통념이 널리 퍼져 있다. 다시 말해, 사람들은 자기가 들은 말이 팩트체크에서 걸려도 성공적으로 통과했을 때만큼 잘 믿는 경향이 있다는 소리다. 저널리스트들은 그 이유에 대해 이런저런 추측을 내놓았다. 일부 유권자들이 정치에 너무 환멸을 느낀 나머지 거짓임을 지적하는 경고의 깃발을 보아도 놀라지 않고, 팩트체크에 걸린 거짓들에도 별로 주의를 기울이지 않는 거라고 짐작했다. 또한 다수의 팩트체커들은 당파성을 분명히 드러내는데, 그들의 팩트체크 역시 팩트체크를 해봐야 하므로 유권자들이 편향된 팩트체커들과 공정한 팩트체커들을 구별하기가 더 어려워진다는 점도 지적했다.[5]

이미 지지하는 후보가 명확한 유권자들은 당연히 그 후보를 옹호하는 팩트체크 결과를 받아들이고, 그렇지 않은 결과는 무시해버리면서 그 후보에 대한 원래 관점을 유지할 것이다. 2016년에는 팩트체커들 자신이 직접 이러한 당파적 편향성을 부각시켰다. 그들은 또한 뉴스 주기가 너무 빨리 돌아가기 때문에 점검된 사실들을 전달하려고 "사람들을 충분

히 오랜 시간 가만히 서서 기다리게 하는" 것이 어렵다고도 말했다.[6]

유권자들이 팩트체크에 별 관심이 없는 이유를 밝히려는 이 논의에서 명백히 빠져 있는 것은 바로 기본귀인오류다. 무의식의 수준 또는 자동적 수준에서 우리 대부분은 누군가가 설득력 있는 무언가를 반복적으로 말하면 그것이 어떤 식으로든 화자의 개인적 믿음이나 확신을 분명히 반영한다는 처음의 가정을 떨치지 못한다. 이것이 기본귀인오류의 핵심이다. 은연중에 우리는 화자의 진술을 그의 실제 감정과 분리하는 데 저항한다. 그리고 일단 말에서 개인적 확신을 추론하면 그 말에 더욱 신뢰가 가고 진실하게 들린다.

어떤 유권자들은 심지어 그 말의 진실성을 의심하면서도 그런 말을 하는 데는 개인적 확신이 있을 거라 추론하기도 한다. 2016년 대선 당시 트럼프 지지자들 중에서도 미국과 멕시코 사이에 장벽을 쌓을 거라는 트럼프의 선거 공약을 믿지 않는다고 말한 이들이 많았다. 그들은 트럼프의 주장을 믿지는 않지만 "그래도 대단히 강력한 비전이다"라거나 "강경한 태도를 제시하는 것이라고 생각한다" 또는 "국가들을 분리해야 한다는 자신의 기조를 분명히 하려는 것일 뿐이라고 생각한다" 등으로 설명했다.[7] 그런 설명들이 당시에는 현실적이었을 수도 있다. 아니면 기본귀인오류가 그들이 트럼프의 말과 의도 사이에서 일관된 **무언가**를 찾아내도록 몰아간 것인지도 모른다. 어느 수준에서건 정말로 그런 의도가 없다면 왜 계속 그런 말을 하겠느냐는 것이다.

다른 사람들이 자신에게 하는 말을 쉽게 믿으려는 경향성 자체를 가리키는 명칭이 있다. 바로 진실편향이다. 거짓말 탐지 연구자들은 이런 진실편향이 무난한 사이를 유지하려는 욕망이나 사회적 규범에서 기인한다는 의견을 내놓았다.[8] 그러나 여기서 작동하는 또 한 가지 명백한 요인은 기본귀인오류다. 존스와 해리스의 태도귀인 패러다임에서 바로 알 수 있듯이, 사람들은 누군가의 말이 그들의 개인적 신념과 연결되지 않았다는 생각을 좀처럼 하지 못한다. 그 패러다임에서는 연설문이나 에세이를 쓴 사람이 실험실에 있지도 않고 나타나리라고 예상되지도 않으므로, 실험 참가자들이 그들과 무난한 사이를 유지할 필요도 없다.

정치인들이 항상 진심을 말하진 않는다는 사실은 어려운 과학이론도 아니다. 그러나 많은 사람들이 정치인들의 말을 여전히 믿는 이유, 팩트체크에서 거짓으로 나와도 유권자의 시각에는 그리 큰 영향을 미치지 않는 이유를 생각할 때 대부분 기본귀인오류 요인을 간과한다. 아무렇지 않게 사실을 무시하거나 왜곡하는 정치 광고와 연설의 환경 속에서 기본귀인오류를 범할 때 따르는 결과는 명백하다. 바로 거짓 정보를 믿게 되는 것이다.

정치적 그릇됨과 미세공격

정치인들이 하는 말의 진실성은 제쳐두고, 그들이 **어떻게** 말하며 어떤 단어를 사용하는지에 더 관심을 기울이는 유권자들이 많다. 특정 집단 사람들에게 말을 걸거나 그들을 지칭하는 데는 정치적으로 그릇된 방식과 올바른 방식이 있다. 대학 캠퍼스에서 다양성을 증진하려는 노력이 커지면서 교수들과 학생들의 언어도 더욱 철저한 검토 대상이 되었다. 1장에서도 말했듯이, 데이비드 마이어스를 비롯한 많은 사회과학자들은 사람들이 선택하는 단어나 꼬리표는 반드시 그 사람의 개인적 관점 또는 가치관을 반영한다고 주장한다. 당신이 어떤 집단을 지칭할 때 선택하는 꼬리표는 당신이 의식하지 못하더라도 그 집단에 대해 느끼는 진짜 감정을 드러낸다는 것이다.

그러니 조심하라. 당신이 쓰는 말은 '복지'인가 아니면 '빈민에 대한 원조'인가? '장애인'인가 '장애가 있는' 사람인가? '동성애자'인가 '게이' 인가? 당신이 정치적으로 그릇된 꼬리표를 사용할 경우(그것이 정치적으로 그릇된 말임을 인식하지 못했더라도), 많은 편견 연구자들에 따르면 당신은 미세공격microaggression의 죄를 범하고 있는 셈이다. 미세공격이란 특정 집단에 속한 사람들을 언어적·비언어적으로 모욕 또는 무시하는 것이다. 미세공격은 의도한 것일 수도 있고 의도하지 않은 것일 수도 있지만, 대부분은 소수집단 사람들에 대해 나쁜 의도는 없더라도 무의식적으로 편향을 지닌 다수집단 사람들이 저지르는 것으로서 논의된다.[9]

긍정적인 형용사조차 특정 집단에 적용될 때는 미세공격으로 간주될 수 있다. 예를 들어 미세공격 연구자들은 백인이 흑인에 대해 '표현이 명확하다articulate'고 표현할 때는 흑인 전반에 대한 미묘한 편향이나 부정적 관점을 반영한다고 주장한다. 그 말에는 "당신의 인종에 속한 사람이 지적인 것은 드문 일이다"라는 메시지가 숨어 있다는 것이다. 조 바이든Joe Biden 전 부통령조차 2007년에 버락 오바마를 칭찬하면서 '표현이 명확하다'는 그릇된 형용사를 썼다가 비판을 면치 못했다.[10]

그러나 강조했듯이(1장 참조), 한 사람의 특정 단어 선택이 그 자체로 개인적 가치관이나 관점을, 심지어 무의식적 관점을 드러낸다고 무조건 가정하는 것은 논리적 오류이자 기본귀인오류다. 이 오류는 미세공격 연구에서 근본적인 문제 하나를 조장한다. 소수집단에 속한 누군가에게 아무런 편견 없이 던진 칭찬의 말이 암묵적 모욕으로 자동 해석되는 것은 슬픈 역설이 아닐 수 없다. 누군가의 마음을 상하게 만든 언어를 사용한 사람을 '교정'하려고 노력하면 안 된다는 말이 아니다. 단어 선택에 관해,

특히 **정말로** 그 단어에 편향이 숨어 **있는** 경우, 말한 사람에게 우려를 표현하지 말아야 한다는 뜻도 아니다. 오바마와 다른 사람들은 바이든에게 그 문제를 인식시켰고, 바이든은 공개적으로 자신의 과오를 인정하고 사과했다.[11]

요컨대, 우리는 말하는 사람의 마음을 읽을 수는 없다는 것이다. 이제 언어에 대해 생각해보자. 그러나 그 언어가 어디서 왔는지 항상 안다고 가정하지는 말자. 말하는 사람이 편향된 인종적 관점을 지닐 수도 있고 그렇지 않을 수도 있다. 안타깝게도 미세공격을 연구하고 발표하는 사람들은 흔히 절대적인 표현을 사용하며, 두 가능성을 모두 고려하는 경우는 드물다. 잘못된 꼬리표는 편향된 관점을 담고, 잘못된 질문은 편향된 관점을 드러내며, 여기에 이론의 여지는 없다는 것이다.

미세공격으로서의 그릇된 질문

그릇된 질문 형태를 띤 미세공격의 흔한 예는 아시아계 미국인에게 "당신은 어디 출신입니까?"라고 묻는 것이다. 그 질문에는 "당신은 미국인이 아니다"라는 메시지가 숨어 있다고 여겨진다.[12] 언어학 교수이자 《지는 인종 경기Losing the Race》의 저자 존 맥워터John McWhorter는 그릇된 질문의 예로 다음과 같은 상황을 묘사했다. 한 흑인 언론인이 저술 프로그램에 참가했는데, 어느 문학 평론가가 그에게 "그런데 **당신은** 여기에 왜 왔습니까?"라고 물었다. 맥워터는 그 평론가가 무슨 뜻으로 그런 말을 했는지는 '명백'하다고 주장했다.[13]

내가 직접 그 질문을 들은 건 아니지만, 미세공격에 맞서 싸우는 사람들이 감춰진 인종차별적 의미를 명백하게 느끼는 일은 매우 흔하다. 소수집단들을 옹호하는 사람들은 미세공격에 관한 우려를 제기하기에 충분한 증거가 있겠지만, 모든 사례마다 100퍼센트 확실하다고 주장할 만큼은 아니다. 미세공격을 다룬 연구 문헌들에 나온 증거들은 대부분 자기 보고나 풍문, 상관관계 연구, 작은 초점집단 면담에 기반을 두며, 늘 평균치에 근거한다는 점에서 제한적이다. 미세공격 문헌은 그 영향력이 강력하지만, 몇몇 유명한 사회과학자들이 미세공격 교육의 중단을 요구했을 만큼 심각한 한계들도 있다.[14]

누군가가 당신을 불쾌하거나 오만한 태도로 대하고 당신은 그 의도가 명백하다고 여긴다면, 마음을 읽는 일에서는 명백해 보이는 것이 사실이 아닐 수도 있다는 나의 메시지를 받아들이기가 매우 어려울지도 모른다. 가능하면 말한 이에게 당신의 해석을 이야기해보라. 그리고 이때 당신이 처음에 내린 해석을 명백하다고 가정하지 말라고 조언하고 싶다.

맥워터조차 미세공격 개념에 유보적 의구심을 표했다. 그는 미세공격에 대한 일부 주장들이 과도하다고 보았다. 백인이 자기가 색맹이라고 말하는 것까지 미세공격으로 보는 경우가 한 예다. 점점 증가하는 대학들의 다양성 안내서들뿐 아니라, 데럴드 윙 수와 그 동료들에 따르면 백인이 색맹이라는 주장에는 "유색인의 인종적/민족적 경험들을 부인한다"는 메시지가 숨어 있다는 것이다.[15] 맥워터는 "우리는 어떤 특징이든 '흑인이어서' 갖는 특징이라고 보는 백인을 인종차별주의자로 간주한다. … 그러면서 정반대로 흑인을 있는 그대로 보는 사람들까지 인종차별주의자라고 하는 건 말이 안 된다"고 썼다.[16]

과학적 논리(의 부재)

맥워터는 색맹을 미세공격으로 보는 사례를 논할 때, 백인이 특정 행위를 하든 그와 반대되는 행위를 하든 거기에는 미세공격이 들어 있다는 미세공격 연구자들의 주장을 부각함으로써, 본질적으로는 미세공격 개념에 반증 불가능성이라는 혐의를 부과했다. 즉, '해도 욕먹고 안 해도 욕먹는' 시나리오가 된다는 뜻이다. 그 사람이 어떻게 행동했든 간에 미세공격이라는 비난이 틀렸다고 입증할 수 없기 때문에 반증 불가능한 것이 되고, 이는 과학적 방법에서는 있을 수 없는 일이다. 이러한 반증 불가능성을 주장한 학자가 맥워터만은 아니다. 그전에 케네스 토머스Kenneth Thomas와 동료들은 "사람은 각각 다른 인종들을 구별하든 아니든, 또는 모두를 똑같이 대하든 어쨌든 욕을 먹게 되어 있다"고 논평했다.[17]

나는 이 반증 불가능성이라는 논점이, 맥워터 등이 미세공격 개념 자체의 타당성에 대해 제기한 탄탄하고 논리적인 주장이라고 생각한다. 백인들이 색맹인 것과 어떤 특징을 흑인의 특징이라고 말하는 것 사이의 이분법적 선택에만 해당하는 주장이 아니라는 뜻이다. 연구자들이 미세공격 추론에 얽힌 전반적 문제를 밝혀내려 할 때, 그 문제는 형식적인 과학적 논리에만 한정되지 않는다. 1장에서 자세히 이야기했듯이, 언어 선택에 영향을 미칠 수 있다고 알려진 상황요인들은 개인의 감정이나 관점 외에도 존재한다(다시 말하지만, 이는 특정 집단 사람들의 마음을 상하게 하는 언어를 선택하는 사람들을 변명해주려는 것이 아니다). 특히 정치인들은 초점집단이나 당장 눈앞에 있는 관중이 누군지에 따라 언어 선택을 달리하기도 한다. 많은 십 대들은 생각 없이 또래들을 모방한다. 노인들은, 심지어 오랫동안 시민권을 옹호해왔던 사람들도 지금과는 다른 시대에 성장했고, 현재의 정치적으로 올바른 언어에 관해 잘 모를 수도 있다. 물론 어떤 사람이 쓰는 특정 단어들이 무의식적인 인종적 편향을 반영할 때도 있지만, 그런 편향을 자동적으로 가정하는 것은 잠재적인 상황요인들의 역할을 과소평가하는 일이자 기본귀인오류에 해당한다.

유명한 미세공격 연구자 데럴드 윙 수도 미세공격이라고 추정되는 것들 배후에 상황적 요인들이 있을 수 있음을 종종 인정한다. 예컨대 미세공격인지 여부를 추론할 때 그와 동료들은 "또 다른 설명도 **언제나** 존재할 것이다"라고 말한다.[18] 그러나 이러한 인정에도 불구하고, 놀랍게도 그는 특정한 말이나 질문 뒤에 무의식적 인종차별주의가 있다는 자신의 단호한 주장을 조금도 누그러뜨리지 않는다. 오히려 수는 그러한 상황요인들의 가능성이 이제 막 미세공격을 당한 유색인들을 더욱 답답하게 만드는 요인이라고 지적했다. 양심상 유색인들은 아무리 생각해도 누군가가 방금 자신을 부당하게 대우했다고 확신하지 못하기 때문이라는 것이다. '양심상'이라는 말은 유색인들이 기본귀인오류를 피하려 한다는 뜻으로 들리고, 듣기에는 좋은 말이지만, 수와 그의 동료들은 기본귀인오류를 피해야 한다는 필요성을 무시하는 듯 보인다. 그들은 유색인들이 스스로 미세공격을 당했는지 아닌지 확실히 모르는 것은 명백히 미세공격 때문에 생기는 고통스럽고 기운 빠지는 경험의 한 부분일 뿐이라고 여긴다.

나는 유색인종에 속하는 많은 사람들이 겪는 너무나도 현실적인 이런 경험을 안타깝게 생각한다. 수의 관점에 반대하는 일부 학자들이 그랬듯이, 그들의 감정적 반응이 정당하지 않다고 주장하는 것도 아니다. 일례로 케네스 토머스는 어떤 단어 선택들 때문에 "감정적으로 괴로워하는 것은 병적이라고까지 말할 수는 없다 해도 어리석은 일 같다"고 썼고, 수는 이를 피해자 탓하기라고 말했는데 이는 정당한 반응이었다.[19] 그러나 유색인들의 이러한 경험적 현실이 사회적 상황의 역학을 바꾸는 것은 아니다. 무의식적 인종차별주의 외에도 상처 입히는 말을 하게 되는 이유들은 얼마든지 있다.

이 부분 때문에 독자들의 기분이 상해서 이 책을 덮어버리는 일이 없기를 진심으로 바란다. 나는 미세공격에 관한 한 중간적 입장을 취한다. 수를 비롯한 미세공격 연구자들이 이 실질적인 문제에 대한 인식을 높인 것을 진심으로 높이 평가하지만, 우리가 특정 단어들을 사용하거나 특정 질문들을 던지는 모든 사람의 마음을 읽을 수 있다고 생각하는 것은 더욱더 조심해야 한다고 제안하는 바다.

맥락을 덜어낸 인용: 맥락 제거

정치인들이나 교수들이 발언할 때 어떤 단어나 꼬리표를 사용하는지 귀 기울이는 일은 중요하다. 그들이 정치적으로 그릇된 언어를 사용할 때 우리가 그들의 마음을 읽을 수 있다고 생각하는 것은 위험하지만, 적어도 우리는 그 말을 그들이 했다는 사실만은 분명히 안다. 그런가 하면 풍문이라는 것이 있다.

누군가가 다른 사람이 했다며 전하는 말을 들을 때, 그 다른 사람에 대해 확신을 갖고 그의 기질 탓으로 돌리는 것은 더욱더 위험한 일이다. 직접 인용도 엄밀하게는 전해들은 말이자 간접 정보이며, 여기에는 맥락을 제거한 인용을 포함해 여러 위험이 따른다.

맥락을 덜어내고 인용하는 것은 인용 채굴quote mining, 말씀 잘라다 증거 대기proof texting, 맥락 제거contextomy 등 여러 이름으로 불린다. 맥락 제거는 맥락을 외과 수술하듯 적출해내는 것을 일컫는다. 일반적으로 그 과정은 근처의 단어나 어구 또는 전체 문장을 제거하거나 언급하지 않은 채 인용함으로써 원래 맥락을 제거하는 것을 말한다. 간결하게 만들려는 의도일 수도 있고, 오도할 의도일 수도 있다. 어쨌든 남는 것은 원래 의도와는 상당히 다른 의미, 심지어 정반대의 의미를 나타낼 수도 있다. 제거된 맥락이 무엇인지 보면 왜 특정 단어들만 남겼는지 납득될 수도 있고, 어쩌면 맥락 자체가 그것이 제거된 이유일 수도 있다. 하지만 맥락이 제거되었다는 사실을 모른 채 듣는 사람은 기본귀인오류를 범할 가능성이 있다. 듣는 사람들은 그 맥락을 간과하게 되고, 인용자가 많은 단어들을 제외했다는 단순한 사실마저 간과하게 된다.

저널리스트 칼 비알릭Carl Bialik은 영화평에서 특정 문장들을 선택적으로 인용하는 것을 '광고 문구 사기'라고 불렀다. 나아가 그는 영화를 홍보하는 데 흔히 사용되는 맥락 제거의 유형들을 분류하기까지 했다. 예를 들면 부사의 자리를 바꾸는 수법이 있다. 광고 문구에서는 원래 문장에 있던 단어들을 삭제함으로써 어떤 부사가 엉뚱한 단어를 수식하게 만들곤 한다. 비알릭은 평론가가 "광란적으로 과도한 연출과 놀라운 재미"라고 쓴 것을 광고에서는 "광란적 … 재미"로 쓴 사례를 들었다. 만약 내가 "믿기지 않을 만큼 바보 같고 한순간도 안 즐겁다"라고 쓰면 "믿기지 않을 만큼 … 즐겁다"라고 인용될 수도 있겠다는 생각이 든다. 그런가 하면 옛날부터 잘 쓰이던 방법으로 배우와 영화를 바꿔치기하는 수법도 있다. 때로 평론가가 배우만 칭찬하고 영화는 혹평한 경우, 광고업자들은 배우의 이름을 빼버리고 배우에 대한 찬사를 영화 전체에 대해 한 말처럼 인용한다.[20]

조지 짐머만의 경우

맥락 제거의 더욱 심각한 사례이자 기본귀인오류의 명백한 사례는 2012년에 조지 짐머만 사건을 보도할 때 일어났다. 짐머만은 17세의 흑인 소년 트레이번 마틴을 총으로 쏘아서 죽인 백인 또는 히스패닉계 남자다. 플로리다에서 일어난 그 사건은 전국적으로 언론의 관심을 받았다. 조지 짐머만은 왜 트레이번 마틴을 쏘았을까? 그것은 정당방위였을까? 그는 트레이번 마틴을 인종 프로파일링*한 것일까?

그 사건이 일어난 지 한 달쯤 뒤에 NBC는 그날 밤 911에서 녹음된 테이프의 한 부분을 틀었다. 그 부분에 담긴 내용을 들은 많은 사람들은 격분했다. 짐머만은 마을 자경단 소속이었고, 마을에서 걸어 다니는 마틴을 보고 911에 전화를 걸었다. 테이프의 방송된 부분에서 짐머만은 "저 친구 나쁜 일을 꾸미고 있는 것 같다. 흑인처럼 보인다"라고 말했다.

인종차별주의자의 본색이 녹음기에 포착된 것이다. 단순 명쾌하다. 그렇지 않은가? 많은 사람들이 그 순간 판단을 내렸을 것이다. 짐머만이 인종차별주의자가 아니라면 왜 "나쁜 일"이라는 말을 한 직후에 "흑인처럼 보인다"고 말했겠는가? 달리 설명할 길이 없다.

그런데 잠깐, 사실은 911 응답원이 짐머만에게 마틴의 인종을 물었다. 응답원은 인용된 짐머만의 두 가지 진술 사이에 이 질문을 던졌지만, NBC가 방송한 녹음에서는 그 질문이 삭제되었다. 전체 대화는 다음과 같다.

> 짐머만: 저 친구 나쁜 일을 꾸미고 있는 것 같아요. 아니면 마약인가 뭔가를 했거나. 비가 오고 있는데 주변을 두리번거리며 그냥 걸어 다니고 있습니다.
> 911 응답원: 알겠습니다. 그런데 그 친구, 백인이에요, 흑인이에요, 아

• 개인적으로 의심이 가는 일을 해서가 아니라 특정 인종에 속한다는 점을 기준으로 용의선상에 올리거나 차별대우를 하는 것.

니면 히스패닉이에요?

짐머만: 흑인처럼 보입니다.[21]

911 응답원의 직접적인 선다형 질문이 바로 그 제거된 맥락이었다. 그런 질문을 받는 것은 강력한 상황요인이다. 제시된 항목 중 하나를 선택해야 하는 그런 질문의 대답에 반영되는 것은 그런 질문을 받았다는 사실 외에는 별것이 없다. 물론 이와 무관하게 여전히 짐머만은 인종차별주의자일 수도 있지만, 그가 말한 그 구체적 단어들이 그의 인종차별적 태도에서 기인한다고 보는 것은 정확히 기본귀인오류의 정의에 들어맞는 판단이다. 자의적으로 편집된 그 테이프를 들은 뒤 짐머만의 기질에 대한 관점이 수정할 수 없이 고정되어버린 사람들이 얼마나 많았을까?

그가 인종차별주의자라고 추정한 시청자들이 그 말의 정의상 기본귀인오류를 범한 것이라고 해도, 그렇게 편집한 NBC의 잘못이지 시청자들의 잘못이 아니다. 녹음된 내용에서 그렇게 중요한 부분이 잘려나갔으리라는 걸 시청자가 짐작하지 못하는 것은 충분히 이해가 된다. 다른 한편으로 오늘날에는 맥락을 잘라낸 인용의 사례가 너무 많기 때문에, 인용을 보거나 듣는 사람들은 뉴스 미디어나 다른 출처 또는 인용된 당사자가 증거를 입증하거나 언급할 공정한 기회가 생길 때까지는 판단을 유보하는 것이 현명하다. (일부 시청자들은 바로 그렇게 했을 거라고 확신한다.)

판단 유보가 결코 판단하지 않는다는 의미는 아니다. 그저 시간을 좀 더 두고 보는 것이다. 어쩌면 재판 때까지 기다리는 것일 수도 있다. 속보를 듣는 만족스럽거나 편안한 방식은 아닐지 모르지만, 기본귀인오류를 피하는 데는 도움이 된다.

코미디언들도 안다

폭스뉴스의 숀 해니티Sean Hannity부터 〈더 데일리 쇼The Daily Show〉의 존 스튜어트Jon Stewart까지 케이블뉴스와 기타 매체들은 NBC의 이 실수에 달려들었다. 스튜어트는 '이어붙이기 채널The Splice Channel'이라는 제목의 꼭지를 통해 NBC의 실수를 부각시킨 다음, 또 하나의 예를 보여준다. 퀴즈쇼 〈제퍼디Jeopardy!〉의 장면들을 편집한 화면인데, 참가자들이 질문하는 장면들만 모아놓은 것이다(알다시피 〈제퍼디〉에서는 의문문의 형식으로 답을 맞힌다). "일광욕실이 뭐죠?" "막다른 골목이 뭐죠?" 스튜어트는 똑똑하다는 참가자들이 어떻게 이런 말들도 모르냐며 이렇게 놀린다. "당신들은 대학도 안 갔어요?" 그러자 그 말에 대답이라도 하듯 "텍사스 대학이 뭐죠?"라는 다음 참가자의 말이 나온다. 스튜어트는 그 퀴즈쇼의 맥락에서 진행자의 대답들을 편집으로 잘라내면 참가자들을 '바보'처럼 보이게 만들 수 있음을 강조한 것이다. 그런 다음 이것을 NBC가 편집한 테이프가 짐머만을 인종차별주의자처럼 보이게 만든 일에 비유한다. 스튜어트는 편집된 그 테이프가 실제로 짐머만에게 있었는지 알 수 없는 동기를 그에게 부여했고, 우리는 짐머만이 왜 그런 짓을 했는지에 아는 바가 전혀 없다는 점을 명료하게 설명했다. 그 논란에 대해 NBC는 "형편없는 실수"가 벌어졌다고 입장을 밝혔지만 스튜어트는 그들을 봐줄 생각이 없었다. 그는 이해한 척하면서 그들이 "그냥 실수로 맥락삭제 버튼을 눌렀을 뿐"일 거라고 말한다. 이어서 크고 빨간 '맥락삭제' 버튼이 달린 장난감 같은 편집기 사진이 화면에 등장한다.[22]

자기도 모르게 맥락삭제 버튼을 누른다는 것은 기본귀인오류에 딱 적합한 은유다. 우리는 다른 사람들을 관찰할 때 부지불식간에 늘 그 버튼을 누르거나, 맥락 보여주기 버튼을 찾아보려 하지 않는다. 그러나 기본귀인오류는 우연한 사고가 아니다. 우리 대부분에게 그것은 자동반응이며, 그것이 인지적 부산물이든 어떤 동기에 따른 것이든 맥락이 없으면 잘못된 기질적 귀인을 하게 될 크나큰 위험에 처한다. 다른 누군가가 중요한 관련 맥락을 제시하지 않았을 때 그런 기질적 귀인을 한다고 해서 우리가 나쁜 사람이 되는 건 아니다. 당연한 말이지만, 유포된 정보를 우리가 언제나 통제할 수 있는 것은 아니니까. 그래도 여전히 우리가 내린 결론들이 잘못된 것일 가능성은 있다.

수학 선생님이 잘못된 공식을 가르쳐주어 학생이 틀린 답을 내놓았다 해도, 그 답이 틀렸다는 사실에는 변함이 없다. 그리고 누군가가 우리에게 일부러 상황 정보를 제공하지 않았다고 해도, 우리가 기본귀인오류를 일으켰다는 사실에는 변함이 없다. 그런 경우를 우리가 통제할 수는 없을지라도 판단을 유보하는 것만으로도 기본귀인오류의 사례를 줄일 수는 있다. 판단을 미루거나 더 많은 정보를 수집할 시간이 없을 때, 우리가 할 수 있는 최선은 자신이 필수적 맥락을 놓치고 있을 가능성을 염두에 두면서 최대한 분별 있게 원인을 판단하는 것이다. 그러나 대부분의 경우 어떤 기사가 처음 터져 나올 때는 그럴 시간이 충분할 것이다.

결국 NBC도 맥락 정보를 제공하지 않는 것이 얼마나 심각한 일인지 깨달았을 것이다. 그 일로 NBC의 직원 몇 사람은 직장을 잃었다.

믿음 집착

실제로 이런 사건이 일어나는 것이 특히 심각한 이유는, 일단 누군가의 말이 잘못 인용되거나 맥락에서 분리되어 인용되면 나중에 그 인용을 철회하거나 수정하더라도, 심지어 신문 1면에 정정 기사가 실리더라도 처음에 가해진 피해를 되돌릴 수는 없다는 점이다. 처음의 증거가 잘못되었다고 밝혀진 뒤에도 한 번 생긴 믿음을 그대로 고수하려는 이런 현상을 믿음 집착belief perseverance이라고 한다. 믿음을 고수하는 것은 단순히 자아를 보호하기 위함일 수도 있다. 혹은 우리 뇌가 그 믿음에 대해 처음의 증거를 뛰어넘는 정당화 근거를 충분히 만들어냈기 때문인지도 모른다.[23]

편집된 911 테이프는 당연히 여러 정치적 결과를 낳았다. 특히 진보 인사들과 진보 성향 매체들은 인종 프로파일링에 큰 우려를 표했는데, 이런 일은 부분적으로는 그 테이프 때문에 더욱 거세졌다. 짐머만이 무죄판결을 받은 뒤 진보 진영은 전반적인 인종 불평등 또는 인종에 따른 부당함들에 심각한 우려를 나타냈다. 시위자들은 몇 주 동안 집회를 열었다. 나는 인종 불평등이나 인종 프로파일링의 존재를 모르는 체하는 것도 아니고, 그 시위들을 비판하는 것도 아니다. 그리고 짐머만은 유죄를 받았어야 마땅한지도 모른다. 그러나 편집된 911 테이프에서 기인한 기본귀인오류와 믿음 집착이 아니었다면 좌파의 분노가 그렇게까지 크지는 않았을지도 모른다는 생각은 든다.

덧붙이는 정치 이야기

맥락을 덜어낸 인용의 전형적인 예는, 누군가가 인용한 말을 다시 인용하면서 그것이 원래 다른 누군가의 말을 인용한 것임을 언급하지 않는 것이다. 2011년 미트 롬니 선거 캠프의 텔레비전 광고가 바로 그런 예였다. 그 광고에서는 오바마 대통령이 "우리가 계속 경제 이야기만 한다면 우리는 패배하게 될 것입니다"라고 말한다. 정확한 인용이었다. 오바마는 정말로 그런 말을 했다. 그러나 그는 2008년에 존 매케인 선거 캠프에 소속된 누군가가 한 말을 인용한 것이었다. 오바마의 전체 문장은 이렇다. "매케인 상원의원의 선거 캠프가 실제로 한 말을 내가 인용해 보겠습니다. '우리가 계속 경제 이야기만 한다면 우리는 패배하게 될 것입니다.'" 어이쿠, 오바마의 진술을 원래 문맥에 넣어보자. 오바마의 발언 의도가 완전히 달라졌다. "내가 인용해 보겠습니다"라는 부분이 삭제된 것이다. 누군가가 실수로 맥락삭제 버튼을 눌렀던 게 분명하다.[24]

진보 쪽의 많은 사람들은 문맥을 제거한 인용이 우연이었다고 생각하지 않는다. 보수 쪽의 많은 사람들도 진보 쪽 사람들이 보수 후보의 말에서 문맥을 덜어내고 인용하는 광고들을 우연한 실수로 여기지 않는다. "나에게 서비스를 제공하는 사람들 중에서 ⋯ 내게 필요한 좋은 서비스를 제공하지 않는 ⋯ 사람들을 해고할 권한이 내게 있다는 게 마음에 든다."는 롬니의 말은 진보 매체에서 "사람들을 해고할 권한이 내게 있다는 게 마음에 든다"로 알려졌다. 이번에도 분명 누군가가 실수로 맥락삭제 버튼을 눌렀을 것이다.[25]

정치 광고 전쟁은 이렇게 치러진다. CNN의 정치부 기자 짐 아코스타Jim Acosta는 2012년 대통령 선거를 가리켜 이렇게 말했다. "'맥락 이탈' 캠페인에 오신 것을 환영합니다."[26]

정치 사례들이 맥락 제거의 정의에 가장 명료하게 맞아떨어지는 것 같다. 그러나 다른 영역들의 맥락 제거를 연구하는 과학자, 철학자, 역사학자도 많다. 어떤 저술가들은 맥락 제거의 효과를 설명하기 위해 자신들의 학문 분야에서 사회심리학으로 넘어와 기본귀인오류 연구를 인용하기도 한다. 예를 들어 인지심리학자인 매튜 맥글론Matthew McGlone은 맥락이 제거된 인용으로 잘못된 인상이 새겨졌을 때, 이를 다시 지우는 것을 어렵게 하는 것이 기본귀인오류라고 주장했다. 맥글론이 든 핵심적인 예에서는, 적극적 우대조치affirmative action를 반대하는 사람들이 마틴 루터

킹Martin Luther King 박사의 연설 〈나에게는 꿈이 있습니다〉의 일부를 선택적으로 인용해, 마치 그라면 적극적 우대조치에 반대했을 것처럼 보이도록 교묘하게 인용한 방식을 보여준다.[27] 심지어 진화론의 창시자 찰스 다윈Charles Darwin의 말들도 그가 진화론에 반대한 것처럼 보이도록 선택적으로 인용되어왔다.[28]

적극적 우대조치의 반대자들 입장에서는, 위대한 민권운동 지도자가 그 조치에 반대하는 말을 했다는 말을 들으면 자신들의 타당성을 인정받는 느낌이 들 수 있다. 진화론 반대자들에게는 최초의 진화론자가 그 이론에 반대하는 말을 했다는 사실이 큰 위안을 안겨줄 수도 있다. 그렇게 상징적인 인물들조차 자신이 참여한 운동을 믿지 않았는데 우리가 왜 믿어야 하겠는가? 그러나 이러한 인물들이 자신의 대의에 반대했다는 사례들은 기본귀인오류에 따른 환상이다. 마틴 루터 킹과 찰스 다윈이 자신들이 공개적으로 옹호한 입장에 관해 속으로는 복잡한 감정을 느꼈을 수도 있다. 그러나 맥락을 제거한 인용은 그러한 가능성을 입증할 근거로 타당하지 않다.

너무 기본적이어서 간과되는 기본귀인오류

기본귀인오류가 기본적인 이유는 그것이 매우 흔하고 막강하며 자동적이어서기도 하지만, 대단히 광범위하게 적용될 수 있어서기도 하다. 일상에서 발생하는 기본귀인오류의 예를 들자면 끝이 없다. 지금까지 어느 정도 자세히 살펴본 운전, 정치, 역사, 강의실이라는 맥락 외에도, 연구자들은 음모이론과 법정, 고용, 국제관계, 결혼, 편견, 감옥, 심리치료, 종교, 문자 메시지, 트위터 사용에서, 그리고 가난, 실직, 인종 불평등, 총기 폭력, 테러 등 전국적 사안을 둘러싼 대중의 반응에서도 기본귀인오류를 증명하거나 적용해왔다.

이러한 실생활의 예들 외에도, 기본귀인오류는 다양한 사회심리학적 편향과 그에 연관된 지각현상들에도 적용할 수 있다. 대니얼 길버트와 그 동료들은 기본귀인오류가 "사회심리학의 가장 중요한 현상들 다수에 기본적으로 깔려 있다"고 썼지만,[29] 그런 길버트조차 수많은 예들을 생략함으로써 기본귀인오류의 범위가 얼마나 넓은지 충분히 보여주지 못했다. 기본귀인오류와 관련된 현상들을 모두 꼽아보자면 정형화 stereotyping, 편견, 행위자 – 관찰자 편향, 기준점과 조정 어림짐작anchoring-and-adjustment heuristic, 의인화, 편향 사각지대, 음모이론, 방어적 귀인, 본질주의, 허위합의 믿음false-consensus beliefs, 쾌락적 관련성, 집단고양 편향group-serving bias, 후광효과, 적대적 귀인편향, 적대적 미디어 편향, 통제환상, 자유환상, 내재적 정의 추론, 내재적 속성 어림짐작, 인터뷰 환상, 투명망토 환상invisibility cloak illusion, 정의로운 세계 신념, 외집단 동질성 편향outgroup homogeneity bias, 양육자 창피주기, 다원적 무지pluralistic ignorance, 리더십 낭만화, 전가scapegoating, 자기충족적 예언, 사회적 역할 효과, 즉흥적 특징 추론, 시간확장, 진실편향, 궁극적 귀인오류, 피해자 탓하기가 포함된다.

이 책에서는 이런 편향들 일부와 실생활에서 일어나는 기본귀인오류의 예들을 추가적으로 다룰 것이다. 어쨌든 내가 여기서 말하려는 요점 하나는 기본귀인오류가 하나의 편향이자 사고방식이며, 이는 삶의 너무나 많은 측면에 영향을 미칠 뿐 아니라 수많은 유형의 왜곡된 판단들과 연관된다는 점이다.

간단히 말해 기본귀인오류는 사회심리학의 역사에서 가장 많이 연구되고 논의된, 가장 핵심적이고 광범위한 편향일 것이다. 그렇기 때문에 다수의 사회심리학자들이 아무렇지 않게 기본귀인오류를 범하거나, 최소한 그 오류 위험에 자신을 노출하는 것은 정말 모순적이다. 편향에 관한 수많은 대중서들이 기본귀인오류를 언급조차 하지 않는 것, 언급하는 책들조차 대개 그 적용 범위를 과소평가한다는 것도 모순적이다. 그러한 사회심리학자들과 대중적 저술의 몇 가지 예를 잠시 살펴봄으로써 기본귀인오류를 피하지 못하는 일이 얼마나 흔한지, 기본귀인오류와 그것이 일상의 삶에서 맡는 역할에 관한 저자들의 말에 어떤 허점들이 있는지 밝혀보자.

기본귀인오류를 범하는 사회심리학자들

사회심리학자 샘 소머스는 자신의 책 《무엇이 우리의 선택을 좌우하는가》에서 어느 회전교차로를 빨리 지나가지 않는 한 남자에게 화를 내며 경적을 울려댄 이야기를 들려준다. 소머스는 그 남자가 형편없는 운전자에 얼간이라고 생각했다. 그런데 장례행렬이 막고 있어 아무도 들어갈 수 없었다는 사실을 나중에야 깨달았다. 기본귀인오류의 완벽한 예였다. 소머스는 자신의 착오를 후회했는데, 나는 그가 책에서 자신의 실수를 들려준 점을 높이 산다.[30]

다른 사회심리학자들은 자신의 명백한 편향을 알아차리지 못하는 것 같다. 《마인드셋Mindset》의 저자 캐롤 드웩Carol Dweck은 흔히 일화적 행동들이나 결과들이 반드시 특정 사고방식(마인드셋)을 반영한다고 설명하면서, 당면한 상황들은 전혀 고려하지 않는다. 만약 당신이 갑자기 피곤하거나 배가 고프다고 느끼면서 어려운 활동을 그만두고 싶은 마음이 생길 경우에 대해 드웩은 "자신을 속이지 마라. 그것은 고정 마인드셋이다"라고 설명한다. 또한 그녀는 고정 마인드셋을 갖고 있는 사람들이 부정적 결과를 경험하는 것은 노력하지 않았기 때문이라는 전형적인 설명을 제시한다. 예를 들어 그런 사람들이 마음의 상처를 입을 때 어떻게 반응하는지 설명하는 부분에서 드웩은 이렇게 썼다. "어떤 사람들은 이런 경험들이 자신에게 상처를 입히고 미래에 만족스러운 관계를 형성하지 못하도록 **허용한다**"(강조는 내가 했다). 실패를 그런 식으로 해석하는 것은, 엄밀히 말하면 기본귀인오류의 한 형태인 피해자 탓하기 범주에 속한다. 그렇다고 드웩이 나쁜 의도를 품었을 거라고 생각한다는 말은 아니다.[31]

앞에서도 말했듯이, 다수의 사회과학 저술가들은 단어 선택이 반드시 개인의 가치관을 반영한다고 주장해왔다. 그렇게 믿는 학자들은 너무 많지만, 그럼에도 논리적으로 해서는 안 될 주장이다. 사람이 자신의 편향을 알아차리는 것이 얼마나 어려운지에 대한 연구로 잘 알려진 에밀리 프로닌Emily Pronin도 특정한 비언어적 행동들은 반드시 인종적 감정을 반영한다고 말함으로써 바로 그 논리적 오류의 또 다른 실례를 보여주었다. 프로닌은 백인 실험 참가자들이 흑인 실험 참가자들과 상호작용을 할 때 보인, 편견 때문일 가능성도 있는 비언어적 행동을 지칭하면서 그 행동이 "명백히, 암묵적 태도들에서 흘러나온 것"이며 "그들의 암묵적 태도를 드러냈다"고 썼다.[32]

데럴드 윙 수는 특정한 언어 선택이 암묵적 편향을 드러낸다고(이는 참일 때도 있다) 믿을 뿐 아니라, 어떤 저자가 수 자신의 입장에 동의하지 않은 것을 두고 그 저자가 백인이기 때문이라는 그릇된 결론을 내리기도 했다. 알고 보니 라파엘 해리스 주니어Rafael Harris Jr.라는 그 저자는 백인이 아니었다. 수와 해리스, 그 밖의 사람들이 일련의 논문들을 주고받으며 논쟁을 벌이는 동안, 수와 공저자들은 수의 관점에 반대하는 해리스와 2명의 저자들을 일컬어 "악의는 없지만 … 자신들의 인종적 현실을 유색인들에게 강요하고 있는 백인들"이라고 말했다. 그들은 또한 "누구든 백인이 자신들의 인종적 현실을 정의하고 주변화된 집단들에게 그 현실을 강요하려는 것은 정말로 오만한 일 같다"고 덧붙였다.[33]

수가 자주 들려준, 논쟁의 시초가 된 이야기에 따르면 한 백인 비행기 승무원이 수와 (유색인인) 다른 두 동료를 부당하게 대했는데, 이는 그 승무원의 인종적 편견 때문이라는 것이었다. 해리스는 승무원이 그렇게 행동한 것은 인종적 편견이 아니라 다른 상황적 원인들 때문일 수도 있다는 가능성을 제기했다.[34] 해리스는 수가 (그 승무원에게서 인종적 편견을 추측함으로써) 기본귀인오류에 필적하는 일을 범하고 있는지도 모른다는 의견을 제시했는데, 그러자 공교롭게도 수는 (해리스가 그런 주장을 하는 것은 백인이거나 백인의 특권적 관점을 갖고 있기 때문이라고 추측함으로써) 기본귀인오류를 저지르고 만다. 뒤이은 논문에서 해리스는 수가 자신을 백인이라고 가정한 것이 오류임을 지적했고, 수도 논문을 통해 사과했다.[35]

프로닌과 수를 포함해 자동적인 기질적 귀인으로 암묵적 태도를 추론해온 사회과학자들이 많지만, 그 밖에 암묵연상검사를 설계해 사용하면서 주기적으로 그러한 귀인을 하는 이들도 있다. 암묵연상검사는 피검자가 긍정적 단어나 부정적 단어를 백인이나 흑인처럼 특정 집단의 사람들과 연상시키는 데 걸리는 반응시간을 측정한다. 흑인에 대해 부정적 편향이 있는 사람은 긍정적 단어에서 백인보다 흑인을 연상하는 데 더 많은 시간이 걸릴 거라는 게 핵심 아이디어다. 미세공격에 대한 학계의 논쟁과 유사하게, 암묵연상검사 점수에서 무엇을 합리적으로 추론해낼 수 있는지에 관한 논쟁도 계속 진행 중이다. 암묵연상검사 옹호자들은 낮은 암묵연상검사 점수 뒤에는 암묵적 편향이 자리 잡고 있다고 확신하지만, 상황적 요인이나 문화적 요인으로도 반응시간을 설명할 가능성을 제기

해온 사람들도 있다.[36]

《마인드버그: 공정한 판단을 방해하는 내 안의 숨겨진 편향들》의 두 저자 마자린 바나지Mahzarin Banaji와 앤서니 그린월드는 조지 짐머만을 평가할 때 기본귀인오류를 범했는지도 모른다. 짐머만 재판이 시작되기도 전에 그들은 짐머만을 "마틴이 사실은 무장하지도 않았는데 마틴을 위험 인물이라고 잘못 가정한 ⋯ 마을 자경단원"이라고 표현했다.[37] 앞 장에서 단 하나의 단어 선택만으로 타인의 마음을 읽을 수 있다는 생각은 하지말 자고 했던 대로, '자경단원'이라는 단어를 과대해석하고 싶지는 않다. 자경단원에는 부정적 함의가 있지만, 바나지와 그린월드는 불법적 의도나 공격적 의도에 대한 판단은 덧붙이지 않은 채 짐머만이 그 마을의 자경단 소속이었다는 사실만 전달하려 했던 것일 수도 있다.

그래도 바나지와 그린월드는 그가 어떤 생각 또는 가정을 했다고 말하면서 짐머만의 행동을 설명했다. 하지만 짐머만이 어떤 가정을 했는지 어떻게 알 수 있는가? 마을 자경단원은 어떤 사람의 무장 여부에 대해 아무런 가정을 하지 않고도 그 사람을 미행하거나 지켜볼 수도 있다. 바나지와 그린월드가 자신들의 진술 근거로 인용한 《뉴욕 타임스》 기사는 짐머만이 그 무렵 발생한 주거 침입 사건들에 대해 우려를 표했음을 언급했다. 그러한 주거 침입 사건들은 짐머만이 처음에 취한 행동들에 대한 상황요인이 되었다. 물론 그의 행동들이 불법적이고, 결국 사람의 목숨을 앗아갔지만 말이다. 《뉴욕 타임스》 기사에는 짐머만이 마틴이 무장하고 있었다고 주장했다는 언급은 없다.

짐머만의 정당방위 주장과 관련해서는 물론 마틴이 무장하지 않았다는 사실이 중요한 의미를 지니며, 나는 결코 그날 밤 짐머만의 행동을 변명하는 것이 아니다. 그러나 외부 환경의 상황요인들이 충분한 설명을 제공하는데도 바나지와 그린우드는 짐머만의 마음속으로 들어가 내적 가정들을 추측해 짐머만의 행동을 설명했다.

더 범위를 넓혀보면, 사악한 행동에 대해서는 거의 기질 탓으로 설명하는 사회심리학자들이 있다. 로이 바우마이스터Roy Baumeister의 책《사악함: 인간의 폭력과 잔인성의 내면Evil: Inside Human Violence and Cruelty》이 한 예를 보여준다. 그는 탐욕과 에고 등 '악의 뿌리' 4가지를 꼽았다.[38] 공학 교수 바버라 오클리Barbara Oakley가 쓴《나쁜 유전자Evil Genes》라는 책의 제목도 악한 행동을 설명할 때 기본귀인오류의 메시지를 전달하는 전형적인 예다. 반면 사회심리학자 필립 짐바르도Philip Zimbardo는《루시퍼 이펙트》라는 책에서 상황적 요인들이 악의 중심 원인이라고 주장했다.

사실 대개의 경우 기질이나 상황 중 어느 하나만 꼽을 수는 없다. 연구 결과들도 둘 다 원인임을 확인해준다. 기질도 상황도, 또한 그 둘의 상호작용도 사악함을 초래할 수 있다. 바우마이스터와 짐바르도 또한 그러한 복잡성을 이해했을 것이라 생각하며, 부디 내가 사악한 행동을 변명하려는 것이 결코 아님을 알아주기 바란다. 그러나 사회심리학자 조너선 하이트Jonathan Haidt를 비롯해 바우마이스터가 꼽은 4가지 악의 근원을 인용한 사람들은 더욱 흑백논리에 치우친 언어로 글을 썼다. 하이트는 그 4가지 기질을 '폭력과 잔인성'의 '4가지 주요 원인'이라고 말했다.[39] 나는 그 말을 통해 악은 기질 때문에 발생한다는 메시지가 전달되었다고 생각하며, 그 메시지는 기본귀인오류의 한 예다.

물론 수년에 걸쳐 나 자신이 범한 기본귀인오류 사례들도 쌓였다(어쩌면 이 책 안에도 어딘가 있을지 모른다). 익명성이 보장되는 내 차에 탔을 때, 다른 운전자가 내 차를 길옆으로 밀어냈을 경우 순간적인 나의 첫 반응은 때때로 기본귀인오류'스럽다'고 묘사할 수 있을 것이다. 때로 나는 이것을 의식하고, 그 운전자의 집에 퍼부었던 저주를 즉각 철회한다.

내가 말하고 싶은 점은, 아무리 사회심리학 교육을 많이 받아도 기본귀인오류를 제거하기에는 충분하지 않다는 것이다. "최악의 환자를 만드는 건 의사"라는 속담이 있지만, 편향을 가장 많이 저지르는 사람이 사회심리학자들이라고까지 말하지는 않겠다. 하지만 자신들이 학생들에게 피하라고 가르치는 그 오류들에서 사회심리학자들도 자유롭지 않은 것은 사실이다. 《무엇이 우리의 선택을 좌우하는가》의 저자 샘 소머스가 말했듯이 "직업적으로 상황을 연구하는 사람들조차 이내 나쁜 습관으로 돌아가버린다."[40]

사회심리학 교육은 편향을 줄이는 데 한계가 있지만, 교육은 편향을 줄이는 방법과 관련해 대중서 저자들이 제일 먼저 하는 충고다. 나는 그 밖에도 편향을 줄이는 방법을 몇 가지 더 제안할 것이다(10장 참조).

편향을 다루면서 기본귀인오류는 다루지 않는 책들

사회심리학자들이 기본귀인오류를 범한다는 아이러니를 뛰어넘는 또 하나의 아이러니가 있다. 편향을 다루는 대부분의 대중서가 기본귀인오류에는 아예 관심을 두지 않거나, 관심을 둔다 해도 아주 조금만 살피고 넘어간다는 점이다. 리처드 니스벳은 《마인드웨어》의 첫 장에서 기본귀인오류를 간단히 묘사했을 뿐이다. 마찬가지로 니컬러스 에플리가 《마음을 읽는다는 착각》에서 기본귀인오류에 할애한 분량은 한 장도 안 된다. '들어가는 글'에서도 말했듯이, 샘 소머스의 《무엇이 우리의 선택을 좌우하는가》도 이 개념을 다루기는 하지만 기본귀인오류라는 용어는 주석에서 딱 한 번 언급될 뿐이다.

조너선 하이트는 《행복의 가설The Happiness Hypothesis》에서 기본귀인오류의 영역을 아주 짤막하게 다루지만, 자기 고양적 편향이라는 별개의 편향 틀에 넣어 이야기했다.[41] 흥미로운 관점이기는 하나 지금껏 다른 기본귀인오류 연구자들의 공감을 얻지는 못했다. 토머스 길로비치Thomas Gilovich의 《인간, 그 속기 쉬운 동물How We Know What Isn't So: The Fallibility of Human Reason in Everyday Life》에서는 기본귀인오류를 확실히 일상생활에서 일어나는 오류 가능성의 하나로 간주하는 것 같았지만, 결국 그 책에서 다룬 항목에는 들어가지 못했다.

《마인드버그》, 《Blind Spots, 이기적 윤리》, 《생각의 함정》, 《생각의 오류》, 《보이지 않는 고릴라》, 《상식 밖의 경제학》, 《우리는 왜 실수를 하는가》 등 편향에 관한 대부분의 책들이 많은 편향들을 다루면서도 기본귀인오류는 다루지 않는다. 물론 저자들은 무엇이든 자신이 선택한 편향에 관해 글을 쓸 수 있고, 여기 나열한 책들은 다른 장점들이 있다. 어쨌든 이 책의 주요 목표 중 하나는 이렇듯 거대하게 뚫려 있는 기본귀인오류의 공백을 메우는 것이다. 대중적 사회과학서의 독자들은 다른 편향들과 착각들에 대해서는 많이 배웠지만, 기본귀인오류에 관해서는 극히 조금밖에 배우지 못했기 때문이다. 기본귀인오류는 대단히 기본적인 것이므로 잘못된 사회적 판단을 이해하려 할 때 출발점이 되어야 한다고 생각한다.

관련성이 너무 명백해서 말할 필요도 없는 걸까?

심지어 직접 질문을 던져보아도 유명한 사회심리학자들은 기본귀인오류를 실제로 그런 것만큼 큰 문제로 생각하지 않는 듯 보인다. 아마도 사회심리학의 토대와 배경에 너무 깊이 스며들어 있기 때문인 것 같다. 기본귀인오류가 일상생활과의 관련성이 너무 명백해서 사회심리학자들이 말할 필요도 못 느끼는 걸까?

《마음은 어떻게 작동하는가How the Mind Works》와《빈 서판The Blank Slate》의 저자 스티븐 핑커Steven Pinker는 언젠가 "모든 사람의 인지적 도구 세트를 개선할 만한 과학적 개념은 무엇인가?"라는 질문을 던졌고, 이 질문에 대한 사상가 164명의 답변을 'Edge.org'가 게재했다. 그 사상가들 중에는 사회심리학자들도 많았지만, 기본귀인오류를 후보로 제시한 이는 단 한 사람도 없었다. 칼럼니스트 데이비드 브룩스David Brooks는 이 문답에 관해 논하면서 자신이 생각하는 첫째 후보로 기본귀인오류를 지명했다. 그는 이렇게 썼다. "주제넘더라도, 내가 몇 가지 항목을 지명해도 된다면 나는 기본귀인오류를 제안하겠다. 이는 곧 맥락으로써 더 잘 설명할 수 있는 행동을 성격적 특성으로써 설명하려 하지 말라는 것이다."[42]

심리학자는 아니지만 공적 담론에서 왕성한 활동을 펼치는 저술가가 기본귀인오류를 지명했다는 사실은 그것이 얼마나 일상적이며 영향력이 큰 것인지 반영한다. 브룩스가 이미 말했지만, 나는 사회적 오류와 대인관계에서의 이해에 관한 현대의 공적 담론에 기본귀인오류를 끌어들이고 싶다. 정말로 주의를 기울여 살펴보자. 기본귀인오류는 우리가 관찰하는 대인관계의 거의 모든 곳에서 아주 흔하며, 놀라울 정도로 중요한 관련성이 있다.

기본귀인오류 검사

존스와 해리스를 비롯해 많은 사람들이 사용한 태도귀인 패러다임은 기본귀인오류 검사에서 가장 흔히 사용되는 방법일 것이다. 그러나 특히 사회심리학의 역사를 좀 아는 독자들을 위해 나는 태도귀인 패러다임이 그동안 전혀 비판받지 않았던 것은 아니라는 점도 언급해야겠다.

비판자들이 의문을 제기한 지점은 대규모의 실험실 환경에서 발생한 오류를 일상적 대인관계의 상호작용에서 일어나는 실제 오류에 대입해 해석할 수 있는지 여부였다. 이는 외적 타당도external validity*의 문제다. 태도귀인 패러다임에서는 작성자가 특정 관점을 취하도록 강요받은 조건에서 작성한 (대체로 설득력 있는) 연설문을 참가자들에게 나누어주고 읽게 하는데, 논리에 따르면 참가자들은 그 연설문을 무시해야 한다. 그렇다면 애초에 무엇 때문에 그들에게 연설문을 주는 것일까? 성격심리학과 사회심리학의 저명한 연구자인 데이비드 펀더David Funder에 따르면 그 패러다임은 일상의 의사소통에 적용되는 불문율, 즉 "화자는 청자에게 청자가 알 필요가 있다고 생각하는 것을 말한다"는 불문율과 "자신이 생각하기에 당면한 상황에 대해 아무 관련성이 없다고 여겨지는 … 정보는 제공하지 않는다"는 불문율에 어긋난다.[43]

앞서 제시한 예에서 짐작할 수 있듯이, 정치인들이나 그들의 선거 캠프도 이런 규칙을 잘 따르지 않는다. 따라서 태도귀인 패러다임은 적어도 정치에 대해서는 일반화할 수 있을 것이다. 그러나 일상적으로 대화를 나누는 일반 사람들조차 대화의 규칙들을 자주 어긴다. 구체적으로 논문 〈일상생활 속 거짓말Lying in Everyday Life〉의 공저자 벨라 드폴로Bella DePaulo와 동료들에 따르면, 거짓말은 "일상의 사회적 상호작용 절차" 중 하나다.[44]

간단히 말해, 태도귀인 패러다임을 쓰는 데는 명백한 가치가 있다고 생각한다. 그러나 어쨌든 다른 기본귀인오류 패러다임들도 존재하며, 그

• 심리학 실험에서 외적 타당도란 연구 결과를 그 연구 맥락을 벗어난 다른 상황, 사람, 자극, 시간 등에도 일반화해 적용할 수 있는 정도를 가리킨다.

중에는 실생활에 상당히 잘 적용되며 '드물게 현실적'이라고 펀더가 판단한 패러다임도 있다.[45] 이 현실적인 패러다임은 흔히 '퀴즈게임 패러다임' 또는 '출제자-출전자 패러다임'이라고 불리며, 때로는 '사회적 역할 패러다임social-roles paradigm'이라고도 한다. 이 패러다임은 참가자들이 다른 사람들의 행동을 설명할 때 사회적 역할의 영향을 어느 정도나 간과하는지 테스트한다. 사회적 역할에 관해서는 5장에서 깊이 다룰 것이다. 먼저 기본귀인오류가 우리의 비언어적 해독에 어떤 영향을 미치는지 이야기해보자.[46]

3장

직관이라는 환상

비언어 해독

내면의 컴퓨터가 언제나 빛을 발하며 한 상황의 '진실'을 즉각적으로
해독하지는 않는다. 혼란에 빠지거나 산만해지거나 장애를 일으킬 수도 있다.
우리의 본능적 반응은 흔히 온갖 종류의 다른 관심사들,
감정들, 정서들과 경쟁할 수밖에 없다.
—맬컴 글래드웰(《블링크》 저자)

어떤 사람의 몸을 보면 통찰을 얻을 수 있다는 환상이 있다. …
신체언어가 우리에게 뭔가를 말하는 건 맞지만,
잘 들리게 말하는 것이 아니라 희미하게 소곤거릴 뿐이다.
—니컬러스 에플리(《마음을 읽는다는 착각》 저자)

나는 약간 여성적이고 특이하지만 사실은 이성애자인
모든 친구들을 응원하고 싶다. 단지 게이다gaydar가 경고음을 울린다고 해서
여러분의 게이다가 진실을 완벽히 포착한다는 뜻은 아니다.
—존 크라이어Jon Cryer(영화 〈핑크빛 연인Pretty In Pink〉에서 더키 역을 연기한 배우)

2014년 1월, 위스콘신주 쉬보이건 폴스Sheboygan Falls라는 작은 마을 지역신문에 어느 삼형제에 관한 기분 좋은 기사가 실렸다. 대도시에서 태어나 자라다가 부모와 함께 쉬보이건 폴스로 이주한 형제들의 이야기였다. 그들은 '거대 학교 시스템'에서 벗어나 '변화를 찾고' 있었다고 한다. 형제는 새로 이사한 도시와 학교에 대해 "이곳 사람들은 우리를 잘 받아들여주었고, 수업들도 예전보다 훨씬 좋다"고 말했다.[1] 세 형제 모두 쉬보이건 폴스 고등학교의 농구팀에 들어갔다.《쉬보이건 폴스 뉴스Sheboygan Falls News》의 편집장 제프 페더슨Jeff Pederson은 그 기사를 "새로 전학한 학교에 적응하며 그 학교의 스포츠 프로그램에 기여하는 고등학생 선수들에 관한 긍정적인 기사"라고 묘사했다.[2] 신문은 형제의 사진도 몇 장 찍고 한 장을 기사와 함께 실었다.

그런데 여기서 문제가 생겼다.

사진 속에서 세 형제 중 두 소년이 보여준 손짓이 대도시 갱들이 사용하는 손 제스처와 비슷했던 것이다(108쪽 사진 참조). 지역 사람들은 해당 교육청에 우려를 전했고, 교감과 지역 경찰이 조사에 나섰다. 그들은 사진의 제일 왼쪽에 서 있던 조던 잭슨과 그 부모를 함께 만났다.

경찰 보고서에 따르면 조던은 3점 슛이 성공했을 때의 손 제스처를 한 것이며, 갱과는 전혀 관련이 없다고 말했다. 실제로 많은 대학 농구선수들과 프로 농구선수들이 3점 슛을 넣으면 조던과 똑같은 손짓을 한다. 사진 가운데의 주원 잭슨Juwaun Jackson은 그냥 장난스러운 태도를 취한 듯

잭슨 삼형제는 사진 속 제스처가 갱들의 제스처와 비슷하다는 이유로 출전정지 처분을 받았다.
© Sheboygan Falls News

보였다. 조던은 주원이 손짓으로 어떤 신호를 만든 것이 아니라 "'안녕'하고 인사할 때처럼 그냥 손가락을 위쪽으로 향했을 뿐"이라고 설명했다. 형제들의 어머니 역시 아이들이 갱과는 아무 관련도 없다고 말했다. 경찰은 기소하지 않았고 학교에 징계를 권고하지도 않았다. 경찰 보고서는 "그 소년들이 갱단의 제스처를 보여줄 의도가 있었다고 암시하는 어떤 증거도 없었다"고 결론지었다.[3]

그러나 해당 교육청에게는 그 손짓을 한 학생들의 설명보다 사진에 담긴 제스처 자체가 더 중요했던 것 같다. 행동이 말보다 더 많은 걸 말해주며, 사진 한 장이 천 마디 말보다 더 가치 있다. 그렇지 않은가? 교육청은 다음 경기부터 두 학생에게 출전정지 처분을 내렸다.

처분 이후 며칠 동안 세 명의 십 대 소년들은 스트레스가 심한 날들을 보냈다. 부모는 결정을 뒤집기 위한 청문회를 요청했다. 출전정지 결정이 내려진 지 나흘 후, 교육청은 비공개 재심 청문회를 열었고, 출전정지가 풀리면서 때마침 형제는 그날 밤 경기에 출전할 수 있었다. 쉬보이건 폴스 시장도 출전정지 처분을 뒤집는 결정에 동의했다. 그런 결정을 내렸음에도 미국시민자유연맹ACLU, American Civil Liberties Union *은 쉬보이건 폴스 고등학교의 징계 정책에 대한 조사에 착수했다.[4]

비언어 해독nonverbal decoding이란 비언어적 행동을 바탕으로 그 사람에 관해 추론하는 것을 말한다. 비언어적 행동에는 표정, 말투, 신체언어, 제스처가 포함된다. 사진에 담긴 손짓에 대한 이 과잉반응은 드문 일일까? 안타깝게도 사실은 그렇지 않다. 대부분의 사람은 자신의 생각만큼 비언어 해독에서 정확하지 않으며, 그럼에도 자신이 정확하다는 근거 없이 큰 자신감을 갖고 있다. 《마음을 읽는다는 착각》의 저자 니컬러스 에플리는 비언어 해독을 "직관이라는 환상"이라고 표현했다.[5] 나는 이 분석에 기본귀인오류의 역할을 덧붙이려 한다.

의도 추론

기본귀인오류의 핵심은 성격적 특징이나 의도를 추론할 때 맥락을 간과하는 것이다. 최소한 조던에 관한 추론에서는 그 주민 일부와 학교 당국이 농구라는 맥락의 역할을 간과하거나 과소평가함으로써 기본귀인오류를 범한 듯하다. "이건 농구에 관한 기사에 실을 농구 관련 사진이고, 우리는 농구복을 입고 있으니 내가 농구에서 하는 손짓을 해 보일게요."

---

* 1920년에 설립된 미국 인권단체.

학교 당국은 또한 상황에 기여한 더욱 긴밀한 맥락도 간과한 듯하다. 그 신문 편집장에 따르면 사진기자가 먼저 "소년들이 아무 손짓도 신호도 하지 않고 가만히 서 있는" 사진을 찍었다고 한다. 그 사진은 너무 밋밋했다. "두 번째 사진을 찍을 때 [사진기자가] 아이들에게 '재미있는 포즈'를 취해보라고 제안했는데, 이는 일반적 느낌의 포즈 사진을 찍을 때 사진기자들이 독특한 느낌을 더하기 위해 흔히 요구하는 관행이며, 이럴 때 모델들은 지시에 곧잘 따른다."[6] 경찰 보고서는 또한 사진기자가 "얼간이 같은 짓"을 해보라고 한 점도 지적했다.[7]

그래서 학생들은 사진기자의 요구에 부응하는 뭔가를 생각해냈다. 조던은 3점 슛 제스처를 택했다. 주원은 "잘 지내?"라고 말할 때 취하는 좀 더 일반적인 손가락 모양을 만들어 보였다. 사진기자는 사진에 '양념을 더하는 데' 성공한 것이다.

트레이번 마틴이 "흑인처럼 보인다"고 한 조지 짐머만의 말이 911 응답원의 질문에 대한 직접적인 대답이었던(2장 참조) 것처럼, 잭슨 형제가 손과 손가락 모양을 만든 것은 좀 더 "재미있게" 또는 "얼간이 짓"을 해보라는 사진기자의 지시에 대한 반응이었다. 두 경우 모두 겉으로 보이거나 들리지는 않았지만 지시를 한 권위적 인물이 있었다. 두 지시 모두 비판 받은 사람들의 행동을 유도했고, 두 지시 모두 처음에 부정적 판단이 이루어질 때는 간과된 것으로 보였다.

조지 짐머만의 행동을 그 십 대 아이들의 덜 심각한 행동과 등치시키려는 의도는 없다. 그러나 두 경우에서 모두, 당면한 상황에 정당하게 또는 예의바르게 반응했을 뿐인 개인들에 대해 부정적인 기질적 판단이 내려졌다. (물론 짐머만의 모든 행위가 '정당'했는지 여부는 재판에서 논쟁할 사안이었다.)

마음 읽(지 않)기의 교훈들

조던 잭슨을 심문한 경찰이 그랬듯 우리도 조던의 말을 믿는다고 가정하면, 이 사건에서 얻을 수 있는 교훈 하나는 비언어적 행동을 근거로 그 마음을 읽을 수 있다고 생각하지 말아야 한다는 것이다. 그 행동이 갱을 연상시키는 제스처와 일치한다고 하더라도 말이다. 최소한 우리는 징계 처분을 실행에 옮길 정도로 확신해서는 안 되며, 적어도 비언어적 행동을 보인 당사자가 언어로써 개연성 있는 다른 이야기를 전달할 때는 그러면 안 된다.

이는 너무 당연한 충고라고 생각할 독자도 많을 것이다. 그러나 어떤 비언어적 행동이나 제스처는 행해지는 순간에 그 의미가 아주 명백해 보일 수도 있다. 그럴 경우 우리는 자동적으로 그 인상에서 영향을 받는다. 그 순간을 지나면 이성적 자아가 제정신을 차리더라도 말이다. 맬컴 글래드웰은《블링크》에서 비언어적 행동들을 아주 신속하게, 왜 그러는지 이유도 모르면서 특정 방식으로 해석하게 되는 다양한 예를 들었다. 이는 직관 또는 본능이다. 글래드웰은 그런 해석과 본능적 의사결정이 대체로 정확한 편이며, 때로는 더 시간을 들여 의식적으로 내리는 결정보다 정확하다고 주장했다.

다른 대중서나 일부 학술서 저자들과 더불어 글래드웰은 이른바 정확하다고 주장되는 비언어적 해독 과정을 '마음 읽기mind reading'라고 불렀다. 이러한 이색적 표현은 사실 텔레파시라는 심적 능력을 활용하는 것이다. 애니 머피 폴Annie Murphy Paul은《사이콜로지 투데이Psychology Today》에서 "우리는 모두 길모퉁이의 심령술사들"이며 "매일 … 서로의 마음을 읽고 있다"고 썼다.[8] 그러나 데이비드 번스David Burns의《필링 굿 핸드북The Feeling Good Handbook》과 다른 인지행동치료사들의 말에 따르면 '마음 읽기'는 열손가락 안에 꼽히는 인지왜곡 또는 "뒤틀린 사고의 형식들" 중 하나라고 한다.[9] 애니 머피 폴은 사람들에게 마음을 읽는 능력이 있다고 암시한 뒤, 나중에는 심리학자 윌리엄 이케스William Ickes의 말을 인용해 우리가 사실상 마음 읽기 또는 비언어 해독에 얼마나 서툰지 이야기했다. 이케스에 따르면 마음 읽기의 정확도는 마음을 읽고자 하는 상대를 얼마나 잘 아는지에 따라 20~35퍼센트를 오간다.

그러나 글래드웰은 "우리 모두 수월하게 자동적으로 마음을 읽을 수 있다"라고 썼다.[10] 다른 어떤 저술가보다도 이런 믿음을 대중화하는 데 큰 공을 세운 사람이 바로 글래드웰이다. 그래서 나는 그의 주장을 천천히 들여다보고 몇 가지 반론을 제기하려 한다. 나는 눈 깜짝할 속도로 이루어지는 해독의 속도를 늦춰보고 싶다.

먼저 글래드웰이 주장한 "교사들에 대한 정확한 비언어적 해독"에 대해 이야기해보자. 글래드웰은 날리니 앰바디Nalini Ambady와 로버트 로젠탈Robert Rosenthal의 연구를 인용했다. 30초도 안 되는 시간 동안 본 선생님의 모습을 바탕으로 학생들이 판단한 '교사의 유능함' 정도가 학기말 교사 평가 점수와 '매우 유사'했음을 보여주었다고 하는 연구다. 글래드웰은 그런 결과가 '적응적 무의식adaptive unconscious의 힘'을 증명한다고 주장했다. 그러나 이 결과는 학기말 평가의 오류 가능성을 증명하는 것일 수도 있다. 더 중요한 사실은 글래드웰이 실제 연구 결과를 전달하는 데 몇 가지 문제가 있었다는 점이다. 예를 들어 실제로 학생들이 짧은 시간 안에 내린 판단은 '유능함' 자체가 아니라 다양한 특징들에 관한 것이었다.[11]

글래드웰의 보고에서 가장 중요한 부분은 폴 에크먼 같은 비언어 해독 전문가들과 진행한 인터뷰다. 에크먼은 특정 얼굴 표정과 특정 감정을 연결하는 일에 토대를 놓은 연구로 잘 알려져 있다. 인터뷰 상대를 잘 고른 셈이다. FBI를 돕는 비언어 해독 전문가의 이야기를 담은 드라마 〈라이 투 미Lie to Me〉는 부분적으로 에크먼을 모델로 삼았다. 심지어 〈라이 투 미〉 광고는 연구와의 연관성들을 들면서 그 드라마가 진짜 과학에 근거한 것처럼 홍보했다.

말할 필요도 없이 《블링크》와 〈라이 투 미〉는 약간의 논쟁을 불러일으켰다. 인지과학자들과 사회과학자들은 정확성에 관한 《블링크》의 주요 주장들에 의문을 제기했다. 시민단체들과 다수의 연구자들은 현재 일부 공항 보안요원들까지 채택한 〈라이 투 미〉 식의 거짓말 탐지 기술이 과학적으로 타당한지에 대해서도 강력한 의문을 제기했다. 과학계의 의견은 대체로 '아니다'라는 것이다.

심지어 티머시 러빈Timothy Levine이 이끄는 한 연구 그룹은 시청자들이 〈라이 투 미〉를 보고 해독의 원리를 배우면 거짓말 탐지 능력이 더 **떨어지지 않을까** 하는 궁금증이 생겼다. 러빈과 동료들은 대학생들을 무작위로 그룹을 나누어 〈라이 투 미〉의 첫 회 또는 다른 범죄 드라마 〈넘버스Numb3rs〉의 첫 회를 보게 하거나, 아무 드라마도 보지 않게 했다. 〈라이 투 미〉를 본 학생들이 세 집단 중 거짓말 탐지에서 가장 낮은 수행 성적을 보였다. 연구자들은 그 드라마를 본 사람들은 다른 사람들의 진실성에 대해 무조건 의심을 품게 되었고, 이것이 정직함을 알아보는 능력을 떨어뜨렸을 거라는 의견을 제시했다.[12]

《블링크》와 〈라이 투 미〉가 나오기 전에도 비언어적 의사소통 연구자들은 에크먼과 뜨거운 논쟁을 벌였다. 에크먼이 처음에 표정해독법facial-decoding system을 표준화하고 발표했던 시절과 달리, 이제는 특정 표정이 반드시 특정 감정을 반영한다는 결론을 기정사실로 받아들이지 않는다. 또한 연구자들은 거짓말 탐지 역시, 심지어 거짓말 탐지 훈련을 받은 뒤에도 동전 던지기 정도의 정확성 밖에 없다고 생각한다. 이 표정해독에 관한 논쟁이 현재 어떻게 진행되고 있는지에 관해서는 다음 장에서 간략히 살펴볼 것이다.

지금 이러한 논쟁 전반에 대해 내가 할 수 있는 기여는 기본귀인오류가 비언어 해독의 정확성을 손상시킨다는 점을 부각하는 것이다. 많은 연구자들이 맥락과 그 밖의 구체적인 사회적·상황적 요인이 비언어적 행동에 영향을 미칠 수 있음을 강조해왔다. 기본귀인오류, 즉 맥락과 상황적 요인들을 간과하는 것이 비언어 해독 능력을 손상시킬 수 있다는 뜻이다. 상황요인들을 과소평가한 사람은 글래드웰과 에크먼, 공항 보안요원들만이 아니다. 일상에서 누군가의 비언어적 행동을 바탕으로 그가 실제로 어떤 사람인지, 말하려는 의미가 무엇인지 '안다'고 생각하는 모든 사람이 상황요인을 과소평가하는 것이다.

샤론 웨인버거Sharon Weinberger는 《네이처》에 쓴 글에서, 공항 보안요원들이 비언어적 신호로 속이거나 해할 의도를 적발하려 할 때 비행이라는 상황 자체를 과소평가할 수 있다는 문제를 제기했다. 비행과 그에 연관된 테러에 대한 걱정, 항공편을 놓칠지도 모른다는 불안이 "관찰 대상이 되는 감정들 … 그러나 악의적 의도는 고사하고 속이는 행동과도 무관한 감정들을 고조시킬 수 있다"는 것이다.[13]

《뉴욕 타임스》과학 전문 필자 존 티어니John Tierney도 공항에서 비언어 해독을 할 수 있다는 생각에 관해 몇 가지 문제를 제기했다. "교통안전국은 전형적인 형태의 자기기만에 빠진 것 같다. 즉, 거짓말하는 사람의 몸을 관찰함으로써 그 사람의 마음을 읽을 수 있다는 믿음에 빠진 것이다."

티어니가 글에서 인용한 심리학자이자 거짓말 탐지 연구가 마리아 하트
윅Maria Hartwig은 이렇게 말했다. "거짓말하는 사람이 신체언어를 통해 티
를 낸다는 상식은 문화적 픽션에 지나지 않는 것으로 보인다."[14]

해독 실패의 사례들

글래드웰은 《블링크》라는 책 제목에 드러난, 마음 읽기는 신속하고
정확하다는 입장에 대한 반대 사례들도 몇 가지 강조했다. 특히 1999년
뉴욕에서 경찰관들이 부정확한 비언어 해독 때문에 무고한 사람을 총으
로 쏘아 죽인 사례에는 한 장 전체를 할애했다.

기니에서 이주한 22세 흑인으로 비무장 상태였던 아마두 디알로
Amadou Diallo는 4명의 백인 사복 경찰에게 사살되었다. 첫 번째 착오는 자
정 무렵 브롱크스의 한 아파트 건물 입구 계단에 서 있는 디알로를 수상
하다고 오인한 점이다. 경찰들은 간과했지만, 디알로가 거기 서 있던 이
유를 설명하는 상황요인은 그가 아파트 주민이었다는 사실이다. 와우.
《뉴욕 타임스》 보도에 따르면 제일 먼저 디알로의 신체언어를 수상하다
고 해독한 경찰관은 "디알로 씨가 그곳에 있을 타당한 이유가 있을 거라
거나 그가 그 건물에 살고 있을지도 모른다는 생각은 전혀 해보지 않았다
고 인정했다."[15]

그런 비언어 해독의 실수들이 쌓여가면서, 왠지 겁을 먹은 듯 보이던
디알로는 위험한 인물로 오독되었다. 디알로는 사복 경찰관들로부터 달
아났다. 얼마 전 그의 지인이 비슷한 상황에서 강도를 당한 일이 있었고,
그래서 돈을 빼앗으려는 강도인 줄 알고 두려움을 느꼈기 때문인지도 모
른다.[16] 결정적 착오는 한 경찰관이 디알로가 지갑을 꺼내려 한 것을 총을
꺼내려 한다고 생각한 것이다. 강도를 만났다고 생각했다면 지갑을 꺼내

려 한 것도 쉽게 이해된다. 모든 경찰관이 "디알로 씨의 입장에서 상황을 고려해본 적이 전혀 없다고 인정했다."[17]

추적 중에 지갑을 꺼내려 했을 뿐인데 경찰관은 당신이 총을 꺼내려 했다고 생각한다면 문제다. 그것만으로도 충분히 비극적인 일이다. 그러나 운전면허증을 제시하라는 경찰관의 **그 말을 들은 뒤** 지갑을 꺼내려 했더니, 당신이 총을 꺼내려 했다고 생각하는 것은 또 다른 문제다. 이 시나리오는 2016년 7월에 필란도 카스틸Philando Castile이 미네소타주 팔콘 하이츠에서 있었던 차량 검문 중에 한 경찰관이 쏜 총에 맞아 사망했을 때 실제로 벌어졌다. 1장에서 말했듯이, 사람들은 관찰 대상자에게 상황적 제약을 가한 것이 자기 자신일 때조차 기본귀인오류를 범한다. 명백히 카스틸이 지갑에 손을 뻗은 것은 권위적 인물로부터 요구를 받았기 때문인데, 정작 그 인물은 자신의 요구가 어떤 역할을 했는지 과소평가한 듯하다.[18]

1999년 브롱크스에서 디알로가 총에 맞아 사망한 사건에서는 수많은 비언어 해독 실패가 있었음에도, 글래드웰은 눈 깜짝할 속도로 내리는 결정들이 일반적으로는 얼마나 정확한지를 같은 장에서 몇 차례나 언급했다. 예를 들어 그는 이렇게 썼다. "보통 우리는 전혀 어려움 없이 의심스러운 사람과 의심스럽지 않은 사람을 눈 깜짝할 사이에 구별할 수 있고 … 그중에서도 가장 쉬운 것은 겁을 먹은 사람과 위험한 사람을 구별하는 것이다. 그래서 밤에 도시의 거리를 걸어가는 사람은 끊임없이 그런 식의 즉각적인 계산을 한다." 그런 다음 글래드웰은 "그런데 그날 밤에는 어떤 이유에선지 인간의 가장 기본적인 그 능력이 경찰관들에게서 사라져버렸던 것"이라고 덧붙였다.

"인간의 가장 기본적 능력"에 대한 이런 묘사를 보니 1999년에 개봉한 영화 〈쉬즈 올 댓She's All That〉이 떠올랐다. 그 영화에서 십 대 여주인공의 아버지는 목욕가운을 입고 텔레비전 앞에 앉아 퀴즈쇼 〈제퍼디〉를 보고 있다. 그는 '끊임없이', 그리고 확신에 차서 퀴즈의 답들을 하나하나 큰 소리로 외친다. 그러나 답은 전부 다 틀렸고, 때로는 우스울 정도로 엉뚱한 답도 있다.

좋다. 우리 대부분이 항상은 아니더라도 비언어적 행동을 자주 즉각적으로 해석한다고 치자. 하지만 어떤 행위를 자주 한다는 사실이 어째서 그 행위를 능력의 지위로 승격할 이유가 되는 것일까? 그리고 밤늦게 도시의 거리를 걸을 때 우리가 하는 즉각적 계산들을 어떻게 확신할 수 있을까? 그러려면 걷는 동안 마주친 모든 사람에게 질문을 던져 해독이 맞았는지 검증해봐야 할 테고, 그러고 난 다음에도 확신은 할 수 없을 것이다.

글래드웰은 신속하지만 부정확한 비언어 해독이 존재하는 이유를 설명하면서 우리의 본능적 의사결정이 그와 경쟁하는 다른 '관심사들과 감정들과 정서들' 때문에 '빗나가는' 일이 자주 생긴다고 썼다. 다시 말해서 본능적 해독에는 아무런 문제도, 고유의 결함도 없지만 **실제로** 편향된 다른 과정들 때문에 빗나갈 수 있다는 것이다. 이 구별은 단어들 사이의 구별에 지나지 않는 듯하다. 어쨌든 어떤 의사결정 과정이 쉽게 본궤도에서 벗어날 수 있다면, 그 과정은 사실상 결함이 있는 것이다.

하지만 이러한 구별을 받아들인다고 하더라도, 기본귀인오류에서 비롯된 부정확한 해독이 단순히 '빗나감'의 문제는 아닐지도 모른다. 기본귀인오류는 어쩌면 글래드웰이 전반적으로 거론하는 천성적·직관적·자동적 의사결정 과정 중 하나인지도 모른다. 필연적으로 정확하다는 부분만 빼면 말이다. 일부 사회심리학자들에 따르면 기본귀인오류는 언어적 행동을 설명할 때보다 비언어적 행동을 설명할 때 더 자동적으로 일어 난다고 한다.[19] 직관 옹호자들이 주장하듯 이 자동적 과정들이 인간 진화 의 산물이라고 하더라도, 그 결과로 이루어진 판단들이 모두 정확하다고 단정할 수는 없다. 진화론은 인류가 진화로 획득한 양상들이 현대인에게 서는 유용성을 상실했을 가능성을 쉽게 용인한다. 진화의 결과로 추정되 는 의사결정 과정들이 번번이 실수를 낳는 또 다른 예들이 궁금하면 휴 리스틱heuristics•에 관한 아모스 트버스키Amos Tversky와 대니얼 카너먼Daniel Kahneman의 고전적 연구를 보라.[20]

기본귀인오류를 추동하는 동기들

사실 사회심리학자들은 기본귀인오류의 주원인이 인지인지 동기인 지 확신하지 못하고 있다. 바꿔 말하면 기본귀인오류는 타고난 인지 과 정 자체라기보다는, 오히려 각 개인의 동기 또는 정서에 추동된 것일 수 도 있다는 말이다. 이는 하나의 인지 과정(눈 깜짝할 사이의 해독)이 다른 감 정들(기본귀인오류)에 의해 빗나갈 수도 있다는 글래드웰의 추론과도 일맥 상통할 것이다. 기본귀인오류는 환경을 통제한다고 느끼고 싶은 욕구 또 는 실제로 할 수 있는 것보다 더 잘 예측하며 이해하고 싶다는 욕망이 추 동하는 것일지도 모른다.[21] 예컨대 기본귀인오류의 전형적 사례 중 하나 로, 개인의 실직이나 가난을 그 사람이 게을러서라고 설명하는 것은 부 정적 삶의 사건들에 대한 불확실함을 줄이고 통제감을 높일 수 있다. 이 를테면 "나는 게으르지 않으니까 다행히 절대 가난해지지 않을 거야"라

• 시간이나 정보가 불충분해 합리적 판단을 할 수 없거나, 굳이 체계적이고 합리적인 판단 을 할 필요가 없는 상황에서 신속하게 사용하는 어림짐작의 기술.

는 식이다. 사회심리학자 멜빈 러너Melvin Lerner는 피해자 탓하기를 '근본적 기만fundamental delusion'이라고 부른다.[22]

일반적으로, 관찰한 결과나 행위를 가장 가깝고 가시적이며 움직이는 자극, 즉 행위하고 있는 행위자에게 연결하는 것은 종결을 짓고 통제욕구를 만족시키는 가장 빠른 방법이다. 상황요인들은 종종 배경이나 과거에 자리 잡고 있어 움직임이 없으며, 혹 보인다고 하더라도 훨씬 널리 퍼져 있다. 사람들은 대개 오랫동안 종결되지 않는 것을 불편해하므로, 기본귀인오류를 범해서라도 곧바로 행위자를 지목하면 빨리 종결짓고 편안해질 수 있다. 가설상으로는 종결되지 않은 것을 그다지 불편해하지 않는 사람의 뇌가 상황요인들을 더 잘 고려할 것이다. 실제로 내가 한 연구에서는 그런 사람들이 기본귀인오류에 덜 빠지는 것으로 밝혀졌다. 이 개인차 연구에 관해서는 9장에서 더 자세히 이야기할 것이다.[23]

그러니 농구 손짓 이야기에서는 종결 또는 통제에 대한 기본적 욕구 때문에 손짓에 대한 해석이 빗나간 것인지도 모른다. 우리 뇌는 잭슨 형제가 손으로 대체 무엇을 하는지 궁금해하기보다는 뭔가 신속하고 구체적이며 손짓을 한 소년들과 연결된 것을 떠올리려는 것이다. 틀린 것이라 해도 말이다.

이런 통제욕구는 음모이론을 만들고 퍼트리는 원인일 수도 있다. 음모이론이란 그 말의 정의상 기본귀인오류 개념에 딱 맞는다. 음모이론의 핵심은 무작위로 또는 상황 때문에 발생한 부정적 사건들을 설명할 때 적의 위력과 부정적 특징·의도를 크게 부풀리는 것이다. 통제감이 위협을 받으면 사람들은 쉬이 음모이론을 지지하게 될 뿐 아니라, 실제로는 존재하지 않는 패턴이나 연결을 감지하는 온갖 편향과 오해까지 생긴다는 사실을 여러 연구들이 밝혀냈다.[24]

아마도 디알로를 쏜 경찰관들은 우범지역에서 일어나는 부정적 사건들에 대한 통제욕구가 강해진 상태였을 것이다. 그 네 명의 사복 경찰은 범죄가 빈발하는 지역에서 폭행, 살인, 강도를 예방하도록 배치된 특별팀 소속이었다.[25] 통제할 수 없는 부정적 사건으로부터 사람들을 보호하라는 임무를 부여받고 봉급을 받는 입장이라면, 당연히 그런 사건들에 대한 보호자 특유의 통제욕구가 높아질 것이다.

더 명백한 정서: 인종차별주의

쉬보이건 폴스와 브롱크스의 두 사건에서 통제욕구보다 더 명백하고, 잘못된 마음 읽기를 초래했을 만한 정서는 바로 인종차별주의다. 핵심만 추려 말하자면, 자신과 다른 인종집단에 속한 사람들에게 보이는 즉각적인 부정적 감정 반응 말이다. 맬컴 글래드웰은 디알로를 쏜 행위에서 어떤 사람들은 인종차별주의를 보았음을 인정했다. 그리고 경찰관 넷이 무죄판결을 받은 뒤 인종차별주의를 비판하는 많은 시위가 벌어졌다. 2004년 1월 6일, 뉴욕시는 그 경찰들의 범죄행위는 인정하지 않았지만, 그들이 인종 프로파일링을 했다고 비난한 디알로의 부모에게 합의금으로 300만 달러를 지불했다.[26] 공항에서 사용하는 속임수 탐지 기술에 시민단체들이 의혹을 제기해온 것도 인종 프로파일링의 편향 효과를 우려하기 때문이다.

글래드웰은 "우리가 순간적으로 결정을 내릴 때는 고정관념과 편견에 정말 취약해진다"고 믿는 키스 페인Keith Payne의 연구도 인용했다.[27] 페인의 연구를 직접 읽어보면 그의 연구에 영감을 준 것이 바로 디알로 사건임을 알 수 있다. 페인은 컴퓨터 화면에 짧은 순간 흑인의 얼굴을 띄우고 반응시간을 0.5초만 주었을 때, (백인의 얼굴을 띄웠을 때에 비해) 공구를 총

으로 착각하는 비율이 더 높아진다는 걸 알아냈다. 실험 참가자 중에 흑인 대학생은 없었다.[28]

결정 내릴 시간을 더 주었을 때도 백인 참가자들은 여전히 인종적 제스처 또는 피부색에 근거해 편견적 판단을 내리는 경향이 있었다. 사실 버트 던컨Birt Duncan은 이런 경향이 흑인에 대해 기본귀인오류를 범하는 것이라고 말했다. 던컨은 두 사람이 의견 충돌을 빚는 상황을 연출한 뒤 이를 녹화한 비디오테이프를 사용했던 자신의 고전적 연구를 언급했다. 가까운 다른 방에서 실시간으로 벌어지는 일이라고 생각하게 만든 뒤 백인 대학생들에게 그 장면을 보게 했다. 대화가 끝나갈 무렵 한 배우가 다른 배우를 '모호하게' 해석할 수 있는 방식으로 떠미는데, 흑인이 백인을 미는 조건, 흑인이 흑인을 미는 조건, 백인이 흑인을 미는 조건, 백인이 백인을 미는 조건 등 총 네 가지 조건이 있었다. 참가자들은 '피해자'가 백인이든 흑인이든 상관없이, '가해자'가 흑인일 경우 '가해자'가 백인일 때에 비해 그 모호한 밀기를 더 폭력적인 것으로, 상황이 초래하기보다는 사람이 초래한 것으로 평가했다.

던컨은 기본귀인오류를 "행동이 장field을 집어삼키는 것"으로 묘사했던 프리츠 하이더의 유명한 말을 빌려 다음과 같이 썼다.

> 흑인에게는 워낙 이런 현저한 성격 특성들(예컨대 폭력 성향)이 덧씌워져(고정관념화되어, 범주화되어 등) 있어서 그 특성들은 원래의 타당한 위치에 한정되기보다는 장을 집어삼키는 경향이 있는 듯하다. 따라서 그 특성들을 해석할 때는 상황에 대한 추가적 데이터가 필요하다.[29]

글래드웰은 인종차별주의 문제를 제기하고 페인의 연구를 인용했으면서도, 브롱크스 총기 살해 사건에서 백인 경찰들이 인종차별주의 때문에 디알로를 오독했을 가능성은 놀라우리만치 낮게 보았다. 사실 인종차별주의는 글래드웰의 전체 논제에 상당히 잘 맞아떨어지지만, 그는 "디알로 사건에서 네 명의 경찰관이 나쁜 사람이거나 인종차별주의자거나 디알로를 잡으려 혈안이 되어 있었다는 어떤 증거도 없기" 때문에 인종차별주의를 원인으로 해석하는 견해가 "딱히 만족스럽다고" 느끼지 않았다.

물론 나는 네 명의 경찰관이 인종차별적 감정을 품고 있었는지 아닌지는 알 수 없다. 그러나 몇 초 안에 마음을 읽을 수 있고, 보는 것만으로 진짜 감정을 판별할 수 있는 인간의 타고난 능력을 옹호하는 저자가, 경찰의 감정에 관한 추측에서는 확실한 외적 증거의 존재에 신경 쓴다는 사실이 역설적이라는 느낌이 강하게 들었다. 그 경찰관들의 모습을 담은 비디오 화면들이 분명히 있었다. 비언어 해독 전문가에게 그 비디오들을 보여주면 어떨까? 존 도비디오John Dovidio 같은 연구자들은 비언어적 인종 편향과 인종차별적 감정들을 반영한다고 추정되는 비언어적 신호들이 있다고 주장해왔다.[30] 아니면 단순히 그 경찰관들의 행위를 해독해보면 안 되는 걸까? 지갑을 총으로 착각하는 것은 공구를 총으로 착각하는 것과 아주 비슷하게 들리지 않는가?

물론 나는 인종차별주의나 인종 프로파일링의 혐의를 제기하려면 비언어 해독보다 더욱 확실한 증거가 필요하다는 데 전적으로 동의한다. 하지만 이 경찰관들이 글래드웰에게서 특별 대우를 받은 이유는 궁금하다. 글래드웰은 책 전체에 걸쳐서 훈련받지 않은 일반 사람도 쉽고 자동적으로 마음을 읽어낼 수 있다고 주장했는데, 왜 그 경찰관들은 그 사람들의 범위에서 제외한 것일까?

그 답은 미국의 사법제도에 있는지도 모른다. 유죄판결이 날 때까지는 무죄다. 전해들은 말은 채택되지 않는다. 거짓말 탐지기 결과는 채택되지 않는다. 글래드웰은 어쩌면 그 경찰관들 개개인보다는 법정의 판결을 특별 대우한 것인지도 모른다. 우리 사회는 확실성의 문지방을 사법제도에 유독 더 높게 설정해왔다. 우리는 확실한 증거가 필요하고, 서로에 대해 왜 그런 인상을 받는지도 모르면서 그런 인상들을 신뢰해서는 안 된다. 특히 인종차별주의와 정형화가 그런 인상들에 영향을 미치며 상황 요인에 대한 고려를 방해할 수 있기 때문이다.

내가 제안하고 싶은 것은, 법정 소송이 비언어 해독이나 거짓말 탐지기에 의해 결정되도록 허용하지 않는 바로 그 타당한 이유들을 일상의 상호작용들에도 적용해야 한다는 점이다. 법정 소송의 결과들이 대체로 일상적 상호작용의 결과보다 더 심각한 것은 분명하다. 데이트 상대나 직장 동료가 감추고 있는 감정을 추측하는 일은 보통 법정 소송에서 다루어질 만큼 심각한 지경까지 치닫지는 않는다. 그러나 일상의 결과들도 사소하지 않다. 데이트는 결혼과 자녀를 갖는 일로 이어질 수 있다. 직장에서 일어난 갈등은 생산성을 떨어뜨리고, 스트레스와 건강을 악화할 수 있다.

그런데도 너무 많은 사람들이 법정 밖에서 비언어 해독을 할 때도 법정 수준의 확실성을 느낀다. 너무 자주 "그건 명백해"라고 말하거나 느낀다. 그러나 사람들이 그렇게 확신하는 또 하나의 명백한 원인은 그런 확신의 감정을 부추기는 많은 대중서와 대중문화 기사, 웹사이트다. 그런 매체들은 다른 사람의 신체언어를 읽거나, 남자친구 또는 상사가 실제로 무슨 생각을 하는지 알아내기 위한 단계들 혹은 요령들을 알려준다.

그리고《블링크》의 주요 메시지 역시 데이트 상대나 동료, 선생님에 대해 즉각적 인상을 받을 때 그런 확신을 갖도록 부추긴다. 아마존닷컴에서 독자들이 "가장 도움이 된 서평"으로 꼽은 것까지 포함해 일반 독자가 글래드웰의 책을 읽고 남긴 많은 서평들은, 그들이 새롭게 강력한 확신을 품었음을 보여준다. 어떤 독자들은 다음과 같은 코멘트를 남겼다.

> 맬컴 글래드웰이 능숙하게 제시한 몇 가지 사례 연구들은 나 자신의 직관적 재능을 깨닫도록 영감을 주었다. … 이 책을 읽은 결과, 자발적으로 나 자신을 표현하는 일에 더욱 자신감이 생겼고, 더욱 자유롭게 느끼게 되었다! 내가 받는 첫인상에 주파수를 맞추는 일은 재미있고, 웰빙의 느낌과 현재를 충실히 살고 있다는 감각을 더욱 키워준다. 와우![31]

사람들을 이렇게 평가하는 것은 실제로 정신 건강에 이로운 점들도 있다(10장 참조). 글래드웰은 격려하듯 이렇게 썼다.

> 우리는 모두 수월하게 자동적으로 마음을 읽을 수 있다. … 우리는 이런 종류의 복잡하고 번개처럼 빠른 계산에 아주 능하다. 우리는 매일 그런 계산을 하며, 생각하지도 않고 그런 계산을 한다. … 얇게 저미고 신속하게 판단하는 우리의 능력은 굉장하다.[32]

정말 좋은 소식 아닌가. 사회적 세계가 이렇게 쉽고 신속하게 이해되는 곳이라니.

그러니 《블링크》의 저자이며 마음 읽기라는 인간 능력의 옹호자인 맬컴 글래드웰마저 같은 책에서 "마음 읽기의 실패는 우리 모두에게 일어나며", "놀랍도록 흔하고", "무수한 말다툼과 의견 충돌과 오해의 뿌리에 있으며 감정을 다치게 한다"[33]고 말할 때는 귀담아듣는 편이 현명할 거라 여겨진다.

내가 여기서 강조하고 싶은 새로운 메시지는 글래드웰이 마음 읽기의 실패를 일부 인정했다는 사실이 아니다(어떤 독자들에게는 이것도 처음 듣는 말일지도 모르지만). 그것은 (오늘날의 비언어 의사소통 연구자들이 주장하는 것처럼) 비언어 해독이 대부분의 생각보다 정확성이 훨씬 떨어진다는 뜻도 아니다. 나의 새로운 메시지는, 비언어 해독이 더 정확하지 않은 이유들 중 하나는 기본귀인오류라는 것이다. 사람들은 대부분 자기도 모르게 비언어적 표현들을 그 표현자의 성격적 특징이나 의도와 연결 짓는다. 그것이 바로 기본귀인오류가 작동하는 방식이다. 인지적 어림짐작에 의해 추동되든, 통제욕구에 의해 추동되든 말이다. 맥락, 그리고 항상 존재하는 사회적·상황적 요인들은 비언어적 표현에 영향을 미칠 수 있고, 이런 요인들을 간과한 채 기본귀인오류를 범하는 것은 잘못된 해석을 초래할 수 있다.

다시 쉬보이건 폴스로

언제쯤 쉬보이건 폴스 사례와 관련된 인종차별주의 이야기를 꺼낼지 궁금했다면, 바로 지금이다. 잭슨 삼형제는 흑인이다. 2010년에 쉬보이건 폴스 인구는 96퍼센트 이상이 백인이었다.[34] 우려를 표한 주민들과 학교의 행정 담당자들 중 일부는 소년들의 인종에 영향을 받아 그들의 손짓을 갱과 연관시키거나 어떤 식으로든 부정적으로 해석했을 수 있다. 미국시민자유연맹ACLU이 이 일에 관여한 것도 아마 이런 인종적 사안이었기 때문일 것이다.

구스타프 이히하이저가 기본귀인오류는 "우리 사회가 처한 위기의 증상"이라고 썼던 것을 상기하자. 물론 인종차별주의는 여전히 미국의 한 문제, 심지어 하나의 위기다. 그리고 인종차별주의는 사람들이 중요한 상황요인들은 무시하면서 인종을 이유로 부정적 특징 또는 의도를 추론할 때 기본귀인오류의 형태로 모습을 드러내기도 한다. 버트 던컨은 백인 실험 참가자들이 인종차별주의 때문에 흑인 학생들에 대해서 기본귀인오류를 범했음을 보여주었다. 디알로 사건의 백인 경찰관들은 한 흑인 남자에 대해 기본귀인오류를 범했음을 인정했고, 이는 아마 인종차별주의 때문이었을 것이다. 그리고 쉬보이건 폴스 주민들 중 일부도 인종차별주의 때문에 잭슨 형제들에 대한 기본귀인오류를 저질렀던 것으로 보인다.

물론 그들이 누구든, 우려했던 주민들의 마음을 읽는 것은 불가능하다. 그러나 사진이 실린《쉬보이건 폴스 뉴스》의 바로 다음 쪽에는 십여 명의 백인 소년들이 손으로 다양한 제스처를 취하고 있는 야구팀 사진도 실렸는데, 각각의 손짓은 모두 갱 제스처와 일치했다(경찰이 운영하는 홈페이지들을 재빨리 뒤져본 결과로는 그렇다). 집게손가락을 쭉 뻗어 '1등'을 표시하는 것과 비슷한 몇 가지 손짓은 스포츠 제스처들과도 일치했다. 내가 알기로 경찰과 교육청은 그 사진에 대해 어떤 우려 의견도 들은 바 없었고, 그 소년들을 심문하지도 않았다. 만약 경찰이 어떤 우려의 말을 들었다 해도 그에 대해 아무 행동도 취하지 않은 것은 분명하다.

야구팀이 보여준 손 제스처 중 잭슨 형제가 사용한 것과 정확히 일치하는 것은 없다. 그러니 엄밀히 따지면, 일부 주민들이 잭슨 사진에서는 갱 제스처를 알아봤지만 야구팀 사진에서는 알아보지 못했을 가능성도 있다. 아니면 주민들 중 할 말이 있으면 강력히 표현해야 직성이 풀리는

잭슨 삼형제의 사진 다음 쪽에 실린 이 사진에서 백인 소년들의 제스처들도 갱 제스처와 일치했지만 어떤 우려의 의견도 없었다. ⓒ Sheboygan Falls News

사람들이, 페이지를 넘겨 야구팀 사진을 보기도 전에 잭슨 형제에 대한 우려부터 표현하고 본 것인지도 모른다. 내 말이 너무 순진하게 들리지 않았으면 좋겠다. 그러나 인종차별주의와의 연관이 아무리 명백해 보여도, 이 이야기는 여전히 하나의 사례 연구이자 전해들은 말에 근거한 것이며, 우리는 그 주민들이 학교 당국에 정확히 뭐라고 말했는지는 모른다. 그렇기는 하나, 앞서 언급한 페인과 던컨의 연구들은 미국에 여전히 인종차별주의가 존재함을 증명하는 수많은 보고서들 중 겨우 두 사례일 뿐이다. 그리고 쉬보이건 폴스 사례는 명백히 미국시민자유연맹의 조사를 촉발하기에 충분한 우려를 불러일으켰다.

때로는 맞을 때도 있다

따라서 쉬보이건 폴스의 갱 제스처 추론은 상당히 잘못된 착오였던 것으로 보이고, 아마 인종차별주의 때문이었던 것 같다. 거의 비슷한 사건이 한 달 뒤 미시시피주 올리브브랜치에서도 일어났다. 흑인 십 대 두 명이 사진 한 장에서 보인 손짓 때문에 정학을 당했다가 다시 돌아오도록 허락받은 일이 있었다.[35] 2011년과 2013년에는 청각 장애가 있어 수화를 사용하는 사람들이 갱 제스처를 사용했다는 오인을 받고 칼에 찔렸다.[36] 비슷한 일들의 목록은 계속 이어진다.

그러나 사례 연구들에서 항상 나타나는 문제는, 저자가 어떤 관점에 들어맞는 생생한 예들을 골라 쓸 수 있다는 점이다. 나는 내가 그렇게 하는 것처럼 보이지 않았으면 좋겠다. 또 원래 의미대로 실제 갱 제스처를 보인 사람들도 있고, 백인 학생들이 손짓 때문에 정학당한 경우도 있다. 예를 들어 2013년 가을에 일리노이주 파밍턴 고등학교의 백인 여자 농구선수 세 명이 팀 사진에서 외설적 손짓을 보인 후 최소 두 경기에 출전 정지 처분을 받았다. 셋 중 적어도 한 명은 자신의 손짓이 그러한 의도였음을 트위터에서 인정했다.[37]

비언어 해독에 바탕을 둔 정당하거나 정당하지 않은 비난들 또는 정학들의 다른 예들도 있다. 나는 학교 정책을 시행하고 학생들의 위험한 행동을 최소화하기 위해 그런 표현들을 감시해야 하는 학교 행정 담당자의 업무가 전혀 부럽지 않다. 그런 정학 사례들의 상당수가 착오이거나, 기본귀인오류 때문인지 아닌지 분명히 안다고 주장하는 것이 아니다. 하지만 적어도 일부는 그렇다.

일반적으로 누군가의 어떤 제스처가 당신의 해석과 같은 의미일 거라 가정하지 않기란 인지적으로도 정서적으로도 어렵다. 보이지 않는 상황요인들이 그런 제스처를 유도했을 수 있고, 따라서 당신의 해석과는 다른 의미가 드러난다고 하더라도 말이다. 그것이 기본귀인오류의 함정이다.[38]

외설적 제스처와 그 밖의 '명백한' 제스처

어떤 비언어적 행동들은 맥락에 따라 의미가 달라지기도 한다. 하지만 생각해보자. 때로는 그냥 확신해도 정당할 때가 있지 않은가? 고개를 끄덕이는 것은 보편적으로 '예스Yes'를 뜻한다. 그렇지 않은가? 사실 몇몇 문화에서는 '노No'를 뜻하기도 한다. 우리가 외설적 제스처를 당하는 입장일 때는 어떨까? 그럴 때 이 장은 그냥 웃기는 소리로 들릴지 모른다. 누군가 내게 가운뎃손가락을 날리는데도 얼간이처럼 가만히 당하고 서 있을 수는 없지 않은가? 그런 경우 이런 수사적 의문을 던질 수도 있다. "흠, 저 제스처가 다른 걸 의미할 수도 있을까?"

제스처 당사자에게 물어라

질문의 답을 찾을 방법 하나는 그 제스처를 한 사람에게 물어보는 것이다. 바로 이때가 언어가 본연의 역할을 할 때다. 사람에게는 말로 된 언어도 있다. 그걸 충분히 활용하지 않을 때가 많지만 말이다. 언어적 정보와 비언어적 정보가 상충하면 비언어 정보를 더 믿는 경향이 있다.[39] 이 전략은 니컬러스 에플리가 권하는 것과 정반대의 전략이다. 이 문제를 철저히 연구한 에플리는 이렇게 결론지었다. "사람의 표정을 읽고 약간의 정보를 얻을 수 있지만, 그들과 이야기만 해도 그보다 훨씬 더 많은 정보를 얻는다. 마음은 입을 통해 나온다."[40]

　나는 1장에서 취했던 입장을 잊지 않았다. 입에서 나온 말 또한 마음을 읽을 수 있다는 생각을 전적으로 정당화하지는 않는다는 점 말이다. 그러나 평균적으로는 사람들과 이야기도 하고 그들을 지켜보기도 하면 그냥 보기만 할 때보다 더 정확한 인상을 얻을 수 있다.[41] 《제스처: 전 세계 신체언어의 해야 할 것과 하지 말아야 할 것들Gestures: The DO's and TABOOs of Body Language Around the World》의 저자 로저 액스텔Roger Axtell도 사람들과 이야기해볼 것을 추천한다. 그는 이렇게 썼다. "제스처의 세계에서 단 하나의 가장 좋은 충고는 '물어라Ask'와 '의식하라Aware'의 두 A를 기억하라는 것이다."[42]

　누군가 당신을 향해 어떤 제스처를 취할 때, 당사자에게 **물어보고** 정보를 좀 더 모으는 것에 무슨 해가 있겠는가? 당신이 그 제스처를 모욕적인 것으로 읽었다면 당신은 당황스럽고 불쾌할지도 모르며, 그래서 묻기 어려울 수 있다. 어쩌면 그런 질문 자체가 무례한 작자에게 무죄추정의 혜택을 주고, 추가적인 모욕에 당신 자신을 노출시키는 일처럼 느껴질 수도 있다. 그러나 물어본다면 당신의 처음 해석을 입증하거나 뒤집는 중요한 정보를 얻을 수도 있다. 또다시 모욕당할 위험은 감수할 수 없다고 판단했다면 탓하지는 않겠지만, 그렇다면 처음의 해석을 100퍼센트 확신하지는 않도록 노력하라.

　일대일 상황에서 어떤 제스처의 의미를 묻는 일은 민망할 수 있다. 게다가 분노나 경멸이 반영되었다면 묻지 않는 것이 더 안전할지도 모른다. 하지만 그런 경우라면 당신이 (충분히 이해되지만) 안전한 쪽을 선택했다는 점, 그리고 아직 제스처의 의미를 확신할 수 없다는 점을 알아야 한다.

마지막으로, 제스처 당사자에게 묻는다고 해도 그 사람이 거짓말을 할 수도 있다. 따라서 제스처의 의미를 확실히 이해하려면 거짓말 탐지를 해야 하는데, 대부분은 거짓말인지 아닌지 맞힐 때 절반의 확률을 넘기 어렵다. 만약 제스처를 취한 사람에게 질문하지 않거나 그의 대답을 신뢰하지 않을 경우, 액스텔은 그 지역문화권 안에서 주위에 물어보라고 제안한다. 내 생각에 여기서 지역문화란 한 나라의 문화, 마을 어느 구역의 문화, 또는 농구 같은 스포츠 문화를 의미하는 듯하다. 이를테면 인터넷에서 당신이 사는 도시의 갱 제스처들을 찾아보되, 반드시 농구 홈페이지도 확인해봐야 한다.

주위에 묻거나 조사해보면 타당한 해석을 할 가능성이 높아진다. 제스처 조사나 하고 있을 시간이 있겠느냐고 생각할 수도 있지만, 일단 조사부터 하고 불쾌할지 말지는 나중으로 미루는 일을 가능하게 만들어주는 스마트폰이 있다. 그러나 안타깝게도, 조사를 하거나 물어보고 다니면서 정확한 해석의 가능성을 높이더라도 여전히 완전한 정확성은 보장되지 않는다. 지역의 경찰서 홈페이지에서 특정 갱의 손짓과 정확히 일치한다는 점을 알아내도 손짓한 사람이 그러한 갱 제스처를 의도했다는 보장은 없다. 누군가 당신에게 어떤 제스처의 의미를 말해주었어도 그 제스처를 취한 사람이 똑같은 의미로 사용했다고 보장할 수는 없다.

액스텔은 다양한 문화의 커뮤니케이션에 관해 여러 책을 썼는데, 이러한 일반적인 사항을 수차례 인정했다. 그는 이렇게 썼다. "두 사람이 정확히 똑같은 방식으로 행동하는 경우는 없다. 같은 문화에 속한 사람들이라고 정확히 똑같은 제스처와 신체언어를 사용하는 것도 아니다." 또한 자신이 완전히 안다고 생각한 어떤 제스처의 새로운 의미를 알게 된 후에는 이렇게 썼다. "특정 제스처의 모든 의미를 정확히 파악했다고 믿는 바로 그때, 우리는 잘못된 판단을 내릴 수 있다."[43] 또한 액스텔은 자신의 글이 과학적이지 않다고 인정했지만, 액스텔 덕분에 과학자들은 신중을 기하는 결론들에 똑같이 도달했다.[44] 그리고 만약 당신이 촬영을 위해 포즈를 취한 사진을 해석한다면, 거기에는 이런저런 지시를 하고 각도를 선택했을지 모를 사진사가 있다는 점을 염두에 두자.

제스처에 관한 **물어보기**뿐 아니라, 액스텔은 다른 문화권이나 마을 다른 구역에 갈 때 자신의 제스처들에 대해서도 **의식하고** 있기를 권한다. 지역신문에 실릴 사진의 포즈를 취할 때도 마찬가지다. 잭슨 형제에게 일어난 일을 그들 탓으로 돌리는 건 절대 아니지만, 당신이 언제 갱 소속으로 오해받을지 결코 알 수 없는 법이다. 그리고 언제 당신의 제스처가 한 나라 전체를 모욕한 것으로 해석될지도 모를 일이다.

의도치 않은 모욕의 유명 사례들

조지 H. W. 부시George H. W. Bush 대통령은 1990년대 초 호주를 방문했을 때 실수로 그 나라를 모욕하고 말았다. 리무진 뒷좌석에 앉아 군중 옆을 지나갈 때였다. 그는 검지와 중지로 'V'를 만들며 자신이 평화의 제스처 또는 승리의 제스처를 만든다고 생각했다. 그러나 어째서인지 그의 손바닥은 자기 쪽을 향하도록 돌려져 있었고, 호주인이라면 누구나 그것이 남을 향한 천박한 표현임을 '알고' 있었다. 호주에서 그 손짓은 '엿 먹어라'라는 뜻이다. 그 사진은 다음날 "대통령이 호주인들을 모욕하다"라는 제목으로 신문에 실렸다.[45]

미국에서 자란 부시 대통령의 삶이라는 상황이 그 실수에 기여했을 가능성이 매우 크다. 미국인들은 대개 'V'가 앞을 향하든 뒤를 향하든 상관하지 않는다. 물론 제스처를 한 사람이 다른 문화에 속했다는 이유만으로 불쾌한 제스처들이 용서된다는 뜻은 아니다. 다른 나라 방문은 매우 중요한 일이며, 방문자는 그 지역의 법률과 규범에 관해 어느 정도 알고 가야 할 책임이 있다. 부시 대통령의 행동을 완전히 분석하려면 문화적 요인들을 고려할 필요가 있다. 그런 다음 그 행동에 대해 어떻게 느꼈는지는 호주 국민 각자에게 달린 일이다.

요컨대 부시 대통령을 부정적으로 판단하면서 문화적 요인들은 고려하지 않는 것은 기본귀인오류라는 것이다. 전통적으로 연구자들은 기본귀인오류의 논의에 이러한 문화적 단절의 유형을 포함시키지 않았다. 그러나 상황요인이 방 안에 있든, 길 위에 있든, 아니면 평생 노출되어온 일상적 사회규범 속에 있든, 그런 요인들을 무시하는 것은 분명 기본귀인오류의 정의에 들어맞는다. 사회학자 데인 아처Dane Archer는 이렇게 썼다. "제스처에 관한 한, 어떤 사람이 무언가를 말하는 방식뿐 아니라 애초에 무엇을 말하고 싶은지까지도 문화가 결정한다."[46]

다른 문화에 속한 시민들을 비언어적으로 모욕한 미국 정치인이 부시가 처음은 아니었다. 리처드 닉슨Richard Nixon도 엄지와 검지로 원을 만들고 세 손가락을 펴는 'A-OK' 사인으로 라틴아메리카 군중을 모욕했다. 이탈리아의 나이트클럽에 간 미국 군인들은 아무 악의 없이 '손가락 두 개로 뿔 모양'을 만들었다가, 자기를 향한 것도 아닌데 모욕으로 받아들인 이탈리아인들과 싸움이 붙었다. 한 미국인은 나이지리아에서 차를 태워달라고 요청하려고 엄지를 치켜드는 전형적인 히치하이킹 제스처를 보냈다가 지역 사람들에게 폭행을 당했다.

미국인들 역시 다른 문화에 속한 사람들로부터 모욕감을 느낄 수 있다. 미국의 한 주지사는 자신이 발표하는 동안 일본인 청중들이 고개를 꾸벅거리며 졸고 있는 듯한 모습을 보이자 당황했다. 그 맥락에서 눈을 감고 고개를 끄덕이는 것이 일본인들에게는 존중과 경청의 표현이었던 모양이다. 청중들은 졸고 있던 것이 아니라 집중하고 있었던 것이다.[47]

개인적 공간

문화들 간의 비언어적 차이를 보여주는 다른 많은 예들 가운데 개인적 공간의 문제가 있다. 언젠가 다른 나라 출신의 한 동료와 60~90센티미터 정도의 공간에서 대화를 나누었는데, 그는 계속 가까이 다가오고 나는 계속 뒤로 물러났다. 드라마 〈사인펠드Seinfeld〉의 한 에피소드에서는 이런 사람들을 가리켜 '바싹 다가서서 말하는 사람close talker'이라는 표현을 만들어냈고, 저지 라인홀드Judge Reinhold가 그 역할을 연기했다. 실제로 극 중 사인펠드의 친구 크레이머는 바싹 다가서서 말하는 라인홀드에게서 물러서다가 넘어지기까지 한다.

그렇게 코앞까지 가까이 다가와 말하는 사람들의 행동을 불쾌하게 여기는 사람들도 있다. 하지만 나는 내 동료가 사람 사이의 공간이 가까운 것을 표준적으로 여기는 문화에서 왔음을 알고 있었다. 잠재적 원인을 안다고 그토록 가까운 거리에서 대화를 나누는 일이 편한 것은 아니었지만, 불쾌하게 받아들이지는 않았다.

반면 가까이서 말하는 사람들은 나처럼 조금씩 뒤로 물러나는 사람들의 행동이 불쾌할 수 있다. 그들은 이렇게 궁금해할지 모른다. 이 친구는 뭐가 문제야? 왜 계속 멀리 가는 거지? 뒤로 물러나는 원인을 내게 뭔가 문제가 있기 때문으로 돌리는 것은 내가 속한 문화의 역할뿐 아니라 가까이서 말하는 사람의 직접적 행동의 역할도 과소평가하기 때문에 기본귀인오류가 된다. 그래도 내가 계속 거리를 벌리려 한 것이 그에게는 무례하게 느껴졌을 수 있다.

미국의 공영 라디오 방송국 NPR 웹사이트에 실린 개인 공간에 관한 글에는 커뮤니케이션학 교수 캐스린 소렐스Kathryn Sorrells의 다음과 같은 말이 인용되어 있다. "자신이 속한 문화의 관점에서만 본다면 누군가가 실제로 어떤 의사를 전달하고 있는지 오독하기 쉽다."[48] 그 온라인 기사에 댓글을 단 한 여성은 같은 반 남학생이 항상 너무 가까이 다가오는 바람에 한때 자신에게 관심이 있는 것으로 확신했다가, 주위에 물어보고는 그 학생이 속한 문화에서는 단지 "개인 공간에 대해 다른 개념을 갖고 있다"는 것을 알게 되었다고 한다.

문화적 차이는 접어두더라도, 실제로 우리는 누군가가 언제 우리에게 작업을 걸고 있는지 잘 모르는 것으로 드러났다.[49] 사실 비언어적 표현에 대해 평균 이상의 민감성을 지닌 사람들도 누가 자신에게 작업을 거는지 아닌지 정확히 감지하는 데는 더 나을 것이 없고, 어떤 경우에는 심지어 더 서툴다.[50]

비언어 해독 전문가들에 관하여

교사든 법을 집행하는 사람이든 심리학자든 마음을 읽는 자신의 능력에 대해 유난히 커다란 신뢰가 있는 비언어 해독 전문가들에 대해 공정을 기하기 위해, 어떤 사람들의 비언어 해독은 다른 사람들보다 정확하다는 점을 짚고 넘어가야겠다. 또한 비언어 해독 기술을 향상시킬 수 있는, 연구 결과에 기반을 둔 훈련 또는 직업 훈련이 존재할 수도 있다. 폴 에크먼과 동료들은 일부 경찰 인력과 심리학자들이 월등한 거짓말 탐지 능력을 보여주었다고 밝혔다.[51] 사회적 환경에 대한 통제감, 즉 다른 사람들을 읽을 수 있다는 믿음을 바탕으로 한 그 감정을 이 장에서 망쳐놓았다면 몹시 유감이다.

그러나 동시에, 비언어 해독을 **다른 사람들보다 더** 정확하게 한다는 것이 절대적 의미에서 상당히 정확하다는 뜻은 분명 아니다. 또한 다른 사람들보다 더 정확하다고 여겨지는 부류(교사, 경찰, 심리학자)도 아주 조금 더 우수한 정도일지 모른다. 크리스찬 마이스너Christian Meissner와 사울 카신Saul Kassin을 비롯한 많은 연구자들에 따르면, 특히 거짓말 탐지 분야에서는 훈련이나 직무 경험을 통해 능력이 향상된다고 하더라도 대체로 그 차이는 아주 작다고 한다.[52] 그리고 우리 대부분은 다른 사람들의 비언어적 행동을 해독하는 자신의 정확성을 심하게 과대평가한다. 그 대상이 더 오래 알았던 사람들일수록 더 그렇다![53]

그러니 이 장을 읽는 동안 사람들을 읽을 수 있다는 당신의 믿음이나 전반적인 통제감이 조금이라도 사라졌다면, 그건 아주 좋은 일이다. (미안한 마음도 있지만) 메시지가 제대로 전달된 것이다. (얼굴만 해독하는 것의 한계들에 대한 연구를 다음 장에서 다룰 것이다.)

해독 과정을 더욱 복잡하게 만드는 것은, 비언어 해독의 어떤 대상들은 다른 대상들보다 더 읽기 어렵다는 사실이다. 폴 에크먼조차 특정 개인의 마음은 읽기 어렵다고 인정했다.[54] 전반적으로 사람들은 자신이 생각하는 것보다 더 읽기 어려운 존재들이다. 연구 결과, '투명성의 환상'도 존재한다는 것이 밝혀졌다. 사람들은 자신의 감정과 정신 상태가 다른 사람들에게 읽힐 수 있는 정도를 과대 추정한다는 것이다. 자신이 남들 눈에 두드러지거나 남들이 자신을 눈여겨보는 정도를 과대 추정하는 '스포트라이트 효과'도 있다.[55] 자신이 책처럼 읽힐 수 있다고 생각한다면, 다른 사람들을 읽을 수 있는 자신의 능력을 과대평가하는 것도 이해가 된다.

정확한 비언어 해독에 대한 믿음도 전혀 근거가 없는 것은 아니다. 다양한 문화를 아우르는 저술가이자 여행가인 로저 액스텔은 자신이 보편적이라고 표현하는 몇 가지 제스처를 찾아냈다. 이때 '보편적'이라는 말은 집단적으로 가정하는 의미 외에 다른 의미가 있을 가능성이 매우 적다는 뜻이다. 대표적으로 드는 예가 손가락 욕, 즉 주먹을 쥔 손에서 중지만 펼치는 것이다. 이는 여러 문화와 역사를 가로질러 한결같이 모욕을 의미하니 해독하기 쉽다. 정말 그럴까?

알고 보니 이 '명백한' 모욕조차 순수한 의미로 사용할 수 있다. 호주와 한국, 일본 등 일부 문화에서 수화를 사용하는 이들을 포함해서 말이다. 나는 유튜브의 일본어 수화 강좌 동영상에서 젊고 상냥한 일본 여성이 나에게 중지를 날리는 모습을 직접 보았다. 그녀는 미소를 띤 채 여러 번 반복했다. 심지어 그 상태에서 팔을 위아래로 움직이는 동작까지 더했다. 이는 누군가를 정말 제대로 모욕하고 싶을 때 중지를 날리며 덧붙이는 다양한 표현 중 하나가 아닌가. 일본어 수화에서 중지만 펴고 팔을 아래로 움직이는 것은 '남동생'을 뜻한다. 한국어 수화로 '남동생'을 가르쳐주는 동영상에서는 심지어 내게 **양손**으로 중지를 날렸다![56]

불확실성, 삶에서 유일하게 확실한 것

이쯤이면 쉬보이건 폴스 주민들과 교육청이 조던 잭슨과 주원 잭슨의 손짓에 과잉 반응했다는 사실이 명백한 듯하지만, 내가 그 십 대 아이들의 마음을 읽을 수 없다는 점은 인정한다. 월등히 많은 증거가 아이들이 갱 제스처를 사용할 의도가 없었음을 암시한다. 그러나 엄밀히 말하자면 그들이 어떤 이유에선지 알면서도 사진 속에 갱 제스처를 슬쩍 집어

넣으려 했을 가능성도 여전히 존재한다.

대인지각person perception에서, 더구나 비언어 해독에서는 정당하고 절대적인 확실성이 극히 드물다. 나에게 다른 사람을 읽는 방법에 관한 명명백백한 공식 같은 것은 없다. 하나의 집단으로서 우리는 너무 복잡하다. 물론 예외는 있을 것이다. 인생에서 유일하게 확실한 것은 불확실성뿐이고, 확실성은 바보의 어머니라는 격언들처럼 말이다. 내가 이 책을 쓰는 목적 중 하나는 독자들이 이런 격언들을 좀 더 편안히 받아들이도록 하는 것이다.

다음 장에서 다루겠지만, (단순히 신체언어가 아니라) 얼굴 표정 해독에 관한 훌륭한 연구에서도 특정 표정과 특정 의미 또는 의도가 100퍼센트 가까이 연결되는 결과는 극히 드물다. 하지만 그것이 우리의 일상적 상호작용에서 전반적 기능을 할 수 없다는 뜻은 아니다. 명백한 증거를 따르고, 질문하며, 최대한 잘 추측하라. 그리고 당신이 틀렸을 때는 사과하는 것도 고려해보라.

게이다

누군가를 보는 것만으로 그가 게이나 레즈비언인지 이성애자인지 구별할 수 있다고 생각하는 아주 흔한 형태의 비언어 해독을 언급하지 않고 이 장을 끝낼 수는 없다. 그런 구별 능력은 흔히 게이다gaydar*로 불린다. 이는 영락없는 고정관념이다.

인종차별주의나 인종적 고정관념이 특정 인종 사람들의 행동을 순간

---

* '게이'와 '레이다'의 합성어.

적으로 해독할 때 편향을 일으키는 것처럼, 게이와 레즈비언에 대한 고정관념들도 누가 동성애자이고 이성애자인지 추측하는 데 편향을 일으킬 수 있다. 실제로 우리가 어떤 사람의 성적 지향을 추측할 때는 게이 고정관념과 성별 고정관념 모두 기준이 된다. 게이 고정관념의 기본 요소는 비전형적인 성별 행동이다. 게이 남성은 전형적으로 여성적 방식으로 행동하거나 거동하고, 레즈비언 여성은 전형적으로 남성적 방식으로 행동하거나 거동할 거라 예상하는 것이다.[57]

게이 고정관념에는 '진실의 낟알'이 담겨 있는 것으로 드러났다. 동성애자 남녀는 이성애자 남녀에 비해 동작과 말, 거동하거나 옷 입는 방식에서 비전형적인 성별 방식으로 행동할 가능성이 더 큰 것이 **맞다**.[58] 따라서 평균적으로는 고정관념에 근거한 성적 지향 추측은 아무 근거 없이 찍는 것보다는 들어맞는 경우가 더 많다. 그러나 '정확한'이라는 단어를 정당하게 사용하는 것과 그냥 찍는 것(50 대 50) 사이에는 아주 넓은 간격이 있다. 게이다가 55퍼센트 맞으면 정확하다고 할 만큼 높은 비율일까? 60퍼센트는 어떤가?

놀랍게도 게이다를 연구한 대부분의 연구자들은 '모 아니면 도'의 접근법을 취했다. 그들은 게이다가 맞힌 확률이 우연히 맞힐 확률 이상, 즉 50퍼센트 이상으로 나오면 모두 정확하다고 표현했으며, 이때 심지어 52퍼센트인 경우도 있었다.[59] 무작위 추측을 제외하고 정정하면 52퍼센트의 정확도는 4퍼센트로 떨어졌다. 항공교통 관제사나 방사선 기사가 문제를 감지하는 적중률이 4퍼센트라면 어떤 느낌이 들지 궁금하다.

코미디언 엘런 디제너러스Ellen DeGeneres는 언젠가 자신의 토크쇼 도입부에서 이 어이없는 일에 대해 이야기했다. 전국적 연구에 따르면 게이다의 정확도가 60퍼센트라고 언급하면서 아무렇게 찍는 것보다는 10퍼센트 높은 비율이라고 예리하게 지적했다. 그런 다음 자기도 올슨 쌍둥이 자매와 이야기를 나눌 때면 누가 누군지 60퍼센트는 맞힌다는 말로 그 연구가 얼마나 의미 없는지 보여주었다.[60] 이는 그냥 표면적으로만 웃기거나 우려스러운 일이 아니다(당신이 그게 웃기거나 우려스러운 일이라는 데 동의한다면 말이다). 지난 몇 십 년 사이 사회과학자들은 '효과크기effect size'에 대해 점점 더 신경을 쓰게 되었다. 효과크기란 결과가 통계학적으로 의미가 있는지(즉, 무작위적 추측 이상의 확률로 발생하는 결과인지) 여부와 상관없는, 그 결과의 실제 크기(이 경우 백분율)를 말한다. 통계학적 의미가 있어도 효과크기가 작을 경우, 그 결과는 과거만큼 사회과학에서 중요성을 인정받지 못한다.

고정관념 행동들과 실제 성적 지향 사이의 이런 관계가 100퍼센트 맞다고 가정하더라도, 즉 게이는 늘 비전형적인 성별 행동을 한다고(사실은 그렇지 않다) 치더라도, 그런 행동을 하는 것이 그가 게이임을 함축한다는 뜻일까? 다시 말해, A(성적 지향)가 B(특정 행동들)를 함축한다는 것이 B가 A를 함축한다는 의미도 될까? 당연히 아니다. 이런 추론이 익숙하게 들리기를 바란다. 1장에서 논의했듯이 A가 B를 함축하더라도 B로 A라는 결론을 내리는 것은 역오류가 된다. B에는 다른 원인들이 있을 수 있고, '게이' 행동에는 게이인 것 말고도 다른 원인들이 있을 수 있다.

1986년에 개봉한 영화 〈핑크빛 연인〉에서 십 대 노동계급 소년 더키를 연기한 배우 존 크라이어Jon Cryer도 함께 출연한 배우 몰리 링월드Molly Ringwald가 한 말에 응수하며 비슷한 이야기를 했다. 2012년에 링월드는 공식 석상에서 더키가 사실은 게이였다고 주장했다. 이에 크라이어는 이성애자 남성들도 게이 같은 분위기를 풍기거나 여성적으로 행동할 수 있다고 예리하게 지적했다. 그의 이야기는 다른 사람들이 자신을 어떻게 대하는지 직접 경험한 데서 나온 듯하다. "나는 늘 그런 것을 감수하고 살아야 했지만, 그래도 괜찮다."[61] 당시 'Gay or Straight'라는 웹사이트에 나와 있는 게이 수치에 따르면 방문자들이 존 크라이어에게 준 평균 게이 수치는 74퍼센트였다. 그러나 크라이어는 게이가 아니라고 한다.

모든 행동이 그렇듯이 비전형적인 성별 행동들도 유전적 성향이나 환경의 영향 탓일 수 있다. 타고나기를 여성적이거나 전통적으로 여성적이라고 여겨진 관심사를 갖고 있지만 게이는 아닌 일부 남자아이들의 경우, 그들의 부모가 아들에게 어떤 방식이든 좋을 대로 행동하라고 격려했을 수도 있다. 또 그런 남자아이들은 비전형적인 성별 행동을 말리지 않는 포용적인 또래집단이나 문화에 속해 있을 수도 있다. 이런 소년들은 부모나 또래들, 문화가 덜 포용적이었을 경우에 비해 고정관념을 지닌 사람들의 눈에는 게이처럼 보이는 상태로 성장할 가능성이 더 크다.

심지어 비전형적인 성별 행동도 문화에 따라 다를 수 있다. 야로슬라바 발렌토바Jaroslava Valentova와 동료들은 미국 남자들이 체코 남자들의 성적 지향을 판단하거나 체코 남자들이 미국 남자들의 성적 지향을 판단할 때는 자신과 국적이 같은 사람을 판단할 때에 비해 게이다가 제대로 작동하지 않았음을 보여주었다. 연구자들은 '문화 내 평가 이점within-culture rating advantage'을 설명하기 위해 '게이 악센트'부터 그 밖의 '성적 지향과 관련된 비언어적 행동'들까지 "겉으로 드러내는 행동의 의미가 문화에 따라 다를 수 있다"는 의견을 제시했다.[62]

요컨대 드러난 어떤 행동이 사실은 특정 문화에서 자랐거나 특별한 부모에게 양육을 받았기 때문인데도 게이이기 때문이라고 잘못 결론 내릴 수 있다는 말이다. 그러한 요인들을 간과하거나 의식하지 못하면서 어떤 사람에게 게이라는 잘못된 꼬리표를 붙이는 것 역시 기본귀인오류의 또 다른 사례다.

이제 거꾸로 뒤집어 보자. **이성애자**인 것이 언제나 **전형적인** 성별 행동을 하게 만든다고 하더라도(사실은 그렇지 않다), 이는 전형적인 성별 행동들이 이성애자임을 반영한다는 뜻은 아니다. 실제로 많은 동성애자들이 자연스럽게 성별 전형적으로 행동하거나, 그렇게 행동하도록 학습 또는 스스로 훈련한다.[63] 〈세상을 충격에 빠트린 유명인 25명의 커밍아웃 이야기25 Celebrity Coming Out Stories That Shocked the World〉라는 《허핑턴 포스트》기사는 때로는 동성애자들이, 심지어 대중에게 행동을 면밀히 관찰당하는 사람들까지 이성애자로 오독되기도 한다는 점을 잘 보여준다.[64]

성별 전형적인 방식으로 행동하려고 노력하는 것은 상황 때문으로 보인다. 사회나 또래집단은 성별에 비전형적인 방식으로 행동하는 사람들에게 가혹하다. 마찬가지로 성별 전형적 행동은 성적 지향과 무관하게 아동기의 동성 또래집단에 의해 조건화될 수도 있다. 연구 결과들에 따르면 동성애자이지만 이성애자처럼 행동하거나, 좀 더 성별 전형적인 방식으로 행동하는 척하는 사람들은 평균적으로 관찰자의 게이다 정확성을 실제로 떨어뜨린다.[65]

그렇다. 게이다에는 정확성의 낟알이 하나는 있다. 그러나 언제나 그렇듯, 되도록 확신하지는 말라. 신중하게 조사한 뒤 게이다가 '정확하다'고 결론 내린 연구를 기반으로 삼아도, 여전히 당신이 틀렸을 확률이 48퍼센트다. 그리고 틀리는 이유들 중 하나는 기본귀인오류 때문이다. 여기서 기본귀인오류는 성적 지향과 관련된 비언어적 행동에 영향을 주는 상황적 측면들에 대해 과소평가하는 것이다. 얼굴만 보고 판단하는 게이다는 다음 장에서 더 자세히 다룰 것이다.

4장

사진도 거짓말을 할 수 있다

얼굴에는 무엇이 있나

얼굴 특징에서 풍기는 첫인상을 바탕으로 그 사람의 성격이나 태도,
의도에 대해 결론을 내리면 그중 상당수는 나중에 틀린 것으로 밝혀진다. …
이를 방지할 수 있는 한 가지 방법은, 얼굴에 실제 사용 맥락과 상관없이
적용할 수 있는 어떤 본질적 의미가 있다는 가정을 버리는 것이다.

—브라이언 파킨슨Brian Parkinson(사회심리학자)

나는 모든 사람이 갖고 있는 모든 감정을 갖고 있다.
단지 그렇게 보이지 않을 뿐이다.

—스티븐 라이트Steven Wright(스탠드업 코미디언)

당신이 내 머릿속에도 카메라를 설치한 건 아니잖아요!

—트루먼 버뱅크Truman Burbank(영화 〈트루먼 쇼〉 주인공)

앞 장에서 나는 갱 제스처로도, 스포츠 제스처로도, 그냥 장난치는 것으로도 해석될 수 있는 무해한 손짓들이 담긴 사진 한 장에 주목했다. 그 손짓을 한 흑인 학생들이 명백히 갱과 연계되었다는 의심을 받고 농구팀에서 출전정지 처분을 받으면서 그 손 제스처는 논쟁을 불러일으켰다.

그렇다면 얼굴 표정이 담긴 사진은 어떨까? 더 해석하기 쉬울까? 비언어 해독을 연구하는 많은 이들은 손짓 같은 신체언어를 해독하는 것과 얼굴을 해독하는 것 사이에 개념적으로 선을 그어놓았다. 사람들은 대부분 자신이 얼굴을 꽤 잘 읽는다고 생각한다. 특히 눈은 영혼의 창이라고들 한다. 그러나 우리는 정말 영혼이라고 할 정도에 가까운 뭔가를 추론해낼 수 있을까? 구체적으로, 사람들의 얼굴을 보는 것만으로 그들이 취하는 제스처의 특징이나 기만, 성적 지향을 정확하게 추론할 수 있을까? 이러한 질문들에 대한 답은 차례로 '더 쉽지 않다', '할 수 없다', '약간 할 수 있다'인 것 같다.

홍채는 성격을 비추는 창?

학자들은 얼굴로 성격을 추측하던 예전의 '골상학' 관행을 거의 완전히 끊어버리는 지점까지 도달했다. 어떤 조건들에서는 외향성과 신뢰성을 판단할 때 얼굴로 평가하는 것이 우연으로 맞힐 확률보다 정확도가 조금 더 높기는 했지만, 그런 결과를 본 연구자들도 그 비율이 대단히 낮다는 사실을 인정했다. "얼굴은 영혼의 다소 불투명한 창"이라고 말하는 경우도 있었다.[1] 어떤 생물심리학자들은 눈, 특히 홍채의 특징이 그 사람의 성격에 관해 뭔가를 알려주는지 연구하고 있다. 눈과 영혼이 연결되어 있다는 그 믿음이 참인지 밝혀낼 마지막 희망인지도 모른다.

눈 색깔이 외향성과 사교성을 어느 정도 반영한다는(색이 어두울수록 더 외향적이라는) 엇갈리는 증거들이 있기는 하지만, 이는 걸음마 단계의 아기들에게 한정된다. 성인들의 경우, 좀 더 최근의 연구에서는 홍채의 홍채소와, 수축구, 색소점의 특징을 관찰했다. 통계적 증거가 불확실하기는 하지만 몇몇 잠재적 관계들은 발견되었다. 예를 들어 수축구가 더 많은 것이 더 강한 충동성을 암시하는 것일지도 모른다. 그러나 아쉽게도, 더 확실한 증거가 나온다 해도 홍채의 그런 특징들은 너무 작아 맨눈으로는 셀 수 없다. 성능 좋은 돋보기를 가지고 다니지 않는 이상, 일상적으로 비언어 해독을 할 때 눈 자체에서 성격적 특성을 정확히 알 수는 없다.[2]

얼굴에서 거짓 탐지하기

심리학자 찰스 본드 2세Charles Bond Jr.와 벨라 드폴로Bella DePaulo는 수백 편의 연구 논문을 꼼꼼히 검토했던 유명한 메타 분석에서 거짓말 탐지의 전반적 정확도가 (비전문가뿐 아니라 놀랍지만 전문가들도) 54퍼센트 정도라고 밝혔는데, 이는 동전 던지기의 50퍼센트를 조금 웃도는 정도다. 두 저자는 사람들이 거짓말 탐지를 "잘하지 못하며" "참말과 거짓말도 거의 구별하지 못한다"고 적절하게 정리했다. 거짓말 탐지의 전반적 정확도는 이렇듯 낮지만, 그것도 신체언어와 음성신호 읽기 등에 관한 연구들을 기반으로 한 결과다. 그러니 얼굴을 보는 것만으로는 우연히 맞히는 것보

다 높은 정확도를 보장할 수 없다.[3]

본드와 드폴로는 사람들이 거짓말 탐지에 그토록 서툰 이유에 관해 몇 가지 의견을 제시했다. 그중에는 기본귀인오류가 포함된 주장도 있었다. 우선 우리 대부분은 어느 정도 주기적으로 거짓말을 하면서도 자신보다는 거짓말한 다른 사람을 더 가혹하게 비판한다. **우리 자신이** 거짓말을 할 때 우리는 그 상황 속의 중대한 필요성을 보는 경향이 있지만, 다른 사람이 거짓말을 할 때는 심각한 도덕적 결함을 본다. 따라서 우리는 거짓말을 한 다른 사람들이 자신의 도덕적 결함에 대해 수치심이나 죄책감을 느낄 거라고 가정하는 경향이 있고, 거짓말을 하는지 알아내려 할 때는 그러한 감정이 담긴 표정을 찾으려고 눈에 불을 켠다. 그러나 거짓말을 하는 사람들은 대개 거짓말을 해야만 하는 상황적 필요를 보기 때문에 그런 감정들을 느끼지 않고, 따라서 진실을 말하고 있는 것으로 오독된다. 본드와 드폴로가 주장하는 요점은 우리가 보통 다른 사람의 거짓말 배후에 있는 맥락의 힘을 과소평가한다는 것이었다(이 과소평가가 기본귀인 오류다).

얼굴을 기반으로 한 게이다

성적 지향에 관해서는 앞 장에서 연구자 룰Nicholas Rule과 앰바디가 겨우 52퍼센트의 정확도를 근거로 얼굴에 기반한 게이다가 '정확하다'고 표현했던 그 사례로 다시 돌아가보자. 이는 동전을 던져서 맞힐 때의 정확도보다 겨우 2퍼센트 높은 결과다. 그리고 그 연구에 사용된 얼굴들은 페이스북 프로필에 "낭만적 의도나 성적 의도에서 다른 남자들에게 관심 있다"고 암시한 남자들의 페이스북 사진첩에서 가져온 것이었다.[4]

롤과 앰바디는 선택 편향의 가능성을 인정했다. 즉, 그런 식으로 자신을 알리는 것을 편안해하는 남자라면 동성애자의 고정관념에 더욱 근접한 모습이거나, 그런 방식으로 자신을 나타낼 가능성이 더 높다는 것이다. 많은 게이다 연구들이 이와 유사하게 인터넷을 기반으로 한 사진들을 사용한다. 그래서 야로슬라바 발렌토바와 동료들은 인터넷을 피하고 남성 실험 참가자들에게 중립적인 표정을 짓도록 지시한 연구에서 게이다가 정확한 결과를 전혀 내놓지 못했을 때 놀라지 않았다.[5]

롤과 앰바디는 또한 전형적인 게이 남성은 자신의 성적 지향을 감추려 할 것이므로 읽어내기 더 어렵다는 점도 인정했다. 실제로 앰바디의 이전 연구에서는 이성애자처럼 보이려고 노력하는 게이 남성들의 성적 지향을 정확히 구별해낸 비율이 43퍼센트에 그쳐 동전을 던질 때의 50퍼센트 확률에도 못 미침을 알 수 있다.[6] 그러나 롤과 앰바디는 앰바디의 이전 연구를 언급하지도 않았고, 놀랍게도 그 문제가 열린 질문인 것처럼 프레임을 짰다. 마치 그 주제에 관해서는 전혀 연구되지 않은 것처럼 말이다.

명확히 하자면, 앰바디의 이전 연구에 참가한 게이 남성들은 이성애자처럼 보이도록 노력하라는 지시를 받았다. 이들을 이성애자로 잘못 읽은 실험 참가자들은 그러한 외적 영향을 간과함으로써 기본귀인오류를 저질렀다. 다시 말해 참가자들은 남성들의 비언어적 신호가 이성애자처럼 보이는 것은 그들이 정말 이성애자이기 때문이라고 가정했을 것이다. 실험 참가자들은 동성애자임을 감추라는 연구자들의 지시를 몰랐다는 사실도 고려해야 공정하겠지만, 미국의 일부 게이 남성들은 매일의 일상에서 자신의 성적 지향을 감춰야 한다는 외적 압박을 느끼며 사는 것이 사실이다.

룰과 앰바디의 52퍼센트 결과에는 여러 한계가 있지만, 참가자들에게 주어진 정보는 20분의 1초 동안 잡힌 정지된 얼굴들뿐이었다는 점을 덧붙여야겠다. 게다가 성별 전형적이거나 비전형적인 헤어스타일의 신호를 주지 않도록 헤어스타일도 디지털 편집으로 제거했다. 이런 조건에서 우연히 맞힐 확률 이상으로 정확하게 맞힌다는 것은 아주 대단한 일이다. 그리고 여러 연구들을 고루 살펴보면, 얼굴을 기반으로 성적 지향을 판단할 때의 정확도는 우연히 맞힐 확률보다 전반적으로 높다. 연구자들이 신체언어와 음성신호가 담긴 비디오테이프를 추가로 보여주면 정확도는 조금 더 높아진다.

들은 바로는, 특정 도시들의 특정 지역들에서는 동성애자임을 나타내는 좀 더 믿을 만한 신호들이 존재할 수도 있다. 그 지역 동성애자 구성원들이 채택하기로 암묵적으로 동의한 것으로, 이를테면 양쪽 귀에 각각 다른 수의 귀걸이를 한다든지, 머리카락을 특정한 방식으로 자른다든지 하는 것이 그렇다. 이렇게 문화가 성적 지향과 상호작용해 개인의 특정한 외모의 원인으로 작용하는 경우, 문화의 역할에도 주목하자. 앞 장에서 로저 액스텔이 충고했듯이, 일상적인 손 제스처든 용모를 통한 성적 지향의 표현이든 특정 의도가 담긴 비언어적 신호들의 의미를 판별할 수 있으려면 그 지역문화 안에서 질문하고 다녀봐야 한다.

룰과 앰바디가 그 52퍼센트 결과를 과장한 것은 사실이다. 52퍼센트는 절대적인 의미에서 '정확성'을 뜻하지 않는다. 그러나 앰바디는 다른 논문에서는 좀 더 균형 잡힌 시각을 보였는데, 그 논문에서 어떤 개인은 다른 이들보다 더 읽기 쉽고, 어떤 관찰자는 다른 관찰자들보다 더 정확하며, 60퍼센트의 정확성조차 "완벽한 것과는 거리가 멀다"고 결론지었다.[7]

요컨대 얼굴만으로는 성격, 거짓말 여부, 성적 지향을 추측하기 어렵다는 것이다. 그 몇 가지 이유 중에서 나는 기본귀인오류에 해당하는 사례들을 부각시켰다. 우리는 얼굴의 특징과 표정 뒤에 있는 맥락을 간과하거나 충분히 고려하지 않는다는 말이다.

얼굴에서 감정 읽기

얼굴 해독에서 더 비중 있고 복잡한 질문은 우리가 사람들의 표정을 근거로 그들이 어떤 감정을 느끼고 있는지 정확히 추측할 수 있는지 여부다. 대부분은 단순명료하게 '그렇다'고 생각한다. 우리는 얼굴 표정이 감정의 표출이라는 생각을 당연하게 받아들인다. 그러나 그 질문을 담고 있는 문헌들은 참으로 방대하고 복잡하다. 게다가 학계에서는 이 질문을 둘러싼 열띤 논쟁들도 벌어져왔다. 알고 보면 '감정'을 정의하는 일조차 쟁점투성이다. 나는 이런 복잡성의 일부라도 포착해보려 한다.

얼굴이 곧 감정이라는 생각을 둘러싼 여러 반증 중 하나는 무표정한 얼굴로 던지는 유머다. 코미디언 스티븐 라이트Steven Wright는 건조한 표현으로 잘 알려져 있지만, 겉으로 감정을 드러내지 않는 것이 자신에게 일반적인 감정이 없다는 뜻은 아니라고 설명했다.[8] 그의 얼굴을 보고 감정이 없을 거라고 추측하는 것은 그가 시트콤에서 맡은 역할들이 어떤 것이었는지를 간과하는 것이다. 상당수는 정말로 느끼는 바를 감추고 싶을 때 얼굴 표정을 통제하거나 꾸밀 줄 안다. 실험심리학자 브라이언 파킨슨Brian Parkinson은 2005년에 쓴 논문에서 다음과 같이 가볍게 표현했다. "1990년대 이후로 얼굴이 감정을 직접 표현한다는 익숙한 관념은 점점 더 면밀한 검토의 대상이 되고 있다."[9]

대중문화에서도 유명인들의 잘 알려진 스냅사진들을 둘러싸고 여러 논쟁이 벌어졌다. 2013년 남아프리카에서 열린 넬슨 만델라Nelson Mandela의 추도식에서 오바마 대통령이 찍은 악명 높은 셀카의 경우, 전 세계가 달려들어 판단을 내리며 기본귀인오류의 다양한 형태를 선보였다.《뉴요커》의 로런 콜린스Lauren Collins는 그 이야기를 "오바마 셀피 페이스 게이트Obama Selfie-Face-Gate"와 "이 주의 가장 중요한 진짜 가짜뉴스"라고 부르며 잘못되거나 과도한 해석의 메시지를 전달하려 애썼다.[10]

영부인의 얼굴

이 셀카 사건에서 널리 알려진 한 장의 사진에는 (오바마 대통령을 포함한) 세 명의 고관이 미소를 지으며 단체 셀카를 찍고 있고, 옆에서 웃음기 없는 얼굴로 다른 어딘가를 바라보고 있는 미셸 오바마Michelle Obama의 모습이 담겨 있다(주 10~14에 그 사진의 링크가 있다). 이 사진을 바탕으로 많은 기자와 블로거, 케이블뉴스 진행자, SNS 사용자는 상황적·문화적 요인들을 무시하고 대통령과 영부인의 행동에 대해 강력하게 기질적 귀인을 했다. 예컨대 많은 사람들이 대통령이 결례를 범했다고 말했다. 그러나 추도식에서 미소를 짓거나 즐거운 시간을 보내는 것이 일부 아프리카 문화에서는 (세계 지도자라고 하더라도) 결례로 간주되지 않는다.

다시 말해, 그 추도식의 직접적이고 문화적인 맥락은 전형적인 미국 추도식에서 예상할 수 있는 것과는 다른 행동을 유발할 수 있다. 적어도 그곳에 있던 사람들은 결례를 당했다고 느껴야 했을텐데, 실제로는 그렇게 느끼지 않았을 가능성이 매우 높다. 오바마 대통령의 행동은 그들의 행동과도, 그리고 확실히 그 상황과도 잘 맞았기 때문이다. 그래도 여전히 미국인들은 자신들의 대통령이 그런 종류의 행사에서는 더 엄숙하게 행동했어야 한다고 느낄 수 있지만, 그런 미국인들이 대통령의 행동을 설명하면서 구체적 맥락을 무시한다면 기본귀인오류가 된다.

이제 영부인의 얼굴에 초점을 맞춰보자. 많은 사람들이 그녀가 무언가에 화가 나 있었다고 생각했다. 그녀의 얼굴을 둘러싸고 '즐겁지 않은' 부터 '얼음같이 쏘아봄'과 '격노'까지 다양한 범위에 걸쳐 확신에 찬 해석들이 나왔다. 한 기자는 덴마크 총리에게 "남편이 추파를 던지는 동안 '그 표정'을 짓고" 있었다고 지적했다.[11] 그러나 이렇듯 수많은 입길에 오르내린 사진을 찍은 장본인인 로베르토 슈미트Roberto Schmidt에 따르면 이 해석들은 완전히 틀렸다.

사진도 거짓말을 할 수 있다

사진가 슈미트는 사람들이 미셸 오바마의 표정에 대해 공통적으로 갖는 오해에 너무 경악해서 자신이 나서서 뭔가 말해야겠다고 생각했다고 한다. 그래서 공개적으로 "사진도 거짓말을 할 수 있다"라고 말했다. 영부인의 표정은 지나가다가 "우연히 잡힌" 것이며 "몇 초 전만 해도 영부인은" 덴마크 총리를 포함해 "주변에 있는 사람들과 농담을 나누고 있었다"고 설명했다.[12] 사진에 눈을 감은 모습이 찍혔다고 해서 반드시 그 사람이 자고 있는 건 아니듯이, 카메라에 잡힌 순간적인 얼굴 움직임들은 오해를 초래할 수 있다.

영부인은 무언가를 응시하고 있는 것처럼 보이긴 했다. 그러나 그게 사실이더라도 행사에서는 볼 것이 아주 많았다. 게다가 이미 두 시간 이상 이어지고 있었다면 때로 멍하니 허공을 응시하는 것도 충분히 이해가 되는 일이다. 미소 짓는 근육도 휴식이 필요하다. 사진 속에 셀카를 찍는 활동이 담겨 있는 건 맞지만, 사진 속에 들어갔다는 이유만으로 그 활동이 영부인의 얼굴에 영향을 미쳤다는 뜻이 되는 것은 아니다. 어떤 사진에서든 누군가의 행동을 해석할 때 문제점은, 그 사각형 안에 들어갈 수 있는 만큼의 맥락밖에 포착되지 않는다는 것이다. 더 넓은 맥락을 보려면 사진가처럼 현장에 있는 것이 도움이 된다.

바꿔 말하면 사진의 프레임 밖에 영부인의 표정에 영향을 미친 무언가가 있을 수 있다는 뜻이다. 사진을 보는 사람이 자기 눈에 보이지 않는 무언가를 고려할 가능성이 낮다는 점은 이해가 된다. 그 사람이 그것을 전혀 의식하지 못하는 점도 이해가 된다. 하지만 이해가 된다고 해서 그 판단이 기본귀인오류가 아닌 것은 아니다.

수십 년간의 연구로 우리가 눈에 보이는 상황요인에도 적절히 주의를 기울이지 못한다는 점이 밝혀졌지만, 그것이 모든 형태의 기본귀인오류를 피하려 할 때 가장 어려운 과제는 아니다. 오히려 가장 어려운 일은 보이지 **않는** 상황요인이 작동하고 있을 가능성에 마음을 여는 것이다. 그리고 얼굴에 대한 정확한 해독을 방해하는 보이지 않는 장해물은 특히 스냅사진을 볼 때 주로 나타난다. 스냅사진에는 관찰되는 사람의 **최근** 상황, 심지어 셔터를 누르기 1~2초 전 상황까지 포함해 주변 환경의 대부분이 자동적으로 제외되기 때문이다.

맥락이 눈에 보이고 그 맥락에 전적으로 주의를 기울일 때조차, 우리는 여전히 얼굴 판단을 잘못할 수 있다. 맥락이 보이고 그 맥락이 우리를 중립적인 얼굴(어떤 감정도 깔려 있지 않은 얼굴)에서 특정 감정을 읽어내도록 유도할 때, 이를 쿨레쇼프 효과Kuleshov effect라고 부른다. 힐렐 아비저Hillel Aviezer가 이끄는 명석한 연구팀은 거기서 한 걸음 더 나아갔다. 그들은 맥락이, 흔히 특정 감정을 반영한다고 해석되는 명백한 얼굴 표정에 대한

해석까지 편향시킬 수 있음을 보여주었다.[13]

아비저 연구팀은 일반적으로 역겨움을 표현한다고 여겨지는 표정 사진을 고른 뒤 디지털 편집으로 그 얼굴을 네 가지 다른 맥락 속 네 개의 다른 몸에 합성했다. 역겨움의 맥락에서는 배우가 구겨진 속옷을 얼굴에서 멀찍이 두 손가락으로 들고 있었다. 슬픔의 맥락에서는 배우가 묘비 근처에 서 있었다. 다른 두 맥락은 분노와 공포를 묘사했다. 얼굴 자체는 모든 경우에 역겨움을 반영하는 것으로 상정되었음에도 참가자들 상당수가 사진에 담긴 맥락 신호에 따라 슬픈 표정, 화난 표정, 두려운 표정으로 잘못 파악했다.

영부인이 실제로는 역겨운 표정을 짓고 있었는데 사진 속 특정 제스처들 때문에 분노의 표정을 지은 것으로 잘못 해석되었다는 말이 아니다 (물론 그랬을 가능성도 있다). 사람들이 맥락을 고려할 때조차 얼굴을 잘못 읽을 수 있다는 뜻이다. 그러니 맥락까지 없을 때 우리가 얼굴을 잘못 읽는 경우가 많은 것도 놀라운 일은 아니다. 아비저의 결론은 얼굴이 반드시 그 자체에 의미를 부여하는 것은 아니라는 점, 맥락이 있으면 대체로 정확도가 향상된다는 점이었다. 맥락에는 얼굴이 반영하는 것에 관한 실마리가 담겨 있다.

마음 읽기, 인종차별주의, 성차별주의

그렇다면 미셸 오바마는 그 사진 속에서 남편에게 화가 나 있었던 걸까? 그랬을 것 같지는 않다. 앞서 나는 마음 읽기에서 인종차별주의가 어떤 역할을 할 가능성에 대해 이야기했다. 흑인 청소년의 순수한 농구 손 제스처를 갱 제스처로 보는 것이 한 예다. 영문학 교수 록산 게이Roxan Gay는 《살롱Salon》에 쓴 글에서 영부인의 얼굴을 분노에서 비롯된 것으로 설명하는 데는 인종차별주의뿐 아니라 성차별주의도 반영되어 있다고 말했다. 게이는 흑인 여성은 화를 내고 텃세를 부리는 존재라는 부정적 고정관념에 대해 심각한 우려를 표했고, 그 증거로 영부인이 남편과 덴마크 총리와 함께 미소 짓거나 웃고 있는 다른 사진들은 그만큼 널리 알려지지 않았다는 점을 지적했다.

또한 게이는 수년 전 사람들이 거의 주목하지 않은, 로라 부시Laura Bush가 싸늘하게 노려보는 모습이 담긴 사진에도 주의를 환기시켰다. 전 영부인 로라 부시의 얼굴은 사실 공적인 행사에서 웃음기 없이 어딘가를 응시하고 있는 얼굴일 뿐이었지만, 만약 오바마 같은 셀카 추론을 적용했다면 싸늘하게 노려보는 눈빛으로 보였을 수도 있다. 로라 부시의 얼굴 사진은 부시 대통령이 자기 뒤에 앉은 젊은 여성과 대화를 나누는 동안 찍힌 것이다. 공적 행사에 참가한 다른 많은 영부인들에게서도 싸늘하게 노려보는 듯 보이는 몇 분의 1초짜리 예들은 얼마든지 찾을 수 있지 않을까 싶다.[14]

그러나 사람들이 미셸 오바마의 표정을 오독한 이유가 인종차별주의와 성차별주의일 수 있는 가능성에 시청률과 정치를 더해보자. 충격적인 내용으로 시선을 끌려는 방송인이나 타블로이드가 뭔가를 말할 수는 있지만, 그건 시청률이나 독자의 관심을 받기 위해서지 꼭 그 내용을 믿어서 그러는 건 아니라는 점은 1장에 담긴 메시지 중 하나였다. 또 열렬한 당파성을 지닌 사람들은 편향되었을 수도 있고, 정치적 이득을 위해 일부러 그런 해석들을 과장했을 수도 있다.

물론 영부인의 얼굴에서 분노를 읽은 모든 사람에게 꼭 편견이나 이면의 동기, 정치적 편향이 있었다는 말은 아니다. 사람들이 얼굴 표정에서 감정을 보는 건 매우 흔한 일이다. 그 감정이 실제로 그 얼굴에 담겨 있느냐 아니냐는 더 어려운 문제다. 추정된 감정과 무관한 배후의 맥락이 그런 표정으로 보이게 만들었을 수도 있기 때문이다.

'내 탓이오'와 갑절로 우기기

일부 언론들은 오바마 셀카에 관해 처음 내보낸 기사를 수정해 업데이트했다. 사진가가 제공한 맥락 정보를 포함시킨 것이다. 그리고 아주 드물게 소수의 블로거들과 SNS 논평가들은 자신들의 실수를 인정했다. 그러나 처음의 해석을 더욱 강하게 주장한 사람들도 있었다. 어떤 사람들에게는 자신이 파악한 기질과 관찰된 행동(몇 분의 1초 동안의 얼굴 표정조차)을 인지적으로 구별하는 것이 정말로 어렵다. 그것이 바로 기본귀인오류의 함정이다.

원래 입장을 더욱 강하게 주장하는 것이 자기 에고를 보호하는 것이거나, 처음 표현했던 감정 또는 관점을 방어하는 것일 수 있다. 캐롤 태브리스Carol Tavris와 엘리엇 애런슨이 《거짓말의 진화Mistakes Were Made(But Not by Me)》에서 치밀하게 묘사했듯이, 일단 자신이 실수한 상황에 처하면 다른 사람들에게 전할 때, 그리고 심지어 자기 마음속에서도 종종 자신이 실수했다는 인상을 지우려고 노력한다.[15]

《허핑턴 포스트》는 온라인 기사를 업데이트하면서 (로베르토 슈미트의 말을 인용해) "세계의 미디어가 그 스냅사진을 왜곡해 해석했다"고 선언했다. 그러나 그 헤드라인에 대해 댓글을 단 일부는 처음의 해석을 옹호했다.[16] 한 사람은 이렇게 썼다. "정말? 그러면 영부인이 그 행사에 행복하게 참여하는 모습을 보여주는 사진들은 어디 있지?" 또 다른 사람은 "영부인의 얼굴 표정은 아주 리얼해 보이는데"라고 썼다. 얼굴 표정이 감정과 동일하다고 예단한 것인데, 잠시 후 논의에서 알게 되겠지만 이미 현대의 감정 연구자들은 얼굴과 감정을 일대일로 연결하는 것이 잘못임을 밝혀냈다.

맥락을 알려줘서 고맙습니다

사진가가 자신이 본 것을 공개적으로 알린 뒤 몇 사람은 분명 이 책의 메시지처럼 기본귀인오류를 피해야 한다는 의견을 남겼다. 한 사람은 이런 댓글을 달았다. "사람들은 성급함을 조금 내려놓고 그 사진을 촬영한 사람이 하는 말을 읽어봐야 할 것 같습니다. 그러면 잘못된 결론을 성급하게 내렸음을 스스로 깨닫게 될 거예요."[17] 사실 성급한 마음을 가라앉히는 것이야말로 기본귀인오류를 줄이는 가장 기본적인 방법이다(10장 참조).

또 한 사람은 사진가에게 직접 "맥락을 알려줘서 고맙습니다!"라고 썼다. 또 한 사람은 이렇게 썼다. "사진들을 믿지 말아요! 가여운 미셸 오바마는 한순간 미소를 멈췄다가 전 세계 신문 1면에 질투하는 아내로 묘사되었어요."[18] 흔히 언어 커뮤니케이션에 적용되는 "맥락을 덜어낸"이라는 문구가 여기서는 비언어적 방식에도 아주 잘 맞아떨어졌다. 물론 때로 사진 속 얼굴에 대한 해석 중에는 맞는 것도 있다. 하지만 대부분이 생각보다 틀릴 때가 훨씬 더 많다. 그리고 이 유명한 대통령 부부의 사례에서는 수많은 사람들이 잘못된 추측을 했다. 몇 분의 1초 동안의 얼굴 표정조차 배후에 깔린 감정들과 관련해 반드시 어떤 의미를 담고 있다는 믿음은 사실이 아니다. 그러나 헤드라인을 뽑기에는 아주 좋은 재료다.

학문적 논쟁

현재 비언어적 의사소통 연구자들은 얼굴에서 마음이나 감정을 읽을 수 있다는 생각에 신중을 기하라고 권한다. 호세 미겔 페르난데스 돌스Jose-Miguel Fernandez-Dols의 설명에 따르면, 모든 문화에 걸쳐 특정 표정들과 특정 감정들을 연결한 폴 에크먼의 '선구적' 아이디어들은 "연구자들과 대중의 상식적 가정들에 잘 들어맞았고" "비언어적 의사소통 연구에서 가장 중요하고 대중적인 한 장을 기록했"지만, 그 아이디어들은 "사실 문제가 많은 경험 증거를 기반으로 한 것"이었다.[19] 앨런 프리들런드Alan Fridlund는 단도직입적으로 "얼굴 표정은 '감정 상태'의 출력물이 아니며" "우리 얼굴의 움직임을 결정하는 한 가지 중요한 요인은 잠재적인 상호작용 상대방에 대한 우리의 사회적 역할이다"라고 썼다.[20] 이 연구자들은 에크먼의 창의적 아이디어들 중 다수가 감정에 관한 커다란 그림 속에서는 잘못 또는 과장되었다고 에둘러서 혹은 노골적으로 이야기했다.

학자들이 논문들을 놓고 끝까지 싸우는 모습을 지켜보는 것은 흥미롭고 정보도 얻을 수 있는 일이지만, 어느 쪽 말을 믿어야 할지 모르겠다는 점에서는 다소 불안한 일이기도 하다. 누군가에게는 따분한 일일 수도 있다. 여기서는 최선을 다해 간단히 이야기해보겠다. 그러나 일부 저자들이 그러하듯 연구 결과들이 언제나 명확하고 단순한 요점들을 제공한다는 잘못된 인상을 심어주고 싶지는 않다. 맬컴 글래드웰은《블링크》에서 얼굴 해독 논쟁의 한쪽 입장, 즉 폴 에크먼의 입장만을 제시한 것으로 유명하다. 연구 결과들이 때로는 명확하고 단순한 요점을 제시할 때도 있지만, 대개는 논쟁의 어느 한쪽으로 기울어진다. 그러나 넓은 연구 영역들은 약간 뒤죽박죽될 수도 있다(복잡해진다는 뜻이다). 그리고 얼굴 해독에 관한 연구 문헌은 특히나 방대하고 유난히 뒤죽박죽이다.

학술 저널을 통한 논쟁은 경우에 따라 일련의 세 가지 논문으로 이루어진다. 비평, 이어지는 응수, 그리고 다시 이어지는 반박이 그것이다. 얼굴 해독에 관해 처음이자 가장 강력하게 단도직입적으로 벌어진 논쟁은 1994~1995년에 있었다. 제임스 러셀James Russell이 비평하는 글을 썼고, 유명한 비언어 해독 전문가인 폴 에크먼이 응수했으며, 러셀이 재반박했다.

나는 에크먼이 러셀을 거짓말쟁이라 부른 것 같다 싶었을 때 그 논쟁이 격화되었음을 느꼈다. 에크먼은 이런 식으로 썼다. "러셀이 의도적으로 내 관점들에 관한 거짓된 인상을 만들려 노력했음을 믿지 않기는 어렵다."[21] (여기서 의도를 추측하며 에크먼이 명백히 마음 읽기를 하고 있다는 점을 눈여겨보라.) 러셀은 이렇게 응수했다. "그런 식의 암시는 거짓이지만, 에크먼이 정말 그런 의도로 말했을 거라고는 여겨지지 않는다."[22] (여기서 의도를 추측하지 않으면서 러셀이 명백히 기본귀인오류를 피하려고 노력하는 것을 눈여겨보라.) 법정 싸움에 비할 바는 아니지만, 저널에 실린 말들 치고는 꽤 심각하다.

에크먼과 러셀 사이에 오고간 이런 대화를 보고 나는 서부영화 〈빅 컨트리The Big Country〉에서 찰턴 헤스턴Charlton Heston이 그레고리 펙Gregory Peck을 거짓말쟁이라고 부른 장면이 떠올랐다. 헤스턴이 연기한 인물은 똑똑하지만 성급하게 판단하는 목장 관리자였고, 펙은 똑똑하지만 느긋한 선장을 연기했다. 내가 보기에 제임스 러셀은 그레고리 펙 캐릭터의 학자 버전 같았다. 러셀도 거짓말쟁이라고 불린 상황에서 펙처럼 방어적 태도를 취하지 않으면서 자신의 입장을 굳건히 지켰다. 그러나 펙과 헤스턴은 다음날 아침 이 문제를 놓고 크게 주먹다짐을 벌이며 한 단계 더 나아갔다. 그것이 바로 "밖으로 좀 나와 주시겠습니까?"의 순간이었다. 두 사람 다 존중받을 만한 인물들이었다. (그 싸움에서 분명한 승자는 없었다.)

다음은 에크먼과 러셀이라는 학식 깊은 두 이론가이자 연구자가 1994~1995년에 쓴 세 논문을 극도로 간단히 요약한 것이다. 이 논문들이 익숙한 독자들에게는 과도히 단순화한 것처럼 보이겠지만 양해해주기 바란다. 너무 따분하다고 느낄 독자들에게는 자세히 늘어놓으며 괴롭히는 것처럼 보이겠지만 부디 용서해주기 바란다. 나는 초기의 이 복잡한 논쟁이 어땠는지 그 맛만 조금 보여주고 싶을 뿐이다. 그런 다음 다시 현재로 돌아올 것이다. 논쟁에서 처음 제기된 문제들은 대부분 오늘날에도 여전히 논쟁 중이다.

논쟁의 기본 개요

다음의 요약된 논쟁을 읽는 동안, 감정적 표정에 관한 연구 영역에는 양극단의 두 입장과 그 사이에 여러 입장이 있다는 걸 알아두면 도움이 될 것이다. 두 극단은 기본적으로 본성 대 양육이다. 본성 쪽 극단에서는 감정적 표정이란 선천적이고 생물학적이며 보편적이고 해석하기 쉬운 것이다. 양육 쪽 극단에서는 감정 표현을 사회적으로 학습되고, 문화마다 특수하며, 해석하기 어렵고, 맥락에 좌우되는 것으로 본다. 에크먼의 이론은 본성과 보편성 쪽 극단 가까이에 자리 잡고 있으며, 따라서 사회적·문화적·즉각적 맥락을 과소 추정하거나 과소평가하는 기본귀인오류를 저지를 위험성이 높다. 러셀은 악마의 변호사처럼 굴면서, 에크먼이 내세운 증거는 이 연속체의 양극단 사이에 있는 모든 이론을 뒷받침할 수 있다고 암시한다.

더 구체적으로 말하면 에크먼은 행복, 슬픔, 놀람, 공포, 분노, 혐오, 경멸이라는 7가지 기본적 감정이 존재하며, 이들은 원래 선천적으로 특정 방식으로 표현되고, 어떤 문화에 속해 있든 누구나 얼굴 표정만으로 정확하게 어떤 감정인지 추론할 수 있다고 믿었다(혹은 그렇게 썼다). 심리학 입문 수업을 들은 적 있는 독자들이라면 이런 감정들 중 몇몇은 이른바 보편적 감정으로 불린다는 것도 기억날지 모르겠다. '경멸'이 빠져 있지만 나머지 여섯은 여전히 입문용 교재들 속에서 다뤄지고 있다. 에크먼은 이런 보편주의 관점을 취하며, 모든 감정적 표정은 사회적으로 학습되고 각 문화에 특유한 것이라고 믿었던 20세기 중반의 많은 선배들에게 맞섰다. 그러나 러셀은 몇몇 근거를 바탕으로 에크먼의 입장에 의문을 제기했다. 나는 그중 세 가지 근거를 살펴보려 한다.

1. 누가 무엇을 믿었나?

비평

러셀은 〈부분적 역사A Partial History〉라는 글에서 에크먼이 자신의 이론을 너무 과대광고 했다고 암시했다. 에크먼과 동료들이 이전 학자들의 관점들과 비교해 자기네 입장의 독특성을 너무 과장했다는 것이다. 특히 이전 관점들이 실제로 그랬던 것보다 훨씬 더 보편성 개념에 반대하고 문화 쪽에 더 깊이 뿌리박고 있는 듯한 잘못된 인상을 주었다는 것이 러셀의 생각이었다. 러셀은 이전 문헌의 문구들을 들어 이런 자신의 입장을 뒷받침했다.[23]

응수

에크먼은 〈러셀의 '부분적 역사'는 편향되었다Russell's 'Partial History' Is

Biased〉라는 글에서 자신이 감정 분야에 아주 새로운 관점을 도입했다고 주장했다. 에크먼은 이전 관점들을 잘못 제시한 사람은 러셀이라고 썼다. 그리고 러셀이 그랬던 것처럼 에크먼도 이전 문헌들의 문구를 인용해 자신의 입장을 뒷받침했다.[24]

이런 논쟁을 읽을 때 어느 쪽을 믿어야 할지 모르겠다는 불편한 감정이 드는 건 바로 이런 때다. 이렇듯 충돌하는 이견들에 대해 스스로 판단하고자 수십 권의 책과 논문을 읽을 시간이 있는 사람이 도대체 얼마나 되겠는가(나는 그중 다수를 읽기는 했지만). 나는 이 책을 쓰고 있고, 누가 더 옳은지에 관한 요점을 독자들에게 제시하고 싶지만, 어쩌면 그 또한 **나의** 해석일 뿐인지도 모른다. 에크먼이나 러셀이 인용을 잘못했다고 비난하는 것은 결코 아니다. 양쪽 모두 인용문들을 제시했다. 그러나 에크먼은 이렇게 썼다. "이것은 정당한 의견 불일치의 문제가 아니다. 러셀의 보고는 편향되어 있다. 그는 자신의 의제에 맞지 않는 것은 생략해버렸다." 에크먼의 보고에 대해서도 똑같은 말을 할 수 있는데, 러셀은 그런 말을 하지 않았다. 나는 여기서 비겁하게 빠질 생각은 없으니 좀 끼어들어보겠다. 내가 읽고 해석한 바로는 러셀이 에크먼보다 더 옳다.

반박

러셀은 반박 주장을 시작하기에 앞서 누구든 자신의 글 때문에 불편해진 사람이 있다면 사과한다고 말하며, 그간 에크먼이 이 분야에 기여해온 바가 얼마나 중요한지 강조했다. 그러나 뒤이어 이전 연구 문헌들에서 더 많은 부분을 인용하며 자신의 역사 해석을 뒷받침했다.[25]

흥미롭게도 러셀은 기본귀인오류를 피하는 접근법을 취해, 에크먼과 이전 학자들 모두 실제로 그랬던 것보다 더 극단적으로 말한 것처럼 보이게 만들었을 만한 잠재적 상황요인들을 짚어냈다(상대가 거짓말을 했다며 대놓고 비난하는 것과는 대조적이다). 이전 학자들의 말이 때로 문화적 극단주의처럼 느껴졌다면, 그것은 그들이 순수 보편주의자들을 독자로 상정하고 말했기 때문일 거라는 의견을 제시한 것이다. 즉, 때로는 그 학자들이 보편주의자인 독자에게 중간 입장을 설득하려는 방식으로 글을 썼다는 말이다. 알다시피 강경한 청중을 상대로 말할 때는 강하게 힘주어 말할 필요성을 느끼기도 하고, 어쩌면 한두 가지 주장을 길게 늘이기도 할 것이다(내가 길게 늘이는 주장을 용납한다는 뜻은 아니다).

그리고 상대적으로 보편주의 쪽인 에크먼은 아마도 자신이 순수하게 **문화주의자**인 청중을 상대한다고 가정했을 것이다. 그래서 때때로 에크먼은 문화주의자인 독자에게 중간 입장을 설득하기 위해, 보편적이지만 문화적인 면도 있는 자기 이론의 독특성을 과장했는지도 모른다. 결국 '새로운 볼거리가 없으면' 누가 자신의 글을 읽겠는가 하고 생각했을 수도 있다. 에크먼이 주장하는 문화적인 부분 중 하나는, 문화에는 때로 특정 감정들을 표현하는 방식에 영향을 미칠 수 있는 전시展示 규칙이 포함되어 있다는 점이다.

2. 얼굴 해독자들은 정확한가?

두 학자는 누가 무엇을 믿었는지의 역사적 사안에 중요성을 부여했지만, 나는 데이터가 무엇을 암시하는지가 더 중요한 문제라는 생각이 들었다. 얼굴에서 감정을 읽으려 할 때 우리는 정확한가? 러셀과 에크먼은 이 문제를 둘러싼 생각도 달랐다. 그런데 연구들에는 정확도, 즉 참고할 수 있는 구체적 수치들이 나와 있긴 했다. 계속 읽어보자.

비평

러셀은 평균적인 관찰자가 대개는 통계적으로 유의미한 비율로, 즉 우연의 수준을 넘거나 아무렇게나 추측하는 수준을 넘어서는 비율로 6가지의 특정 감정들을 추론해낼 수 있다고 인정했다. 하지만 그것이 절대적으로 정확도가 높다는 뜻은 아니었다. 또한 그 정확도가 에크먼의 이론이 예측한 만큼 높다는 뜻도 아니었다. 기본적으로 러셀이 말하려한 바는 그 비율이 그렇게 강력하지 않으며, 사실상 에크먼의 해석과 다르게 해석할 여러 여지가 있을 만큼 낮은 수치의 데이터라는 점이었다.

응수

에크먼은 정확도가 자신의 보편주의적 관점을 뒷받침할 만큼 충분히 강력하다고 말한 것이지 100퍼센트 정확하다고 예측한 적은 없다고 주장했다. 그는 "일치의 총량이 통계적으로 유의미한지", 즉 우연의 수준 이상인지 여부에만 의미를 두어야 한다고 단언했다.

반박

러셀은 "통계적 유의성 하나만으로 관찰된 효과가 크다거나 의미 있다고 보장할 수는 없다"고 썼다. 이 진술은 사회과학에서 하나의 신조가 된 입장을 제시한다. (1994~1995년의 이 논쟁 이후) 지난 20년 동안 수많은 통계학자들과 과학자들에게 통계적 유의성은 물론 중요했지만, 그것으로 충분하지는 않았다.

얼굴 표정의 고정관념들

통계적 유의성 이야기가 충분해 보이지 않으니 남학생과 여학생의 수학 성적에 관한 예를 들어보겠다. 이는 통계적으로 유의미한 차이가 있지만 효과크기가 너무 작아서 그 차이를 논의하는 게 거의 무의미한 많은 사례 중 하나다. 표준수학시험의 실제 내용과 학생의 나이에 따라 남학생과 여학생의 평균 점수 차이는 실제로 0에 가깝지만, 그래도 평균으로 보면 우연의 결과를 넘는 수준으로 남자아이들의 성적이 약간 더 높다. 이를 바꿔 말하면, 오늘날에는 그 어느 때보다 표준수학시험에서 남학생보다 높은 성적을 받는 여학생이 평균적으로 대단히 많다는 뜻이다. 따라서 한 여학생을 가리키며 그 학생이 대부분의 남학생보다 수학을 못할 거라고 가정한다면, 그 생각이 맞을 가능성은 여전히 동전 던지기의 확률보다 살짝 높긴 하지만, 틀린 생각일 가능성이 어느 때보다 높다.[26]

　　두 집단에 속한 사람들을 판단할 때 고정관념을 적용하는 것은 언제나 위험한 일이다. 특히 두 집단의 실제 차이가 비록 통계적으로는 유의미하더라도 거의 0에 가까울 때는 더욱 위험하다. 통계적 유의성은 많은 고정관념에 담긴 '진실의 낟알'을 반영하기는 하지만, 소속 집단에 근거해 특정 개인을 판단하는 것을 정당화해주지는 않는다.

　　그러니 특정한 얼굴 표정을 보고 특정한 감정이 반영되었다고 판단하는 데도 진실의 낟알이 하나 정도는 있을 수 있다. 우리는 사람이 어떤 식으로 느낄 때 어떤 표정을 지을 거라는 고정관념(혹은 진화의 결과로 갖게 된 생각)이 있다. 하지만 그런 고정관념들은 얼마나 정확할까? 그 진실의 낟알은 얼마나 큰 걸까? 러셀은 아주 단순하고도 정확하게, 특정 표정과 감정의 상관관계가 작을수록 낟알도 더 작고, 따라서 잘못된 추측을 더 많이 하게 된다고 말했다. 얼굴 해독이 통계적으로 유의미한지 아닌지의 주장이 아니다. 두 주장 모두 잘못된 이분법이라는 뜻이다.

　　실질적 질문은 하나의 연속체상에 있다. 얼굴 해독은 **얼마나** 정확한

가? 어느 **정도**로 정확한가? 러셀은 그 답이 에크먼과 당시 에크먼의 연구를 인용한 대부분의 사람들이 말한 것보다는 훨씬 덜 정확하다고 주장했다. 정확도는 보편주의 이외의 다른 해석들을 포용할 만큼 충분히 낮았다.

3. 정확도는 어떻게 측정하는가?

정확성을 측정하는 방식에 문제가 있다면 거기서 나온 정확도는 별 의미가 없다. 에크먼의 연구에서 방법론이나 측정에 실질적인 문제가 있었을까?

비평

러셀은 그렇다고 말했다. 그는 에크먼과 동료들이 연구를 수행한 방식에서 결과를 왜곡시켰을 가능성이 있는 문제 몇 가지를 지적했다. 하나는 연구자들이 자극물로 사용한 표정들을 얻은 방법이다. 그 표정들은 주로 미리 선정된 것들이며, 때로는 주어진 감정을 표현하는 포즈로 찍은 사진 수천 장에서 뽑았으며, 따라서 표정 일반을 대표한다고 할 수 없었다. 놀랍게도 에크먼과 프리젠Wallace Friesen이 1971년에 쓴, 상당히 많이 인용되는 논문에서는 사진에서 표현하려 한 감정을 판정단의 70퍼센트 이상이 정확히 맞힌 사진들만 실험에 사용했다.[27]

명확히 하자면, 그 유명한 1971년 연구에서는 판정단이 먼저 사진을 본 **뒤에** (감정이 가장 잘 표현된) 사진들을 실제 실험 참가자들에게 보여주었다. 이는 마치 학생들에게 시험 문제를 미리 보여주거나, 전 학기에 70퍼센트의 학생이 정답을 맞힌 시험 문제만 내서 다음 학기 시험의 평균 점수를 필연적으로 높이는 것과 비슷하다. 러셀에 따르면 그런 사전 선정이 없었다면 정확도는 30~40퍼센트까지 떨어질 수도 있었다(이 정도 비율은 선다형 추측에서 우연히 맞힐 확률보다 아주 조금 높다).

그 얼굴 표정들은 대부분 지시에 따라 포즈를 취한 것이며, 자발적으로 나온 표정이 아니라는 점도 문제다. 이는 마치 내가 당신에게 화난 표정을 보여달라고 부탁한 다음, 그 모습을 사진으로 찍은 것과 같다. 그리고 다른 사람들에게 사진을 보여주면서 기본적인 감정들 중에 당신이 어떤 감정을 느끼고 있는지 판단해보라고 요구한 것이다. 당신의 표정을 초래한 상황요인에 주목하라. 당신은 화가 나 있지 않았다. 당신은 요청받은 일을, 아마 일반적으로 이해될 방식으로 수행했을 것이다. 하지만 당신이 그런 포즈를 요구받지 않았다면 어떨까? 당신의 자연스러운 '화난' 얼굴도 여전히 그 사진 속 표정처럼 보일까? 꼭 그렇지는 않다. 자발적 표정(특정 감정들에서 나왔음을 확인한)을 사용하니 정확도는 13퍼센트까지 떨어졌고, 때로는 우연히 맞힐 수준도 넘지 못했다.

그러니 누군가 당신이 요청을 받아 화난 포즈를 취하고 찍은 사진을 보면서 당신이 화가 나 있다고 추측한다면, 그것은 틀린 추측이며 기본 귀인오류가 된다. 때로는 일상에서도 당신이 어디에 있는지, 누구와 왜 이야기하고 있는지, 사회적 대본이 무엇인지, 또는 누가 왜 그 사진을 찍고 있는지에 따라 실제로 어떤 감정을 느끼지 않으면서도 그런 감정이 담긴 표정을 짓고 사진 찍는 일이 일어날 수 있다. 일반적으로 관찰자와 다른 맥락적 요인들이 존재할 때는, 많은 사람들이 그 표정에서 감지할 만한 감정을 실제로 느끼지 않으면서도 그런 표정이 나올 수 있다. 또한 맥락적 요인들은 어떤 감정이 존재하는데도 불구하고 그 감정이 담긴 표정을 억제할 수도 있다.

응수

에크먼은 러셀의 진술들과 관련해서 타당성에 의문을 제기했다. 구체적으로 에크먼은 자신이 정확도가 가장 높은 결과를 얻을 수 있는 표정들을 사전에 선정한 것이 아니라, "선험적으로 특정된 얼굴의 표현 형태들"에 들어맞는 얼굴들을 사전에 선정한 것이라고 밝혔다. 요컨대 자신의 이론은 러셀이 우리에게 믿게 만든 것보다 범위가 더 협소하다는 것이다. 에크먼은 자신과 동료들이 "모든 표정이 보편적으로 이해될 것이라고 주장하지는 않았"으며 "우리에게는 특정 표정들이 보편적이라고 예상할 만한 이론적·경험적 이유들이 있었고, 우리는 당연히 그런 자극들만을 선정했다"라고 썼다.

반박

러셀은 에크먼의 이론을 둘러싸고 자신이 독자들에게 오해를 야기했다는 말에 동의하지 않았다. 그 이론에 관해서 에크먼이 **현재**에 하는 말과 과거에 한 말이 다르다고 주장했다. 어쨌든 에크먼은 100퍼센트 보편주의자였던 적이 없었지만, 러셀에 따르면 지금 에크먼은 과거 글에서 보여준 것보다 훨씬 더 중간 입장인 것처럼 주장하고 있다. 러셀은 다음과 같이 썼다. "물론 입장들은 진화하고, 에크먼도 다른 모든 사람들처럼 생각을 바꿀 수 있다."

그러나 분명히 말할 수 있는 것은 입문용 교재들이 여전히 주로 에크먼의 1994년 이전 결론들을 따르고 있다는 사실이다. 이는 1994~1995년에 벌어진 논쟁이 여전히 중요한 관련성을 띠고 있는 이유 중 하나다. 단순히 학계의 논쟁이란 무엇인지 소개하고 싶어서 다룬 것이 아니다(물론 이를 흥미롭게 느낄 독자들도 있겠지만). 논쟁이 아직 끝나지 않았기 때문이며,

다수의 교과서와 대중서 저자들이 애초 이런 논쟁이 **존재한다**는 사실을, 그것도 논쟁에서 패한 쪽이 에크먼 쪽일지도 모른다는 사실을 알려주지 않기 때문이기도 하다. 감정에 관한 넓은 영역 안에서 에크먼과 러셀은 아마 의견이 다른 부분보다 일치하는 부분이 더 많을 테지만, 그 일치하지 않는 부분이 열띤 논쟁을 일으킨 것이다.

논쟁의 요약

이렇듯 학계에서도 어느 정도 드라마는 존재한다. 논문들을 발표하기에 앞서 러셀과 에크먼 사이에 오간 개인적 대화에서 누가 어떤 말을 했는지에 대해 나는 언급하지도 않았다. 핵심은 감정 연구의 대가들 사이에 의견이 일치하지 않는다는 점이다. 맬컴 글래드웰의 《블링크》에서 에크먼의 연구를 읽을 때는 정반대의 인상, 즉 얼굴에서 감정을 읽는 연구에는 널리 받아들여지는 단순한 현실이 존재한다는 인상을 받게 된다. 그러나 감정 연구자들도 의견이 갈릴 뿐 아니라, 그것을 상당히 개인적으로 받아들이기도 한다.

나도 학술 저널의 검토를 받기 위해 논문 원고를 제출할 때, 기본귀인 오류를 범하면서 내 의견을 개인적으로 받아들이는 검토자들을 겪을 만큼 겪어봤다. 그들은 내 동기와 의도에 관해 부정적 판단을 내리면서 내 마음을 읽을 수 있다고 생각하는 것 같다. 이는 익명의 동료평가 과정의 막후에서 벌어질 수 있는 유감스러운 상황이다. 하지만 그토록 개인적인 언쟁을 실제 출판물에서 만나게 되는 일은 비교적 드물다. 이 문제를 부각시키는 것은 얼굴 해독이라는 주제가 얼마나 심각한 주제인지, 아직도 의견이 얼마나 분분한 주제인지 알리기 위해서다.

업데이트: 얼굴 표정의 상황적 원인들

1994~1995년의 논쟁 이후로, 러셀이 지적한 대부분에 대해 추가로 증거가 확보되었고, 대다수 감정 연구자들이 그의 지적에 신뢰를 표했다. 예컨대 자발적인 얼굴 표정들은 연출된 얼굴 표정들에 비해 얼굴 해독 정확도가 훨씬 낮다는 결과가 연거푸 나왔다. 다지선다형 시험 문제는 선택지가 많을수록 더 어렵고 대부분이 다지선다형보다 단답형 문제를 더 어려워하듯이, 감정 연구자들은 실험 참가자들에게 선택할 감정의 종류를 더 많이 제시할 때, 또는 미리 정해진 선택지들을 전혀 제공하지 않을 때 얼굴 해독의 정확도가 더 떨어진다는 사실도 발견했다.[28]

그리고 러셀의 연구팀은 증거를 기반으로 한 새로운 우려 사항들을 제시하면서 표정을 감정의 출력물로 보는 보편주의 관점의 타당성을 더욱 무너뜨렸고, 얼굴을 읽는 일에서 맥락의 중요성을 한층 더 부각시켰다. 이 방향을 가리키는 논문과 책의 (장들의) 수는 압도적이다.[29] 남은 부분에서 몇 가지 요점들을 조명해보겠다.

분명히 해둘 것이 있다. 나는 평균적인 사람들에게서 어떤 감정들은 정말로 특정 얼굴 표정을 짓게 만들고, 어떤 얼굴 표정들은 실제로 연관된다고 여겨지는 감정을 반영한다고 믿는다. 진화의 결과 이런 진실의 낟알은 분명 존재하며, 얼굴 해독의 정확도는 종종 우연의 수준을 넘어선다(자발적인 표정이 아니라 연출된 표정일 때는 더더욱). 그러나 당시 에크먼의 연구팀이 말했던 것보다는 훨씬 많은 반증이 존재한다. 그리고 얼굴 해독의 정확도는 대부분의 생각보다 훨씬 낮다. 더 개선된 방법들을 사용한 새로운 연구들은 더욱 낮은 정확도를 보여준다.

이렇듯 새로이 그려지는 연구의 전체 지형도에 내가 추가하려는 것은, 기본귀인오류가 얼굴 해독 문제에 연관되는 방식이다. 얼굴 해독자의 해독이 틀리는 이유 중 하나는 그들이 때때로 맥락을 간과하고 상황요인의 역할을 과소평가하기 때문이다. 강렬한 감정들은 얼굴에 드러나기 마련이라고 믿더라도 1장에서 이야기한 논리의 요점을 상기해보라. A가 B를 함축한다는 것은 B가 A를 함축한다는 의미가 아니다. 만약 어떤 감정들이 100퍼센트 항상 특정 얼굴 표정들을 만든다고 하더라도(사실은 그렇지 않지만), 이는 그러한 표정이 반드시 그와 연관된다고 가정된 감정을 반영한다는 뜻은 아니다. 바꿔 말하면 (내적 감정들뿐 아니라) 상황요인들도 얼굴 표정에 영향을 줄 수 있고, 따라서 얼굴 해독자들이 기본귀인오류를 범하고 그런 요인들을 간과할 때는 정확도가 떨어진다는 말이다. 사람의 얼굴 표정에 영향을 미칠 수 있는 일차적 상황요인들은 무엇일까?

흉내, 그리고 관찰자의 역할

당신이 누군가의 얼굴을 관찰하며 그가 느끼는 감정을 추측하려 할 때 간과할 수 있는 공통된 상황요인은 바로 당신 자신, 즉 관찰자다. 당신은 당신이 관찰하고 있는 사람이 처한 상황의 일부다. 인간은 사회적 동물이다. 우리는 함께 어울리며 시간을 보내고, 서로의 행동에 영향을 미친다. 단순히 쳐다보고 있을 뿐이더라도 말이다. 일반적으로 우리는 평소의 자신은 그렇지 않더라도 바람직한 사회적 방식으로 서로에게 자신을 드러내려 노력한다. 아울러 표정을 포함해 어떤 행동들을 자동적으로 흉내 내는 경향도 있는데, 이를 '카멜레온 효과'라고 한다. 예컨대 누군가 발로 바닥을 탁탁 두드리거나 발을 흔들고 있는 것은 초조함을 반영한다기보다는 당신이 먼저 발을 흔드는 모습을 그 사람이 보았기 때문일 수도 있다.[30]

당신을 볼 수 있는 사람의 얼굴을 해독할 때 만약 그 사람의 얼굴 표정에만 근거해 그의 감정을 추측한다면, 당신의 존재와 당신의 얼굴이 잠재적으로 미칠 효과를 간과하는 것이다. 당신의 얼굴 표정이 다른 사람들에게 비슷한 표정을 유도할 수 있다. 특히 사람들은 상대가 미소를 지으면 꼭 행복한 느낌이 들지 않더라도 미소로 반응하는 경향이 있다. 누군가의 화난 얼굴은 마음에 분노가 없는 다른 사람에게도 화난 표정을 짓게 할 수 있다.

최소한 일부의 경우, 이런 거울 반응은 거울 뉴런들이 자체적으로 일으킨다. 그리고 사람들은 종종 자동적으로, 그리고 의식적 자각 없이도 상대의 얼굴을 흉내 낸다. 얼굴 흉내는 너무나 자동적이라서 사람들은 자기가 보았다는 걸 의식하지도 못한 얼굴까지도 흉내 낸다. 여러 연구에서 의식적으로 인식할 수 없을 만큼 짧은 순간 재빨리 얼굴을 비추었을 때도 여전히 얼굴 흉내 결과가 나타났다. 요컨대 우리는 보았다는 걸 알아차리지도 못한 자극에 대한 반응으로, 스스로 자각하지도 못한 채 미소를 짓고 있을 수도 있는 것이다. 이론상 서로를 향해 미소를 지으면서도 행복함을 느끼지 않거나, 미소 짓는 이유도 모르거나, 심지어 미소를 지었다는 걸 자각하지 못할 수도 있다.[31]

그리고 얼굴 흉내 자체도 다른 상황요인들의 영향을 받을 수 있는데, 이를테면 당신이 보고 있는 사람과 당신의 관계, 협동의 상황인지 경쟁의 상황인지, 그 사람에 비해 당신이 얼마나 힘이 있는지 등이 그런 요인들이다. 특히 상대가 같은 집단에 소속된 사람이라면 그 사람을 흉내 낼 가능성은 더 크다. 예를 들어 우리와 같은 정치적 태도를 견지하는 정치지도자의 얼굴이라면 흉내 낼 가능성이 더 크다. 그러므로 선거 유세나 주민회의 장면을 담은 사진에서 행복한 얼굴이나 화난 얼굴이 보인다면 그것은 아마도 그들이 행복하거나 화가 나 있기 때문이기보다는 근처에 그런 표정을 짓고 있는 정치인이 있어서일지도 모른다. 그 정치인이 사진에 찍히지 않았다면 우리는 사진에 찍힌 사람들을 판단할 때 관련성 있는 상황요인을 모르게 된다.[32]

사회적 동기와 다른 사람들의 역할

러셀과 에크먼의 논쟁 이전에도 앨런 프리들런드는 '행동생태학 관점behavioral ecology view'이라는, 에크먼과 상당히 다른 관점을 취했다. 프리들런드는 러셀처럼 학술 저널에서 에크먼과 노골적으로 논쟁을 주고받지는 않았지만, 에크먼이 틀렸다고 믿었다. 그리고 대중 출판계에서 주목받지 못한 러셀과 에크먼의 논쟁과 달리, 프리들런드와 에크먼의 논쟁은 주목을 끌었다. 2000년에 《토론토 스타Toronto Star》는 행복한 표정이 행복한 사람을 반영한다는 에크먼의 기본 관점을 전달한 다음, "프리들런드가 에크먼의 주장을 완전히 뒤집었다"고 선언했다.[33]

프리들런드는 얼굴 표정이 감정을 반영한다기보다는 오히려 상황 속에서 다른 사람들에 의해 촉발되며, 그들을 향하는 (흉내를 넘어서는) 사회적 동기를 반영한다는 의견을 내놓았다. 얼굴 표정은 그 자체로 사회적 도구이거나 다른 사람들과 쉽게 상호작용을 하도록 돕는 커뮤니케이션이다. 슬픈 얼굴은 걱정과 양보를 이끌어낼 수 있고, 화난 얼굴은 적이 물러서게 할 수 있으며, 미소에는 여기서 다 열거할 수 없을 만큼 많은 잠재적 목적과 비감정적 원인이 있다. 프리들런드의 전체 요점은 얼굴로써 드러내는 모습들은 사회적 맥락과 사회적 역할에 달려 있다는 것이다. 볼링 선수들이 스페어나 스트라이크를 성공한 직후에는 보통 미소를 짓지 않다가, 돌아서서 동료 선수들과 눈빛을 교환할 때 비로소 미소를 짓는 것도 이를 뒷받침하는 많은 결과들 중 하나다. 다른 사람들과 있을 때에 비해 혼자일 때는 짠 음식이나 단 음식을 맛볼 때, 좋은 냄새나 나쁜 냄새를 맡을 때도 아무 표정이 없거나 거의 분간할 수 없을 정도의 표정만 스친다. 심지어 아기가 엄마에게 미소 짓는 것도 엄마가 아기 쪽을 보고 있는지 여부에 달려 있다.[34]

2006년에 프리들런드와 러셀은 함께 팀을 이뤄 이 요점들을 부각시키고, 얼굴 표정을 설명할 때 사회적 맥락의 중요성을 밝혔다.[35] 이 저자들은 자신의 진짜 내면 상태를 (얼굴 표정으로든 어떤 행동으로든) 자동적으로 널리 알리는 것은 자신이 속한 종의 생존에 불리하게 작용할 거라고 말했다. 그러므로 얼굴 표정이 자연적인 감정의 출력물이라는 생각은 상식처럼 느껴질지 모르나 순진한 생각이다. 프리들런드와 러셀은 어디서나 감정을 보는 존재로서의 인간이라는 더 큰 그림을 그려냈다. 우리는 사람이 아닌 존재들의 행동에서도, 심지어 '분노한 폭풍'이라는 표현에서 보듯이 생명이 없는 사건들에서도 감정을 본다. 이러한 의인화 개념이 종종 내 머릿속으로 들어오는 것은 스트레스가 심한 교통상황에서다. 그럴 때면 나도 다른 사람들도 차들을 의인화해 '저 멍청한 차'라거나 '저 차는 자기가 무슨 짓을 한다고 생각하는 거지?' 하는 식으로 차들을 의인화한다. 사람들은 그런 것이 존재할 수 없는 경우에도 종종 성격적 특징이나 내면 상태를 발견하려고 한다.

프리들런드의 이론과 에크먼의 이론을 비교한 연구자들은 프리들런드의 이론을 뒷받침하는 증거가 적어도 에크먼의 이론을 뒷받침하는 증거만큼은 많다는 사실을 밝혀왔다.[36] 최근 연구들도 프리들런드의 관점에 한층 더 힘을 실어주는데, 협상에서 전략적으로 슬픔을 표현하는 행위에 대해 살펴본 〈울어서 더 얻어라 Weep and Get More〉라는 논문도 그중 하나다.[37] 그러나 프리들런드의 이론은 우리 상식에 맞지 않는다. 그의 이론은 맥락의 역할을 구체적으로 밝히고, 맥락에 더욱 주의를 기울여 기본 귀인오류를 피하라는 메시지를 전하는 반면, 얼굴에서 감정을 보는 에크먼의 이론은 기본귀인오류에 아주 잘 맞는다. 나는 프리들런드와 러셀의 연구가 전하는 메시지가 에크먼의 메시지만큼 대중서 출판계의 주목을 끌지 못한 이유 중 하나는 그 메시지가 사람들의 직관에 어긋나기 때문이라고 생각한다.

에크먼이 프리들런드에게 한 응수 중에는 사람들이 혼자 있을 때 미소 짓는 행동이 프리들런드의 이론이 틀렸음을 입증하거나 적어도 제한한다는 주장이 있었다. 주위에 볼 사람이 아무도 없는데 어떻게 미소로 사회적 신호를 보낼 수 있다는 말인가? 하지만 프리들런드를 비롯한 다른 연구자들은 사회심리학이 수십 년 동안 이야기해온 바를 보여주었다. 사람들은 실제로 곁에 있는 사람뿐 아니라 상상한 다른 사람의 존재로부터도 영향을 받을 수 있다는 것 말이다. 당신의 생각과 행동에, 특히 미소에 영향을 미치기 위해 사람들과 꼭 한 방에 있어야만 하는 것은 아니다.[38]

문화의 역할

앞 장에서 길게 논의했듯이 비언어적 행동들은 문화에 의해 형성될 수 있다. 에크먼조차 감정을 표현하는 데는 문화에 따라 서로 다른 드러냄의 규칙들이 있음을 인정했다. 러셀은 에크먼이 (처음부터 특정한 드러냄의 규칙들이 있다고 예측한 것이 아니라) 일부 문화권들에서 얼굴 해독의 정확도가 낮게 나오자 사후적인 구제책으로서 드러냄의 규칙들에 매달리는 것 같다고 암시하기는 했지만 말이다.[39]

각기 다른 문화에 속한 사람들의 감정 표현 방식에 서로 차이가 있다는 건 이미 알려져 있었지만, 그에 더해 많은 연구자들은 얼굴 해독에 내집단 이점이 있다는 점도 밝혀냈다. 즉, 얼굴에서 감정을 읽는 것도 같은 문화에 속한 사람일 때 더 잘 읽어낼 수 있다는 의미다. 이 연구는 얼굴 표정에서 문화의 인과적 역할을 강력히 반영한다. 그러니 얼굴 표정에 근거해 누군가가 특정한 감정을 갖고 있기 때문이라고 판단할 때 그 사람이 속한 문화를 간과하거나 모른다면 잘못된 판단을 내릴 수 있다.[40]

무작위적 맥락의 역할

2013년에 미셸 오바마를 몇 분의 1초 동안 찍은 사진이 삽시간에 퍼져나가면서 그녀가 분노를 표했다는 비난을 받았을 때, 그 사진을 찍은 로베르토 슈미트가 인터넷을 통해 직접 나서 영부인의 얼굴은 "우연히 잡힌 것"일 뿐 분노는 반영되지 않았다고 모든 사람을 설득해야만 했다. 좀 더 최근에 널리 퍼진 사진에서는 비욘세가 프로 농구 경기장에서 두 자리 건너 앉아 있는 한 남자를 경멸을 담아 흘겨보았다고 비난받았다. "비욘세의 눈을 똑바로 보면 안 되지, 이 바보야." 같은 캡션들이 등장하기 시작하자 그 남자가 재빨리 트위터를 통해 상황을 해명했다. 그는 비욘세가 "예의바른 것 이상"이었다고 썼다. 사진에 담긴 유명인의 얼굴에 대한 또 한 번의 과잉 반응이었다.[41]

사진은 몇 분의 1초 동안의 얼굴 움직임을 무작위로 포착함으로써 잘못된 인상을 심어줄 여지가 있을 수밖에 없다. 또한 사람들은 주기적으로 눈을 깜빡여야 하므로 일부 사진들은 눈이 감긴 상태를 무작위로 포착하게 되는데, 그렇다고 자고 있거나 피곤하거나 졸린 상태인 것은 아니다. 카메라의 플래시 때문에 엉뚱한 타이밍에 눈을 깜빡인 건지도 모른다.

수없이 많은 무작위적이고 잡다한 요인들이 얼굴 표정에 영향을 미칠 수 있다. 저 눈물은 기쁨의 눈물일까 슬픔의 눈물일까? 이는 맥락에 달려 있다. 어떤 비범한 심리학 입문 교과서에서 저자들은 맥락을 덜어 낸 사진 한 장으로 이 전형적인 수수께끼를 보여주며 에크먼을 넘어섰다. 바로 흐느껴 울고 있는 남자의 얼굴이었다. 그 사진에는 "두 가지 감정, 한 가지 표정"이라는 설명이 붙어 있었고, 학생들에게는 그가 어떤 감정을 느끼고 있는지에 대한 질문이 던져졌다. 뒷장에서 전체적인 맥락을 확인한 후에는 분명 많은 독자들이 놀랐을 것이다. 언젠가 유튜브에서 어린 여자아이가 처음 강아지를 선물 받는 모습이 담긴 동영상을 보았다. 아이는 큰 소리로 울어댔다. 그 아이가 너무나도 기뻐하고 있다는 사실을 모르는 사람이 들었다면 가슴이 미어지고 울적해졌을 그런 울음소리였다. 또 다른 입문용 교재에는 전 상원의원 짐 웹Jim Webb이 험악한 얼굴로 고함을 지르는 모습이 실려 있는데, 전체 맥락을 보면 그가 정치 유세장에서 열정과 기쁨을 느끼며 관중의 흥분을 이끌어내고 있었음을 알 수 있다.[42]

전반적으로 연구자들은 어떤 감정이 깔려 있는지와 무관하게 다양한 사회적 맥락들, 얼굴에 나타난 다양한 변화들을 관찰했다. 물론 상황이 얼굴 표정에 미치는 효과와 관련해 나타나는 일반적인 패턴들도 있다. 예를 들면 더 격렬한 상황일수록 얼굴에 나타나는 반응을 인식하기가 더 어려워지는 것으로 드러났다. 소피아 웬즐러Sophia Wenzler와 동료들은 "극단적인 상황에서 나타나는 감정적 반응들은 표준적인 기본 감정에서 벗어나며" 자신들뿐 아니라 다른 연구자들의 발견도 "극단적인 얼굴 표정은 의미가 모호하다는 것을 보여주고, 감정 인식에서 맥락의 결정적 중요성을 부각시킨다"라고 썼다.[43]

총정리

이 책을 쓰기 위한 준비를 시작했을 때 기본귀인오류는 비언어적 행동을 오독하는 이유의 일부임을 알고 있었지만, 그동안 비언어 해독에 관한 문헌들이 얼마나 방대해졌으며 얼마나 많은 얼굴 해독 연구자들이 맥락에 초점을 맞추는 쪽으로 변해왔는지는 거의 모르고 있었다. 그동안 나는 전통적인 심리학 교육의 산물이었다. 이는 기본귀인오류에 빠지기 쉬운 에크먼의 이론이 심리학계를 지배하고 있다고 배웠다는 뜻이다. 그렇기에 적어도 한 장은 할애해 비언어 해독 문헌에서 새로 배운 바를 다루어야 한다고 판단했고, 이는 금세 (꽉꽉 눌러 담은) 두 장이 되었다. 그걸로도 충분하지는 않다. 맥락의 중요성은 내가 전달한 정도를 넘어선다. 에크먼의 개념들도 1970년대에 그가 수행한 고전적인 연구 이후 진화해 왔고, 그 진화에는 현재 그가 진행하는 미세 표현microexpression 연구도 포함된다. 나는 기본적인 진영들의 배치를 설명하고, 사이사이에 몇 가지 세부사항들을 덧붙이려고 노력했다.

1990년대 이후로 연구의 방향이 에크먼의 개념들로부터 멀어져왔고, 지금은 중간 지점쯤에 자리 잡은 듯하다. 일부 심리학 입문 교과서들은 마침내 그러한 이동의 징후를 어느 정도 보이고 있다. 2000년에《토론토 스타Toronto Star》는 상황을 제대로 파악하고 이렇게 썼다. "현재 많은 연구자들은 중간지대에 자리 잡은 채, 표정이 당사자가 느끼는 감정과 어떤 식으로든 연결된다는 데 동의하지만, 동시에 그 연결은 에크먼이 주장한 것만큼 긴밀하지 않다는 점도 인정하고 있다."[44]

감정 연구자들은 얼굴 표정이 감정과 관련될 수도, 그 사람 외부의 어떤 것과 관련될 수도 있다고 말해왔지만, 외부 쪽으로 이동하는 경향이 뚜렷하다. 러셀과 동료들은 〈맥락의 힘은 우리가 생각하는 것보다 강력하다Context Is More Powerful Than We Think〉라는 논문에서 이렇게 결론지었다. "얼굴 표정은 감정과 관련성이 있을 수도 있고(찡그림은 부정적 상황을 암시할 수 있다), 없을 수도 있다(찡그림은 바깥 햇빛이 너무 강한 결과일 수도 있다)." 이 연구에서 얻은 데이터는 러셀 본인의 감정 발달 이론을 딱히 뒷받침해주지 않았고, 그래서 그와 공저자들은 다음과 같은 가능성을 제안했다. "얼굴 표정 하나만으로 가장 신빙성 있게 알 수 있는 것은, 그 사람이 상황 속 무언가에 반응하고 있다는 점이다. 따라서 상황을 검토해볼 가치가 있다는 것이 우리가 얻은 메시지다."[45] 내 생각에 이는 '기본귀인오류를 피하라'는 가장 명확한 메시지다.

프리들런드가 표정의 이해에 가장 중요하게 기여한 점은 다른 사람들과 관련한 우리의 사회적 역할에 초점을 맞춘 것이다. 다음 장에서는 사회적 역할을 중심으로 살펴보자.

5장

교황은 나이트클럽 경비를 서지 않는다

사회적 역할

온 세상은 무대요, 모든 남자들과 여자들은 각자 입장할 때와
퇴장할 때가 있는 배우들일 뿐, 사람은 자기에게 주어진
시간 동안 여러 역할을 연기하는구나.

—셰익스피어William Shakespeare(극작가)

나는 스팍Spock이 아니다.

—레너드 니모이Leonard Nimoy(배우)

우리는 딸을 좀 더 아들처럼 키우기 시작했지만, …
아들을 딸처럼 키울 용기가 있는 사람은 거의 없다.

—글로리아 스타이넘Gloria Steinem(저널리스트, 활동가)

우리는 왜 성인 남자가 우는 모습을 더 많이 보지 못할까? 초등학교 교사는 왜 학생들에게 욕을 하지 않을까? 바브라 스트라이샌드Barbra Streisand, 어맨다 사이프리드Amanda Seyfried, 로런스 올리비에Laurence Olivier를 비롯한 정상급 배우와 코미디언들이 무대공포증이 있다거나, 극도로 수줍은 성격이라는 사실은 왜 뉴스거리가 될까?[1] 가톨릭교회의 수장인 프란치스코 교황이 나이트클럽 경비원으로 일했었다는 사실이 알려졌을 때 사람들은 왜 그렇게 흥미로워하고 충격을 받았을까? (게다가 그는 할리데이비슨 오토바이도 갖고 있었다!)[2]

매일 사람들의 행동에 영향을 미치며, 항상 존재하지만 대체로 눈에는 보이지 않는 사회적 힘 때문이라는 게 그럴듯한 답일 것이다. 그 힘이 바로 사회적 역할이다. 다 큰 남자는 울지 않는다. 아이들을 가르치는 교사에게는 (따로 말하지는 않더라도) 교사로서 따라야 할 규칙이 있다. 정상급 배우들은 분명 말을 잘 주고받는 표현적인 사람일 것이며, 생계를 위해서는 (사람들 앞에서!) 연기를 해야만 한다. 교황은 나이트클럽 경비를 서지 (그리고 할리를 몰지) 않는다. 적어도 우리는 그렇게 기대한다. 사회적 역할의 세계에서 사람들은 기대되는 대로 행동한다.

성 역할과 가족의 역할, 직업적 역할 등이 있다. 구체적으로는 남자, 여자, 친구, 연인, 배우자, 딸, 아들, 어머니, 아버지, 의사, 간호사, 수위, 은행가, 승려, 매장 관리자, 판매원, 수학 교사, 교장, 애플 매장 지니어스,* 계산원, 트럭 운전자, 학생, 환자, 고객, 경찰관, 소방관, 이웃, 구경꾼의 역할 등이 있다. 어떤 사회적 역할들은 다른 것들보다 더 명확히 정의되어 있고, 어떤 사람의 이중 혹은 다중의 역할들이 서로 충돌하기도 한다(예컨대 일하는 어머니의 경우).[3] 그리고 어떤 역할이든 사회규범 또는 사회적 기대치를 통해 행동에 영향을 미칠 수 있는데, 그러한 규범 혹은 기대치에는 구체적으로 말하지 않아도 이해되는 것이 있고, 명시적으로 정해진 규칙들도 있다. 대부분은 그런 규칙을 지킨다. 의식적으로든 무의식적으로든, 관찰학습을 통해서든 조건화를 통해서든 우리는 대개 특정 역할의 일부로서 우리에게 **기대되는** 바를 따른다.

앞 장에서도 말했듯, 표정 역시 이런 과정에서 자유롭지 않다. 앨런 프리들런드는 표정이 감정에 의해 야기된다기보다 사회적 역할들과 다른 사람과의 사회적 상호작용에 의해 야기된다고 주장하며 폴 에크먼에게 반론을 제기했다. 제임스 러셀은 더 구체적으로 말했다. "사회는 다양한 상황들에 맞는 적절한 얼굴 표정에 관한 규칙들(슬프든 그렇지 않든 장례식에서는 눈을 내리까는 것이다)을 제시하고 우리는 그 규칙들을 따르려고 노력한다."[4]

어떤 역할들을 수행하는 것이 언제나 단순히 순응하는 것만은 아니다. 그것은 사회가 기능하는 방식이기도 하다. 부모는 아이에 비해 더 쉽게 직장을 구할 수 있다. 판매원은 고객에게 친절할수록 돈을 더 많이 번다. 경찰관과 소방관은 대부분의 구경꾼에 비해 위급 상황에 대처하는 훈련이 잘되어 있다. 수학 교사가 학생보다 수학을 더 잘 안다. 그리고 우리는 부모가 돈을 지불하고, 판매원들은 친절하며, 훈련받은 전문가들이 응급상황에서 도와주고, 수학 선생님은 수학을 가르치기를 기대한다. 이

• 애플 매장에서 판매와 수리를 비롯한 다양한 일을 하는 직원.

는 그들의 역할 중 일부이고, 바로 그것이 세상이 돌아가는 방식이다. 성별 차이에 관한 주요한 이론은 그 차이들이 일차적으로 진화나 생물학적 차이에서 생겼다기보다는 "한 사회가 남성 구성원들과 여성 구성원들에 대해 지속적으로 부여하는 제한과 기회가 서로 다른 데서" 기인한 것이라고 말한다. 그것이 성 역할이다.[5]

이렇게 우리는 일반적으로 직업과 가족, 성별, 그 밖의 여러 맥락들에 따르는 역할과 기대를 충족하려 노력한다. 장례식에서는 슬프지 않더라도 슬픈 '표정을' 짓는다. 우리 사업체에서 돈을 쓰는 고객에게는 비록 그들이 까다로운 상대여도 친절히 대한다. 남자들은 남들에게 눈물을 보이지 않으려는 경향이 있다(어쨌든 많은 문화권에서 그렇다). 선생님들은 교실에서 언어 사용에 신중을 기하고, 배우들은 과장되게 행동한다.

그러나 사람들이 자기 역할을 수행하는 것을 볼 때 우리는 그 사람과 역할을 잘 구분하지 못한다. 그들 스스로 느끼는 의무감이나 사회규범으로부터 받는 압력은 잘 보지 못하는 것이다. 우리 눈에 보이는 것은 역할에 맞는 행동뿐이며, 그 행동이 역할에 맞는 것은 우연의 일치가 아니다. 그러므로 사회적 역할들은 다른 사람들에 대한 인상을 편향되게 만들거나 심하게 단순화할 수 있고, 그 결과로 우리는 기본귀인오류를 범한다. 역할의 영향력을 과소평가하고, 그들의 성격적 특징이나 의도가 역할과 일치하는 정도를 과대평가하게 되는 것이다. 장례식에서 드러내놓고 울지 않은 남자에 대해 실제 성격보다 덜 감정적이라고 느낄 수 있다. 교사들은 실제보다 더 점잖은 사람이라는 인상을 풍길 수 있다. 배우들은 더 외향적이라는 느낌을 줄 수 있고, 교황들은 더 교황답게 느껴질 수 있다.

최근 널리 퍼진 한 사진은 술집의 여성 계산원들을 실제보다 더 '친절한' (다시 말해 남자 손님들에게 성적으로 흥미를 느끼는) 것처럼 바라보는 경우가

얼마나 많은지 잘 보여준다. 비어 셀러 엑세터Beer Cellar Exeter라는 술집에서
는 남자 손님들이 여직원들에게 수작 거는 일을 줄이기 위한 노력의 일환
으로 계산대 옆에 "여성 계산원이 당신에게 친절하게 대하는 이유"라는
제목의 표지판을 세워두었다. 적혀 있는 두 가지 이유는 다음과 같다. "그
녀가 걷잡을 수 없이 당신에게 성적으로 끌리고 있다"와 "글자 그대로 그
게 그녀가 맡은 업무이기 때문이다, 이 멍청아." 두 번째 문장 앞에 정답
표시가 되어 있다. 계산원을 고용한 사장이 그녀가 그렇게 행동하기를
원했다는 말이다. 단골들에게 기본귀인오류를 교육하는 효과적인 방법
같다.[6]

　　이와 유사하게 심리학자 마크 앨릭Mark Alicke과 동료들은 어느 학교의
교장이 자신의 상관이 기대한 대로 행동해야 하는 상황에 대한 연구를 설
계했다. 교장은 1996년에 동성애자 교사들을 고용하는 일에 관한 심포
지엄을 주최했는데, 교직원과 직원, 주민이 그 안건의 양쪽 입장에 관해
다양한 연설문들을 제출했지만, 교장은 찬성이든 반대든 한쪽 입장의 연
설문들만을 발표 자료로 선택했다. 한 조건에서는 교장이 자신의 의지대
로 선택했고, 또 다른 조건에서는 학교의 감독관이 고집한 대로 선택했
다. 그러나 교장이 감독관의 명령을 따른 조건에서도 참가자들은 여전히
교장이 찬성 연설을 선택하면 동성애자 찬성 입장이라고 가정했고, 반대
연설을 선택하면 동성애자 반대 입장이라고 가정했다.[7]

　　우리는 자신의 역할에 일치하는 방식으로 (또는 명령받은 대로) 행동하
는 경향이 있다. 고객이나 학생이나 다른 관찰자가 그 사실을 곧바로 알
아차리지 못하더라도 말이다. 이런 전체 과정에서 생기는 한 가지 부작
용은 사회적 역할의 위반이, 교황이 나이트클럽 경비원이었다는 이야기
처럼 놀랍거나 웃긴 이야기 또는 뉴스거리가 될 수 있다는 점이다. 애니

메이션 영화 〈슈렉〉에서 피오나 공주는 로빈 후드와 그 부하들을 가뿐히 때려눕히는 등 성별 역할들을 계속 하나씩 위반해 코믹한 효과를 냈다. 로드니 데인저필드Rodney Dangerfield의 코미디 영화 〈백 투 스쿨〉에서 역사 교수는 학생들의 얼굴에 대고 고래고래 소리를 지르며 욕을 퍼부음으로써 교수라는 자신의 역할을 위반했다(이 교수 역할은 늘 화를 내며 폭언하듯 설교를 늘어놓는 연기로 유명한 코미디언 샘 키니슨Sam Kinison이 연기했다).

오해는 마시라. 프란치스코 교황이 교황답지 않다는 말이 아니다. 프란치스코 교황을 비롯한 많은 공인들이 공적 자리에서 보이는 것보다 더 복잡한 사람일 수 있다는 뜻이다. 사람은 주어진 시간 동안 많은 역할들을 연기한다. 누구나 즉각적·표면적으로 보이는 모습보다 더 복잡한 존재들일 테지만, 정해진 역할에 따라 행동할 때는 표면 아래의 모습을 보기가 더욱 어려워진다. 슈렉은 동키에게 이를 한마디로 명확하게 표현했다. "괴물들은 양파와 같아."

물론 주어진 역할에 맞추려고 더 많이 노력하는 사람도 있고, 역할의 제약을 심하게 받는 사람도 있다. 이런 사람들은 특히 더 오해받을 가능성이 크다. 어쩌면 자신의 책임으로 느끼는 일을 완수하는 데 성심을 다하기 때문인지도 모르고, 또 어쩌면 확신 없이 남들 마음에 들려고 전전긍긍하기 때문인지도 모른다. 직업상 역할의 경우, 우리가 한 조직의 모든 구성원이 각자 역할을 수행하는 데서 오는 이점들을 논리적으로 이해하고 있어서거나, 가족을 부양하거나 학비를 대기 위해 필사적으로 직업을 유지하기 때문일 수도 있다. 성 역할의 경우, 자라는 동안 강력한 성 역할 조건화를 겪었거나 자신의 성 역할을 벗어났을 때 주변 사람들로부터 큰 처벌을 받는 경험을 했기 때문인지도 모른다(여성보다는 남성에게 더 절절히 와 닿을 것이다). 자신의 역할을 대단히 진지하게 받아들일 수도 있고, 그저 역할에 잘 어울리는 이미지를 투사하고 있을 수도 있다. 앞의 모든 경우에 우리는 역할에 따르는 기대들을 공공연하게 더욱 충실히 따른다.

어떤 역할들에서는 그 역할에 맞추려고 노력하는 것보다는 그 역할이 제공하는 자유나 기회가 더 중요하다. 대부분의 문화에서 남자들과 여자들에게는 서로 다른 기회가 주어진다(전형적으로 남자가 여자보다 더 많은 기회를 갖는다).[8] 앞으로 다시 논의하겠지만, 스스로 수줍은 성격이라고 밝힌 많은 배우들과 코미디언들이 일을 할 때는 외향적이며 때로는 별날 정도로 외향적인 모습을 보이기도 하지만, 그것은 조명을 받고 있을 때만 그렇다. 무대가 그들에게 어떤 자유의 문을 열어주기 때문이라고 그들은 말한다. 그러나 대부분의 경우 사회적 역할은 행동을 제약하거나 강력한 지침을 부여한다.

교육자의 역할

가르치는 사람으로서 나는 내가 사용하는 언어에 대한 제약 또는 영향력을 느낀다. 대학에서는 미세공격으로 받아들여질 수 있는 단어들을 피하라는 압력이 점점 커지고 있다(2장 참조). 나는 또한 강의실에서 욕을 하지 않으려고 대단히 노력하는 중이다(농담이다. 나는 강의실에서 절대 욕을 하지 않는다). 학과 회의 때 학장이나 총장과 이야기를 나눌 때도 마찬가지다. 나는 직장에서의 내 역할을 예의 바른 전문가로 인식하고 있다.

참여 수업 중에 때로 학생들이 욕이나 비속어를 쓰기도 하는데, 나는 그들의 말을 나머지 학생들에게 요약해주거나, 다시 풀어서 말해줄 때는 대개 상스럽지 않은 대체어를 사용한다. 간혹 내가 학생의 말을 정확히 옮길 때는 흔히 강의실 안에서 작은 소요가 일어나는데, 그러면 재빨리 그 학생을 가리키며 그의 말을 그대로 반복했을 뿐이라고 해명한다(그런 다음 재빨리 작은 소리로 그 학생에게 사과의 말을 덧붙인다).

어떤 요점을 정말로 강조하고 싶을 때나, 사실이 아니거나 어리석은 무엇을 언급하고자 할 때는 가끔 '헛소리crap'라는 단어가 입 밖으로 나오기도 한다. 언젠가 한 번은 골프에 관해 이야기하다가 나로서는 도저히 공중으로 띄울 수 없는 '망할 놈의damned' 골프공이라는 표현을 썼다. 이런 경우에는 보통 즉각 내 언행에 대해 사과한다(진지하게 그러기도 하지만, 잠깐 웃고 어서 다시 내 역할로 돌아가기 위해서이기도 하다).[9]

학생들과 몇 학기를 함께 보내고 난 후면 그들은 이런 면에서 나를 잘 안다고 생각할 것이다. 명시적으로 선언한 규칙은 아니지만 욕과 비속어를 쓰지 않는다는 규칙이 아마도 내 이미지를 예의바르고 점잖은 사람으로 그려냈을 것이다. 이밖에도 나의 행동과 옷 입는 방식이 그런 이미지를 한층 더 강화할지 모른다(학기 초에는 내 역할을 설정하는 데 도움이 되도록 보통 타이를 매고 다닌다). 학생들 대부분은 나를 이런 점잖고 예의바른 이미지로 볼 거라고 비교적 확신하는데, 이 확신은 내가 사회심리학 수업에서 학기마다 어떤 가설을 제시할 때의 경험을 바탕으로 한 것이다. 이 가설에서 교사의 언어에 가해지는 몇 가지 제약을 언급한 뒤, 내가 강의실 밖에서는 입이 거친 말썽꾼에 욕을 술술 잘하는 욕쟁이일 가능성도 있다고 말한다. 그럴 때 터져 나오는 웃음소리로 때로는 귀가 먹먹해질 정도다. 남들 몰래 상스러운 소리를 즐겨 쓴다고 고백한 것은 아니지만, 강의실을 나서면 (그리고 대학 교정에서 벗어나면!) 그럴 수도 있지 않은가.

수업 시간에 욕을 하는 교수들도 일부 있지만(아직 종신직을 확보하지 못한 교수들보다는 종신교수들이 그럴 가능성이 더 클 것이다), 나처럼 욕설이 교사나 교수, 교직원의 역할에는 부적절하거나 이상적이지 않다고 느끼는 이들이 많을 것이다. 그리고 수업 시간에 욕을 하는 교수들도 강의실 밖이나 학과 회의실을 벗어났을 때는 아마 더 자주 더 큰 소리로 더 다양한 욕을 할 것이다. 모든 교수가 학교에서는 특정 방식으로 행동해야 한다는 말이 아니다. 당신이 학생을 가르치는 사람이라면, 어떻게 행동하고 싶은지는 물론 스스로 결정할 수 있다. 그러나 정해진 역할 안에서 일하는 다른 사람들의 행동을 관찰하는 것으로 그들이 '정말로 어떤 사람들인지' 확실히 알기란 불가능하지는 않더라도 어려운 일이라는 뜻이다.

'Yahoo! Answers' 홈페이지에 올라온 "선생님들도 욕을 하나요?"라는 질문에 답을 단 일부 사람들은 선생님들이 "아주 완벽한 것 같고" "분명 학교가 아닌 곳에서만 욕을 할 것"이라고 단언했다. 어떤 사람은 자신의 아버지가 선생님인데 "집에서 … 그것도 2개 국어로 … 입에 욕을 달고 산다"고 썼다. 또 한 명은 "교무실이 왜 있다고 생각하느냐?"고 했다. 자신이 교사라고 밝힌 한 사람은 "우리도 머릿속으로는 여러분이 기대하는 것보다 훨씬 더 많이 욕을 한다"고 밝혔다.[10]

또한 교수진은 서로에 대한 평가가 직무 역할의 일부다. 특히 종신교수는 종신 재직권 후보군에 있는 교수들을 정해진 기준에 따라 평가하는데, 이런 평가자 역할 때문에 일부 종신교수들은 지나치게 비판적이고 까다로우며 심지어 못된 사람으로 보일 수도 있다. 일부의 경우 정말로 그 모든 게 사실일 수도 있겠지만, 역할의 효과가 그러한 인상으로 편향하거나 과장하는 것일 수도 있다. 어디서든 우두머리나 감독관은 평가자라는 역할 때문에 실제보다 더 비판적이고 엄격하다는 잘못된 판단을 받을 수 있다. 임무를 성격과 헷갈릴 수 있는 것이다.

유명한 사회심리학자이자 《인간, 사회적 동물》의 저자 엘리엇 애런슨은 교수진들 사이에 흔히 있을 수 있는 역할 갈등을 묘사할 때 이 평가자 역할을 들어 설명했다. 그는 학생들에게 따뜻하며 다정하다고 여겨지지만 동료들에게는 비판적이고 못되었다는 평가를 받는, 친구이자 동료인 한 교수에 관해 이야기했다. 그리고 이렇게 물었다.

누구의 인상이 맞는 걸까? 학생들 아니면 동료 교수들? 그는 정말 학생들 앞에서는 그저 연기하는 것일 뿐 가혹하고 비판적인 사람일까? 아니면 다른 심리학자들을 상대할 때는 가혹한 척하지만 실은 따뜻하고 다정한 사람인 걸까? 이 질문들은 틀린 질문이다. 여기서 사실은 내 친구가 다양한 범위의 행동들을 할 수 있다는 것이다. 어떤 사회적 역할은 그 스펙트럼의 한 부분에 속하는 행동을 이끌어내고, 다른 사회적 역할은 다른 부분에 속하는 행동을 이끌어내는 경향이 있다.[11]

애런슨이 보기에, 강의실 맥락에만 근거해 교수를 안다고 생각하는 학생들은 변치 않는 안정된 성격적 특징(대개는 교사의 역할과 일관되는) 감지라는 측면에서 기본귀인오류를 범할 매우 큰 위험에 놓인 셈이다. 업무의 맥락에만 근거해 동료를 알고 있다고 생각하는 교수진들 역시 비슷하게 기본귀인오류의 위험에 처해 있다.

'들어가는 글'에서 나는 대도시의 롤러 더비 팀 선수로 활동했던, 아주 부드러운 말투의 교수를 언급했다. 그리고 '아메리칸 닌자 워리어'에 출전한 역사 교수도 있다. 교실 밖 행동으로 학생들을 놀라게 할 만한 또 한 명의 교사로 캘리포니아주에 사는 '아기들에게 속삭여주는 사람baby whisperer'이 있다. 수학 교사이자 베트남전 참전용사인 짐 오코너는 교실에서는 권위적이고 '성미 고약한' 사람이다. 그는 "십 대 소년 32명으로 가득한 교실"에서 수업을 하려면 규율이 필요하다고 설명했다. 그런 그가 근처 병원에서 아픈 아기들을 안아주는 자원봉사 활동을 하는 것으로도 알려졌다. 병원의 한 간호사는 "짜증이 심한 아기들을 진정시키는" 능력 때문에 그를 "타고난 안아주기 달인"이라고 표현했다. 오코너의 학생 중 하나가 학교의 헌혈 운동 기간에 그 병원에 갔다가 우연히 수학 선생님을 보고 "엄격한 선생님의 부드러운 면을 발견하고 놀랐"다. 아기를 안아주는 수학 선생님에 관한 소문이 삽시간에 학교 전체로 퍼져나갔다.[12]

내성적인 그 학생은 어떻게 무대 위 주인공이 되었을까

관점을 뒤집어서 교수들은 학생들을 어떻게 볼까? 학생의 역할이란 게 있을까? 언젠가 교실 뒤쪽에 앉아 한 학기 내내 한마디도 하지 않던 학생이 있었다. 그때는 수학 수업이었고, 내가 심리학 박사학위를 받기 훨씬 전이었다(처음에 나는 수학 교사였다). 내 기억에 그 학생은 한 번도 손을 들지 않았고, 반 전체에게 질문을 던졌을 때도 전혀 대답하지 않았으며, 반 친구들과 잡담도 하지 않았다. 그 학생이 수줍은 성격이라고 누군가에게 말했던 기억은 없지만, 만약 누군가 내게 그 학생을 어떻게 평가하는지 물었다면 그렇게 대답했을 것이다.

그래서 학기 후반에 학내 연극에서 그 수줍은 학생이 주연을 맡아 무대 위에서 열정적이고 역동적으로 말하면서 고함치고 무대 위를 당당히 걸어 다니는 모습을 보았을 때, 나는 놀라 자빠질 뻔했다. 어떤 수준에선가 나는 기본귀인오류를 범했던 것이다. 나는 그 학생이 수업에 참여하지 않고 말하지 않는 것은 수줍고 소심한 성격을 반영하는 거라고 스스로에게 설명해왔던 것이다. 아뿔싸.

하지만 누가 알겠는가. 어쩌면 그 학생이 수줍은 성격이라는 내 생각은 여전히 맞는지도 모르고, 그녀가 외향적이고 역동적이 되는 유일한 상황은 무대 위에 있을 때뿐인지도 모른다. 무대 위에서 연기하는 모습을 보고 이제는 그 학생이 외향적이고 사교적인 사람이라고 믿어버린다면, 앞의 경우와 똑같은 정도로 기본귀인오류를 범할 위험에 처할 수 있다. 앞에서도 잠시 말했듯이 유명한 배우와 코미디언 중에는 자신이 실제로는 대단히 수줍어하고 사람들 앞에서 불안해하는 사람이며, '배우'라는 역할이 다양한 성격 특성들을 공개적으로 표현할 자유를 부여해준다고 털어놓은 이들이 있었다.

브래드 피트Brad Pitt는 "타고난 수줍음에서 벗어날 수 있는 외향적인 인물들을 연기하는 걸 좋아"한다고 한다. 짐 캐리Jim Carrey는 고등학교 때 극도로 수줍은 성격 때문에 일부러 반에서 광대짓을 도맡아 하기 시작했는데, 그 광대 역할이 친구를 사귀는 데 도움이 되었다. 〈길모어 걸스Gilmore Girls〉와 〈청바지 돌려입기Sisterhood of the Traveling Pants〉에 출연한 알렉시스 블레델Alexis Bledel의 부모가 어린 나이에 알렉시스를 연극 프로그램에 등록시킨 것도 바로 수줍은 성격 때문이었다고 한다. "알렉시스는 여전히 자신이 수줍다고 털어놓지만, 경력에 필요할 때는 기회를 잡기 위해 노력할 줄 안다." 캐롤 버넷Carol Burnett은 자신을 "캐릭터에 몰입할 때만 연기할 수 있는 수줍은 사람"이라고 묘사한다. 바브라 스트라이샌드는 무대공포증에 대처하기 위해 텔레프롬터와 항불안제를 사용한다. 소니 앤드 셰어Sonny and Cher도 원래는 셰어 혼자 솔로로 활동할 계획이었는데, 셰어가 무대공포증 때문에 남편 소니 보노에게 함께하자고 해서 듀오가 되었다. 데이비드 레터먼David Letterman도 겉으로는 "느긋하고 외향적"으로 보이지만, "자신의 수줍음에 대처할 수 있는 방식으로 쇼를 신중하게 기획하고 편성하는 것으로 알려져" 있다. 대부분의 정상급 연기자들은 외향적일 수도 있지만, 어떤 배우의 행동을 설명하려 할 때는 기본귀인오류가 정확도를 떨어뜨릴 수 있다.[13]

그러니 내 수학 수업을 들었던 수줍고도 외향적이며 주인공을 연기한 배우인 그 학생에게 변치 않는 특징이 있는지, 있다면 어떤 특징들인지 끝내 확실히 알 수 없을 것이다. 그러나 강의실에서 경험한 바를 기준으로 했다면 그녀가 무대에 올라 주연 연기를 펼칠 수 있을 거라고는 짐작도 하지 못했을 것이다. 사회심리학 수업에서 기본귀인오류를 다룰 때면 나는 종종 기회를 만들어, 학생들과 내가 나누는 상호작용이 강의실의 맥락에서만 이루어진다면 학생들의 성격에 관해 어떤 가정도 하지 않는다는 말을 꼭 챙겨서 한다. 적어도 부분적으로는, 기본귀인오류의 한 형태인 역할 효과 때문에 "성격을 가정하는 건 너무 위험한 일"이라고 학생들에게 말한다.

이와 유사하게 상담사들과 임상의들은 내담자들과 치료 시에만, 그것도 아마 한 사무실에서만 상호작용을 한다. 참으로 까다로운 상황이다. 치료사들은 사람들을 읽는 훈련을 받은 사람들이다. 그러나 '전문가'조차 자신이 누군가의 비언어적 행동을 해독할 수 있다거나 거짓을 감지할 수 있다고 생각하는 것은 위험하고(3~4장 참조), 단 한 가지 상황에서만 상호작용하는 상대방을 읽는 것도 절대적으로 위험한 일이다. 리 로스와 리처드 니스벳은 전문가들에게도 주의와 겸손함을 촉구한다.[14] '좋은 고객'의 역할에 대한, 누구나 인정하는 규칙들이 존재하는지는 확실히 모르겠지만, 그렇다고 각 고객들의 마음속에 아무 규칙도 없다는 말은 아니다.

임상심리학자인 라이언 하우스Ryan Howes에 따르면 '좋은 고객'은 제때 비용을 지불하고, 내준 과제를 해오며, 치료 규칙을 존중하고, "매 회

차마다 기대로 들뜨는" 사람들이다. 이런 고객들은 예의를 지키며 대립하지 않고 치료사의 전문지식을 존중하려 노력하는데, 이 모든 점은 치료사의 말이나 행동에 혼란을 느끼거나 마음이 상할 때 정말로 느끼는 바를 털어놓지 않는 결과를 불러올 수도 있다. 하우스는 고객들의 상당수가 치료사에게 거짓말했음을, 특히 언급을 회피함으로써 거짓말한 경험이 있음을 보여주는 연구 결과를 인용했다.[15] 임상치료사들이 치료를 하려면 내담자들에 관해 최대한 그럴듯하게 짐작해야만 한다는 점은 이해하지만, 어쨌든 그런 짐작에는 기본귀인오류의 위험이 따른다. 이 주제에 대해서는 8장에서 심리치료에서 나타나는 피해자 탓하기를 논의할 때 다시 이야기할 것이다.

그리고 선생님들이 때로는 어떤 학생을 지목해 질문을 던져야 할지 말지 판단할 때나, 학생회 또는 어떤 상의 수상 후보로 추천해야 할지 판단할 때 가능한 한 최선의 짐작을 해야만 할 때가 있다는 점도 이해한다. 그러나 이 책을 읽고 있을 모든 선생님들에게 하고 싶은 충고는 신중을 기하라는 것이다(아직 그러고 있지 않다면 말이다).

어떤 학생이 당신의 수업 시간에 수줍어 보이는 것이 그 학생이 교실에서 질문받는 상황에 심리적으로 대처하지 못한다는 의미는 아니지만, 개인적으로 나는 자진해서 대답하지 않는 학생을 불러 지목하지는 않는다. 이런 점에서 학생들의 마음을 읽으려는 시도도 하지 않는다(타인을 비언어적으로 해독할 수 있다고 생각하는 일의 위험성에 대해서는 3~4장 참조).[16] 나는 교실에서 참여를 강요하지 않는다는 방침을 갖고 있다. 참여하고 싶은지, 언제 참여할지는 학생들이 결정한다(큰 소리로 참여하도록 북돋우고 그런 수업 구조를 만들려고 적극적으로 노력하기는 한다). 그리고 어떤 학생이 강의실에서 수줍어 보인다고 해서 스트레스가 심한 교실 밖 활동이나 다른 사람들과의 긴 논의가 필요한 활동에 (심지어 무대 위에서 연기를 해야 하는 일조차!) 대처하지 못한다는 뜻은 아니다.

그리고 어떤 학생이 강의실 안에서 외향적이거나 느긋해 보인다고 해서 그 학생이 수업 중에 주목받거나 시범 상대로 지목되는 일에 심리적으로 대처할 **수 있다**는 뜻도 아니다. 언젠가 한 강사가 어떤 심리적 효과를 입증해 보이기 위해 방심하고 있던 한 학생을 교실 앞으로 불러내 남들의 시선을 받게 하는 장면을 본 적이 있다. 나중에 강사는 그 학생이 느긋한 성격이고 그 상황을 감당할 수 있다고 말했다. 하지만 그는 끝난 뒤에 (심리학 연구에서는 사후 보고가 관례임에도) 그 학생과 그 일에 관해 다시 대화를 나누지 않았다. 평소에 느긋한 학생이라도 컨디션이 안 좋은 날이 있을 수 있고, 공적인 행동에 대해 불안해할 수도 있으며, 어쩌면 학급 내에서 친구들을 위해 느긋한 역할을 연기하고 있는 것일 수도 있다.

학생의 역할

학생의 역할은 복잡하며 계속 진화한다. '쿨'하고 느긋한 태도 취하기, 수업 중 질문에 대답하고 전 과목 A학점을 노리기, 전혀 말하지 않고 그럭저럭 따라가기 등 사회적 표준들이 있을 수 있다. 서로 다른 학생들은 서로 다른 방식으로 행동의 압박을 느끼거나 행동의 자유를 느낀다. 위키하우wikiHow•에 따르면 "교실에서 행동하는 방법" 첫 단계는 "기대를 따르는 것"이고 그 기대에는 "조용히 하라"는 충고가 포함된다.[17] 수줍어 보이는 학생들도 그저 얌전하게 행동하는 쪽을 택한 것일 수 있다. 조

• 설명 제공을 목적으로 하는 위키 사이트.

용한 학생들은 '수줍음'을 극복할 필요가 있다는 것이 대부분의 생각이지만, 실제로 교사들은 질서를 유지하기 위해 조용한 상태를 권장하기도 한다.[18] 예전에 내 사무실에 자주 찾아오던 제자가 있었다. 그래서 그가 학문에 열정이 있고 말하기를 좋아한다고 생각했는데, 수업 시간에는 조용한 편이었다. 그는 언젠가 내게 다른 학생들이 말하도록 일부러 말을 참는다고 설명해주었다.

위키하우 운영진은 학생들에게 "똑똑한 동시에 멋진 학생이 되는 방법"을 설명하는 또 다른 사이트를 개설했다.[19] 사실 학업에 열중하거나 성적을 잘 받는 것과, 전형적으로 '멋지거나' 인기 있는 것이 동시에 이루어지기는 쉽지 않다. 오히려 그 반대인 경우가 더 많고, 적어도 미국의 사례들에서는 그렇다. 높은 점수를 받으면 '너드nerd'나 '긱geek'이라는 달갑지 않은 꼬리표가 따라붙을 수 있다.[20]

연구자들은 학생의 역할이 성별, 인종, 사회경제적 지위에 따라 다를 수 있음을 밝혀왔다. 《말하기와 침묵 사이: 조용한 학생들에 관한 연구 Between Speaking and Silence: A Study of Quiet Students》의 저자 메리 레다Mary Reda는 이렇게 주장했다. "인종차별주의, 성차별주의, 계급차별주의는 종종 어떤 목소리들을 침묵시키는 작용을 한다."[21] 예컨대 여학생들은 높은 수준의 수학이나 몇몇 자연과학 강의에서 흔히 남학생들에 비해 환영받지 못한다고 느낀다. 그들은 수적으로도 소수이며, 남학생들만큼 잘 할 거라는 기대를 받지 못한다는 것도 알고 있다. 어느 여학생이 들려준 경험처럼 그들은 그 강의실에 있다는 사실만으로도 "너는 여자잖아. 여자들은 물리학 못해"라는 식으로 직접적인 놀림을 당하기도 한다. 과학 분야에서 여성의 역할에 대한 이런 일반적인 인식은 여학생들과 여성 과학자들이 자신의 일에서 소외되고, 심지어 완전히 그만두게 할 수도 있다.[22]

한편 여학생이 7퍼센트에 불과한 어느 공과대학에서 24세의 여학생 레베카 아브란테스Rebeca Abrantes는 불리한 조건에서도 그 조건을 잘 활용해 같은 과정의 남학생 친구 5명을 자기 결혼식의 신부 들러리로 세우는 데 성공했다. 그녀는 여학생 친구가 너무 적어서 "선택의 여지가 별로 없었다"고 말했다. 레베카와 남자친구들은 처녀파티에서 "과장된 장면들을 연출"했고, 그 사진들은 인터넷에서 순식간에 퍼져나갔다.[23]

흑인 학생들의 경우, 학교에서 열심히 활동하고 좋은 성적을 거두면 때로 다른 흑인 학생들에게 "백인처럼 군다"는 비판을 받기도 한다. 가난한 백인 학생이 성적을 잘 받으면 "오만하게 군다"고 한다.[24] 1990년대에는 주변화된 집단이 제 기량을 다 발휘하지 못하는 이유에 관한 연구가 폭발적으로 증가했다. 여기에 도화선 역할을 한 심리학자 클로드 스틸Claude Steele은 많은 흑인 학생들이 학교에서 마음이 떠나거나 탈동일시disidentify*하는 것은 집단규범 때문이라는 의견을 제시했다. 그는 다음과 같이 썼다.

일단 한 학교에서 탈동일시가 일어나면 그것은 감기처럼 퍼져나갈 수 있다. 학교에 동일시하고 성취를 위해 노력하는 흑인 학생들은, 탈동일시 전략이 가치를 부정하는 바로 그 대상에 가치를 부여함으로써 그 전략을 난처하게 만든다. 그러면 탈동일시를 집단규범화하려는 압력

---

* 학문적 성취를 목표로 삼고 학교에서 성취를 이루는 사람이라는 정체성을 세운 사람은 자신을 학교와 동일시한다. 그러나 흑인이 본인의 능력과 가치를 인정받지 못하고 평가 절하되는 학교 환경에서는 그러한 정체성으로 자존감을 확보하기가 어렵다. 그 결과, 학교와 학업에 두었던 가치관을 거두고 서로 자존감을 북돋울 수 있는 흑인 집단 내 인간관계에 더욱 초점을 맞추는 것을 학교와의 탈동일시라고 한다.

이 맹렬하고 신속하게 진행된다. 거기서 이탈하는 사람은 '오레오_{oreo}'*
나 '인코그니그로_{incognegro}'**라고 불린다. 진짜 흑인이라는 정체성이
인질로 잡히고, 그 정체성은 학교 동일시와 양립할 수 없는 것으로 간
주된다.[25]

    연구자들은 이런 안티스쿨 압력이 실제로 흑인 학생들에게 얼마나
만연해 있는지에 관해 논쟁 중이다. 대규모 표본 증거가 상충하는 해석
이 가능한 뒤섞인 결과를 보여주고 있기 때문이다. 그러나 이 개념에 대
한 가장 강력한 비판자 중 한 사람인 캐롤린 타이슨_{Karolyn Tyson}조차 일부
흑인 학생들은 제 기량을 발휘하지 못하게 만드는 이런 압력을 실제로 경
험한다고 인정했다. 한 연구에서 타이슨과 그 동료들은 8개의 학교를 조
사해 이런 압력의 명백한 사례들이 존재하는 학교를 발견했다. 면담한
어느 여학생은 다음과 같이 말했다.

    그 문제는 사회가 만든 거예요. 흑인은 특정 방식으로 행동하고 말
하며 옷을 입어야 한다는 생각이 우리 안에 너무 깊이 배어 있고, 그러
한 표준적 기대치에서 벗어날 경우 흑인으로서 정체성이 의문시되기
때문이죠. 나조차 그런 잣대로 나 자신을 재단할 때가 있어요. 나는 흑
인들에게 비난받고 거부당하고 있는데, 이 얼마나 터무니없는 일인가
요. … 나는 흑인이라는 이유로 자신 없는 상태로 이 학교에 왔고, 내가

---

* 겉은 검고 속은 흰 오레오 쿠키처럼 겉모습은 흑인이지만 속으로는 백인 같은 흑인들을
조롱하는 표현.
** 흑인으로서 자신의 존재를 부각시키지 않으려고 눈에 잘 띄지 않게 살아가는 흑인 또는
흑인인지 백인인지 명확히 구분이 안 되는 흑인을 뜻하는 표현.

참가하는 우등반 수업에서 흑인은 나뿐이에요.

학교의 직원들도 그 문제를 인지했다. 한 사람은 학교의 문화에서 "소수자 학생이 똑똑한 것은 멋진 일이" 아니라고 말했다. 학교 상담사는 일부 흑인 학생들이 "우등반에 들어가는 것을 좋아하지 않는데, 자기가 유일한 흑인인 경우가 많기 때문"이며 다른 흑인 학생들이 그들을 "백인처럼 군다고 생각하며, 똑똑하면서도 흑인일 수 있다는 것을 인정하지 않는다"고 느끼기 때문이라고 말했다.[26]

이 연구 영역 외에도 고정관념 위협stereotype threat을 둘러싼 더욱 방대한 문헌이 있는데, 상당 부분은 클로드 스틸의 공이다. 고정관념 위협은 기본적으로 소수집단에 속한 사람들이 그들에 대한 사회의 부정적 기대들 때문에 불안이나 불편을 느끼는 것을 말한다. 고정관념 위협은 일부 사회적 역할 압력들처럼 여학생들과 흑인 학생들이 제 기량을 발휘하지 못하는 결과를 초래할 수 있다. 이런 학생들을 관찰하면서 저조한 성적을 오직 낮은 능력 탓으로만 돌리는 것은 그러한 사회적 압력을 간과하는 일이다. 이렇게 잘못된 귀인이 기본귀인오류이기는 하지만, 고정관념 위협에 관한 문헌은 이 장의 범위를 넘어선다.

지금까지의 요점은 사회적 역할의 힘을 간과하면 사람들의 행동을 설명할 때 기본귀인오류를 범할 수 있다는 것이다. 과학을 전공하던 여학생이 학교를 그만두거나 흑인 학생들이 학교에서 성취도가 낮은 이유를 설명하려 할 때, 단순히 그 학생들에게 능력이 없어서라고 가정해버릴 수도 있다. 흑인 학생이 우등반 수업에서 소심해 보인다면, 우리는 그의 타고난 성격이 소심하거나 수업 준비가 부족해서라고 가정할지도 모른다.

사회심리학을 전공하는 제자들에게 평소에는 외향적인 성격인데 수업 시간에는 내성적으로 보이기도 하는 이유가 뭐냐고 물으면, 대개 학생의 역할과 관련된 답을 내놓는다. 그 밖에도 조용한 행동에는 학교생활이나 그 수업에 대한 무관심이나, 가정 상황에 대한 걱정, 강사를 싫어하는 마음이 반영될 수 있다는 점도 거론했다. 메리 레다는 이렇게 썼다. "현실을 직시하자. 학생들이 조용한 것은 별로 좋은 선생님을 못 만났기 때문일 수도 있다."[27]

주연배우였던 제자의 경우, 수업 시간에 말하지 않은 것은 수학 시간이었기 때문일지도 모른다. 안타깝게도 오늘날 수학에 대한 불안은 그 어느 때보다 급속히 확산되고 있으며, 특히 미국 여학생들 사이에서 더욱 그렇다. 그러나 수학 불안증이 무대 위의 연기를 방해하지는 않는다.

궁극적 역할 효과

그러므로 무대 연기자가 어떤 수업에서 말을 많이 할지 조용히 있을지는 단언하기 어렵다. 배우의 다른 성격적 특징들은 어떨까? 배우들의 더 폭넓은 특징들을 추론할 때, 배우는 대본에 따라 연기한 인물이나 역할과 비슷하다고 생각하는 시청자들이 많다. 나는 이런 편향을 '궁극적 역할 효과ultimate role effect'라고 표현하며, 이 역시 또 다른 기본귀인오류의 한 사례다.

텔레비전 시리즈 〈초원의 집Little House on the Prairie〉에서 심술궂은 넬리 올슨 역을 연기한 배우 앨리슨 안그림Alison Arngrim은 시리즈가 끝나고 수년이 지난 뒤에도 사람들이 자신을 멀리사 길버트Melissa Gilbert(드라마에서 넬리의 라이벌 로라 잉걸스를 연기한 배우)를 미워하는 심술꾼으로 생각하는 것 같다고 말했다. 티브이닷컴TV.com에 따르면 안그림은 자신을 그렇게 부정적으로 보는 인식을 두고 다음과 같이 말했다. "그러니 여러분은 이제 내가 실제로도 [멜리사 길버트를] 미워하는지 그만 물어봐도 돼요. 나 참. 이것들 보세요, 그건 텔레비전 드라마일 뿐이라고요. 사람들은 아직도 내가 진짜 넬리라고, 내가 말을 더듬는 아이들과 신체장애가 있는 사람들을 놀린다고 생각해요."

분명히 해두자면, 안그림은 멜리사 길버트와 친한 친구 사이였다는 말도 했다. 또한 그녀는 찰스 잉걸스 역을 연기했던 마이클 랜던Michael Landon에 대한 신화도 떨쳐버렸다. "그는 텔레비전에서 연기한 인물과 조금도 비슷하지 않아요."[28]

시청자들이 기본귀인오류를 범하는 것은 어쩌면 배우들에게는 대단한 찬사일지도 모른다. 연기라는 걸 잊게 할 만큼 다른 사람인 척하는 연기를 훌륭하게 해냈다는 뜻이니 말이다. 시청자들 중에는 배우가 원래 그 인물과 비슷하지 않았다면 그렇게 잘 연기할 수 없을 거라며, 자신이 갖고 있는 인상을 옹호하기도 한다. 뭐, 배우가 배역과 비슷할 때 그 인물을 잘 연기한다는 것은 말이 된다. A는 B를 함축한다. 하지만 그것이 B가 A를 함축한다는 뜻은 아니다. 즉, 훌륭한 연기를 펼쳤다고 해서 그 배우가 원래 그 인물과 비슷한 사람이라는 의미는 아니다. 그렇게 생각하는 것은 역오류다. 사실 어떤 배우들은 관객들이 자신을 실제 인물로 착각할 만큼 현실감 있게 표현하려고 자신의 배역을 몇 달 동안 연구하고, 특유의 버릇과 억양을 연습한다. 분장과 의상, 배경도 물론 그런 환상을 더한다.

연구자들은 관객들이 배우들을 묘사할 때 자주 기본귀인오류를 범하는 것이 단순한 일화 수준 이상임을 증명했다. 관객의 기본귀인오류는 배우가 긍정적 역할과 부정적 역할을 연기한 모습을 모두 보았을 때도 일어났다. 대개는 더 최근에 본 역할이 편향을 일으켰다. 핵심은 우리 대부분이 배우의 본래 행동과 (말 그대로) 그 행동을 보여주는 배우를 분리하지 못한다는 점이다. 그 행동이 무대 위나 화면에서 보이는 것일 때도 말이다.[29]

레너드 니모이Leonard Nimoy는 《나는 스팍이 아니다I Am Not Spock》라는 책에서 바로 이 교훈을 전달했다. 그 책은 니모이가 공항에서 만난 어떤 여성이 자기 자녀에게 니모이를 '스팍'•이라고 소개했다는 일화로 시작된다. 이어서 니모이는 성격 측면에서 자신이 그 역할과 얼마나 다른지 설명하고, 그럼에도 너무나 많은 사람이 그를 스팍으로 생각한다고 말한다.[30] 텔레비전 드라마 〈파스 앤드 레크리에이션Parks and Recreation〉에서 무표정한 인물로 가장 잘 알려진 배우 오브리 플라자Aubrey Plaza는 이렇게 말했다. "일단 당신이 어떤 인물을 연기하는 모습을 보고 다른 모습은 전혀 보지 않았다면, 사람들은 그게 진짜 당신이고 당신이 할 수 있는 건 그게 다라고 생각하는 것 같더라고요."[31]

사회적 역할 패러다임: 책임자 감지하기

사람들이 직장이나 학교, 집에서 수행하는 역할들이 존재한다는 사실은 연구자들에게 기본귀인오류를 시험해볼 풍짐한 재료를 제공해왔다. 사회적 역할의 영향력을 과소평가하는 것은 때로는 '사회적 역할 효과social-roles effect'라고 불린다. 시청자들에게 대본에 따른 특정 배역 뒤에

• 영화 〈스타트렉〉의 등장인물.

있는 배우를 묘사해보라는 것은 아주 단도직입적인 기본귀인오류 테스트다. 시청자들은 전형적으로 배역의 영향력을 과소평가한다. 유권자들이 지지하는 정당의 정치인들이 하는 말을 믿는 경향성(2장 참조)을 평가해보는 것 역시 역할 간과의 효과를 보여줄 수 있는 또 다른 방법이다. 정치인의 역할이란 거의 자기연출과 표를 얻는 것뿐이기는 하지만 말이다.

앞에서도 논의했듯, 교사의 역할에는 정중히 의사소통하고 욕설을 삼가는 것도 포함되지만, 똑똑해야 하는 것도 포함된다. 학생들은 나를 실제보다 더 똑똑한 사람이라고 생각할지도 모른다. 그들은 돈을 내고 나에게 배우며, 나는 항상 이런저런 것들에 관해 이야기하면서 지식을 나누어준다. 또한 수업 중에 많은 질문을 던지는데, 나는 준비한 질문들의 답을 당연히 알고 있다. 수업에서는 내가 책임자다. 내게는 강단이 있다. 사회적 역할을 실험하는 최초의 패러다임은 강단에 선 역할의 이점이 주는 효과를 밝혀내려는 것이었다.

최초의 패러다임

이 전통적인 패러다임은 더 흔하게 '출제자 - 출전자 패러다임 questioner-contestant paradigm'또는 '퀴즈게임 패러다임'이라고 알려져 있다. 이 패러다임은 1장에서 다룬 태도귀인 패러다임 다음으로 기본귀인오류를 시험하는 흔한 방법인데, 아마도 일상생활에 대한 관련성은 이 패러다임이 더 깊을 것이다. 이 패러다임은 실험 참가자들이 문제 푸는 사람과 비교해 문제 내는 사람의 지식수준을 평가할 때 사회적 역할의 효과들을 어느 정도나 간과하는지 실험한다.

최초의 출제자-출전자 패러다임은 1977년에 리 로스와 동료들이 만들었다. 기본적으로 두 사람에게 (카드 두 장 중 한 장을 뽑게 해) 무작위로 출제자와 출전자의 역할을 맡긴다. 출제자 역할을 맡은 사람은 개인적인 지식을 기반으로 10개의 잡학 문제를 만들어내야 한다. 그 질문들은 "어렵지만 풀 수 없는 것이어서는 안 되며" 출제자는 너무 쉬운 문제와 부당하게 어려운 문제는 둘 다 피해야 한다. 자신의 지식을 활용하는 것이기 때문에 한 사람이 만든 10개의 문제는 다른 누가 만든 문제와도 다를 것이다. 자신이 좋아하는 음악, 스포츠, 영화 등이 문제를 만들기에 적합한 주제들이다. 읽은 책과 잡지도 괜찮은 자료다.

그런 다음 실험의 다음 단계에서 출전자가 그 10개 문제에 답을 하려고 시도한다. 최초의 연구에서 출전자들은 평균 네 문제의 정답을 맞혔다. 틀린 답이 나올 때마다 출제자는 정답을 알려준 후에 다음 질문으로 넘어갔다. 로스와 동료들은 "현실에서 일어나는 수많은 만남의 본질적 특징을 포착하려" 노력했다고 썼다. "그 특징이란 한 사람이 상호작용의 영역을 정하고, 상호작용 방식을 통제하며, 다른 사람은 그 한계 내에서 대응해야만 하는 것이다."

시나리오에 따른 상황을 관찰한 실험 참가자들은 전형적으로 출전자보다 출제자가 더 지식이 높다고 보았다. 열 문제에서 겨우 네 문제를 맞힌 것은 F 학점을 받는 것과 비슷하다. 40퍼센트인 것이다. 확실한 F다. 그리고 출제자는 열 문제를 모두 알고 있었다. 그 사람은 분명 똑똑한 사람이겠지만, 만약 출전자가 자신의 개인적 지식을 기반으로 문제를 만들 수 있었다면 출제자도 그 답을 알아내느라 출전자만큼 애를 먹었을 것이다. 출제자는 무작위로 할당된 역할의 이점을 누리고 있는데도 관찰자들은 그 점을 간과하는 듯했다. 출전자에게는 역할에 따른 불리함이 있었다. 그러니 출전자보다 출제자가 지식이 더 많다고 보는 것은 기본귀인 오류가 된다. 심지어 출전자들 자신도 출제자가 자기보다 더 똑똑하다고

생각했고, 출전자들과 관찰자들 모두 출제자를 평균적인 학생보다 더 똑똑하다고 평가했다.[32]

반복 실험과 확장 실험

그 이후 많은 기본귀인오류 연구들이 이 실험 패러다임을 사용했다. 스테판 주프르Stephane Jouffre와 장클로드 크루아제Jean-Claude Croizet는 권력이라는 변수를 추가했다. 한 조건에서는 출제자에게 더 많은 상황 통제력을 부여했다. 구체적으로는 출제자-출전자 팀이 복권(모든 참가자가 시도할 수 있는 인센티브였다)에 당첨될 경우 상금 배분 방식의 결정권을 출제자에게 준 것이다. 이 조건에서는 출제자와 출전자에 대한 기본귀인오류가 더욱 강력하게 나타났다. 출제자가 더욱 지식이 많고 출전자는 더욱 지식이 적다고 본 것이다. 연구자들은 권력 있는 사람과 권력 없는 사람의 대립구도에 대해 우리의 인지가 얼마나 심하게 편향되는지 보여주는 방대한 문헌을 인용했다. 이 연구는 그 문헌들을 기본귀인오류 연구에까지 확장한 최초의 연구였다.[33]

출제자-출전자 패러다임의 또 다른 반복 실험에서 버트럼 고런스키Bertram Gawronski는 관찰자들이 특정 문제들의 난이도에 주목하는지 여부를 조사했고, 그렇다는 결과를 얻었다. 예를 들어 출전자가 놓친 문제들이 객관적으로 매우 어려웠을 때 관찰자들은 출제자와 출전자 모두를 상당히 박식한 사람들로 평가했다(출제자의 경우 그렇게 어려운 질문의 답을 알고 있기가 어려워서, 출전자는 그렇게 어려운 문제의 답을 모르는 것이 다른 문제에 비해 더 잘 이해되는 일이었기 때문이다). 그러니 실험 참가자들이 주의를 기울이지 않고 있는 것은 아니었다.

고런스키는 또 관찰자들이 출제자보다는 출전자의 입장에 설 가능성이 더 높다는 증거도 발견했는데, 이는 관찰자들도 답을 맞혀보려 하기 때문인 듯했다. 그런 경우 관찰자들은 문제가 유독 어려울 때 난이도를 더 잘 의식했으며, 출제 기회를 갖지 못한 출전자들이 겪는 부당함도 더 잘 의식하는 편이었다. 그래서 기본귀인오류에 빠질 확률이 줄어들기도 했다. 내가 퀴즈쇼에서 누군가에게 지고 있다면, 자연스럽게 게임의 규칙을 더 면밀히 검토할 것이다. 고런스키의 연구 결과는 문제가 유난히 어려울 때 관찰자들이 정말로 기본귀인오류를 덜 범했다는 것을 보여주었는데, 상당 부분은 출전자의 지식수준을 좀 더 후하게 평가한 결과였다.[34]

로널드 험프리Ronald Humphrey는 이 '누가 책임자인가' 패러다임을 사업 영역으로 확장해, 정교하게 짜놓은 사무실 상황에서 실험 참가자들에게 관리자나 사무원의 역할을 무작위로 할당했다(한 회차에 관리자 2명당 사무원 3명). 이 참가자들은 역할에 맞는 업무를 수행했다. 관리자들은 고객의 편지에 답장을 쓰고, 생산비를 계산하며, 이력서를 검토하고, 사무원들을 교육했다. 관리자들이 책임을 맡았지만, 사무원들은 그들이 관리자 역할의 수행 방법을 설명하는 안내 책자를 받았다는 것을 알고 있었다. 한편 사무원들은 관리자들에게 파일들을 가져다주고, 우편물을 분류하며, 데이터 입력 작업을 했다. 두 역할이 무작위로 할당된 것인데도(게다가 관리자들에게는 안내 책자까지 있었는데도!) 사무원들과 관리자들 모두 관리 역할에 적합한 긍정적 특징들에 대해 사무원들보다 관리자들의 점수를 더 높게 평가함으로써 사회적 역할 효과와 기본귀인오류를 몸소 입증해 보였다. 긍정적인 특징들에는 리더십, 지성, 단호함이 포함되었다.[35]

역할을 행하기도 전에

실제 삶에서는 업무 역할들이 대개 무작위로 할당되지도 않고, 항상 업무 관련 능력에 따라 정해지거나 획득할 수 있는 것도 아니다. 때로는 사업주나 경영자의 가족들이 혈연에 따라 높은 지위를 차지하기도 한다. 정치 지도자들, 심지어 미국 대통령까지 관련 경험이 거의 없는 친구나 정치적 동지 또는 가족에게 고위직을 맡길 때가 있다. 직위와 성별에 따라서 업무 관련 경험과는 무관하게 고용 여부가 결정되는 경우도 많다. 특히 과학 분야와 리더십 역할에서 그렇다(똑같은 이력이 있더라도 남성이 여성보다 고용될 가능성이 크다).[36] 그리고 일단 역할을 맡게 된 뒤에는, 실제보다 더 그 역할에 걸맞은 확연한 특징들을 지닌 사람으로 인식될 가능성이 있다.

재닛 모건 릭스Janet Morgan Riggs는 그런 시나리오를 완전히 새로운 수준으로 끌어올렸다. 그녀는 실제로 업무 역할이나 가족 역할을 맡기 전에, 단지 그 역할을 맡을 거라고 예상만 할 때도 관찰자들이 역할을 바탕으로 사람을 잘못 읽을 수 있다는 사실을 알아냈다. 예상되는 역할이 스스로 선택한 것이 아닐 때조차 관찰자들은 그 사람을 오독할 수 있다. 릭스는 전업 직장이 있는 기혼자로서 곧 부모가 될 남성이나 여성이 아기가 태어난 뒤에 직장을 유지할지 집에 머물지 결정하는 상황에 관한 연구를 설계했다. 한 조건에서는 자유롭게 선택해 결정을 내리고, 다른 조건에서는 경제적 상황에 의해 어쩔 수 없이 결정을 내리게 된다.

관찰자들은 (자유로운 선택과 강요된 선택) 두 조건 모두에서 직장을 유지하기로 한 부모가 (집에 머물기로 한 부모에 비해) 독립성, 자신감, 단호함 같은 행위주체성의 특징들이 더 두드러진다고 평가했으며, 집에 머물기로 한 부모는 (직장을 유지하기로 한 부모에 비해) 돌봄, 다정함, 이타심 같은 연대감의 특징들이 더 두드러진다고 평가했다. 이런 결과는 부모의 성별과 무관하게 나타났지만, 남성 관찰자들은 집에 머물기로 한 여성을 더욱 적극적으로 지지했다.

여성의 행동은 남성에 비해 연대감을 더 중시하고 행위주체성은 조금 떨어지는 게 일반적이며, 특히 그렇게 인식되는 측면이 강하다. 앞에서도 지적했듯이, 오랫동안 성 역할을 연구해온 앨리스 이글리Alice Eagly는 이러한 차이들이 사회가 남성과 여성에게 각자 다른 업무 역할과 가족 역할을 부추기거나 허용하는 데서 기인한다고 설명했다. 성별에 따른 그런 차이들이 선천적인 생물학적 차이 때문에 생긴다고 자동적으로 가정하는 것은 기본귀인오류다. 릭스는 이 문제도 제기했다.

릭스는 돌보는 역할을 하는 남녀가 생계를 부양하는 남녀에 비해 더욱 연대감을 중시하고 행위주체성이 낮다고 인식된다는 점을 이글리와 동료들이 보여주었다고 설명했다. 나아가 릭스는 그 역할들을 맡을 것으로 단지 **예상되기만** 하는 (명백히 상황에 의해 강요된 경우까지 포함해) 남성과 여성에 대한 인식을 테스트함으로써 이글리의 관점의 '범위를 확장해'보고 싶어 했다. 릭스는 결론에서 이글리의 성 역할 관점을 매우 지지한다고 밝혔다.[37] 나도 동의한다.

성 역할

릭스는 부양자와 주부의 역할이 지닌 힘을 증명하는 놀라운 예도 제시했다. 이 두 역할은 남녀에게 너무 불균형하게 배분되기 때문에, 관찰자들이 남성은 실제보다 행위주체성이 높고 연대감은 낮다고 잘못 읽고, 여성은 실제보다 행위주체성이 낮고 연대감은 높다고 잘못 읽는 것도 이해가 된다. 출제자-출전자 연구와 관리자-사무원 연구를 실생활에 확장한 논의에서 고런스키는 이와 유사하게 사람들이 "기질에 대한 추측을 성 역할에 맞춰 조정하지는 않는다는" 점에 주목했다.[38]

이글리의 성 역할 관점을 뒷받침하는 것은 그 외에도 아주 많다. 앞서 채용에도 성차별이 존재한다고 말했다. 어떤 직업에 남자가 여자보다 많거나 반대로 여자가 남자보다 많은 이유는 단순히 경험이나 능력, 관심에서 자연스럽게 생겨난 차이 때문만은 아니며, 채용하는 사람들의 머릿속에 있는 성 역할 또는 성 고정관념 때문이기도 하다. 지도자 역할을 할 사람을 채용할 때는 이력서에서 (여자 향수가 아닌) 남자 향수 냄새가 조금 나는 것만으로도, 채용하는 사람은 그 지원자가 남자든 여자든 상관없이 더 확신에 차서 채용 결정을 내리게 된다.[39]

또 성 역할이 수학과 자연과학 분야에서 여학생들과 여성 전문가들의 행동에 대한 설명을 어떻게 편향시키는지도 이야기했다. 특히 이 분야에서는 여성의 능력이 과소평가되는 경향이 있다. 일부 교육적 맥락에서 교사와 부모, 동료 학생이 여학생을 남학생과 다르게 대하는 것도 그러한 편향 과정의 일부다.

갓난아기의 성별 오인

심지어 아기들이 갓 태어났을 때도 성별 고정관념에 따라 남자 아기와 여자 아기를 다르게 대한다. 다른 색깔의 옷을 입히고, 다른 장난감을 주며, 다른 방식으로 말을 걸고, 만지는 빈도와 손길에 담긴 조심스러움의 정도도 다르다. 또한 아기들은 성별 꼬리표에 따라 서로 다르게 **인식**된다. 아기의 부모조차 존재하지도 않는 차이점들이 보인다고 생각한다. 일반적으로 아기에게 '여자'라는 꼬리표가 붙으면 '남자'라는 꼬리표가 붙었을 때보다 더 작고, 더 부드럽고, 더 예쁘고, 더 약하고, 주의력이 덜 하며, 위험한 짓을 덜 한다고 여겨진다. 심지어 같은 아기일 때도 그렇다.

이 연구는 '젠더 레이블링gender-labeling' 연구라고도 불린다. 초기 연구 중 하나는 1975년《성 역할Sex Roles》이라는 저널에 실린 캐롤 시비Carol Seavey와 동료들의 '아기 X' 연구다. 연구자들은 생후 3개월 된 아기를 여러 성인들에게 보여주면서 각각 다른 성별로 소개했다. 그들은 성별 꼬리표에 따라 아기를 다른 방식으로 대했다. 그러나 이 실험에서는 한 명의 여아만을 대상으로 했기 때문에, 5년 후 로라 시도로비츠Laura Sidorowicz와 G. 러니G. Lunney는 다른 성별의 여러 아기들에 다른 성별 꼬리표를 붙여 각자 다른 어른들에게 보여주었다. 비슷한 다른 연구들이 많이 진행되었고, 결과도 비슷했다.[40]

이런 연구들에서 특기할 점은 그 연구들이 진짜 실험이지 상관연구가 아니었다는 점이다. 단순히 한 사람의 성별을 한 사람의 결과들과 서로 연관 지은 것이 아니다. 그보다는 똑같은 아기에게 '여자'라는 꼬리표를 붙이는 조건과 '남자'라는 꼬리표를 붙이는 조건을 각 성인들에게 무작위로 할당한 것이다. 성인들이 그 아기에 대해 다르게 행동하고 다르게 판단하기 시작하면, 성별 꼬리표가 그런 차이들을 **초래했다**고 확신에 차서 말할 수 있는 것이다. 상관관계가 인과관계를 함축하지는 않지만, 이런 진짜 실험들에서는 인과관계를 결론으로 도출할 수 있다.

할당된 성별에 따라 서로 다른 방식으로 다루어진 남자 아기들과 여자 아기들은 시간이 흐르면서 대체로 기대대로 행동하는 남자아이들과 여자아이들이 된다. 그 후에는 다른 행동과 다른 직업적 목표를 갖는 남자들과 여자들이 된다. 그런데 이런 차이는 성 역할을 반영할 수는 있지만 반드시 선천적인 생물학적 차이를 반영하는 것은 아니다. 이 과정이 이글리와 다른 연구자들이 수십 년 동안 지지해온, 성별 차이에 관한 성역할 이론의 일부다.

이 이론을 조명하지 않고 사회적 역할에 관한 장을 끝낼 수는 없지만, 겨우 몇 문단으로 수백 편의 관련 연구들을 제대로 다루는 것은 불가능하다. 요점은 남성과 여성이 다르게 행동하거나 다른 결과를 성취하는 이유를 설명하려 할 때, 성 역할의 다양한 영향력들이 과소평가되는 경향이 있고, 이는 기본귀인오류라는 것이다.[41]

생물학과 성 역할은 상호작용한다

공정하게 말하자면, 젠더 레이블링 연구들의 결과가 완벽하게 일관된 것은 아니다. 그런 연구들의 대다수에서 어른들이 아기들을 바라보고 대하는 방식으로 예측된 성별 편향의 증거가 어느 정도 발견되었지만, 모든 연구에서 그런 것은 아니다. 일부 연구자들은 아기를 인식하는 성인의 교육 수준에 따라 결과에 차이가 날 수 있다는 의견을 제시했다.

한층 더 공정하게 말하면, 성별 차이를 초래한 것이 일차적으로 생물학적 요인인지 사회문화적(즉, 성 역할) 요인인지에 대한 논쟁도 있어왔다. 그러나 앨리스 이글리에 따르면 이 문제를 이것 아니면 저것 어느 한쪽으로 보는 것은 오해를 유발할 수 있다. 이글리 자신 또한 사회문화적 원인들**뿐 아니라** 생물학적 역할도 인정하기 때문이다. 둘 다인 것이다. 내가 보기에 이글리가 수십 년 동안 추진해온 일은 생물학을 무시하는 것이라기보다는 다른 사람들이 성 역할을 무시하지 않게 하려는 노력이었다. 한마디로 그녀는 성별 간 차이를 설명할 때 일어나는 기본귀인오류를 줄이려고 노력해온 것이다.

그러나 이는 생물학과 문화 모두 각자의 역할을 한다는 말보다 훨씬 더 복잡하다. 생물학적 요인들과 사회문화적 요인들이 서로, 그것도 다양한 방식으로 **상호작용**할 수 있는 것이다. 이런 상호작용들은 그리 단순 명료하지 않으며, 그 때문에 흔히 대중서 저자들은 설명을 기피하려 한다. 이글리와 우드는 대중서 저자들이 "오늘날의 흥미진진한 젠더 관련 문제들에 관해 글을 쓸 때 심리학 연구에 토대를 둔 답들을 제시하는 데는 곧잘 실패"하며, 연구를 인용하려고 노력하는 저자들조차 "과학 논문을 심하게 압축한 요약만을 제공하며, 아주 복잡한 연구 프로그램의 작은 파편들만을 제시하는 일이 비일비재하다"고 말했다.[42]

파편적으로 말하는 것이 그런 저자들의 직업병일지도 모르지만, 어쨌든 그 상호작용이 어떤 것인지 조금 소개해보겠다. 몇 가지 상호영향설 모형 중에 이글리와 우드가 '주크박스' 모형이라고 부르는 것이 있다. 그들이 가장 좋아하는 모형은 아니지만, 아무튼 핵심은 사람들이 진화와 자연선택을 거치면서 특정 위협들에 대한 여러 인지·행동의 도구들 또는 '노래들'을 내면에 갖추게 되었다는 것이다. 특정 환경에서 어떤 위협이 발생하면 이는 주크박스의 버튼을 누르는 것처럼 그 위협에 대응하는 노래를 촉발한다. 이런 식으로 다양한 사회적 맥락들이 다양한 행동들을 초래할 수 있다는 가설이다. 남성과 여성은 서로 다른 대우를 받거나 서로 다른 위협에 직면하기 때문에 미리 프로그래밍된 서로 다른 노래들을 재생하는 것이다.

남성과 여성이 그렇게 행동하고 그런 방식을 갖게 된 이유는 정말 복잡하다. 생물학과 성 역할이 서로 뒤얽힐 수도 있다. 그러나 내 충고는 단순하다. 성 역할을 무시하지 말라는 거다. 성 역할을 무시하는 것은 연구 문헌들에도 어긋나며, 기본귀인오류를 범하는 일이다.

성 역할의 힘을 줄이는 방법

이 장의 서두에서 부모들은 딸을 아들처럼 키우는 것을 훨씬 편안하게 받아들이게 되었지만, 여전히 아들을 딸처럼 키우는 일은 두려워한다는 글로리아 스타이넘의 말을 인용했다. 사회과학도 그 말에 동의한다. 그런 일이 벌어진다는 사실조차 인식하지 못하는 부모들도 있지만, 어떤 부모들은 이를 인식하고 안타깝게 여기면서도 자기 아들이 여성적인 면을 보이면 학교에서 괴롭힘을 당할까 두려워한다. 저널리스트 클레어 케인 밀러Claire Cain Miller는 여자아이에게 문을 열어주는 것만으로는 충분하지 않다는 스타이넘의 관점에 대해 더 깊이 논의했다. 공평한 사회라면 남자아이에게도 똑같이 해주어야 한다.

구체적으로 밀러는 남자아이의 역할을 계속 제한하는 데서 생기는 경제적 불리함에 대해 이야기했다. 그녀는 남자아이가 "새로운 분홍색 경제에서 성공할 수 있게" 양육되지 않는다고 썼다. 협동과 공감 같은 전통적으로 여성적이라 여겨지는 기술들은 "현대의 직장과 학교에서 갈수록 더 높이 인정받는 가치이며, 그런 기술들이 필요한 직업들은 가장 빠르게 성장하고 있다." 밀러는 '남자는 원래 그렇다'는 고정관념을 넘어 남자아이가 좀 더 여성적인 기술들을 발전시키도록 하려면 어떻게 키워야 하는지 심리학자들과 다른 분야의 과학자들에게 물었다. 그들의 답변을 바탕으로 밀러는 성 역할의 힘을 줄이는 12가지 방법을 제안했다.

첫째 제안은 다 큰 남자는 울지 않는다는 격언을 무시하는 것, 즉 남자아이들도 울게 두는 것이다. 5세 이전에는 사실 남자아이나 여자아이나 비슷한 정도로 울며, 따라서 남자아이들의 눈물에 생물학적 한계가 있는 것은 아니다. 또 다른 제안은 남자아이들이 분홍색을 좋아하더라도 자기 모습 그대로 자연스럽게 살아가도록 하라는 것이다. 색상 취향은 생물학적인 것이 아니다. 20세기 중반 이전까지는 분홍이 남자아이들의 색이고 파랑이 여자아이들의 색이었다고 한다. 이건 〈환상 특급Twilight Zone〉*에 나올 법한 이야기가 아닌가? 앞서 이야기했듯이 업무 역할과 가족 역할이 성별에 따라 전형화되는 것에 대처하려면 부모가 가사와 자녀 양육, 생계 부양의 역할을 나누어 짊어져야 한다는 것이 밀러의 제안이다.[43]

자기 아들을 어떻게 키울지는 자신들의 이상을 바탕으로 가족이 처한 상황에 따라 당연히 부모가 결정할 일이라는 점을 강조하고 싶다. 그러나 동시에 아들과 딸을 성별에 따라 전형화된 방식으로 키우지 않는 것, 즉 스스로 남자 또는 여자라는 정체성을 지닌 이들에게 성별에 적합한 특징들을 과도하게 적용하지 않는 것에는 장기적인 경제적 이점도 잠재해 있다. 경제뿐 아니라 성별을 바탕으로 한 편견과 차별을 줄이고, 어쩌면 여성에 대한 폭력 범죄를 줄일 가능성도 있다. 전반적으로 편견을 줄이면 집단 내 갈등도 준다. 앞으로 몇 장에 걸쳐 기본귀인오류를 줄여 갈등을 낮출 방식들에 대해 논의해보자.

• 신비로운 분위기의 미스터리 SF 판타지 TV 시리즈물로 1959~1964년에 오리지널 시리즈가 방영되었고, 1980년대 중반과 2000년대 초반에 각각 2차, 3차 리메이크 되었다. 국내에서도 1980년대에 방영되어 큰 인기를 끌었다.

6장

기본귀인오류를 품고
운전하기

나이, 성별, 종교, 경제적 지위, 인종적 배경과 상관없이 모든 사람을
하나로 묶어주는 한 가지는, 우리 모두 내면 깊은 곳에서는 자신이
평균 이상의 운전자라고 믿고 있다는 점이다.

―데이브 배리Dave Barry(작가, 칼럼니스트)

수업이 끝나고 차를 몰고 가다가 … 끼어들기를 당했어요.
평소라면 적당한 순간을 봐서 액셀을 밟았을 겁니다.
받은 대로 갚아줬겠죠. 그런데 오늘은 기본귀인오류에 대한 생각이 떠올라서 …
그냥 넘겨버렸어요. 그러니 스트레스도 훨씬 덜하더라고요.
분명 건강에도 좋겠죠.

―사회심리학 수업을 듣는 익명의 학생

길게 늘어선 차들 사이에 끼어 꼼짝도 못한 채 몇 분이나 지났는데 아직도 회전교차로에 진입하지 못했을 때, 맨 앞에 있는 빨간 자동차 운전자에게 화를 내지 않기란 어려운 일일 것이다. 그 운전자는 회전교차로에 들어가기 위한 어떤 자발적 행동도 취하지 않는다. 회전교차로에서는 운전자가 양보하는 게 맞지만, 그것도 정도가 있지. 완전 바보 아닌가. 회전교차로 운전도 감당 못하면 아예 운전을 하지 말아야지, 안 그런가? 마침내 회전교차로를 막고 있는 자에게 항의하는 경적이 집단적으로 울려대기 시작한다.

경적을 울리면 어떤 면에서는 기분이 나아질 수 있다. 아무것도 못하는 답답한 상황에서 그렇게라도 통제력을 확보해 빨간 자동차를 움직이게 하려는 것이다. 안 그러면 지각하게 생겼으니까. 아니면 그냥 차오르는 화를 분출하거나, 분노의 감정에 충실한 것일 수도 있다. 그러나 《무엇이 우리의 선택을 좌우하는가》의 저자인 사회심리학자 샘 소머스에 따르면, 이때 벌어지는 일도 기본귀인오류에 속한다.

이는 소머스 본인에게 일어난 일이었고, 알고 보니 그때 장례 행렬이 지나고 있어서 다른 차가 회전교차로에 진입하는 것이 법적으로 금지되어 있었다. 소머스는 어린 딸이 주의를 환기시키기 전까지 그러한 상황 요인을 놓치고 있었다. 전형적이다. 나는 2장에서 처음으로 이러한 기본귀인오류의 예를 언급했지만, 이제 운전에 관한 장에 들어왔으니 좀 더 자세히 알아보자.

소머스는 몇 대의 차 뒤에 있었고, 그가 제일 먼저 경적을 울리기 시작한 것 같기도 하다. "뒤에서 차들이 이렇게 기다리고 있는데 어떤 자식이 저렇게 가만히 앉아 있는 거야? 뭘 기다리는 거냐고? 멋진 초대장이라도 보내줘야 하나? 우리의 경적 소리는 저 빨간 자동차의 문제가 대체 무엇인가 하는 궁금증을 요란하게 표현하고 있었다." 소머스의 딸이 시끄러운 경적 소리에 대해 물었다. 소머스는 심호흡을 한 뒤 그 운전자가 얼마나 멍청한지 설명했다. 몇 초인지 몇 분인지가 지났는데도 여전히 아무 변화가 없자 소머스는 그 운전자가 '무력한 성격'에 '실패자'라 생각했으며, "매일 아침 혼자 옷을 입을 줄 안다면 기적일 것"이라고 덧붙였다. 그는 자기와 딸이 이제 지각을 면치 못하게 되었다고 확신했고, '임종 때'가 되면 이 몇 분을 되찾고 싶어질 거라고 생각했다.[1]

독자들도 점점 차오르는 그의 분노가 느껴질 것이다. 운전에 관해 연구하는 사회과학자들에 따르면 다른 운전자들에 대한 저런 답답함, 분노, 부정적 인식은 너무나도 흔하며, 멍청이로 추정되는 운전자와의 개인적 갈등이나 도로 위의 분노 폭발로 번지는 일도 흔하다. 이럴 때 첫 줄의 운전자는 피해자가 될 수도 있다. 그는 이미 여러 차들에게서 경적의 공격을 받았다. 어떤 운전자들에게는 그것만으로도 고통스러운 경험일 수 있다. 특히 경적을 멈추기 위해 자기가 할 수 있는 일이 하나도 없어 무력함을 느낄 때라면 더욱 그렇다. 그 운전자도 스트레스를 느낀 것 같다. 소머스의 묘사에 따르면 그는 "마임이라는 수단으로 그 어리석은 행동을 변호하기라도 하려는 듯 거친 손짓으로 무언가를 표현하기" 시작했다. "그래도 경적은 계속 울렸다."

운전자들의 수많은 도로 위 분노 행동 사례들이 이 이야기와 비슷하게 시작된다. 법을 준수하는 한 운전자가 그 때문에 길이 막혔다고 생각하는 화난 운전자들의 표적이 되는 상황 말이다. 걷잡을 수 없는 도로 위 분노는 언론이 퍼뜨리는 것만큼 자주 일어나지는 않지만 그런 일이 일어나는 것은 분명한 사실이며, 대중서 저자들뿐 아니라 연구자들도 꾸준히 관심을 두는 주제다. 회전교차로를 막고 있는 것보다 훨씬 사소한 일로도 다른 운전자의 분노를 자극할 수 있고, 그 분노는 자동차 사고 또는 직접적이고 물리적인 폭행으로 이어질 수도 있다. 몇몇 조사에 따르면 운전자 대다수가 최근 도로 위 분노 때문에 피해를 본 경험이 있다고 한다.[2] 가정폭력이든 자연재해든 도로 위 분노든, 무력하거나 죄 없는 피해자들이 그런 시련을 당한 이유를 설명하는 데는 기본귀인오류의 또 다른 중요한 형태인 피해자 탓하기victim blaming가 작동하며, 이에 관한 별도의 연구 영역도 존재한다.

대인관계 갈등, 피해자 탓하기, 운전 분노는 각자 방대한 사회과학 연구 문헌을 확보하고 있으며, 일상의 삶에도 분명하게 적용되는 독립적 주제들이다. 그런데 이러한 도로 위 사건들에서는 기본귀인오류가 대인관계의 갈등과 화, 도로 위 분노까지 일으키고, 그 결과로 일어나는 자동차 사고나 폭행의 피해자를 탓하는 또 하나의 기본귀인오류까지 추가되면서 세 주제가 한데 모인다. 사람들은 피해자들이 그런 결과를 피하기 위해 더 노력하지 않았다거나, 스스로 그런 결과를 자초했다며 비난하기도 한다. 가해자나 자동차 사고에 과실이 있는 사람이 특히 피해자를 탓할 가능성이 크지만, 외부 관찰자들이나 배심원들 중에서도 놀랍도록 많은 수가 피해자를 비난한다(피고 측 변호사도 거든다).

정말로 이 논의에서 가장 서글픈 부분은 피해자 탓하기다. 그야말로 상처에 모욕의 소금을 뿌리는 격이다. 무작위로 닥친 불운의 피해자들이 그 불운에 대한 비난까지 받는 것이다. 많은 이들에게서 욕을 먹은 회전교차로 운전자는 장례 행렬이 지날 때 일부러 맨 첫 줄에 자리 잡으려던 것이 아니었다. 옆 차의 과실로 충돌 사고를 당한 사람도 옆 차 운전자를 선택한 것이 아니다. 총기 발사의 피해자들, 특히 경찰의 총에 희생된 무고한 피해자들은 총을 맞은 일로 비난까지 받는다. 피해자 탓하기는 아주 가벼운 수준에서부터 대단히 심각한 수준으로까지 일어나는데, 피해자 탓하기가 왜 일어나는지 알면 아마 꽤 놀랄 것이다.

그러나 먼저, 사람들이 운전할 때 기본귀인오류와 분노와 공격성이 어떻게 움직이는지 좀 더 묘사해보겠다. 사람들이 자신의 이상하거나 공격적인 운전 행동에 대해 어떤 이유들을 댔는지 이야기해보고, 그런 다음 공격성을 부추긴다고 알려진 상황요인의 좀 더 포괄적인 항목들을 살펴보자. 전체적으로는 상황요인들에 관해 더 많이 생각하고 기본귀인오류를 줄이면 도로 위 갈등을 줄이고 목숨도 지킬 수 있다는 메시지를 전하려 한다.

그 다음으로 7장에서는 도로가 아닌 곳에서 발생하는 갈등으로 논의를 확장할 것이다. 8장에서는 대인관계 갈등의 일부로든 뉴스를 시청하면서든, 아니면 일상적 삶의 다른 모든 영역에서 우리가 왜, 그리고 어떻게 피해자들을 탓하는지에 관해 철저히 논의해볼 것이다. 피해자 탓하기라는 형태의 기본귀인오류를 줄이면 곤란에 처한 사람들을 도와줄 의지도 더 강해질 수 있다.

기본귀인오류와 분노를 품고 운전하기

'기본귀인오류를 품고 운전하기'라고 할 때 이는 대체로 다른 운전자에 대한 짜증이나 분노를 느끼며 운전하는 것을 뜻한다. 기본귀인오류는 분노의 한 원인이며, 도로 위에는 그런 분노가 넘쳐난다. 연구자들은 미국 운전자들 사이에서 한 해에 4000억 건의 적대적 다툼이 벌어지며, 이것이 모든 충돌 사고 원인의 절반에 이르고, 충돌 사고 사망 원인에서 3분의 2를 차지한다는 사실을 알아냈다. 화를 내며 하는 운전과 공격적인 운전은 충돌 위험을 약 10배 증가시키고, 평균적으로 하루에 적어도 한 번은 운전할 때 화에 사로잡힌다. 운전할 때 화를 내는 것은 다른 모든 일상적 활동을 할 때 화를 내는 것보다 더 흔한 일이며, 운전 분노는 심리학자들 사이에서 아주 흔한 연구 주제가 되었다.[3]

정확히 무엇이 도로 위에서 분노를 유발할까? 녹음기와 휴대전화, 그리고 훈련을 받고 승객을 가장한 관찰자에게서 얻은 차내 데이터와 설문지, 전국 전화 설문, 운전자의 일기 등에서 얻은 정보를 기반으로 살펴보면 운전자들이 다른 운전자들에 대해 불만스러워하는 점들에는 끼어들기, 꽁무니 따라붙기, 잦은 차선 바꾸기, 과속, 적대적 제스처, 별나게 브레이크 밟기, 차선 접근 거부, 방향지시등 미사용, 주차 공간 빼앗기, 서행 등이 포함된다. 물론 이 항목들이 전부는 아니며, 개개인마다 도로 위에서 특별히 싫어하는 행동이 있을 것이다. 전형적으로 남자들은 느린 운전과 경찰 단속(속도위반 감시나 차를 불러 세우는 것)에 더 화를 내는 반면, 여자들은 통행 방해, 적대적인 제스처, (과속이나 정지신호 위반 같은) 법규 위반에 더 분노하는 것으로 나타났다. 전체적으로 남자와 여자가 도로에서 느끼는 분노의 정도는 비슷하지만, 대개 남자들이 더 공격적으로 **행동**한다.[4]

짜증이나 화를 부르는 이런 운전 문제들에 부딪힐 때 사람들은 흔히 투덜거리기, 욕하기, 고함지르기, 손짓과 몸짓, 속도 높이기, 경적 울리기 등의 반응을 보인다.[5] 그리고 기본귀인오류를 범한다. 다른 운전자들이 무례하거나 불량하게 운전할 때 보통 우리는 그냥 넘어가지 않는다. 투덜거리고 화난 제스처를 취하고 그들을 비난한다. 그 운전자들을 나쁜 사람이나 무능한 사람이라고 보는 경향이 있고, 그런 생각에 확신을 느끼며, 그러고 나면 더욱더 화를 낸다.[6] 운전 분노의 높은 발생 빈도, 차단된 차체가 제공하는 익명성, 다른 운전자와 명확한 의사소통이 불가능한 점, 자신의 귀인에 대한 책임성 부재, 도시의 교통정체 심화, 운전 중 동시에 주의를 기울여야 하는 많은 대상들, 자신이 주위의 다른 모든 사람들보다 운전을 더 잘한다는 (특히 젊은 운전자들의) 부풀려진 믿음, 이 모든 것이 도로 위에서 기본귀인오류를 범할 가능성을 증폭시킨다. 상당히 많은 요인들이 한 점으로 수렴되는 셈인데, 대개는 이 중 어느 하나만으로도 기본귀인오류를 일으킬 수 있다.[7]

오해하지 마시라. 나쁜 행동을 보이는 운전자가 정말 멍청이일 때도 있다. 정치인들이 정치적 압력 때문에 마지못해 말만 그렇게 하면서도 자기 입에서 나오는 말에 스스로 넘어갈 때가 있는 것처럼. 때로는 교실에서 보이는 모습만큼 예의바르고 점잖은 교사도 있는 것처럼. 행동도 겉으로 보이는 그대로 받아들일 수 있는 때가 있다. 대부분이 생각하는 것만큼 흔한 일이 아니어서 그렇지만.

그리고 설명은 변명이 아님을 잊지 말자. 공격적이거나 위험한 운전을 유발하는 상황적 요인들이 존재하더라도, 나는 위험하게 운전하는 사람을 용서하지 않는다. 용서를 할지 말지는 그 위험한 운전으로 안전을 위협받았거나 다친 사람들, 그리고 판사와 배심원들의 판단에 달려 있다고 생각한다.

그러나 바보짓에 관해 말하자면, 진짜 문제는 다른 운전자들이 바보인지 아닌지가 아니다. 그렇게 본다면 잘못된 이분법일 것이다. 진짜 바보와 완벽한 운전자 사이에는 여러 단계가 있다. 진짜 문제는 누군가의 불량 운전을 지켜보는 사람들이 대개 그 운전자가 멍청할 것이라거나 그 밖의 다른 성격적 특징을 지녔을 거라는 데 **과도하게** 초점을 맞추고, 특정 상황 때문일 수 있다는 점은 간과한다는 사실이다. 개인적 요인이나 상황적 요인 어느 하나만 원인이 되는 행동은 거의 없다. 대개는 둘 다 어느 정도씩 섞여 있다. 그 멍청한 운전자는 멍청이인 **데다가** 어려운 상황들의 영향도 받고 있을 수 있다. 실제로 타고난 멍청이라면 어려운 상황에 대처할 인지적 도구를 잘 갖추지 못했을 것이다. 도로 위에서 극단적으로 분노를 터뜨리는 사람들도 대개는 그전에 실직이나 이혼처럼 스트레스가 심한 일을 한두 가지 겪은 후, 더 이상 참기 힘든 지경에 이르러 폭발하는 경우일 때가 많다. 물론 그런 사건들로 해로운 행동을 변명할 수 있는 건 아니다.[8] 그러나 다른 운전자 때문에 기분이 상했거나, 막혀서 지나가지 못했거나, 신체적 부상을 당한 경우라면 그 사람의 행동에 상황이 **조금이나마 어떤** 역할을 했다고 인정하기가 무척 어려울 것이다.

(형편없는) 겨울 운전

나는 우리 중에 멍청한 운전자들이 있다는 사실을 알고 있으며, 그런 사람들 때문에 차도 밖으로 밀려나거나 충돌을 당한 운전자들에게 동정을 느낀다. 무섭고도 스트레스가 심한 일일 것이다. 그러나 지금은 위태로운 일에 도전해보려 한다. 때로는 그런 일이 멍청한 것과 아무 관계가 없을 때도 있다고 말하려는 것이다. 비상상황에서 운전 중일 때는, 운전자가 똑똑하고 운전 기술도 좋으며 나쁜 상황에 최대한 잘 대처하고 있는데도 겉으로는 엉망으로 운전하는 듯 보인다.

내가 겪은 유일한(앞으로는 사고가 없기를) 교통사고는 12월 눈 내리던 어느 저녁에 정지신호를 받아 차를 세우던 중 뒤차에 심하게 들이받힌 일이었다. 최선을 다해 충돌을 피하려 했지만 결국 내 차도 앞차에 쿵 부딪히고 말았다. 앞차의 운전자는 **나에게** 잔뜩 화가 난 채 차에서 내렸다. 내가 얼마나 똑똑하고 운전 기술이 좋은지는 잘 모르겠지만, 브레이크를 밟으려고 최선을 다하긴 했다. 그러나 그의 관점에서 나는 자기 차를 들이받은 멍청이였을 뿐이었다.

나는 그에게 뒤차가 내 차를 들이받았다고 설명했다. 뒤차를 가리키자 앞차 운전자의 분노는 누그러진 것 같았다. 상황요인의 명백한 증거를 제시하면 기본귀인오류를 줄일 수 있다. 나는 약간 현기증이 났지만 내 차를 들이받은 운전자에게 다가가 괜찮으냐고 물었다. 그녀는 계속 차 안에 있었고 대답하지 않았다. 경찰과 구급차가 도착했고, 나는 그녀에게 더 말을 걸지 않았다. (그날 밤 처음으로 구급차를 타봤다. 몸에는 아무 이상이 없다고 나왔다.) 뒤에서 그 차를 들이받은 차는 없었고 그녀는 교통위반 티켓을 받았다. 그러나 돌이켜보면 나는 실제 삶에서 '형편없이 운전하는 사람'의 상황에 관한 실시간 데이터를 더 수집할 기회를 놓쳤는지도 모른다. 차 안의 무언가가 그녀의 주의를 빼앗은 걸까? 브레이크가 제대로 작동하지 않은 걸까? 직전에 스트레스가 심한 사건을 겪은 걸까? 모종의 긴급 상황이 발생해 서둘러 가고 있었을까? 그냥 길이 너무 미끄러웠나? 아니면 그녀는 단순히 앞에 있는 사람들에게는 전혀 신경 쓰지 않는 형편없는 운전자였을까?

여러 해 뒤의 어느 겨울, 나는 중서부 지방에서 특히 겨울 초입에 사람들이 엉망으로 운전하는 이유에 관한 언론 인터뷰를 두 차례 했다. 그들은 사람들이 눈길에서 운전하는 방법을 잊어버려 도랑에 처박히거나 나무 또는 다른 차와 부딪히는 거라고 전제한 듯했다. 왜 몇 달 전 상태를 똑똑히 기억하면서 더 현명하게 운전하지 못할까? 눈이 내리고 진창이 생기는 것은 작년 겨울에도 똑같이 겪은 일이고, 우리는 눈과 진창길에 맞게 운전을 해야 한다. 사람들은 왜 그 점을 이해하고 더 잘 기억하지 않는 걸까?

겨울에 운전을 잘 못하는 사람들을 저런 관점으로 보는 것은 당연히 기본귀인오류처럼 들린다. 그래서 인터뷰 시간 거의 내내 사람들이 서로에 대해 전형적으로 보여주는 편향된 인식에 관해 이야기했다. 겨울 운전의 여러 측면이 기본귀인오류를 일으킬 확률을 더 높이며, 겨울 초입이라 해도 특정 사고나 미끄러짐의 배후에는 알려지지 않은 다른 여러 요인이 있을 수 있다고 말이다. 능숙한 경찰관조차 차체에 대한 통제를 잃을 만큼 얼음이 비정상적으로 미끄러울 수도 있다. 마찰은 물리법칙을 따른다. 언젠가 나는 어느 언덕길 정상 부근에서 단 몇 분 사이에 경찰차를 포함한 여러 대의 차들이 차례로 미끄러지고 밀리면서 정차된 차들에 부딪히는 장면을 목격한 적이 있다. 그중 속도를 낸 차는 한 대도 없었다. 그것은 느린 동작으로 벌어진 사고였다.

또 어쩌면 운전자가 동승자 또는 긴급 라디오방송 때문에 주의가 산만해졌거나, 다른 종류의 응급상황 때문에 어딘가로 가는 중이었을 수도 있다. 혹은 운전자가 자동속도조절장치를 사용하고 있었는지도 모른다. 잘 알려지지 않았지만 자동속도조절장치는 얼음이나 물 위에서는 통제를 벗어날 수 있기 때문에 절대 사용하면 안 된다. 운전자가 지난겨울에도 운전을 했고, 그러므로 더 잘했어야 한다는 가정도 틀렸을 수 있다. 어쩌면 갓 운전을 시작한 16세 운전자일 수도, 플로리다에서 이사 온 지 얼마 안 된 운전자일 수도 있다.

다시 말하지만, 이런 가능성들이 있다고 해서 충돌을 일으킨 일에 대해 타당한 변명이 된다는 말은 아니다. 운전대를 잡는 일에는 남들과 충돌하지 말아야 한다는 책임이 따른다. 얼음이 언 오르막길은 적어도 소금 살포차가 오기 전에는 피해야 한다. 차들 사이의 간격도 더 많이 벌려야 한다. 속도를 낮춰야 한다. 눈이 올 때는 자동속도조절장치를 사용하면 안 된다는 점도 배워야 한다. 나는 기자에게 다음과 같이 말했다.

> 물론 그래도 여러분은 겨울에 운전을 엉망으로 하는 사람에게 화를 내고 경적을 울릴 수 있습니다. 지금 여러분이 도로 위에서 어떤 감정을 느끼라거나 어떤 행동을 하라고 말하는 게 아니에요. 그저 사람들의 행동 대부분에는 대체로 여러 요인이 작동한다는 점, 그리고 보통은 그 점을 잘 깨닫지 못한다는 말을 하는 겁니다.[9]

당신이 겨울에 형편없이 운전한 사람 때문에 피해를 입은 적이 있고, 그래서 여러 요인 같은 것은 없고 변명의 여지도 없다고, 그걸로 얘기는 끝이라고 말한다면, 무슨 말인지 알겠다. 플로리다 출신 운전자도 중서부에서 처음 맞이할 눈에 대비해 스스로 운전 기술을 훈련할 수 있지 않은가? 어떤 이유에선지 겨울에 갑자기 이사해야 할 사정이 있었던 게 아니라면 말이다. 미안하다. 내 머리가 '○○이 아니라면'이라는 생각을 떨칠 수 없는 모양이다. 그래도 눈 위에서 다른 차에 들이받히는 게 어떤 기분인지는 충분히 이해할 수 있다.

내 말을 인용한 기사는, 운전자들은 겨울마다 뇌를 다시 훈련하면 된다고, 한마디로 눈 쌓인 집 앞길에서 연습을 좀 해서 다시 기억해내면 된다고 제안한 인지심리학자의 말을 인용하며 글을 맺었다. 좋은 충고다. 나쁜 기억력이나 오만한 자기 과신은 초겨울 자동차 사고의 주요 원인이

될 수도 있으니 말이다. 하지만 그저 지나가며 본 특정 눈길 교통사고의 원인이 정말로 나쁜 기억력이나 자기 과신인지 우리가 어떻게 확실히 알 수 있겠는가? 이는 마치 나쁜 겨울 운전자의 고정관념 같다. (일부 고정관념들이 그렇듯이) 평균적으로는 참이더라도 모든 경우에 적용할 수는 없다. 더욱이 대개는 경찰이나 사고 피해자 또는 구급차 운전자에게 물어볼 수도 없다.

그 겨울 저녁에 내 차를 뒤에서 받은 그 운전자는 결국 법정에 섰다. 나는 출석하지 않았다. 그 사고는 다른 주에서 일어났고, 나는 이미 집으로 돌아와 있었기 때문이다. 사건 당일에는 구급대원이 나를 병원으로 데려갔기 때문에 사건 현장에도 더 머물지 못했다. 그래서 그녀에게 변명할 사연이 있었는지, 있었다면 뭐였는지 알지 못한다. 그날 밤 그 차가 내 차를 뒤에서 들이받은 정확한 이유가 무엇인지 나는 영원히 알 수 없게 되었다. '들어가는 글'에서도 언급했듯이 사람들이 어떤 행동을 하는 이유를 불가피하게 알 수 없는 상황은 자주 발생한다. 이 책을 쓰면서, 특히 운전에 관한 이 장을 쓰면서 바라는 것 중 하나는 독자들이 불확실성을 좀 더 편안히 받아들이게 되는 것이다. 이 목표에 관해서는 10장에서 더 자세히 이야기할 것이다.

운전과 출산

겨울에 운전을 형편없이 하는 사람이나 언제나 형편없이 운전하는 사람이 자신을 방어하며 제시하는 상황요인들은, 그들의 나쁜 운전 때문에 도로에서 밀려나거나 부상을 당한 사람들에게는 한심한 변명처럼 느껴질 것이다. 그러나 운전자들이 위험을 무릅쓸 수밖에 없는 응급상황들이 생기는 것도 사실이다. 무모한 운전을 둘러싼 가장 희한한 변명은 할

리우드 영화에 자주 등장한다. 바로 차 안에 출산이 임박한 산모가 타고 있어서 병원으로 달려가려면 과속할 수밖에 없었다는 것이다. 때로는 차를 멈춰 세웠던 경찰관이 병원까지 남은 길을 사이렌을 울리며 앞장서서 달리기도 한다. 그런 일이 현실에서도 일어날까?

나머지 길을 경찰관이 안내한다는 부분에 대해서는 나도 확신이 안 선다. 나는 경찰들이 차 안에서든 길가에서든 실제로 아기를 받는 훈련을 하는 것으로 알고 있다. 그러나 나머지 부분에 대해서는, 내 조카의 중간 이름이 '포드Ford'라는 점을 언급해야겠다. 병원으로 가는 도중 포드 차 안에서 태어났기 때문이다.

내 형은 그날 밤 운전 표창장 같은 건 받지 못했다. 과속과 신호 위반으로 형은 진짜 멍청이처럼 보였을지도 모르고, 여전히 진짜 멍청이가 맞다고 주장할 독자들도 있을지 모른다. 그러나 거기엔 긴급 상황이라는 요인도 작동했다. 보행자들 중에는 형의 운전에 실제로 열 받고 불쾌해하며 차가 응급실 근처로 다가가는 동안 차 앞을 잠깐 막아선 이들까지 있었다. 형 부부가 얼마나 답답했을지 상상도 안 된다. 왜 병원으로 더 빨리 가지 않았느냐고 비난할 사람도 있겠지만, 형수는 때가 되었다고 느꼈을 때 주치의와 직접 통화했으나 그냥 집에 있으라는 충고를 들었다. 의사들도 완벽한 존재들은 아니지만, 주치의의 말을 따른 임신부를 탓하기도 어렵다.

아무튼 이건 실제로 출산이 임박한 임신부가 타고 있었기 때문에 나쁜 운전을 하게 된 한 사례다. 이제 미치광이 바보가 어딘가로 미친 듯이 차를 모는 모습을 볼 때마다 이러한 가능성을 머릿속에 떠올려야 하는 걸까? 그럴지도 모른다. 그건 여러분이 결정할 일이다. 일어날 가능성이 극도로 희박하다고 여길지도 모르나, 조사를 해보고 내가 짐작했던 것보다 훨씬 더 흔한 일이라는 것을 알게 되었다. "당신이 생각하는 것보다 훨씬 흔한 일."[10] 이는 기자들이 자동차 출산에 관한 기사를 쓸 때 붙이는 제목이기도 하다.

아기들은 (내 조카처럼) 조수석에서도 태어나고, 뒷좌석, 우버, 경찰차, (당연히) 구급차, 고속도로와 시골길, 엘리베이터와 헬리콥터, 항공기, 그리고 병원 주차장과 로비에서도 태어난다. 어떤 경우에는 운전자가 차를 세우고 구급차를 부르거나 911에 전화를 걸지만, 내 형처럼 전속력으로 달리기로 결정하는 경우도 있다. 이런 결정을 하는 이유는 여러 가지가 있다. 그중에는 바른 충고든 잘못된 충고든, 일단 병원으로 빨리 오도록 노력해보라는 응급 상담원의 충고를 따르는 일도 포함된다.[11]

이런 이야기들은 뉴스로 듣거나 읽게 되는 게 보통이지만, 때로는 경찰차 차량 카메라나 아기 아빠의 스마트폰에 담긴 모든 장면을 보게 될 때도 있다. 유튜브에서 '병원 가는 길에 태어난 아기baby born on way to hospital'를 검색해보라. 2015년에는 경찰이 정지신호를 무시하고 달리는 예비 부모의 차를 세웠다. 무슨 일인지 알게 된 경찰들은 적극적으로 그들을 도왔고, 3분 뒤 산모의 비명소리가 들리고 아기가 태어났다. 나는 그날 밤 그 부부가 교통위반 티켓을 뗐을 거라고는 생각하지 않는다.

내 조카처럼 차 안에서 태어난 바람에 자피라Zafira나 재즈Jazz, 렉서스Lexus 같은 자동차 이름을 가운데 이름으로 갖게 된 아이들도 많다. 캠리Camry에서 아기를 낳은 한 엄마는 아기의 가운데 이름을 캠린Camryn이라고 지었다. 엄마는 딸에 대해 이렇게 말했다. "나중에 그 애가 내게 화를 내면 대우 자동차 안에서 태어나지 않은 걸 다행으로 알라고 말할 거예요."[12] 또 다른 아기는 기아 카렌스 안에서 태어나, 가운데 이름이 아닌 첫 번째 이름으로 키아Kia라는 이름을 갖게 되었다. 이 소식을 들은 기아 자동차는 그 일이 "기아 카렌스가 출발점부터 가족용 자동차라는 것을 증명했다"고 발표하며, 그 가족에게 새 카렌스를 선물했다.[13] 멋지다. 이런 이야기들의 무시무시한 측면들을 아무렇지 않게 만들려는 의도는 없다. 직접 언급했든 암시만 했든 이 아기들은 모두 안전하게 태어났고, 산모와 아기 모두 건강했다.

물론 무모한 운전이나 과속운전을 설명하는 데는 출산 외에도 다양한 응급의료 상황이 있을 수 있다. 언젠가 콘퍼런스에서 편향에 관한 발표를 하다가 고속으로 앞차에 따라붙는 일을 예로 든 적이 있는데, 그때 청중 가운데 한 사람이 부상당한 가족을 빨리 집으로 데려가려고 꺼림칙하지만 다른 차의 뒤를 바싹 따라붙었던 적이 있다고 말해주었다. 그 일을 당한 운전자는 너무 화가 나서 집까지 따라와 몇 시간 동안 괴롭혔고, 그녀가 얼마나 어리석고 지각없이 행동했는지 지적하며 욕하는 신랄한 편지까지 써 보냈다고 한다.

귀인 - 운전 연구

상황적 원인들 때문에 정상을 벗어난 운전을 하게 되고, 이에 화가 난 다른 운전자는 그 상황을 간과하거나 인지하지 못함으로써 진실을 놓치는 이야기들은 뉴스와 SNS, 사회과학 콘퍼런스 참석자에게서도 많이 들을 수 있다. 이와 관련된 경험담이 있는 독자도 있을 것이다. 하지만 이런 이야기들은 일화일 뿐이고, 뉴스나 페이스북에 등장하는 많은 이야기들은 극단적인 경우에 속한다. 사람들이 일상에서 다른 운전자들에 대해 성급히 기질적 귀인을 한다는 체계적 증거를 발견한 연구도 있을까? 물론 있다.

운전 분노에 관한 연구들이 기본귀인오류를 직접 언급하는 일은 드물지만, 사실상 다른 운전자 비난하기의 형태로 기본귀인오류가 일어난다는 실질적인 증거를 보여준다. 다른 운전자 때문에 촉발된 분노에는 상황에 관계없이 거의 항상 그런 비난 행위가 따른다. 도로에서든 다른 어디서든 어떤 자극이 일어날 경우 행위 주체인 사람에게 책임이 있다고 판단하며, 자기 자신에게서 잘못을 찾지는 않는다.[14] 화가 난 운전자들이 스스로 밝힌 바에 따르면 다른 운전자의 운전 실력이 형편없다는 생각을 가장 많이 한 것으로 드러났다.[15] 《분노와 공격성Anger and Aggression》의 저자인 심리학자 제임스 에이브릴James Averill은 "분노는 다른 무엇보다 비난을 어딘가에 귀착시키는 것"이며 "분노에 관한 가장 중요한 사실은 … 모종의 잘못으로 인지한 것에 대한 반응이 분노"라고 말했다.[16] 여기서 내가 강조하는 것은 '인지한'이다.

운전에 관해 연구하는 사람들은 최소한 1970년대부터 운전자들이 다른 운전자들의 동기와 가치관에 대해 근거 없는 부정적 추론을 하는 경향이 있다고 점점 더 구체적으로 밝혀왔다. 사고가 무작위로 일어나거나 상황 때문에 발생한다기보다는 운전자의 기술 부족 또는 사고 경향성을 비롯한 기타 성격적 특징 때문에 일어난다는 것이 운전자들의 전형적인 시각이다.[17] 제임스 백스터James Baxter와 동료들은 1990년에 이러한 초기 연구들을 요약해 정리한 논문 〈귀인편향과 운전자 행동Attributional Biases and Driver Behaviour〉에서, 기본귀인오류를 범하면 다른 운전자들에게 공격적이고 야멸차게 행동할 수 있다고 지적했다. 또한 대부분의 운전자가 자신이 남들보다 우위에 있다고, 구체적으로 자신은 다른 운전자들보다 "덜 공격적이고 더 참을성이 있고 덜 이기적이고 더 관용적"이라고 생각하는 경향이 있다는 점도 지적했다. 나는 '들어가는 글'에서 '평균이상효과'를

언급했는데, 이는 운전자들의 평균이상효과이며 다른 운전자에 대한 비난을 어느 정도 정당화해준다.[18]

백스터 본인의 연구는 앞차 꽁무니 따라붙기와 정지신호 무시하기에 관한 것이다. 연구자들은 주차된 차 안이나 차 근처에 있는 사람들에게 다가가 실험 참가를 권유하며, 이 두 가지 위반 중 하나의 사례에 관한 글을 읽어달라고 요청했다. 그리고 그 위반에 대해 자기 스스로 행한 사람의 관점 또는 다른 누군가가 하는 것을 본 사람의 관점 중 하나를 취하도록 무작위로 할당했다. 참가자들은 우편으로 답변을 제출했는데, 동일한 위반에 대해서도 자기보다는 다른 사람들이 더 공격적이고 시간에 덜 쫓겼던 것으로 평가했다.

1994년에 새디어스 허조그Thaddeus Herzog는 연출된 특정 운전 행동들을 다른 차의 운전석 시점에서 촬영한 비디오테이프들을 만들었다. 그런 다음 참가자들을 실험실 내 모형 운전석에 앉게 한 뒤 그 영상들을 보게 했다. 한 조건의 참가자들은 회전교차로에서 움직이지 않는 운전자 때문에 꼼짝 못했던 소머스의 경험과 비슷하게, 정지신호에서 움직이지 않는 운전자 뒤에서 꼼짝 못하는 (대리) 경험을 했다. 길을 막고 있는 운전자를 '운전자 1'이라고 부르자. 15초 뒤 운전자 1이 마침내 우회전을 했고, 이어서 '운전자 2'인 실험 참가자가 교차로로 직진한다. 또 다른 조건에서는 진입로에서 후진해 나오는 운전자 1을 피하기 위해 운전자 2가 방향을 틀어 피해가야 했다. 허조그는 참가자들에게 운전자 1의 행동에 관해서 떠오르는 대로 "생각을 큰 소리로 말하라"고 요청했다.

허조그는 참가자들이 "자유롭게 자주 말했고", "저 멍청한 운전자 좀 보게!"라거나 "바보 같은 놈!"이라는 식으로 운전자 1에 대해 "주기적으로 부정적인 기질적 귀인을" 했다고 밝혔다. 게다가 참가자들은 운전자

1이 그럴 수밖에 없었을 잠재적 상황보다는 그의 서툰 운전 실력과 낮은 지능에 더 큰 무게를 두었다.[19] 그때 이후로 참가자들에게 유사한 위반들을 보여주거나, 위반에 관한 이야기를 읽거나 들어달라고 요청하거나, 누군가 위반을 범해 자신에게 피해를 입힌 경험을 떠올려보라고 요청하는 등의 연구들을 실시했고, 참가자들은 그 위반에 대해 설명하거나 잠재적 원인에 대한 점수를 매겨야 했다. 위반 사항들로는 꽁무니 따라붙기, 끼어들기, 차선 바꾸기, 경적 울리기, 막아서기, 마주 오는 차들이 있을 때 중앙선 넘어가기, 충분히 빨리 회전하지 않기, 얼굴에 라이트 비추기, 적대적 제스처, 그리고 참가자들이 개인적으로 나쁘거나 위험한 운전이라고 여기는 모든 행동이 포함되었다. 다른 운전자들은 대개는 모르는 사람이었지만, 때로는 참가자의 친구인 경우도 있었다.

구체적으로 어떤 위반인지에 따라 다른 결과가 나오기도 했지만, 전반적으로 실험 참가자들은 상황보다는 다른 운전자의 성격적 특징이나 의도를 위반의 더 강력한 원인으로 꼽았다. 또 동일한 위반을 비교한 일부의 경우, 자신이 저지른 위반에 대해 설명할 때보다 다른 운전자에 대해 설명할 때 성격 특징이나 의도를 좀 더 강력한 원인으로 꼽았다. 실제로 참가자들은 **자신이** 한 위반을 설명해보라는 요청을 받았을 때는 다양한 상황요인들을 제시했는데, 이는 그들이 나쁜 운전의 배후에 상황요인이 있을 가능성을 안다는 걸 보여준다.[20]

나는 학생들에게 앞의 연구들에서 다룬 나쁜 운전 행동을 한 적이 있는지, 만약 있다면 그렇게 운전한 이유가 무엇인지 물었다. 어떤 학생들은 잘못된 판단을 내렸다고 털어놓았고, 다른 학생들은 상황요인들을 댔으며, 또 일부는 두 가지를 조금씩 다 이야기했다. 앞차 뒤에 바짝 붙어 달린 것은 직장이나 학교에 너무 늦었기 때문이라고 정당화한 학생들이 많왔다. 일부 학생들은 앞에 달리던 차들이 제한속도나 시속 5마일 정도로만 달렸다고 비난하면서 '서행' 운전자들을 '할배'나 '할매'라 불렀다. 한 학생은 법을 준수하는 운전자를 그런 식으로 인식하는 것은 기본귀인오류가 될 수 있다고 인정한 반면, 또 다른 학생은 자기가 바짝 따라붙어 달린 건 그렇게 느린 속도가 예의 없는 짓임을 분명히 보여주기 위해서였다고 했다.

자신을 도로 위에서 분노를 터뜨리는 사람이라고 표현한 한 학생은 자기가 성숙하지 못한 거라고 하면서도 다른 운전자들에게 욕하고 공격적인 제스처를 하는 것이 운전 스트레스를 푸는 데 도움이 되었다고 말했다. 과속에 대해 일부 학생들은 주위 교통과 보조를 맞춘 것이라는 전형적인 설명을 내놓았지만, 한 학생은 자기가 속도 빠른 차를 갖고 있기 때문이라고 설명했다. 또 어떤 학생은 피자 배달을 할 때 빨리 달려야 돈을 더 많이 벌 수 있기 때문이라고 설명했다. 다른 학생은 추월금지구간에서 두 차를 동시에 추월했다며 후회했지만, 사실은 얼마 전 자기를 추월한 두 운전자에 대한 보복이라고 설명했다.

서행이나 교차로에 멈춰 서 있는 것에 대해서는 낯선 장소에서 방향을 확신할 수 없었다거나, 또다시 교통위반 티켓을 뗄 여유가 없었다거나, 자동차 사고의 트라우마로 유난히 조심해서 운전하게 되었기 때문이라고 설명했다. 한 학생은 천천히 회전한 것에 대해 음료를 쏟고 싶지 않아서, 또는 차 안에 타고 있는 개가 넘어지지 않게 하기 위해서라고 말했다.

짜증스럽거나 공격적으로 운전하는 다른 운전자에게 화가 날 때, 입장을 바꿔 자신이 똑같은 행동을 한다면 어떤 이유에서 그럴지 생각해보는 것이 우리의 의무라고 말하는 것이 아니다. 학생들과 펼친 논의의 성격은 그런 것이 아니다. 도로 위에서 그 순간 그런 생각을 할 수 있는 정신적 능력이 있다고 하더라도, 그렇게 할지 말지는 자신이 결정하는 것이다. 요점은 부정적인 운전 행동이 자신의 행동일 때는 대체로 상황요인들(우리에게 일어났거나 존재하는 가능성들)을 파악할 수 있으므로, 다른 사람들을 판단할 때 동일한 가능성들을 고려하지 않는 것은 여지없이 기본귀인오류가 될 수 있다는 점이다. 그런 가능성들을 고려하면 분노와 갈등을 줄이고, 심지어 도로 위에서 목숨을 구할 수도 있다.

공격성을 일으킨 상황적 원인들

지금까지 살펴본 이야기들과 연구들은 불량하거나 공격적인 운전 뒤에 존재하는 다수의 잠재적 상황요인들을 밝혀냈다. 이는 대부분 자신이 공격적이거나 못되거나 멍청한 사람이라고 인정하지 않으면서 자신의 이상한 운전 행동을 설명할 때 거론할 만한 요인들이다. 특히 시간에 쫓겼다거나, 앞차가 막고 있었다거나, 상대가 도발했기 때문이라는 요인들이 그렇다. 그러나 운전할 때의 공격성과 공격성 전반을 연구하는 이들은, 우리가 쉽게 떠올리지 못할 수 있지만 공격성에 원인을 제공한다고 이미 알려진 여러 요인을 식별해냈다. 그 요인들 모두가 경찰관이 차를 세우게 했을 때 내놓을 만한 좋은 '변명들'은 아니지만("내 차가 빨라서"라는 학생의 설명도 좋은 변명은 아니다), 공격적인 운전이나 공격적 행동 전반을 설명하는 잠재적 맥락의 일부이기는 하다. 그리고 우리는 그 요인들을 간과해 다른 운전자들에 대해 기본귀인오류를 범하는 경향이 있다.

운전 연구와 공격성 일반에 관한 연구 문헌에서 나온 항목들을 종합해보면, 공격성에 대한 표준적인 상황적 영향력들의 무리가 상당 규모로

추려진다. 많은 사람이 모여 있는 것, 혼잡함, 시간적 긴급성, 도발, 나쁜 날씨, 통증, 열기, 배고픔, 시끄러운 소음, 불쾌한 냄새, 술(마신 것이든 단지 술을 떠올리게 하는 것이든), 문화, 부모 기반 또는 또래 기반의 규범이나 가치관, 미디어에서 본 폭력, 폭력적인 비디오게임, 그리고 단순히 무기가 있거나 무기 관련 사진이나 말을 포함한 다양한 공격적 제스처 등이 그 영향력들에 포함된다.[21]

유명한 공격성 연구자 크레이그 앤더슨Craig Anderson과 브래드 부시먼 Brad Bushman은 동기도 공격성을 증가시키는 요인임을 밝혀냈다. 간절히 원하는 것이 있다면 그것을 얻기 위해 더 공격적이 될 수 있으며, 이는 도구적 공격성에 관한 정의의 일부다. 정시에 출근하기 위해 앞차 뒤에 바싹 붙어 달리는 것은 운전할 때의 도구적 공격성과 관련한 점잖은 예에 속한다. 앤더슨과 부시먼은 "공격성을 증가시킬 수 있는 동기의 유형들은 사람들이 원하거나 갈망하는 대상의 수만큼이나 많다"고 썼다.[22]

요컨대 공격성을 키우는 이렇듯 수많은 상황적 영향력들을 알면, 운전할 때뿐 아니라 공격성이 인지된 모든 갈등 상황에서 기본귀인오류를 줄일 수 있다는 것이다. 뒷좌석에서 불쾌한 냄새가 나서 다른 차의 뒤에 바싹 따라붙었다고 정색하며 말할 수 있는 운전자는 아마도 없겠지만, 냄새나 소음처럼 싫은 자극은 공격성이 생겨날 가능성을 높이며, 특히 운전자가 자극을 받았을 때나 늦어서 지각할 위험이 있을 때는 더욱 그렇다. 뒷좌석의 이러한 자극들에 관해 알게 된다고 해서 당신 차에 따라붙었거나 빨리 출근하기 위해 정지신호를 무시한 공격적 운전자에 대한 당신의 느낌이 달라질까? 아닐 것이다. 당신이 직접 그런 냄새를 참아야 했던 게 아니라면 말이다.

차 안에서 그 정도로 불쾌한 냄새가 계속 날 일이 뭐가 있는지 궁금해할 독자도 있을 것이다. 가능한 사례 하나만 말하자면, 어느 여름날에 아내가 식료품점에 다녀와서 비닐봉지에 든 오이를 잃어버렸던 일이 있다. 아내는 그 오이가 어디 있는지 궁금해하다가 상점에 두고 왔나 보다고 생각했다. 뜨거운 온기 속에서 나쁜 냄새는 점점 심해졌고, 나는 몇 주 후에야 비닐봉지에 담긴 채로 트렁크 구석에서 다 녹아 녹색 잼처럼 변해버린 오이를 발견했다.

운전 관련 사이트들에서도 출처를 알 수 없는 차 속 냄새에 관한 이야기가 나올 때가 있다. 누군가 운전 게시판에 "차 안에서 무언가 죽은 것 같은 냄새가 난다"라는 제목으로 "며칠 지난 버거킹과 썩은 토마토 냄새를 합해놓은 듯한" 냄새를 언급하며 질문을 올렸다. 냄새의 출처를 찾도록 도우려는 사람들은 다른 차에서도 비좁은 틈에서 발견된 적이 있다며 작은 동물 시체가 있는지 찾아보라는 등의 제안을 했지만, 범인은 앞좌석 밑에 끼어 있던 유효기간 지난 작은 살사 소스통으로 밝혀졌다.[23]

앞에서 인용한 운전 연구 중 몇 가지를 실시한 사회심리학자 드와이트 헤네시Dwight Hennessy는 "운전자들은 운전 환경 외부의 요인들에 의해서도 바뀔 수 있기" 때문에 "맥락 변수들의 조합은 개념적으로 무한할 수 있다"는 점도 지적했다.[24] 그러므로 차에 오르기 전 우리를 화나게 하거나 짜증나게 했던 모든 것이 운전 중 공격성에 기여할 수 있는 것이다. 이러한 잠재적 상황요인들은 상당히 많다.

나는 이미 도로 위 분노가 운전하기 전 일련의 스트레스나 화를 초래한 사건들의 최종 산물일 수 있음을 언급했다. 학생 중 한 명이 그런 사례를 들려주었다. 그의 친구 중 한 명은 "항상 조심히 운전하는 사람"이었는데, 여자친구가 바람을 피우고 있다는 사실을 알고 난 후로 적대적이고 무모한 운전자가 되었다. 친구와 함께 차를 타고 가면서 그는 친구가 "분노 때문에" 자신과 친구의 목숨이 어떻게 되든 상관하지 않는다는 생각이 들었다고 한다. 연구자들도 이와 유사하게 연인과 헤어진 후나 이혼 과정을 거치면서 도로에서 꼭지가 돌아버린, 그러나 친구들과 이웃들의 말로는 "정말 착한 사람"이고 "훌륭한 아버지"라는 운전자들의 사례들도 발견했다.[25]

때로는 가정폭력이 도로 위까지 흘러들기도 한다. 1997년에 나온 한 보고서에 따르면 1990년부터 그런 사건이 322건 있었다고 한다. 보고서의 작성자는 "사랑이 증오로 바뀌면 배우자들과 연인들은 점점 더 고속도로 위에서 분노를 터뜨린다"라고 썼다. 별거 중인 남편들과 전 남자친구들 중에는 자동차를 무기로 사용한 이들도 있다.[26]

헤네시를 포함한 대부분의 운전 공격성 연구자들은 공격적 운전에 성격이 작용한다고 인정했다. 이런 경우에는 이웃들의 "정말 착한 사람"이라는 표현이 딱히 들어맞지 않는다. 예컨대 낮은 양심성, 높은 감각추구성, 높은 공격성 특성(즉, 공격적으로 반응하는 기질)은 부정적인 운전 결과에 대한 강력한 예측요인이다. 공격성 일반을 연구하는 이들은 자기애 narcissism 같은 다른 특징들도 추가했다. 자기애 성향을 지닌 사람들은 높지만 불안정한 자존감을 갖고 있어서 자기 이미지가 위협받을 때 분노와 공격성에 사로잡힐 확률이 매우 높다.[27]

헤네시는 "맥락요인들은 그 자체로 떼어놓고 이해하는 것도 중요"하지만, 맥락요인들을 "가장 잘 이해하려면 성격요인과의 상호작용 속에서 바라봐야 한다"라고 썼는데, 이는 이 책의 주제 중 하나를 강조하는 말이기도 하다.[28] 언급했듯이, 행동은 대개 개인적 요인과 상황적 요인의 조합으로 발생한다. 구체적으로 공격성 특성이 높은 사람은 도로 위든 다른 어디서든 훨씬 쉽게 화가 자극된다. 원래 공격적인 사람은 타인의 모호한 행동에서도 적대적 의도를 발견할 가능성이 훨씬 큰데, 이를 '적대적 귀인편향hostile attribution bias'이라 한다.[29]

북적이는 군중과 불쾌한 냄새, 시끄러운 소음, 배고픔, 높은 온도나 습도 때문에 예민해지고, 그로 인해 쉽게 짜증이 치밀어 오르는 사람들이 있다는 것은 그리 믿기 어려운 사실은 아닐 것이다. 원래 성미가 급한 사람이면 공격적으로 운전하거나, 별것 아닌 일에 자극받아 화를 잘 낸다는 점도 아주 쉽게 납득된다. 이와 달리 공격성을 둘러싼 또 다른 몇몇 요인들은 좀 더 논쟁적으로 보인다. 요컨대 미디어를 통해 폭력 장면을 보는 것, 폭력적인 비디오게임을 하는 것, 무기가 있는 곳에 있는 것, 알코올과 관련된 촉발을 경험하는 것 등이 그렇다. 하지만 연구에서 얻은 증거는 풍부하고도 명백하며, 그중에서도 미디어 속 폭력을 시청하는 것에 대한 증거가 특히 더 그렇다.

공격성 시청은 공격성을 유발한다

헤네시는 텔레비전과 영화가 "과속운전과 위험 감수, 위험한 운전 행동을 용인할 수 있거나, 심지어 존경스러운 것으로 미화하고 권장하는" 경향이 있기 때문에 공격적 운전을 초래할 수 있다고 주장했다. 그는 영화에서 위험한 운전이 등장하는 짧은 장면을 본 것만으로도 운전 시뮬레이터 속 참가자들의 과속이나 차선위반 같은 위험한 운전 행동이 실제로 증가한 실험 결과를 보여주었다.[30]

그러나 더 일반적으로, 미디어에서 폭력을 보고 폭력적인 비디오게임을 하는 것은 폭력성을 정말로 증가시킨다. 이를 뒷받침하는 (단순한 상관연구가 아니라 진짜 실험인) 수백 건의 연구가 있고, 이를 연구한 사람들과 의사들 사이에 이러한 입장을 둘러싼 폭넓은 합의가 이루어져 있다.[31] 단서를 달아야 할 사항들이 있긴 하지만, 공격성을 눈으로 보는 것과 공격적으로 행동하는 것의 인과관계는, 일부 대중서 저자들의 주장과 달리 알맹이 없는 신화가 아니다. 오히려 정반대다. 리얼리티 프로그램에서 공격성과 언어폭력을 시청하는 것만으로도 우리는 더 공격적인 상태가 될 수 있다.[32]

그렇기는 하나 여전히 사회과학자들 사이에서도 학문적으로 반대 의견을 고수하는 사람들이 있는데, 폭력적인 비디오게임의 효과와 관련해서 특히 더 그렇다. 이 연구자들은 증거를 확인하고도 설득되지 않았고, 심지어 폭력적 비디오게임에 이점도 있다는 의견을 제시했다. 이 소수 연구자들과 다수 연구자들 간의 논쟁은 놀라울 정도로 뜨겁다. 내가 읽어본바 소수 연구자들의 여러 주장은 세심한 고찰과 연구 결과에 기반을 둔 것으로 보이며, 따라서 고려해보지도 않고 바로 무시하면 안 될 것 같다. 그러나 전반적으로 이 연구자들은 상당한 양의 증거들을 무시하거나 오해한 것으로 보이고, 상대편이 거의 혹은 전혀 내린 적 없는 결론들을 허수아비로 내세워 그들이 한 말처럼 제시하면서 상대편을 비판하는 허수아비 논쟁을 펼치고 있는 것으로 보인다. 일단 다수의 의견을 왜곡하거나 그 내용을 잘못 진술해놓으면 그 다수 의견을 신화라고 말하기는 쉬워진다.

이 소수 연구자들은 또한 다수 쪽 연구자들을 데이터보다는 이데올로기적 가치나 신조, 도덕성 운동을 위해 움직이는 이들로 성격을 규정하며, 인신공격에 의지하는 경우가 더 많다. 이런 공격에서는 기본귀인 오류가 분명히 보인다. 명백히 수백 건의 연구에 기반을 둔 결론들에 대해 오히려 발표자의 개인적 가치관과 도덕관에서 기인한 것이라고 주장하니 말이다. 이 논쟁은 여기서 서술한 것보다 훨씬 더 복잡하고 기술적

이다. 이 책에서 이러한 논쟁을 더 꼼꼼히 분석할 공간이 부족한 것이 못내 아쉽다.[33]

앞에서 말한 붙여야 할 단서란, 미디어 폭력에 노출되는 것의 부정적 결과들은 주로 어린 시청자와 어린 게이머에게 적용되는 사항이라는 점이다. 더 나이 든 사람들도 해당된다는 실험 증거들도 일부 있지만, 기본적으로는 어린이들과 십 대 청소년들에게 해당된다. 언제나 그렇듯 어린 세대들에게도 그 결과는 여전히 평균적이다. 모든 어린 참가자가 영향을 받은 것은 아니라는 뜻이다. 구체적으로 말해 미디어 속 폭력을 본 뒤에 더 공격적이 될 가능성이 특히 높은 사람들은 어떤 이유에서든 원래 공격적이었던 사람들이었다는 것이다. 그러나 그 효과가 이들에게만 한정되지는 않는다.

요컨대 내가 보기에는 미디어에서 폭력을 보는 것이 공격성을 초래한다는 데는 의문의 여지가 없다. 따라서 미디어의 폭력은 공격적 운전에 대한 상황요인일 수 있다. 한편 널리 알려진 총기 난사 사건이나 도로 위 분노로 인한 폭행, 오늘날 사회에서 벌어지는 여러 극단적 폭력에까지 책임이 있는지의 질문에는 답하기가 더 어렵다. 미디어 속 폭력이 공격성을 유발한다는 사실만으로 그것이 반드시 총기 난사 같은 수준의 공격성으로까지 치달을 수 있다는 의미는 아니다. 미디어 속 폭력에 관한 대표적인 연구자들도 이 어려운 질문에 대한 답을 안다고 주장하지는 않는다. 그들은 극단적 폭력에는 다양한 원인이 있으며, 각 사례마다 단 하나의 원인을 확실하게 추적할 수 없음을 인정한다. 그렇다고 폭력적 사건의 잠재적 요인 목록에서 미디어 속 폭력을 완전히 배제하는 것은 비논리적일 것이다.

무기가 있다는 것

무기가 있다는 사실 자체는 공격적 행동의 원인들 가운데 미디어 속 폭력만큼 많이 논의되지는 않았다. 물론 무기는 물리적 관점에서 폭력의 도구라는 점에서 폭력에 기여하지만, 연구자들은 수십 년 전부터 단순히 무기가 보이는 곳에 놓여 있다는 것만으로도 공격적 생각을 점화하고 사람을 더 공격적이거나 자극되기 쉬운 상태로 만들 수 있다는 점을 알고 있었다. 이를 무기효과weapons effect라고 한다. 오랫동안 공격성을 연구한 레너드 버코위츠Leonard Berkowitz는 '손가락을 당기는 방아쇠'라는 개념을 소개했다.[34]

초기의 발견 이후, 몇몇 연구들이 무기효과를 찾아내려고 시도했지만 찾지 못했다. 그러다가 마침내 실험의 목적이 그 효과를 찾는 것임을 실험 참가자들이 모를 때만 그 효과가 실제로 나타난다는 사실을 알게 되었다. 무기효과는 미국과 유럽 모두, 성인과 어린이 표본 모두, 실험실 환경과 현장 환경(실제 도로에서 운전하는 것까지 포함) 모두에서 발견되었다.[35] 요약하자면 총기를 구할 가능성을 줄이면 총기 기반 폭력을 저지를 기회가 줄어들 뿐 아니라, 공격적 사고의 인지적 점화를 부분적으로 제거함으로써 공격성도 줄인다는 뜻이다.

더 깊이 들어가기 전에, 이 연구가 총기 규제법 강화를 자동적으로 지지하는 것은 아님을 강조하고 넘어가려 한다. 학생들에게도 말하듯이 총기의 수를 줄이는 것이 공격성을 줄이는지 아닌지와 무관하게 미국에서는 무기를 소지할 권리가 있다. 도시의 위험 지역에 거주하는 가족이라면, 총이 더 많아서 생길 수 있는 결과들(가정에서 비극적 사고가 일어날 위험이 더 커지는 것을 포함해)에 관한 전반적인 통계 수치를 알면서도 자기보호를 위해 총을 원할 수도 있다. 그뿐 아니라 모든 총기 규제 법률이 총기의 수

244

효를 성공적으로 줄이는 것도 아니며, 때로는 새로운 총기 규제법이 나올 거라는 예상만으로도 총기 판매량이 **증가**하기도 한다.

그렇기는 하지만, 어떤 학교 총기 난사 사건이 벌어진 뒤에 총기 규제 논쟁의 한 측에서 총이 폭력을 초래하는 것이 아니라 정신 건강에 문제가 있는 사람들이 폭력을 일으키는 것이라고 주장했을 때, 무기효과 연구는 다른 의견을 제시했다. 정신 건강이 한 역할을 한다고 하더라도 총이 있다는 사실이 또 다른 요인이라는 점은 배제할 수 없다. 극단적 형태의 폭력에는 상황적 요인과 개인적 요인 양쪽에 다양한 원인이 있고, 따라서 총을 쏜 사람이 미쳤다거나 정신적 혼란에 빠졌기 때문이라는 말로 총기 폭력을 설명하고 거기서 생각을 멈춰버리는 것은 또 하나의 기본귀인오류의 사례가 된다.[36]

때로 학생들은 총기 규제법이 통과된 어느 도시에서 폭력 수준에 변함이 없었다는 어떤 보고서를 인용하며 총기를 줄이면 공격성이 줄어든다는 데 이의를 표한다. 이는 총을 손에 넣을 수 있는 것이 폭력을 초래한다는 데 대한 반증이 아닌가? 그렇지 않다.

총기 규제법이 성공적으로 총의 수효를 줄이는 데 성공한다고 가정하더라도, 폭력에 영향을 미치는 요인들은 다양하며, 연구자들도 입법자들도 그 모든 요인을 통제할 수는 없다. 그러므로 총을 손에 넣을 수 있는 가능성을 줄이면 실제로 그 도시의 폭력이 줄어들 수도 있지만, 동시에 다른 요인들이 폭력을 증가시킬 수도 있는 것이다. 그러면 실제 효과는 폭력이 그대로 유지되는 것으로 나타날 수도 있다.

최근 연구자들은 실제 무기를 보는 것뿐 아니라 무기 사진이나 무기와 관련된 단어들까지도 공격적 사고를 점화하고 공격적 행동을 증가시킬 수 있음을 발견했다. 이는 무기로 가득한 영화와 비디오게임에도 적용될 것이다. 그러나 흥미롭게도, 사냥꾼들은 공격용 총기를 볼 때는 부정적 영향을 받지만 엽총을 볼 때는 그렇지 않았다.[37]

알코올의 신호(꼭 마셔야만 신호가 오는 건 아니다)

알코올이 공격성에 기여하는 여러 요인 중 하나라는 진술은 음주가 사람을 공격적이거나 반사회적으로 만들 수 있다는 말처럼 들린다. 실제로 이는 사실이고, 상식이기도 하다. 그러나 더욱 놀라운 한 가지 결과를 짤막하게 덧붙이려 한다. 바로 (술을 마시지 않았을 때) 술을 마셨다고 **생각하는 것**만으로도 동일한 효과가 나타날 수 있다는 것이다. 더 놀라운 점은, 무기와 관련된 단어를 보는 것만으로도 공격적인 생각과 행동을 증가시키듯이 의미상 알코올과 연관된 단어들을 보는 것 역시 그렇다. 음주 운전은 법에 어긋난다. 운전하는 동안 음주에 관해 생각하는 것만으로도 (정도는 약하지만) 공격적 운전의 한 원인이 될 수 있는 것 같다.[38]

다시 말하지만, 공격성에 대한 이런 상황적 영향력들을 다루면서 말하려는 요점은 그것들을 알면 운전할 때뿐 아니라 공격성을 인지한 모든 갈등 상황에서 기본귀인오류를 줄일 수 있다는 사실이다. 다음 장에서는 공격성과 대인관계의 갈등이 일어날 수 있는 다른 환경들에 관해 논의하고, 이 책을 쓰게 된 동기와 쓰면서 어려웠던 점 몇 가지를 이야기해보려 한다.

7장

도로가 아닌 곳에서의
대인관계 갈등

기본귀인오류를 알아차릴 수 있으면 대인관계에 무척 이롭다.
앞으로는 사람들이 의도적으로 나에게 상처를 입히려는 게 아닐 수도
있다는 걸 좀 더 잘 알아차릴 수 있을 것 같다.
　　　　　　　　—사회심리학 수업을 듣는 익명의 학생

어떤 경우에 상황요인들에 좀 더 마음을 열어야 하는지는 알겠다.
하지만 여자친구와 싸울 때처럼 너무 순식간에 열이 올라서
생각을 바꾸고 상황요인을 고려하기가 정말 어려운 경우도 있다.
그럴 때는 너무 쉽게 상황이 아닌 사람을 탓하게 된다.
　　　　　　　　—사회심리학 수업을 듣는 익명의 학생

눈에는 눈이라는 자세로 나간다면 온 세상의 눈이 멀어버릴 것이다.
　　　　　　　　—마하트마 간디Mahatma Gandhi

헬스클럽에서 운동기구에 자기 땀을 잔뜩 묻혀놓고 제대로 닦지도 않는 사람들을 알고 있는가? 당신에게 무례하게 구는 사람 때문에 출근하기가 두려운가? 사무실의 전자레인지가 더럽다는 말로는 모자랄 만큼 더러워졌는가(그리고 그게 누구 소행인지 알 것 같은가)? 당신 차에는 직장 동료나 다른 학생이 너무 가까이 주차하다가 들이받아서 움푹 팬 자국이 있는가?

운전 분노와 공격성, 그리고 도로 위에서 발생할 수 있는 갈등을 다루느라 한 장 전체를 썼지만, 대인관계에서 일어날 수 있는 짜증, 분노, 공격성, 갈등은 전부 다룰 수 없을 만큼 다양하다. 대인관계의 갈등은 친구, 가족, 연인 사이에서도 생길 수 있다. 가까운 사람들은 한 번도 만난 적 없는 두 운전자에 비하면 서로 훨씬 잘 안다. 그러나 서글프게도 우리는 가장 가깝게 느끼는 사람들에 대해서도 모르는 사람들에 대해서 느끼는 것 못지않게 편향되고 공격적일 수 있다. 갈등은 함께 일하는 사람들이나 동료들 사이에서도 생길 수 있고, 직원과 고용인 사이, 소비자와 공급자 사이에서도 생길 수 있다.

정치 집단이든 종교나 인종이나 민족 집단이든 집단들 사이에서는 갈등이 특히 잘 일어난다. 인류가 처한 위기 중 하나인 집단 간 편견 때문이다. 최근 미국에서는 인종 간 긴장과 정치 집단들의 갈등이 계속 급증하고 있다. 한 집단의 구성원들이 다른 집단의 부정적인 집단행동이나 행위의 결과를 설명할 때 그 구성원들에 대해 기본귀인오류를 범하는 것을 따로 가리켜 '궁극적 귀인오류ultimate attribution error'라고 한다. 이는 편견에 관한 연구에서 나온 것이다.[1]

갈등과 편견의 원인은 다양할 수 있지만, 그중 한 원인으로서 기본귀인오류에만 초점을 맞추려 한다. 때로는 상황요인을 간과하거나 충분히 고려하지 못한 탓에 서로 오해하면서 갈등이 발생하거나 악화될 때가 있다. 구체적으로는 무례한 행동이나 마음을 상하게 하는 행동, 또는 해로운 행동 뒤에 사실은 존재하지 않을 수도 있는 부정적 성격 특징이나 의도가 있다고 단정하는 경우들에 집중하려 한다. 운전의 사례들을 통해서도 논의했듯이, 그런 식의 오해는 불필요한 분노와 스트레스, 착각으로 인한 보복으로 이어질 수 있고, 이는 자동차 사고와 차량 폭력의 요인일 뿐 아니라 해고나 사직, 이혼, 가정 내 학대, 심지어 전쟁의 요인이 된다.

그러므로 이런 오해를 피하면 앞에서와 같은 결과들을 피하는 데도 도움이 될 것이다. 어쩌면 더욱 영속적인 삶의 변화가 시작되어 만성적 스트레스나 분노가 줄어든 삶을 살게 될 수도 있다. 한 학생은 다른 운전자들이 어떤 행동을 하게 된 배후의 원인들을 항상 생각하기 때문에 운전할 때 화가 나는 일이 전혀 없다고 말했다. 이 학생의 차에 동승한 사람들은 좀 답답했을지도 모르지만 말이다.

내 말을 오해하지 마시라. 다른 운전자들이 눈에 보이는 모습 그대로의 사람인 경우도 있다. 운동한 기구에 묻힌 땀을 닦지 않는 운동광은 진짜 무례하거나 게으른 사람일 수 있다. 직장 동료가 전자레인지 안에 튄 음식찌꺼기를 그대로 남겨둔다면 다른 사람을 존중하는 마음이 전혀 없는 사람일 가능성이 있다. 또 함부로 막말하는 사람은 그냥 악의적인 작자인지도 모른다.

다시 말해 때로 누군가가 우리를 무시하거나 상처 입히려 혈안이 된 것처럼 보일 때, 실제로 그런 의도가 있어서인 경우도 있다. 혹 다른 이유가 있었더라도 용서할 마음은 없다. 누군가 당신을 함부로 대하는 것이 엄청난 스트레스를 받았기 때문일 수는 있지만, 그래도 자기 스트레스를 남에게 풀어서야 되겠는가! 전반적으로 나는 어떤 선의의 제스처로 갈등을 무시하거나 상황을 그냥 피해버려야 한다고 충고하는 것이 아니다. 물론 그렇게 할 수도 있다. 그렇다고 반드시 공격적으로 반응하라고 제안하는 것도 아니다. 특정 갈등 상황에서는 상대가 그런 식으로 행동하는 이유를 이해하든 못하든 직접 그 상황에 들어가 해결해야 한다는 사실을 인정할 뿐이다.

직장 동료들은 집단의 목표를 이루기 위해 함께 일해야 하므로 직장에서 생긴 갈등은 풀어야 하고, 관리자들과 부서장들도 이를 잘 알고 있다. 함께 사는 부모와 자녀들도 함께 살아갈 수 있는 방법을 찾아야 한다. 부당한 대우를 받은 고객은 그냥 다른 상점으로 가버릴 수도 있지만, 관리자에게 (예의를 갖춰) 불평을 말하면 미래의 잘못된 대우를 방지할 수 있다.

더욱 심각한 일은 약자를 괴롭히는 불량한 아이가 한 아이를 반복적으로 다치게 할 경우 그 상황을 못 본 척 눈감아주면서, 괴롭히는 아이도 힘든 가정생활을 하고 있기 때문이라고 동정적으로 생각하는 것이다. 이는 앞으로 더 많은 다툼을 초래할 뿐이다. 피해자들도 때로는 미래의 갈등 위험을 줄이기 위해 가해자와 대적할 (또는 권위 있는 사람들에게 그렇게 하도록 요청할) 필요가 있다.[2] 만약 누군가가 우리 자신이나 가족, 국가를 물리적으로 공격한다면 공격자가 상황의 힘에 내몰린 것이더라도 우리는 자신을 방어할 권리가 있다.

그러나 만약 그래야 할 상황이 닥쳐 논쟁이나 언쟁에 참여하더라도,

상황요인들도 동시에 찾아볼 수 있다. 분쟁 중이라고 해서 (다른 생각들은 모두 닫아버리고) 공격하는 사람 또는 국가가 얼마나 고의적으로 사악하게 굴고 있는지 그 생각 하나만 고수해야 하는 건 아니다. 그렇다. 그들이 물리적으로 공격하고 있다면 악한 일처럼 보인다. 그러나 거기서 생각을 멈추면 설명은 불완전할 것이고, 장기적 해결에도 별 도움이 안 된다. 거기서 생각을 멈추면 그 생각은 더 강력하고 더 오래가는 분노로 이어질 수 있고, 이는 그 후 이어지는 상호작용들에서 우리의 판단을 더욱 편향시킬 수 있다. 어떤 유명한 사회심리학자들은 그런 상황에도 **반드시** 사악함이 존재하는 것은 아니라고 주장하기도 한다.[3] 그 말이 옳을지도 모르지만, 아직은 얘기할 때가 아니다. 대부분의 행동은 개인적 요인들과 상황적 요인들의 조합으로 초래된다. 예측할 수 없고 통제할 수 없는 사회적 힘들의 커다란 맥락 안에 약간의 사악함이 존재할 수도 있다.

어쨌든 무례한 직장 동료나 노골적인 가해자에게 대적할지 말지는 분명 상황 또는 능력을 바탕으로 당신이 결정할 일이다. 또한 앞에서도 말했듯, 꼭 힘으로 반응해야 한다고 충고하는 것도 아니다.

"눈에는 눈이라는 자세로 나간다면 온 세상의 눈이 멀어버릴 것이다"라는 간디의 말에서 눈멀음의 은유는 이중의 의미로 다가온다(어쩌면 간디도 의도했는지 모른다). 통제할 수 없을 정도로 퍼져나가는 폭력의 순환뿐 아니라 분노와 자동적인 보복 공격이 어떻게 판단력을 흐리게 하는지에 관한 이야기이기도 하다. 그렇게 되면 서로가 어떤 이유에서 그렇게 행동했는지 결코 알 수 없게 된다.

이 책의 뿌리

순식간에 화를 내거나 방어 태세를 취하는 성급한 성미를 가라앉히고 싶은 사람들에게 이 책이 좀 더 평화로운 마음으로 살아가는 데 도움이 되면 좋겠다고 '들어가는 글'에서 이야기했다. 앞 장과 이 장은 바로 그 목표를 달성하려고 노력하는 부분이다. 앞 장은 도로 위 평화를, 이 장은 인간관계의 평화를 추구한다. 이 목표는 처음 이 책을 쓰겠다고 결심한 이유에서 큰 부분을 차지한다. 그러나 모든 사람이 그런 성미를 고치고 싶어 하지는 않는다는 걸 안다. 순식간에 화를 내고도 더없이 만족하는 사람들도 있다. 당신이 그런 사람이라면 이 장은 당신에게 맞춰진 장은 아니겠지만, 그래도 여전히 도움 되는 점이 있기를 바란다.

사회심리학을 배우고 가르치며 어느 정도 세월을 보낸 후, 어느 시점엔가 내가 배우고 나누어 온 지식들, 또는 그 지식을 이해하고 공유해 온 방식이 다른 사람들이 갈등을 해결하는 데 도움이 되었다는 사실을 깨달았다. 내 방식으로 갈등을 처리하려면 반드시 사회심리학 교육을 받아야 한다는 말이 아니다. 자기 앞에서 나쁜 행동이 벌어져도 화내지 않는, 적어도 즉각 화를 내지는 않는 사람들이 있다는 걸 나도 안다. 그런 침착함은 양육된 방식이나 그들의 경험 또는 신경화학적 균형 때문일 수도 있다. 여기서 내 목표는 덜 화내는 삶을 귀인이론과 사회심리학의 다른 원리들과 연결하고, 타인들과 함께한 내 경험들과도 연결하는 것이다. 다른 사람들도 내게 귀인이론이 도움이 된다고 말한다. 따라서 이 장은 학계의 논문이나 책보다는 나와 다른 사람들의 경험을 더 많이 참조할 것이다.

내 이야기를 들은 적 있는 그 사람들은 부당한 대우나 잘못된 행동을 인지하고 화를 내기 시작하다가도, 내가 한 말을 떠올리며 한걸음 물러나 마음을 가라앉힐 수 있는 능력이 더 커졌다고 했다. 이런 능력은 갈등을 피하거나 해소하는 데, 자신이 무시당했다고 느끼지 않으면서 갈등을 무시하고 넘어가는 데, 또는 스트레스와 분노를 덜 느끼면서 더 생산적으로 갈등을 해결하는 데 도움이 되었다. 내가 아는 선생님들은 수업을 방해하는 학생들에 대해 예전보다 스트레스와 분노를 덜 느끼면서 그들을 쉽게 진정시킬 수 있게 되었고, 직장 동료들은 사내의 의견 충돌을 더 빨리 조정했으며, 학생들은 선생님, 중요한 연인이나 친구, 다른 운전자들과 다툼이 일어날 때 더 유연하게 해결했다. 갈등이 완전히 해결되지 않은 경우라도 그 문제에 대한 스트레스나 분노가 오래 남는 일이 줄었다. 지금 당장 한 줄로 된 충고를 해줄 수는 없지만, 모든 사람의 행동에는 맥락이 있고 다양한 원인이 있을 수 있음을 생각하라는 말은 그 충고에 반드시 포함될 것이다.

운전에 관해 들려줄 가장 좋은 예는 6장 서두에도 실었던 이야기다. 내 수업을 들은 한 남학생이 끼어들기를 당해 상대 운전자를 쫓아가 보복을 하려던 참이었다. 그러나 그 순간 수업 시간에 들었던 기본귀인오류에 관한 논의를 기억해내고 액셀에서 발을 뗐더니 스트레스도 줄어들었다고 했다. 도로 위의 분노 행동이 방지된 것이다.

내 친구 한 명은 새 직장에 적응하기를 어려워했다. 동료 다수가 자신을 함부로 대한다는 느낌이 스트레스 요인 중 하나였다. 그녀는 그들이 왜 그렇게 행동한다고 생각하는지 내게 물었다. 내가 그 친구의 이야기를 들어주고, 동료들이 그렇게 행동한 원인이 무엇일지에 관해 이야기를 나눈 것이 그녀의 스트레스를 줄여주었다.

또 다른 학생은 어떤 물건을 도난당했는데, 그 학생의 남자친구가 자신을 가차 없이 몰아세우며 왜 더 조심하지 않았느냐고 비난했다. 두 사람은 그 일로 다툰 모양이고, 그 학생은 피해자 탓하기에 관한 수업이 끝난 후 나에게 그 이야기를 들려줄 정도로 마음이 많이 상해 있었다. 피해자를 탓하는 데는 여러 이유가 있을 수 있고, 피해자를 탓하는 사람들이 (나쁜 행동을 한 것으로 인지되기는 하지만) 꼭 나쁜 사람은 아니라는 것을 알게 된 뒤 그 학생은 크나큰 안도감을 느꼈다고 했다. 결별은 피하게 된 모양이었다.

나는 갈등에서 한 걸음 물러나 모든 사람의 행동에 대해 가능한 여러 원인들을 고려해볼 수 있는 능력에는 아주 큰 힘이 있다고 생각한다. 특히 그 원인이 맥락이나 배후에 숨어 있을 때는 더욱 그렇다. 다양한 상황적 원인을 고려하기란 쉬운 일이 아니지만, 그래도 분노를 줄일 수 있고 불필요하게 타인을 적대시할 위험도 줄일 수 있다. 진짜 어려운 일은, 예컨대 다른 운전자가 빠른 속도로 가버렸기 때문에 결코 확인할 수 없게 되었는데도 가능한 원인들을 따져보는 일이다.

뒤로 물러나 다른 원인들을 생각해보는 것이 우리 책임이라는 뜻이 아님을 강조하고 싶다. 생각을 했어야 하는 사람은 주차장에서 당신 차에 상처를 낸 그 생각 없는 사람일지 모른다. 그러나 앞에서 말했던, 너무 성급하게 화내는 걸 고치고 싶어 하는 사람이거나 일상에서 좀 더 평화로워질 방법을 찾는 사람이라면, 한걸음 물러나 10장에서 소개된 몇 가지 방법을 따라해보는 것이 도움이 될 것이다. 이 장이 그런 당신에게 적어도 생각해볼 거리를 제공했으면 하는 것이 나의 바람이다.

나는 직장에서 일어나는 갈등, 소비자와 공급자 간의 갈등, 배고픔 때문에 생기는 갈등에 초점을 맞출 것이다. 이 경우들이 당신과 딱히 관련이 없다면, 그 사례들을 일반화해 당신에게 더 중요한 환경에 적용해볼 수 있기를 바란다. 요점은 다양한 상황적 원인에 관해 생각해보고 기본 귀인오류를 피하는 것이, 분노를 최소화하거나 갈등을 예방하거나 일단 시작된 갈등을 더 빠르고 생산적으로 줄일 수 있다는 점이다.

도전적 과제들

의욕과 동기는 충만하지만, 이 장은 어쩌면 제대로 써내기에 가장 어려운 장인지도 모른다. 직장이나 가까운 인간관계에서 당신을 함부로 대한 사람에게 화가 나 당신이 그들에게 무례하게 대하거나 앙심을 품었거나 심한 악담을 했다면, 내가 하는 말이 당신이 보지 못한 상황적 요인들이 있으니 당신 잘못이라는 말로 들리지 않기를 바란다. 그것이 바로 내 앞에 놓인 도전이다. 정말로 그렇게 들리는지 어떤지 모르겠지만, 그럴 수도 있다고 생각한다. 나는 당신의 연인을 당신만큼 수년간 알고 지내지 못했지만, 3장에서도 말했듯이 우리는 오래 알고 지낸 사람일수록 그 사람을 정확히 읽을 수 있는 자기 능력을 과대평가한다. 여기서 쓰는 이야기는 당신이 생각해봐야 할 문제다. 천천히 곰곰이 생각해보라. 내가 말하는 점들이 당신에게 적용되는지 아닌지 당장 판단하지 않아도 된다.

그리고 당신에 대한 다른 사람의 행동에 어떤 기분을 느껴야 맞는지, 또는 그런 행동을 초래한 원인이 무엇인지 즉각 판단해야 하는 경우는 많지 않다. 나중에 언제든 그 사람에 대해 화를 낼 수 있다. 시간을 좀 가져보라. 정보를 더 수집해보라. 이를 실천하는 건 말처럼 쉽지 않을 수도 있지만, 내가 학생들에게 늘 말하듯이 누군가에게 화를 내는 데는 공소시효가 없다.

사람들의 부정적 행동 뒤에는 특정 주제가 등장할 때마다 촉발되는 아동기의 문제들, 당신이 그들에게 한 행동(오인된 것이든 실제든), 과거 당신이 그들에게 보인 행동에 대한 그들의 기억 등의 상황요인이 있을 수 있다. 그리고 6장에서 살펴보았던, 전반적으로 공격성에 기여하는 다양하고 불쾌한 자극들 중 하나일 수 있다. 특히 자기 삶의 다른 영역에서도 스트레스에 시달리기 때문일 수도 있다.

나는 여러 곳에서 로빈 윌리엄스Robin Williams의 말이 인용되어 있는 것을 보았다. "당신이 만나는 모든 사람은 누구나 당신이 까맣게 모르는 모종의 전쟁을 치르고 있다. 친절하라, 언제든." 여러분에게 반드시 항상 친절하게 굴라고 말하는 건 아니다. 그러나 사람들을 친절히 대하는 데 이로운 점들이 있는 것은 분명하다. 어쨌든 눈에 보이지 않는 전쟁에 관한 부분은 깊이 생각해볼 가치가 있다.

누군가에게 즉각 화내지 않으려 할 때는 화내면 안 된다는 사실 때문에 화가 나는 역설적인 난관이 따르기도 한다. 내 친구들과 가족 중에는 눈에 보이는 것 이상이 존재할 수 있다는 가능성을 받아들일 수 없어서 실제로 화를 낸 이들도 있다. 이런 화는 때때로 나에게 향하기도 한다. 그들의 머릿속에 다양한 원인이라는 개념을 심어놓은 것이 바로 나였기 때문이다. 하지만 대개 그런 화는 그들이 나에게 자초지종을 이야기하는 사이에 서서히 풀려버린다.

직장에서

동료나 상사가 당신을 함부로 대한다고 느낀 적이 있는가? 직장 사람들이 당신에게 화를 내거나, 당신이 일부러 **자기들을** 함부로 대했다고 부당하게 비난한 적은? 직장 내 갈등은 매우 흔하며 그로 인한 영향은 오래 지속될 수도 있기 때문에 관리자들은 그런 갈등을 해결하는 훈련을 받는 다.[4] 경영 저널과 대학 인사팀 홈페이지 등을 포함해 인터넷을 훑어보다 가 직장 내 갈등 해결에 흔히 사용하는 요령 몇 가지를 발견했다. 그중에 는 문제를 정의하는 것과 직원들이 감정을 표현하도록 만들라는 것도 포 함되어 있었다. 자기 마음을 드러내면 어떤 오해를 품고 있는지 드러나 기도 하지만, 이 방법의 명백한 목적은 직원들이 억눌린 화를 표출해 풀 게 하고 회사가 자기 말을 들어준다는 느낌을 갖도록 만드는 것이다. 이 런 홈페이지들에 기본귀인오류에 관한 직접적 정보는 전혀 담겨 있지 않 았다.

화가 나 있는 두 직원에게 서로에 대한 인식이 편향되어 있을지 모른 다고 말하는 것이 위험한 방법이라는 점은 인정한다. 그러나 숙련된 관 리자라면 조금 덜 노골적인 방식으로 그런 가능성을 제시할 수 있고, 또 그렇게 하고 있을 거라 확신한다. 캔자스대학의 한 홈페이지는 갈등하는 양측에게 성급한 판단을 피하면서 정보를 더 수집하라고 제안했다. 좋은 방법이다.[5]

나는 갈등 해결 교육을 받지도 않았고, 이 장의 목표가 관리자를 교육 하는 것도 아니다. 그러나 이미 말했듯이 나는 기본귀인오류에 관한 지 식이 직장에서 일상적으로 일어나는 상호작용에 도움이 된다고 믿는다. 관리자들 본인도 잘못된 대우를 받거나 오해받을 수 있다. 관리자들이나 경영자들은 회사의 실패나 실수에 대해 흔히 부당할 정도로 큰 몫의 비난 을 받는 것으로 알려졌다. 또한 그들은 성공에 대해서도 과도한 공을 차 지하는 경향이 있다. 지도자들에 대한 이런 편향 역시 기본귀인오류의 한 예이며, 회사가 내는 결과에 미치는 지도자들의 개인적 통제력을 과 대평가하는 '리더십 낭만화'의 일부이기도 하다.[6]

더러운 사무실 전자레인지는 광범위한 사회적 힘이 작용하는 '공유지의 비극'의 현대판 사례다. 도구를 사용하고 깨끗이 닦지 않는 것은 집보다는 직장에서 일어날 가능성이 더 크다. 공동체적 맥락의 어떤 점인가가 이런 행동에 영향을 미친다. 웹진《슬레이트Slate》의 L. V. 앤더슨이 지적했듯이, "친절하고 유쾌하며 부지런한 사람들이 가득한 사무실에서도 주방은 낡아빠지고 무신경하게 방치되며, 심지어 역겨울 정도인 경우가 많다." 다 먹은 우유나 기타 향신료를 아무도 새로 채워놓지 않는 사무실 냉장고 역시 같은 경우에 해당한다. 언젠가 한 최고경영자는 "빈 우유통을 채워놓지 않은 직원들에게 격한 분노를 터뜨렸다."[7]

공유지의 비극이란 모든 주민 또는 농민이 쓸 수 있는 마을 공유지를 각자가 사용하면서 그 결과로 생길 집단적 효과에 대해서는 아무도 신경 쓰지 않을 때 과도한 사용으로 땅이 피폐해지는 현상을 가리키는 말이다. 사회심리학자 데이비드 마이어스가 말했듯이 각 개인은 자신이 사용하는 것은 상황상 필요해 어쩔 수 없는 일이라고 정당화하지만, 다른 사람이 과도하게 사용하면 탐욕적이고 이기적이라고 설명한다. 현대의 예를 들자면 동료들이 지저분하게 만들어놓았을 때는 불쾌해하면서도 자신은 수업이나 회의에 서둘러 가야 하므로 지저분해도 치우지 않고 가는 것이다. 수업이나 회의가 더 먼저 아닌가? 마이어스는 이렇게 썼다. "사람들은 대부분 상대방 역시 자기와 똑같은 기본귀인오류를 범하며 보고 있다는 것을 끝내 깨닫지 못한다."[8]

직장에서 복사기를 사용하다가 고장이 났는데 바로 회의에 들어가야 할 경우, 복사기를 그대로 두고 누군가 나에게 짜증을 낼 위험을 감수할지 아니면 회의에 좀 늦더라도 문제를 해결할지를 두고 저울질을 한다. 결정하기가 아주 어려울 때도 있다. 보통은 서둘러 회의실로 향하며 부서 직원에게 문제를 알릴 것이다. 아니면 사과 메모를 붙여놓는다.

한 무리의 사회과학자들은 한 직장의 직원들이 서로를 향해 부당하게 혹은 과도하게 화를 내는 대인관계 갈등을 해결하기 위해 '사회적 동기 훈련SMT, Social Motivation Training'이라는 전략을 개발했다. 사회적 동기 훈련에는 다른 사람들이 나쁘게 행동하는 이유를 다시 생각해보는 일이 포함된다. 이는 **자기 자신**에 관한 귀인이 부정확하다거나 바꿀 필요가 있음을 알리는 '귀인 재훈련attributional retraining' 프로그램을 기반으로 한다. 반면 사회적 동기 훈련은 **다른 사람**에 관한 귀인에 초점을 맞추며, 바꿔야 할 것은 당신의 귀인일 **수도 있다**는 이 책의 메시지와 가깝다. 사회적 동기 훈련의 주요 요소인 '심적 시뮬레이션mental simulation'에서는 동료가 지켜야 할 것을 위반했을 때 명백해 보이는 이유 외에 **가능한** 다른 이유들을 고려해보도록 권한다. 나는 2014년에 바로 이 메시지, 즉 특정한 사람이 편향되었는지 아닌지 단정할 수는 없지만 편향될 **위험**은 모두가 갖고 있다는 메시지를 담은 홈페이지를 만들었다. 그 홈페이지의 제목은 '익명의 PARBsPARBs Anonymous'인데, 여기서 'PARBs'는 '편향의 위험이 있는 사람들Persons at Risk of Bias'을 뜻한다.

사회적 동기 훈련은 다양한 업무 경험이 있는 참가자들을 대상으로 시험을 거쳤다. 어떤 연구들은 이 훈련 뒤 참가자들에게 동료의 위반에 관한 가상 시나리오를 읽게 했고, 또 다른 연구에서는 동료의 위반과 관련된 자신의 경험을 떠올려보게 했다. 그런 다음 참가자들에게 그 동료를 어떻게 보았느냐는 질문을 던졌다. '직장 만족 훈련'을 거친 대조군 참가자들과 비교하고, 또 경우에 따라 훈련 이전의 점수와 비교했을 때, 사회적 동기 훈련을 받은 참가자들은 위반자에게서 의도성을 덜 감지하고, 분노를 덜 느끼며, 앙심을 품는 비율이 줄었다.[9] 분노는 덜 느끼지만 여전히 다른 사람들이 전자레인지를 제발 깨끗하게 써주기를 바라는 마음은 물론 충분히 이해할 수 있다.

소비자 대 공급자

학생들 중에는 서비스업계에서 일하는 이들이 많고, 따라서 무례한 고객들을 상대한 경험이 많다. 그리고 누구나 때때로 무례하거나 무능한 서비스 공급자를 상대했던 경험이 있을 것이다. 무례하고 멍청한 고객과 계산원과 판매원이 그렇게나 많은 걸까? 아니면 그렇게 많은 사람이 정말로 그토록 나쁜 상황과 삶(그토록 나쁘게 행동하도록 원인을 제공하는)에 처해 있는 걸까?

고객과 점원의 전형적인 상호작용 시간은 짧을지 모르지만, 그래도 사람들은 여전히 양쪽 모두가 나쁜 대우를 받았다고 느낀다. 대개는 서로 전혀 모르는 사이임에도 이렇게 생각한다. "저 사람 뭐가 잘못된 거야?" "저 사람 문제가 뭐야?" 제안하고 싶은 한 가지는 그 공통적 반응을 바꿔 말하는 연습을 해보라는 것이다. 샘 소머스가 회전교차로에 갇혀 있었을 때(6장 참조) 그 역시 그 운전자는 무엇이 잘못된 건지 물었다. 대신 이렇게 물어보라. "그의 상황에서 뭐가 잘못되었을까?" "당신의 인생에서 문제는 무엇인가?" 또는 "무엇이 당신으로 하여금 이렇게 하도록 만들었을까?" 위반을 인지했을 때 이런 말들로 반응해보면 어떨까? 그게 옳지 않은 말처럼 들릴 수도 있는데, 이는 기본귀인오류가 그토록 흔한 이유이기도 하다. 바꿔 말하기 제안에 대해서는 10장에서 더 자세히 이야기할 것이다.

부정적인 결과나 결함 있는 제품에 대한 소비자들과 공급자들의 귀인들을 조사한 연구자들도 있다. 대부분 그리 놀라운 결과는 나오지 않았다. 소비자들은 어떤 제품의 결함이 회사의 통제 범위 안의 문제에서 발생했다고 설명할 때 더 많이 화를 냈다. 그럴 때 불만을 표현하거나 사과받기 원하는 경향도 더 강했다. 이런 결과는 소유할 수 있는 제품뿐 아니라 공항에서 기다리는 시간에도 적용되었다.[10]

항공업에서는 직원들 역시 승객들을 부정적으로 판단할 수 있다. 언젠가 캘리포니아에 가려고 비행기를 탔는데, 착석하지 않는 한 남자 때문에 이륙이 지연되었다. 그는 계속해서 머리 위 수하물 보관함을 열었다 닫았다 했다. 모든 승객은 착석하라는 안내 방송이 반복되는 사이사이에 승무원들이 매우 화를 내면서 그 남자를 아주 오만하고 자기만 생각하는 사람이라고 묘사하는 말을 들었다. 나는 그 남자와 이야기를 나누면서 사정을 알아보지는 못했지만, 가방에서 약이라든가 뭔가 중요한 것을 찾느라 그런 것이 아닐까 싶었다.

마케팅 연구자 엘리자베스 콜리Elizabeth Cowley에 따르면 줄을 서서 기다리는 고객들은 앞에서 다른 고객과 서비스 제공자 사이에 부정적인 상호작용이 일어나는 것을 보면 보통 (상황이나 고객이 아니라) 서비스 공급자의 기질을 탓한다고 한다. 자신도 바로 그 사람에게서 서비스를 받아야 할 것으로 예상될 때 특히 더 그랬다. 콜리는 그런 고객들이 기질에 대해 추측하는 것은 자신이 맞닥뜨릴 서비스 상황에 대비하기 위한 것이며, 사람들이 미래의 행동을 예측할 때 상황적 요인보다는 성격적 특징이 더 도움이 된다고 생각하기 때문이라고 설명했다.[11]

브래드 터틀Brad Tuttle은 《타임》에 〈우리도 당신이 싫어: 소비자들이 질색하는 것 그리고 상점 직원들이 질색하는 것We Hate You Too: Pet Peeves from Consumers—And from Retail Workers〉이라는 글을 실었다. 고객들이 가장 싫어하는 이들은 '끈질기게 들러붙는 점원들'이었다. 상점 직원들이 가장 싫어하는 이들 중에는 진열대에서 상품을 꺼내 상점 안의 전혀 예상할 수 없는 다른 곳에 놓아두는 사람들이 있다. 소비자들의 이런 흔한 행태에 대해 한 직원은 "그 작자들이 왜 그렇게 멍청한 짓을 하는지 도저히 모르겠다"라고 말했다. 화를 돋우는 또 한 부류의 소비자는 "계산할 때도 무례하게 망할 놈의 휴대폰만 들여다보는" 이들이다.[12]

내 사촌은 여러 곳의 매장을 감독하는 구역 관리자인데, 휴대폰에 얽힌 비슷하지만 더 복잡한 이야기를 들려주었다. 책에 이런 내용을 쓴다는 말을 듣고 그는 직원과 마찰을 빚는 고객, 또 그 반대 경우의 다양한 예들을 들려주겠다고 했다. 그중 한 사례는 줄을 서서 기다리다 화가 난 손님 이야기였다. 직원은 그 손님을 비어 있는 계산대로 안내하려고 시도했는데 고개를 숙이고 휴대폰만 들여다보고 있었던 것으로 보아 직원의 그런 시도를 무시했거나 듣지 못한 것 같았다. 마침내 고개를 들고 계산대에 도착한 그 손님은 기다린 것에 대해 한층 더 짜증을 냈다.

내 사촌은 관리자로서 직원들에게 그들의 인식이 현실과 다를 수 있다는 이야기를 많이 하고, 서비스 제공자는 고객의 관점에서 상황을 보려고 노력해야 하며, 잠시 멈추고 고객의 말을 천천히 들어야 하고, 고객과 직원이 서로의 말을 들어야 한다는 이야기도 많이 들려준다고 한다. 속도를 늦추는 것은 실제로 기본귀인오류를 줄이는 방법 중 하나로서 제안하기도 했다(10장 참조). 핵심은 사촌이 그 짜증내던 고객 때문에 기분이 나빠지지 않았다는 점이다. 아마 기본귀인오류를 피하는 관점 때문인 것 같다. 사촌은 내게 이렇게 말했다. "종종거리고 다니면서 한꺼번에 너무 많은 일을 하고 너무 흥분해 있는 바람에 자기 주변에서 무슨 일이 일어나는지, 혹은 자기에게 무슨 일이 일어나고 있는지 보지도 듣지도 못하는 사람이 정말 많은 것 같아."

배가 고파서 화가 나Hanger

최근 몇 년간 '행그리Hangry'와 관련된 밈meme과 GIF가 계속 증가하고 있다. 행그리의 개념을 제일 처음 알려준 것은 내 학생들이었다. 아직 모르는 사람들을 위해 말하자면, 행그리란 배가 고픈hungry 탓에 쉽게 짜증이 나고 화가 치미는angry 상태다. 행그리 상태는 직장이나 상점에서, 그리고 특히 식당에서 갈등을 유발하는 요인이 될 수 있다. (진짜 진상들뿐 아니라) 배가 고파서 서빙 직원들에게 진상 짓을 하는 손님들이 얼마나 많은가? 6장에서 공격성에 대한 상황요인들 중 하나로 배고픔을 꼽았는데, 늦도록 음식을 챙겨먹지 못하게 만드는 상황적 원인들은 아주 많다. 다른 한편으로 게을러서 또는 시간 관리를 못해서 하루 종일 먹지 못한다면, 이런 사람에게는 행그리가 거의 성격적 특징이 될 수도 있다. 이 경우 행그리한 상태의 손님에게 화를 내는 서빙 직원은 기본귀인오류를 범하는 것이 아닐지도 모른다. 하지만 서빙 직원들이 손님이 어떻게 하루를 보냈는지 또는 어떤 성격인지 알고 있을 가능성은 별로 없다.

공격성 연구자 브래드 부시먼은 뉴스 홈페이지들에 올라온 행거hanger 사례들을 연구해 발표했다. 그는 "낮은 포도당 수치는 연인이나 배우자 사이에 일어나는 폭력의 한 요인일 수 있다"라고 주장했다. 또 누군가와 어려운 상황을 처리할 일이 있으면 그전에 끼니를 해결하라고 권하는데, 단 고당분 식품은 슈거 크래시sugar crash*를 유발할 수 있으니 피하라고 한

• 당분이 많은 음식을 섭취한 후 시간이 지나면서 느껴지는 피로감과 무력감.

다. (슈거 크래시는 당분으로 인한 진짜 충돌을 의미할 수도 있겠다. 고당분 식품을 섭취하고 도로에 나갔다가 멍청한 운전자들 한 무리와 만났다면 말 그대로 충돌이 일어날 수도 있으니 말이다.)[13]

원인이자 결과인 기본귀인오류

'야기한다'나 '~로 이어진다' 등 내가 사용하는 동사에 주의를 기울여온 세심한 독자가 있다면 내가 단어들을 신중하게 골라 쓴다는 사실을 분명히 밝혀두고 싶다. (앞 장과 이 장에서) 기본귀인오류가 분노와 공격성을 야기할 수 있다고 말한다면 이미 그 말을 뒷받침해줄 진짜 실험들을 찾아보았다는 뜻이다. 실제로 기본귀인오류 같은 인지적 평가가 감정과 행동으로 이어진다는 점은 잘 알려져 있다.[14] 또한 분노와 공격성이 기본귀인오류를 야기할 수 있다는 사실도 밝혀졌다. '들어가는 글'에서 구스타프 이히하이저의 말을 빌려 지적했듯이 기본귀인오류는 사회가 처한 위기의 원인이자 증상일 수 있다. 물론 그 위기에는 대인관계의 갈등도 포함될 것이다.

기본귀인오류가 분노와 공격성을 초래할 수 있다는 사실은, 그것이 갈등을 피하거나 완화하기 위해 이해해야 할 중요한 주제임을 의미한다. 그러나 그보다 더 중요한 것은 분노와 공격성이 기본귀인오류를 초래할 수 있다는 사실을 아는 일일지도 모른다. 갈등이 얼마나 빨리 격화될 수 있는지 보여주는 것이기 때문이다. 더운 날씨나 악취, 계속 빨간 신호등에 걸리는 일 등이 사람들을 화나게 만들 수 있고, 화는 우리가 다른 사람에게 악의가 없을 때도 악의적 의도가 있다고 해석하게(기본귀인오류) 만들 수 있으며, 그러면 다른 사람들에 대한 우리 해석은 한층 더 편향될 수 있고, 기타 등등으로 이어진다. 집에서든 직장에서든 상점에서든 어디서든 이런 순환이 전개될 수 있다.

6장에서 이야기한 운전 분노 연구를 실시한 연구자들은 나쁜 운전에 대한 기질적 기인이 더 큰 분노와 공격성을 예측하는 강력한 요인이며, 분노가 클수록 기질적 기인도 더 강해진다는 것을 보여주었다. 그리고 이 연구자들은 기질적 귀인이 분노를 야기하고, 그 역도 참인 것처럼 쓴 경우가 많았다. 그러나 사실 대부분의 운전 연구들, 최소한 내가 인용한 연구들은 상관연구의 방법을 사용했다. 기억할지 모르지만, 상관관계는 인과관계를 의미하지 않는다. 그러나 이 연구 논문들을 쓴 사람들은 대부분 이러한 한계를 언급하지 않았다.[15]

그러나 다행히도 (상관연구들뿐 아니라) 진짜 실험연구들 중에도 그러한 양방향의 인과관계, 즉 여러 환경에서 기본귀인오류가 분노와 공격성의 원인과 결과 둘 다일 수 있음을 뒷받침해주는 연구들이 있다. 이런 연구들에서 연구자들은 실험 참가자들마다 다르게 유도된 감정 조건을 임의로 할당했고, 그중 분노가 기본귀인오류를 증가시킨다는 사실을 알아냈다(반면 슬픔은 기본귀인오류를 감소시켰다). 또 다양한 정도의 유도된 공격성을 임의로 할당했을 때는 어떤 개인에 대한 공격성이 클수록 그 사람의 기질을 부정적으로 보는 시각이 커진다는 것을 발견했다. 가장 많이 한 연구는 참가자들에게 서로 다른 귀인조건들을 할당하고, 특정 귀인들(성격 특정에 대한 귀인 또는 의도에 대한 귀인)이 실제로 분노와 공격성 등의 감정과 행위에 영향을 미친다는 점을 발견한 것이다. 이제 연구들 중 몇 가지 예를 살펴보려 한다.

귀인이 감정과 행위의 원인일 때

다양한 잠재적 원인들에 대해 생각해보면 동료에 대한 분노를 덜 느끼게 되는데, 이를 사회적 동기 훈련 연구들이 보여주었음을 앞에서 언급했다. 또 참가자들에게 특정 행동 또는 결과에 대한 구체적 귀인들을 제시하고, 그것이 참가자들의 감정과 행위에 미치는 영향을 관찰했다는 점에서 표적을 더욱 구체화한 또 다른 실험들도 있다.

한 실험에서는 약속된 시간보다 피자를 늦게 배달받는 시나리오를 설정해 실행했다. 그런 다음 피자 구매자인 실험 참가자들에게 전화를 걸어 배달시간이 달라진 이유로 배달원의 특성(예컨대 서투름)이나 상황(예컨대 교통상황)과 관련된 사정 등을 제시했다. 이때 기질귀인이 상황귀인에 비해 팁을 더 적게 주는 원인이 되었다. 약속보다 일찍 배달했을 때는 긍정적 특성 귀인(근면함)이 더 높은 팁으로 이어졌다.[16] 이 연구는 식당에서 기다리는 시간에도 적용되는 것 같다.

연구자들이 공격자의 의도에 관해 정보를 제공한 실험들도 다수 있다. 이런 실험에서는 먼저 (다른 참가자임을 가장한) 배우가 실험 참가자들을 자극하거나 해를 입혔다. 그런 다음 참가자들에게 해를 입힐 의도가 있었다고 하거나 그럴 의도는 없었다고 알렸다. 의도적 조건에서 참가자들은 더 크게 화를 냈고 더 공격적으로 보복했다.[17] 케네스 도지Kenneth Dodge가 수행한 전통적 연구에서는 한 아이가 다른 아이들의 퍼즐을 의도적으로 혹은 의도치 않게 흩트렸다. 의도적 조건에서는 먼저 흩트린 아이의 퍼즐도 흩트리는 비율이 더 높았다. 눈에는 눈, 퍼즐에는 퍼즐인 것이다.[18]

《마인드셋》의 저자 캐롤 드웩과 동료들의 몇몇 마인드셋 연구에서도 진짜 실험이 실시되었다. 이 실험들은 귀인(즉, 무엇이 무엇을 초래했다는 믿음)이 특정 감정들과 행위들을 초래할 수 있음을 보여준다. 고정 마인드셋의 참가자들은 특성들이 고정되어 있으며 바뀔 수 없다고 믿는다. 예를 들어 한 학생이 똑똑하다고 생각하거나 그렇지 않다고 생각할 수 있고, 이는 그 학생이 공부한 양이 많든 적든 달라지지 않는다는 것이다. 성장 마인드셋의 참가자들은 특성이란 바꿀 수 있는 것이며, 행동과 결과는 학생이 어떤 과목에 얼마나 전념해 노력을 기울이는가를 포함한 상황적 요인들에 더 크게 좌우된다고 믿는다.

많은 연구자들은 수년에 걸쳐 많은 참가자들에게 서로 다른 마인드셋을 임의로 할당하고, 그에 맞는 특정 방식으로 행동들을 설명하도록 훈련하거나 유도했다. 특정 마인드셋을 뒷받침하는 설득력 있는 논문을 읽게 하거나, 이를 뒷받침하는 개인적 예들을 생각해내게 하거나, 그 마인드셋을 효과적으로 표현하는 속담들을 읽게 함으로써 고정 마인드셋 또는 성장 마인드셋을 주입한 것이다. 이 모든 연구들에서 (기본귀인오류를 범하는 것과 유사한) 고정 마인드셋은 나쁜 행동을 한 이들에 대한 더욱 큰 분노와 보복으로 이어졌다.[19]

귀인이 결과일 때

앞 장 서두에서 소머스가 회전교차로를 막고 선 운전자에게 얼마나 화가 났는지 묘사할 때, 경적을 울리는 것이 분노가 그만큼 진심임을 반영한다고 언급했다. 다른 운전자를 바보로 보는 것 역시 분노를 그만큼 진실하게 담아낼 것이다. 여기서 하려는 말은 사람들이 일관성을 좋아한다는 것이고, 그래서 (원인이 무엇이든) 분노가 일어나면 그 분노를 정당화하고자 전형적으로 분노에 일치하는 인지 또는 지각도 일어난다는 것이다. 그런 지각들에 기본귀인오류도 포함된다. 소머스의 분노는 그 운전자가 정말로 멍청이였다면 더욱 정당화되었을 것이다.

감정이 생각을 앞선다는 이런 개념은 인지부조화 이론의 중요하지만 비교적 잘 알려지지 않은 원리 중 하나다. 인지부조화란 불일치가 일으키는 불편함이며, 인지부조화 이론은 수십 년 동안 그 타당성이 뒷받침되어왔다. 레온 페스팅거Leon Festinger는 1934년에 인도에서 지진을 겪은 뒤 부조화에 관한 개념을 떠올렸다. 지진의 영향을 받은 지역 근처에 사는 주민들에게는 불안과 공포가 생겨났고, 더 지독한 재난이 닥쳐올 것이라는 소문이 돌았다. 페스팅거는 사람들이 자신들의 공포를 정당화하기 위해 스스로 그런 소문을 지어서 퍼트렸을지도 모른다고 생각했다. 후에 그는 "세상을 보는 자신의 관점을 자신이 느끼는 것 또는 자신이 행한 것과 일치하도록 만드는 것"이 부조화를 줄이는 일이라고 개념화했다.[20]

이와 비슷하게 만약 우리가 직장 동료나 배우자에게 화가 났다면 (무의식적으로) 그 사람의 행동을 분노에 맞춰 설명하거나, 혹은 배후의 상황요인들에 대해 알아보기를 꺼릴 것이다. 그런 상황요인들은 부정적 추측, 특히 적대적 의도에 대한 추측을 손상시킬 수 있기 때문이다. 실제로 우리가 논의할 몇몇 분노 연구는 분노가 참가자들이 유의미한 상황요인들을 고려하지 않도록 만들었음을 보여준다. 심지어 그 참가자들이 범죄를 검토하는 수사관들일 때도 그랬다.

다수의 실험에서 연구자들은 참가자들에게 무작위로 슬픔 조건 또는 분노 조건을 할당했다. 감정을 유도하는 일차적 방법은 참가자들에게 슬프거나 분노했던 개인적 경험을 가능한 한 생생하게 시각화해 보도록 하는 것이다. 한 연구에서 참가자들은 자신의 경험을 글로 묘사해야 했다. 또 다른 방법은 참가자들에게 슬픔이나 분노의 표정을 지어보라고 하는 것이다. 이런 방법들은 의도한 감정을 만들어내는 것으로 증명되었다. 그런 다음, 구체적인 실험에 따라 다르겠지만 참가자들은 가해자와 피해자가 있는 시나리오 또는 그냥 부정적 결과만 있는 시나리오 등 다양한 시나리오를 읽게 된다. 어떤 사람이 로맨스에 대해 품었던 기대가 좌절되는 스토리가 담긴 시나리오도 있었다.

요컨대 분노는 참가자들이 더 단순하고 징벌적인 관점에서 생각하도록 만들고 기본귀인오류를 범하게 하는 반면, 슬픔은 그 반대 상황을 초래한다는 (또는 더 중립적인 반응을 이끌어낸다는) 것이다. 슬픔에 비해 분노는 참가자들이 부정적 결과에 대해 사람들과 그들의 기질을 더 탓하고, 상황요인들을 덜 탓하게 만들었다. 분노는 참가자들이 부정적 행동을 더 의도적인 것으로 평가하도록 이끌고, 잘못한 사람을 벌하려는 의지를 더 강하게 표현하도록 유도했다. 또한 분노는 범죄 수사관들이 형사 사건에서 상황요인을 덜 고려하게끔 이끈 반면, 슬픔은 모든 정보를 더 철저히 처리하도록 이끌었다.[21]

그리고 자신의 분노를 공격적 행동으로 표출하는 사람들 중에는 심지어 자신 때문에 피해를 입은 무고한 사람들을 비난하고 그들이 당해도 싸다고 주장하는 이들도 있다. 다음 장에서는 피해자 탓하기를 다룬다.

8장

피해자 탓하기

사람들이 무작위로 닥친 불운에 해를 입은 사람들을 비난하면서
세상은 공정하다고 주장할 때 … 이는 명백하게 그 사람 외부에 존재하는
것 (운이든 우연이든 운명이든 원하는 대로 불러도 좋다) 을 그 사람
내면의 특징들과 혼동하는 것이다.

—토머스 길로비치, 리처드 에이바크
《정말 중요한 상황에서의 기본귀인오류The Fundamental Attribution Error Where It Really Counts》에서)

우리는 싫어하는 사람에게 상처 주는 경향만 있는 게 아니라
우리가 상처 준 사람을 싫어하는 경향도 있다.

—데이비드 마이어스(《마이어스 사회심리학》 저자)

운전할 때의 기본귀인오류를 다룬 6장에서 누군가 다치는 사람이 생기는 도로 위 분노 폭발 사례들을 이야기했다. 그런 사건들에서 가해자 또는 자동차 사고에 책임이 있는 사람은 곧잘 피해자를 탓한다. 이는 얼핏 법적 유죄성을 피하려는 시도처럼 보인다.

운전 외 상황의 대인관계 갈등을 다룬 7장에서는 감정이 생각을 앞설 수 있고, 분노가 말 그대로 기본귀인오류를 초래해 타인을 부당하게 비난하도록 만든다는 사실을 보여주는 부조화와 귀인 연구에 관해 이야기했다. 또한 개인에 대한 공격이나 상해 행위(주로 분노 때문에 일어나는)가 공격자로 하여금 공격받는 사람에 대해 더 부정적인 기질적 귀인을 하게 만들 수 있다는 연구들도 언급했다. 개인을 공격한 일은 공격이 전혀 일어나지 않았을 때에 비해 공격자가 그 사람을 더욱 싫어하게 만들 수 있다.

사회심리학 교과서 저자인 데이비드 마이어스는 이렇게 썼다.

> 우리는 싫어하는 사람에게 상처 주는 경향만 있는 게 아니라 우리가 상처 준 사람을 싫어하는 경향도 있다. … 상처가 될 말을 내뱉든 전기충격을 가하든 죄 없는 피해자에게 해를 입히는 행위는 전형적으로 그 공격자가 피해자를 폄하하도록 유도하고 그럼으로써 그들이 자신의 잔인한 행동을 정당화하도록 돕는다.[1]

한심하게 들릴 수 있지만, 다른 사람에 대한 잔인한 행동은 보통 그 사람이 좋은 사람이 아닐 때 더 정당화되는 느낌이 든다. 우리 자신의 잔인한 행동은 (우리가 자신을 괜찮은 사람으로 보고 있다면) 우리의 에고를 위협하거나 자아상과 불일치한다는 느낌을 줄 수 있다. 그러므로 도로에서 분노를 터뜨린 것에 대해 피해자를 탓하는 일은 단순히 법적 유죄성을 피하려는 것 이상일지 모른다. 에고를 보호하려는 것이거나, 자신을 괜찮은 사람으로 보는 시각과 그럼에도 죄 없는 사람에게 해를 입힌 행동 사이의 부조화를 회피하려는 것일 수 있다. 그런데 잠깐, 그 사람이 그리 죄 없는 사람이 아닐 수도 있지 않은가? 그렇다. 바로 그거다.

한 개인에 대한 공격이 가해자가 그 사람을 폄하하게 만드는 원인이라면 그 폄하는 단지 상처에 모욕을 더하는 것이 아니다. 실제로 상처가 모욕을 초래하는 것이다.

피해자 탓하기의 사례는 무수히 많다. 모든 사례의 이유들은 최소한 세 범주로 분류해 논의해볼 수 있다. 가장 미묘하고 반직관적인 이유는 대인관계 갈등의 한 예를 통해서 설명이 가능하다. **당신이** (의도했든 하지 않았든) 피해자에게 상처를 입혔고, 그런 다음 피해자를 폄하함으로써 마음의 짐을 덜어내는 것(모두가 이런 과정을 거치진 않는다)이다. 6장 서두에서 말했듯이 대인관계 갈등과 피해자 탓하기, 운전 분노는 모두 이 지점에서 만난다. 이 장에서 셋의 연관성이 완성된다. 그러나 피해자 탓하기는 도로 이외의 수많은 환경에서도 일어난다.

사람들은 집이나 직장에서 사고를 당했다고, 소매치기나 강도를 당했다고, 총에 맞거나 죽임을 당했다고(특히 경찰에 의해), 강간이나 성폭행을 당했다고, 가난하다고, 무직이라고, 압류로 집을 잃었다고, 의료보험이 없다고, 에이즈나 다른 병에 걸렸다고, (프로 풋볼 선수인데도) 집단 괴롭힘을 당했다고,[2] (2016년 올란도 나이트클럽 총기 난사와 같은) 총기 난사를 당했다고,[3] (허리케인 카트리나 같은) 자연재해를 당했다고[4] 비난을 받기도 한다. 만약 끔찍한 행동을 했거나 끔찍한 결과에 처한 사람이 어린아이라서 차마 비난하지 못할 경우 그들의 부모를 탓한다. 아장아장 걷는 어린아이가 고릴라 우리에 들어가는 바람에 동물원 관리자들이 할 수 없이 소중한 고릴라를 죽여야 했을 때, 또는 워싱턴 DC를 방문한 8학년생들이 같이 사진을 찍어주겠다는 하원의장의 제안을 거부했을 때처럼 말이다.[5]

이런 결과가 벌어졌을 때 비난받는 사람들에게 언제나 비난받을 점이 없다는 말은 아니다. 아무 책임이 없다는 말도 아니다. 직장에서 저지른 실수가 사고 발생의 원인이 되기도 한다. 부모들은 아이들을 통제하려고 더 애쓸 수도 있었다. 집단 괴롭힘으로 부상을 당한 선수는 그러한 괴롭힘이 아주 위험해질 수 있음을 충분히 인지해서 순응의 압박에도 불구하고 각오를 단단히 해 결단을 내릴 수도 있었을 것이다(그가 이렇게 자유의지를 행사하는 것이 그 선수에게 한 나쁜 행동들을 정당화해주는 것은 아니다).

그러나 이런 경우들에서도 흔히 그 사람들이 받아 마땅한 비난의 크기를 과하게 부풀리고, 그런 과정에서 전형적으로 상황의 역할을 과소평가한다. 역설적인 것은 가해자가 아직 잡히거나 처벌받지 않았을 경우, 부상이나 피해가 더욱 심각하고 오래 지속될수록, 그리고 피해자가 약한 존재일수록 피해자 탓하기가 더욱 심해진다는 사실이다.[6] 사람들은 성적 학대를 당한 어린아이들을 탓했다. 자신이 아이들의 과거 삶으로 가보지 않고서는 그 비난을 정당화할 수 없음에도 말이다.[7] 자연재해로 피해를 입은 사람들은 그들이 겪은 고통과 죽음, 심지어 재해 그 자체에 대해서까지 비난을 받았는데, 그중에는 그들이 동성애자이거나 그 옹호자이기 때문이라는 비난도 포함되었다.[8] 피해자 탓하기를 연구하는 켄트 하버 Kent Harber와 동료들은 "가장 연민으로 감싸줘야 마땅할 사람들을 탓하는 것은, 변태적이라고까지 말할 수는 없다면 적어도 역설적인 일로 보일지 모른다. 하지만 피해자 탓하기에는 심리학적으로 중요한 기능이 있다."[9]

나는 피해자 탓하기의 사례를 모두 이야기하지는 않을 것이다. 피해자 탓하기만을 더욱 전면적으로 다룬 책들이 이미 많고, 특히 강간이나 가난과 관련해 그 주제의 책들이 많이 나와 있다. 나는 피해자 탓하기를 변명하려 하지도 않을 것이다. 그 대신 피해자 탓하기의 '심리학적 기능'에 관해 이야기하고자 한다. 하버는 그중 가장 흔히 거론되는 한 가지 기능만 언급했지만, 앞에서도 말했듯 그토록 많은 사람들이(많은 경우 의식하지도 못한 채) 피해자 탓하기 형태의 기본귀인오류를 저지르는 이유는 최소한 세 가지라고 생각한다.

피해자를 탓하게 되는 이유를 알고 그에 관해 더 알아보면 피해자 탓하기를 피하는 데 도움이 된다. 특히 우리가 피해자를 탓하는 것이 앞서 나온 도로 위 분노의 예처럼 에고에 대한 위협 때문으로 판단할 수 있다면, 피해자를 탓하지 않아도 되도록 에고를 보호하거나 북돋울 다른 방법을 찾아볼 수 있다. 에고를 북돋워주는 다른 방법들이 피해자 탓하기를 줄인다는 것은 연구 결과들이 이미 밝혀온 바다. 에고에 대한 위협이 부정적 감정들을 만들어낸다면, 부정적 감정을 털어놓는 것이 피해자 탓하기를 줄일 수 있음을 보여준 연구도 있다. 피해자를 탓할지 말지 결정하기 전에 자신이 어떤 감정을 느끼는지 누군가에게 이야기해보라.[10]

피해자 탓하기를 줄이는 일이 너무나도 중요한 이유는, 죄 없는 사람이 불운이나 물리적 공격으로 고통받는데, 그런 고통을 받는다는 이유로 비난까지 받는다면 여러 부정적인 결과가 생길 수 있기 때문이다. 피해자 탓하기는 고통받거나 어려움에 처한 사람들을 기꺼이 도우려는 다른 사람들의 의지까지 꺾어버린다.[11] 또한 피해자들의 자기비난과 자기침

묵, 불안, 우울, 외상 후 스트레스 장애의 위험도 높인다.[12] 자기비난은 자신에 대해 기본귀인오류를 범하는 몇 안 되는 사례 중 하나다. 이는 역설적이게도 우리에 대한 다른 사람의 기본귀인오류 때문일 수 있다.

그래서 피해자 탓하기의 몇몇 사례들을 이야기하고, 관련 연구들을 소개하면서 피해자 탓하기의 세 가지 이유를 하나씩 살펴보려 한다. 그런 다음 재해나 이혼, 사랑하는 사람의 죽음처럼 불행의 외적 원인들이 명확히 존재하는데도 불행해졌다는 이유로 비난까지 받는 사람들의 사례에 대해서 논의할 것이다. 이 주제를 나는 애매한 중간 영역gray area이라고 부를 것이다. 당신의 불행에 대해 당신을 부당하게 비난하는 사람들이 어떤 경우에는 실제로 당신을 도우려 애쓰는 (심지어 그런 방식으로 당신을 돕도록 임상적 훈련을 받은) 사람들일 수도 있기 때문이다.

특히 성폭력과 아동학대의 영역에서는 치료사들과 피해자들 다수가 '피해자'보다는 '생존자'라는 명칭을 선호한다. 트라우마를 남기는 사건을 겪은 후에 피해자 역할을 받아들이지 않는 것에는 잠재적 이점들이 있다는 사실을 나도 알고 있다. 두 명칭을 상호 배제적인 것으로 취급할 생각도 없다. 공격당한 것은 비난받을 일이 아니라는 사실이 트라우마에서 회복할 힘과 회복탄력성을 앗아가지는 않는다.

피해자 탓하기의 이유들

개인적 부조화

도로 위의 분노 사례나 그 밖의 다른 사례들에서 공격자가 누군가를 다치게 한 경우, 그 공격자는 자신을 괜찮은 사람으로 보는 생각과 그럼에도 죄 없는 누군가를 다치게 만들었다는 사실 사이에서 부조화를 느낄 수 있다. 피해자를 폄하하는 것은 그러한 부조화를 줄이고 에고에 대한 위협을 처리하는 데 도움이 된다. 이런 공격자들은 그 순간에는 피해자가 어떤 식으로든 그런 결과를 자초했다고 진심으로 느낄 수도 있다.

이 과정을 증명한 고전적 연구에서는 참가자들에게 그들이 어떤 사람에게 전기충격을 가해야 한다는 이야기를 들려준다. 사실 그 사람은 또 다른 참가자인 것처럼 연기하는 배우다. 참가자들은 전기충격을 가하는 것에 대해 과도한 압박감을 느끼지는 않았다. 외적 압박이 "실험자가 내게 그렇게 시켰다"는 식으로 그들의 부조화를 줄여줄 대안적 수단을 제공했기 때문이다. 충격을 가한 뒤 참가자들은 대조군에 비해서도, 충격을 가하기 이전에 비해서도 상대방을 전형적으로 호감이 안 간다거나 친절하지 않다고, 혹은 자신과 가까운 친구나 룸메이트가 되기에 부적합한 사람이라고 평가했다. (실제로 전기충격이 가해지지는 않았지만 참가자들은 자신이 충격을 가했다고 믿었다.)

유사한 또 다른 실험은 이러한 피해자 폄하 효과가 참가자들이 보복을 전혀 예상하지 못할 경우에만 나타난다는 사실을 발견했다. 이런 예상은 피해자가 더욱 무력한 존재라는 사실과 연관될 수 있다. 가해자가 폭력적으로 행동하도록 피해자가 유도했다고 말하는 가정폭력의 사례들이 이에 해당한다. 또 다른 연구에서는 먼저 참가자들에게 자존감을 높여주는 긍정적 피드백을 해주었을 때 피해자 폄하 효과가 더욱더 명백히 나타났다. 연구자들은 긍정적 자아상을 갖고 전기충격을 가하는 단계로 들어가면 자아상과 피해자에게 고통을 가하는 일 사이에 부조화가 더 커지기 때문이라고 말했다. 이 연구 결과는 이런 식의 피해자 비난하기가 에고 보호와 관련된 일임을 강력하게 시사한다.[13]

도로 위 분노와 심각한 공격성의 사례들은, 일상의 상호작용에서 우리 책임으로 다른 사람이 고통받는 일들에 비하면 드문 일일 것이다. 마이어스가 말했듯이, 상처가 될 말 한마디를 던진 것도 상처 입은 사람을 탓하는 결과로 이어질 수 있다. 누군가에게 잘못된 말을 했거나 지나치게 공격적으로 행동한 적이 있는가? 의도치 않게 누군가를 울리거나 불쾌하게 만든 적이 있는가? 상처를 입은 사람이 그렇게 예민하게 굴지 말았어야 한다거나, 얼굴이 좀 더 두꺼워질 필요가 있다고 생각하는 것도 은근한 형태의 피해자 탓하기일 수 있다. 적어도 당신이 그런 상황에 처한 적이 있다면, 이런 점을 생각해보는 것이 좋다.

더 흔한 것은 피해자의 아픔이나 괴로움에 자기 책임이 없을 때 피해자를 탓하는 일이다. 도로 위의 분노를 밖에서 지켜보는 사람들과 법정 소송의 배심원들은 피해자들이 상황을 자초하지 않았는지, 혹은 그런 일을 막기 위해 더 할 수 있는 일을 하지 않은 건 아닌지 하고 생각하는 경우가 많다. 강간 피해자를 관찰하는 사람들이 특히 이런 가능성들을 많이 고려한다. 때로 가해자 측 변호사들이 이런 쟁점들을 제기하기도 한다. 이런 경우에는 피해자를 비난하는 사람들 자신의 에고가 걸려 있지 않다. 따라서 피해자 탓하기가 늘 자아 보호와 개인적 부조화 줄이기와 관련된 것은 아니다. 그렇다면 피해자들을 탓하는 또 다른 이유는 무엇일까?

정의로운 세상에 대한 믿음

피해자 탓하기의 이유 중 연구자들과 대중서 저자들이 가장 많이 주목하는 것은, 피해자를 탓하는 것이 세상은 정의롭다는 믿음을 유지하게 해주기 때문이라는 점이다. 피해자 탓하기에 대한 연구 문헌이 방대해진 이유는 1980년에 멜빈 러너가 제안한 '정의로운 세상 이론just-world theory'

때문이다. 세상이 정의롭다는 관점에서는 좋은 사람들에게 좋은 일이 일어나고 나쁜 사람들에게 나쁜 일이 일어난다. 나쁜 일이 좋은 사람 또는 그런 결과를 당해서는 안 될 사람에게 일어난다면 그런 세계관은 위태로워진다. 세계관이 위태로워지면 그 세계관을 지닌 사람은 심기가 불편해지는데, 정의로운 세상 세계관은 특히 더 그렇다. 단순히 말해 무고한 사람들이 고통받는 모습은 정의로운 세상에 대한 믿음과 부조화를 이루는데, 피해자 탓하기가 그 부조화를 줄여준다는 것이다.[14]

정의로운 세상에 대한 믿음이 위협받을 때 너무 큰 부조화와 스트레스를 느끼는 사람이 많아서 그 스트레스를 줄이기 위한 다양한 방법들이 개발되었다. 1980년에 출간된 러너의 책에는 정의로운 세상에 대한 믿음이 위협당할 때 대처하기 위한 몇 가지 전략이 실려 있다. 그러니 꼭 죄 없는 피해자들을 비난하는 일에만 혈안이 된 것이라고 볼 수는 없다. 의식적인 것과 무의식적인 것 모두를 포함해 다른 선택지들도 있는 것이다. 실험 참가자들은 고통이 진행될 때 그 고통을 줄이거나 멈출 수 있는 기회가 주어지면 피해자를 비난하기 전에 그 일을 했다. 또한 "고통이 강인한 인격을 만들어준다"라는 확신을 가질 수 있다면 피해자 탓하기를 하지 않았다. 그러나 경험적으로 피해자 탓하기는 정의로운 세상에 대한 믿음을 회복하는 효과적이고 흔한 방법이다.[15]

세상이 정의롭다는 믿음은 뿌린 대로 거둔다거나 행한 대로 돌아온다는 통념과도 일맥상통한다. 흥미롭게도 이런 속담들은 'B를 함축하는 A'의 문제에 해당할 수 있다. 1장에서 대부분의 기본귀인오류 사례는 A가 B를 함축한다면 B도 반드시 A를 함축해야 한다는 잘못된 가정으로 요약할 수 있다고 말했다. 여기서도 그 오류가 작동하고 있는 것으로 보인다. 설령 나쁜 씨앗을 뿌리거나 나쁜 일을 행한 것이 실제로 항상 부정적인 결과로 귀결된다(A가 B를 함축한다)고 하더라도(물론 모두가 이 생각에 동의하는 것은 결코 아니다), 어떤 부정적인 결과의 발생이 꼭 그 결과를 가져올 나쁜 일을 행했다는 뜻은 아닌 것이다. B에는 A 외에 다른 원인들도 있을 수 있다.

가해자가 아직 잡히거나 처벌받지 않은 경우, 부상이나 피해가 더 심각하고 오래갈 경우, 피해자가 유난히 무력한 존재일 경우 피해자에 대한 비난이 더욱 심해진다는, 앞에서도 언급한 역설적인 연구 결과는 정의로운 세상에 대한 믿음이 피해자 탓하기의 원인이라는 이론을 뒷받침한다. 그런 상황들은 피해자에게 닥친 결과가 더욱 불공평하고 부당하게 보이도록 만들어 세상은 정의롭다는 관점에 큰 위협이 되므로, 실제로 피해자 탓하기를 더 부추긴다. 세상이 정의롭다는 믿음이 강한 사람일수록 피해자를 탓할 가능성이 더 크다는 연구 결과 역시 정의로운 세상에 대한 믿음이 피해자 탓하기의 원인임을 뒷받침한다.[16]

통제욕구

3장의 '기본귀인오류를 추동하는 동기들'(118쪽 참조)이라는 부분에서 이야기했듯이, 기본귀인오류는 환경에 대해 통제감을 느끼고 싶은 욕구 또는 실제로 할 수 있는 이상으로 예측하거나 이해하고 싶은 욕구 때문에 일어날 수 있다. 나는 통제감이 줄어들수록 오인이 더욱 심해진다는 점을 보여준 연구들도 언급했다. 연구의 참가자들은 존재하지도 않는 연관관계를 찾아냈다. 그런 연관관계에는 나무를 두드리면 운이 좋아진다는 등의 미신적 믿음도 포함된다.[17] 또한 개인의 실직 상태나 가난을 그 사람이 게으르기 때문이라고 설명하는 예도 언급했다. 자신이 게으르다고 생각하지 않는 사람은 그런 설명을 통해서 실직이나 가난에 대한 두려움을 떨칠 수 있기 때문이다. 자기 미래에 대해 통제력이 있다는 생각은 안도감을 준다.

피해자 탓하기의 여러 사례들은, 생계나 목숨에 대한 통제력을 잃을지도 모른다는 공포가 우리로 하여금 끔찍한 일의 결과를 피해자의 어떤 잘못과 연결 짓도록 만들 수도 있음을 보여준다. 예측할 수 없는 무시무시한 일이 우리에게도 일어날 수 있다는 두려움(이 두려움은 죄 없는 다른 사람들에게 그런 일이 일어났다는 사실 때문에 촉발된다)은 단순히 정의로운 세상에 대한 믿음이 위협받는 것이 아니다. 통제할 수 있다는 착각은 정신 건강에 아주 중요한데,[18] 통제할 수 없는 요인들이 언제든 우리에게 해를 입힐 수 있다는 공포가 생기면 그 착각은 무너지고 만다. 피해자 탓하기는 그 공포를 억제해준다.

정의로운 세상에 대한 믿음을 연구하는 이들은 통제욕구를 그 믿음과 연결하기도 한다. 그러나 '정의로운 세상 이론'의 창시자인 멜빈 러너는 그 믿음을 그 자체를 위한 동기로 간주하고, '통제할 수 있는 세상'에 대한 믿음과는 구별한다.[19] 그런가 하면 정의로운 세상에 대한 믿음은 확실성에 대한 전반적 욕구에 포괄될 수 있다고 주장하는 이들도 있다. 심지어 어떤 이들은 정의로운 세상에 대한 '믿음'이 정의로운 세상에 대한 심리적 '욕구'와 다르다는 논점을 제기하기도 한다.[20] 그러므로 나는 피해자 탓하기를 설명할 때 통제나 확실성에 대한 욕구 또는 통제를 상실할 수 있다는 공포를 정의로운 세상에 대한 믿음과 구별할 것이다.

정의로운 세상에 대한 믿음과 통제 및 확실성에 대한 욕구를 구별하는 것이 중요한 이유는 그로부터 피해자 탓하기를 줄일 또 다른 방법들을 찾을 수 있어서다. 피해자 탓하기가 에고에 대한 위협 때문에 일어날 경우, 에고를 강화해줄 다른 방법들을 통해 피해자 탓하기를 줄일 수 있음을 발견한 연구들을 언급했었다. 이와 유사하게, 예컨대 종교처럼 (피해자 탓하기 외에) 통제감이나 확실성을 강화할 수 있는 대안적 방법들은 사람들이 처한 비극을 설명해야 할 때 통제력 상실을 느끼는 사람들의 피해자 탓하기를 줄여줄 수 있을 것이다. 사람들의 '안전감'을 강화하는 수단으로서 "참가자들로 하여금 자신에게 중요한 가치들을 확언하게" 만들면 통제감 저하 때문에 전형적으로 발생하는 오해들을 미연에 방지할 수 있음을 보여준 연구들이 있다. 이 연구자들은 심리치료를 통해 통제감을 높여줄 경우에도 내담자들이 다른 사람들의 존재하지도 않는 부정적 의도를 찾아내는 일을 막을 수 있을 거라고 추측했다.[21]

또는 사람들로 하여금 불확실함을 더 편안히 받아들이게 만들 방법을 찾을 수 있다면 그 역시 피해자 탓하기를 줄여줄 것이다. 나는 이미 연구를 통해, 천성적으로 통제욕구와 확실성에 대한 욕구가 낮은 사람들은 기본귀인오류를 범하는 일이 더 적다는 사실을 발견했다.[22] 이 개인차에 관한 연구는 9장에서 더 논의할 것이다.

애매한 중간 영역

지금까지 이야기한 피해자 탓하기의 실제 사례들은 비교적 단순명료했다. 그러나 나날의 일상에는 미묘하고 해석하기 더 어려운 형태의 피해자 탓하기도 있을 수 있다. 이런 일부 사례들을 애매한 중간 영역이라고 칭하려 한다. 어떤 독자들은 여기서 제시되는 피해자 탓하기의 요소들에 진심으로 공감할 수 있겠지만, 또 다른 독자들은 너무 호들갑을 떤다고 생각할 수도 있기 때문이다.

아메리칸드림

아직 '아메리칸드림American dream'이 살아 있다는 데 모든 미국인이 동의하지는 않으며, 정치인들 역시 아메리칸드림에 대해 각자 말하는 바가 다르지만, 어쨌든 아메리칸드림이란 기본적으로 충분히 열심히 일하면 성공해 부자가 될 수 있다는 전통적 관념을 말한다. 이 진술을 논리학 용어로 (대우로) 바꿔 써보면, 당신이 성공하지 못했거나 부유하지 않다면 충분히 열심히 일하지 않은 것이라는 말이 된다. 이런 관념은 직장이 없거나 가난한 사람들에 대한 전형적인 피해자 탓하기다. 아메리칸드림을 장려하는 사람이 피해자를 탓할 의도로 그랬다는 말은 아니다. 사실 정반대일 수도 있다. 공개적으로 아메리칸드림을 지지하는 것은 사람들에게 행동의 자극을 주고 애국심을 보여주려는 의도일 수 있다.

주택도시개발부 장관 벤 카슨Ben Carson은 아메리칸드림을 믿는 것 같다. 그는 가난하게 태어났지만 매우 큰 성공을 거두었기 때문에 자신을 아메리칸드림의 예로 들었다. 2017년에 그가 아메리칸드림의 개념을 한층 더 부각시키기 위해 가난은 '정신 상태'라고 말했을 때, 그의 생각은 뉴스거리가 되었다. 즉각적으로 반격이 일었고, 한 트위터 사용자는 집주인에게 임대료를 긍정적 사고로 지불해야겠다고 말했다.[23]

공정을 기하기 위해 카슨의 말을 좀 더 전체적으로 인용하면 다음과 같다. "가난은 상당 부분 정신의 한 상태이기도 하다." 또한 카슨은 사람들이 가난에 처할 위험을 최소화하기 위해 할 수 있는, 연구 결과를 기반으로 한 여러 제안도 내놓았다. 일부 사회과학자들은 마음가짐과 결과의 상관관계는 해석하기 까다로우며, 특히 카슨(성공했고 추정컨대 긍정적 마음가짐을 가진)과 같은 사례는 더욱 그렇다는 반응을 보였다. 가난과 결핍의 경험은 실제로 카슨이 가난의 원인이라고 말한 부정적 마음가짐의 원인일 수도 있기 때문이다. 한 사회과학자는 카슨의 견해에 대해 이렇게 말했다. "내 생각에는 그가 그 관계를 거꾸로 이해한 것 같다."[24]

공화당원인 카슨에 대해 좀 더 공정하게 말하자면, 정치적으로 그의 반대편에 있는 사람들 역시 아메리칸드림을 지지한다. 그러나 《21세기의 아메리칸드림 The American Dream in the 21st Century》의 편저자인 존 케네스 화이트John Kenneth White에 따르면 일반적으로 민주당원들은 모든 사람이 아메리칸드림을 성취할 기회를 높이는 정부 주도의 정책을 지지할 공산이 큰 반면, 공화당원들은 미국에는 스스로 자신의 최대치를 이끌어낼 수 있는 자유가 있음을 강조하는 쪽이다.[25]

좋은 의도의 충고

때로 가까운 인간관계에서나 직장에서 매우 어려운 시기를 지날 때, 가까운 친구나 사랑하는 사람이 우리를 응원하려고 도움이 될 만한 방법들을 제안할 때가 있다. "너무 우울해하지 마." "그들에게 당신이 이런 기분을 느끼도록 허용하지 말아요." "난 네가 너 자신에게 이렇게 압박을 가해선 안 된다고 생각해."

어떤 사람들은 이런 말을 듣고 거기서 응원만을 감지하며 기분이 나아진다. 사실 이렇게 응원하려는 시도는 행동 자체를 제안하려는 의도라기보다는 단지 동정을 표현하려는 의도일 수 있다. 그러나 어떤 사람들은 저런 말속에서 나쁜 일이 일어나도록 우리가 '허용한다'거나 스스로 자신에게 압력을 '가하는' 거라는 함축을 감지한다. 우리가 실제로 그렇게 하고 있을 수도 있고, 저런 응원의 말들을 듣고 자신이 더 강한 사람이라고 느끼게 되어 스스로 상처 입히던 일을 그만둘 수도 있다. 그러나 부당하게 피해자 탓하기의 대상이 되었다고 느낄 수도 있다.

그리고 누가 알겠는가? 피해자 탓하기의 대상이 되었다는 느낌이 단지 우리 머릿속 느낌만은 아닐지도. 응원하는 사람이 마음 한 켠에서는 우리가 나쁜 일을 자초했다거나 스스로를 돕기 위한 행동을 충분히 하지 않았다고 생각할지도 모른다. 가까운 친구나 사랑하는 사람에게는 우리가 고통받는 모습을 지켜보는 것이 힘든 일이며, 특히 우리 탓도 아니고 통제할 수도 없는 일일 때는 더욱 그렇다. 너무나 부당한 일이기 때문이다. 이때 '정의로운 세상 이론'이 등장한다. 만약 우리에게 벌어지는 일이 부분적으로라도 우리 잘못이거나 우리가 일어나도록 방치한 측면이 있다면, 우리의 고통을 지켜보는 사람들이 좀 더 납득하기 쉬워지고 마음의 고통이 좀 덜어질 것이다.[26]

힘든 하루를 보내고 있는 사람들을 응원하려는 의도겠지만 '정의로운 세상 이론'의 렌즈로 읽는 사람에게는 불쾌할 수도 있을 듯한 몇몇 포스트를 페이스북에서 본 적이 있다. 이 포스트들은 색깔이 칠해진 커다란 사각형 안에 충고의 말들을 적어 넣은 것이다. 때로는 유명한 사람들의 충고도 있다. "당신의 동의 없이는 아무도 당신이 열등하다고 느끼게 만들 수 없다." "일진이 나쁜 날 따위는 없다. 우리가 하루 종일 붙들고 다니기로 **선택하는** 나쁜 순간들이 있을 뿐!"(강조는 내가 했다) 나는 어떤 트위터 사용자가 이런 글을 올리는 걸 충분히 상상할 수 있다. "천만다행이네. 자동차 사고로 입은 부상을 오늘은 붙들고 다니지 않겠다고 내가 선택만 하면 되는 거네."

《허핑턴 포스트》의 고참 필진인 캐롤린 그레고어Carolyn Gregoire는 좋은 의도로 쓴 기사에 "이것은 행복이 선택이라는 과학적 증거This Is Scientific Proof That Happiness Is a Choice"라는 제목을 달았다. 그녀는 이렇게 주장했다. "긍정심리학 분야에는 행복이 누구나 선택할 수 있는 것임을 보여주는 방대한 연구가 이루어져 있다.” 그리고 “어느 세대에나 가장 위대한 발견은 태도를 바꿈으로써 인생도 바꿀 수 있다는 것”이라는 유명한 심리학자의 말도 인용했다.[27] 물론 그 연구 결과들은 평균치를 말한다. 그레고어가 제시하는 방법들을 단순히 따라하는 것만으로 ‘누구나’ 행복해질 수 있는 것은 아니다. 하지만 ‘누구나’라고 말하는 것이 훨씬 행동에 자극이 되어주지 않을까? 아니다. 모두에게 그렇지는 않다. 어떤 사람들은 사기가 꺾이는 느낌을 받는다.

《사랑 그리고 배반의 신비Love and the Mystery of Betrayal》의 저자 샌드라 리데니스Sandra Lee Dennis는 행복에 대한 이러한 관점이 “배반을 알아보지 못하고 감정의 고통을 용납하지 않는 문화”에서 왔다고 해석한다. 데니스는 행복에 대한 그러한 접근법을 다음과 같이 묘사했다.

> 당신에게 어떤 일이 일어나든 당신의 현실은 스스로 창조한 것이라고 한다. … 이런 관점이 제시하는 결론은, 당신이 더욱 진화된 관점을 취해 억울하다고 느끼는 것을 멈추기만 하면 고통이 사라지리라는 것이다. … 인생 최악의 고통을 통과해내기 위해 그 어느 때보다 인정과 응원이 필요할 때, 이렇듯 의도는 좋으나 음흉한 절반의 진실로 이루어진 사이비 종교적 열정을 들이미는 것은 무참히 사기를 꺾는 일이다.[28]

이와 유사하게 심리학자 바버라 헬드Barbara Held는 감정적 고통을 겪는 사람이 더 바람직한 태도를 키우지 못했다는 비난을 듣고 결국 더 마음이 상하게 되는 것에 대해 “미국식 긍정적 태도의 독재”라고 표현했다.[29] 행복 연구자들도 사실은 태도가 행복의 ‘유일한’ 결정요인이 아님을 알고 있다. 그러나 긍정적 사고를 내세우는 자조 운동에 속한 일부 대중서 저자들은 그 메시지를 너무 지나치게 단순화한다.

또 다른 페이스북 인용문 상자에는 이렇게 적혀 있었다. "모든 것이 다른 사람의 잘못이라고 생각할 때 당신은 큰 고통을 받을 것이다. 모든 것이 자신에게서 나온 것임을 깨달을 때 당신은 평화와 기쁨 모두를 배우게 될 것이다." 여기서 극단적 양자택일의 오류(인지행동치료 전문가들이 인지 왜곡이라고 판단한) 때문에 당신이 겪는 고통은 당신 외에 다른 누구의 잘못일 여지도 없다. 그러나 이 말은 달라이 라마가 한 것으로 알려졌다(다른 곳에서도 확인해봤다). 물론 이 말은 더 길고 미묘한 논의의 맥락에서 떼어낸 것일 수도 있지만, 중요한 사실은 오직 '당신이 매사를 어떻게 인식하는가'뿐이라는 관념을 고취하는 철학과 심리치료가 분명히 존재한다는 점이다. "어떤 사람들은 스스로 폭풍우를 만들고는 비가 내리면 화를 낸다"처럼 피해자 탓하기에 관한 한 더욱 분명한 태도를 취하는 페이스북 포스트들도 있다.

때로는 좋은 의도를 지닌 지지모임 등 여러 단체들도 피해자가 **되는 것**을 피하는 데 도움이 될 방법들을 제안한다. 미국자동차협회 교통안전재단에 제출한 보고서에서 루이스 미젤Louis Mizell은 "불쾌감을 줄 수 있는 모든 유형의 범퍼스티커나 슬로건 전시"를 삼가라고 제안했다.[30] 자기가 붙인 범퍼스티커 때문에 도로 위 분노 공격을 받은 것이 자신의 책임이라는 함의에 불쾌감을 느끼는 사람들이 있을 것이다. 미젤이 피해자 탓하기를 하려는 의도는 아니었겠지만 말이다.

성폭행 당할 확률을 최소화하는 방법으로 여성들에게 하는 충고들 중에는 "취하지 않은 상태를 유지하라", "2인 1조 시스템을 써라"가 포함된다. 모든 여성이 이런 충고를 인정하는 것은 아니며,《뉴욕 타임스》에 〈강간 피해자 말고 강간 방조자들을 비난하라Blame Rape's Enablers, Not the

Victims〉라는 기사를 쓴 알렉산드라 브로드스키Alexandra Brodsky에 따르면 이는 사실상 전적으로 피해자 탓하기다. 브로드스키는 그런 충고가 "생존자들이 공격을 피하기 위해 당연히 사용했어야 한다고 가정하는 전략들에 초점을 고정함으로써 폭행범의 유죄성을 완화할" 수 있다고 썼다.[31]

학술지《폭력의 심리학Psychology of Violence》의 창간 편집자인 심리학자 셰리 햄비Sherry Hamby는 예방 프로그램에서 일하는 치료사들조차 그런 충고를 함으로써 부지불식간에 피해자 탓하기에 일조하고 있을지 모른다고 말했다. 다음은 인용된 햄비의 말이다.

> 절대적으로 안전한 것은 절대 집 밖으로 나가지 않는 일일 것이다. 그러면 피해자가 될 가능성이 훨씬 작아질 테니까. 나는 사람들이 범죄를 피하는 일에서 책임의 한계가 어디인지 철저히 숙고한 뒤 그런 말을 한다고 생각하지 않는다.[32]

치료 상황에서

그러므로 치료사들도 여성들에게 성폭행을 피하는 방법에 관해 좋은 의도로 충고하면서도 피해자 탓하기를 하고 있을 위험이 있다. 또 다른 연구들은 치료사들이 예방을 위한 충고 이상으로 강간 피해자들을 탓하는 일도 있고, 내담자가 어떤 맥락에서 찾아왔는지를 제대로 고려하지 못할 수도 있음을 보여주었다.[33] 물론 치료사라고 완벽한 사람은 아니다. 우리는 모두 편향에 빠질 위험이 있다. 그러나 치료사들은 내담자들이 가장 상처 입기 쉬울 때 그들을 상대하는 사람들이므로, 임상에서 생길 수 있는 피해자 탓하기의 가능성과 그 밖의 편향들에 관해 논의하는 것은 특히 중요한 일이라 여겨진다. 물론 어떤 치료사들은 다른 이들보다 편향으로 기울어질 위험이 더 크며, 모든 치료사가 매사를 동일하게 보는 것은 아니다.

어떤 치료사들은 거짓말을 한다며 내담자들을 대놓고 비난하거나 내담자가 단지 무언가를 수치스러워한다고 가정하는가 하면, 또 어떤 치료사들은 자신이 만든 상담실 환경에 대해 반성하며 자신을 책망한다.[34] 5장에서 사회적 역할을 다룰 때 언급했듯이, 내담자가 치료나 치료사에 대해 진심으로 우려되는 점이 있어도 그것을 숨기고 거짓말하거나 비밀로 할 때 이는 '모범적인 내담자' 역할 때문일 수 있으며, 꼭 수치나 거짓말하는 성향 때문이 아닐 수 있다.

한 치료사는 경력 초기에 내담자들이 "[그가] 졸려 보이거나 스트레스가 심해 보인다고 정확하게 지적했을" 때 창피해서 대개 그들에게 거짓말을 했었다고 털어놓았다. 그리고 사실은 정확했던 내담자의 판단에 대해 그 자신감을 훼손했을지 모를 자신의 행동을 후회했다. 그는 "때로 자신의 판단을 부인당하는 것은 미칠 것 같은 느낌이 들게 한다"고 썼다.[35]

이는 한 사례일 뿐이다. 모든 치료사가 쉽게 거짓말을 한다고 주장하려는 것은 아니다. 전혀 그렇지 않다. 그러나 내담자가 자신의 판단을 부인당했다고 느끼거나, 매사를 정확히 판단하지 못해 고통에 대해서까지 비난받는다고 느끼는 문제는 실제로 벌어진다.[36] 샌드라 리 데니스가 말했듯이 "당신의 현실은 스스로 만든 것"이며 태도를 바꾸는 것만으로도 감정적 고통을 끝낼 수 있다는 말은 "무참히 사기를 겪는 일이다". 이렇듯 태도 바꾸기를 권하는 방법을 쓰는 대부분의 치료사들은 그렇게 단순히 접근하지는 않을 것이다. 그리고 대부분 적절한 수준으로 지지할 다른 방법들을 통해 균형을 맞추도록 훈련받았을 것이다. 그래도 일부 내담자들은 여전히 사기가 꺾이는 느낌을 받을 수 있다. 특히 그 균형이 깨지고,

치료사가 내담자의 문제는 (내담자가 상황에 압도되고 있을 때도) 순전히 내담자 자신의 부정확한 인식 때문이라는 관점을 노골적으로 표현할 때 더욱 그렇다.

나는 임상 관련 문헌들을 읽어보기만 했을 뿐 심리치료 교육을 받은 것은 아니다. 따라서 되도록이면 짧게 인지행동치료의 주요 원리 하나에 관해 논평하려 한다. 그 원리는 내담자들이 불안이나 우울로 고통받는 것은 실제로 부정확하게 또는 불합리하게 생각하기 때문이라는 믿음으로 보인다. 물론 이런 가르침에는 많은 내담자들에게 힘을 줄 수 있는 잠재력이 있고 치료사들은 좋은 의도를 갖고 있겠지만, 그래도 그 믿음은 피해자 탓하기를 속에 품고 있는 것처럼 보인다. 실제로 치료사로 활동하는 이들 중 적어도 한 사람은 "인지행동치료에 내재한 피해자 탓하기 정신"이라고 표현함으로써 나보다 한걸음 더 나아갔다.[37]

《필링 굿 핸드북》의 저자 데이비드 번스를 비롯해 인지행동치료를 행하는 많은 사람들은 불안과 우울장애가 현실에 대한 인지왜곡 때문에 일어난다는 원칙을 전한다. 물론 많은 내담자들에게는 그런 경우가 사실일 수 있고, 그런 인지를 수정하려는 치료가 도움이 될 수 있다. 그러나 역설적으로 번스를 비롯한 여러 치료사들은 내담자의 사고를 바꾸려고 노력하는 과정에서 때때로 인지왜곡(심지어 번스 본인이 꼽은 상위 10가지에 포함된 왜곡)을 사용하기도 한다. 구체적으로 번스는 주기적으로 내담자들에게 "그렇다고 세상이 끝난 것은 아님"을 자각하라고 격려한다.

번스의 책에는 어떤 사람이 자기 딸을 병에 걸리도록 만들 수도 있는 실수를 저지른 사례가 나온다. 당사자는 겁을 먹었지만 번스는 "딸이 [병에] 걸렸다고 해도 그걸로 세상이 끝나는 것은 아니다"라고 말하는 '합리적인' 반응을 보였다. 그 뒤에도 인생은 계속된다는 확신의 말을 간간이 계속 건넨다. "당신이 항상 성공을 거두지 않더라도 삶은 계속된다"라는 식으로 말이다. 기나긴 책에서 내 주장에 들어맞는 부분만 골라내려는 것은 아니다. 거기에는 다양한 사례와 유형의 충고들이 담겨 있고, 그중 다수는 상당한 도움이 된다. 세상이 끝나는 건 아니라는 접근법도 어떤 내담자들에게는 도움이 될 수 있다. 그러나 자녀의 건강에 대해 두려움 섞인 걱정을 하는 대부분의 부모는 세상이 끝난 게 아니라는 말을 진심으로 믿지는 못할 것이다. 그 말을 믿지 않아 자신의 불안이 급격히 치솟을지라도 말이다. 치료사의 눈에는 부모의 염려를 그 정도로 과장하는 것이 번스가 '확대'라고 부르는 왜곡의 한 형태로 보일지도 모른다. 그리고 세상이 끝나지만 않으면 삶은 정상적으로 계속되는 거라고 강조하는 것은 "전부 아니면 무無의 사고방식"에 해당하는 왜곡으로 여겨진다.[38]

설혹 대부분의 내담자가 겪는 불안과 우울이 인지왜곡이나 과장 탓이라고 하더라도, 번스를 비롯한 여러 저자들은 이러한 가능성을 과도하게 일반화해 모든 내담자와 사례에 적용하는 듯하다. 나아가 인지행동치료를 지지하고 실시하는 이들 중 다수가 정신 건강의 전반적 그림을 복잡하게 만드는 두 가지 방대한 연구 문헌들을 무시하는 것 같다. 바로 우울성 현실주의depressive realism와 정신 건강에서 긍정적 환상의 역할에 관한 문헌들이다.

우울성 현실주의란 가벼운 우울증 증상이 있는 사람들이 우울증에 걸리지 않는 사람들보다 더 정확한 지각력을 갖는다는 연구 결과를 일컫는다. 실제로 우울하고 슬픈 사람들은 기본귀인오류를 저지르는 확률이 더 낮다.[39] 긍정적 환상에 관한 문헌들은 비현실적 낙관주의나 통제에 대한 환상 등 특정 편향이 정신 건강에 이로운 한 부분이며, 심지어 신체 건강에도 이롭다고 주장한다.[40] 이 문헌들에 관해서는 10장과 '나가는 글'

에서 더 논의할 것이다. 이 문헌들 내에도 논쟁들은 존재한다. 인지행동치료를 더 이상 받지 말라는 뜻이 아니다. 인지행동치료는 설령 당신의 인지가 왜곡되지 않았더라도 도움이 될 수 있으며, 어떤 치료사들은 인지행동치료의 요소들을 빌려와 더 광범위하고 다양한 접근법에 효과적으로 활용한다.

그러나 사회심리학자로서 나는 인지행동치료에 관한 책이나 논문을 읽을 때 우울성 현실주의나 긍정적 환상에 대한 언급이 전혀 없는 것은 위험신호로 여긴다. 인지행동치료를 가르치거나 실시하는 사람들과 이야기를 나누다가 그들이 그런 문헌에 관해 들어본 적도 없다는 사실을 알게 되면 그런 우려는 더욱 깊어진다.

인지행동치료는 흔히 불안증과 우울증을 치료하는, 증거에 기반을 둔 가장 좋은 방법으로 여겨지지만 모든 메타 분석이 여기에 동의하는 것은 아니다. 성공률은 내담자가 어떤 사람인지 등 다양한 요인에 따라 26~60퍼센트까지 다양하게 나타난다. 모든 사람에게 효과가 있지는 않은 것이다. 그리고 이 백분율에는 인지행동치료 시도를 거부한 내담자들은 포함되지 않는다.[41]

그들이 인지행동치료를 거부하는 이유 또는 그 치료가 모든 사람에게 효과를 내지 못하는 이유 중 하나는, 일부 내담자들이 말하고 일부 심리학자들이 인정한 바처럼 피해자 탓하기로 인해 사기가 꺾이는 느낌 때문이 아닐까 싶다. 일부 내담자들이 '숙제'를 하지 않는 것, 일부 사례는 너무 극단적이라는 점 등 다른 이유들도 있음을 안다. 그러나 인지행동치료가 모두에게 효과가 없는 이유는, 사람들이 불안증이나 우울증에 걸리는 것이 비합리성 때문이 아니라 오히려 진정으로 끔찍한 삶의 상황을 정확히 보고 있기 때문은 아닐까 싶다.

내담자들이 다 같지는 않다. 다음 장에서는 개인차에 대해 더 자세히 다룬다.

9장

개인도 중요하다

우리는 상황의 힘들이 지닌 위세에 예속된 노예들이 아니다. …
우리가 함께 탐색해온 모든 상황들 속에는 언제나 굳건히 버티는
몇 명[의 개인들], 소수가 있었다.

-필립 짐바르도(《루시퍼 이펙트》 저자)

끊임없이 당신을 다른 뭔가로 만들려 애쓰는 세계에서
당신 자신으로 존재하는 것은 가장 위대한 성취다.

-랠프 월도 에머슨Ralph Waldo Emerson(에세이스트, 시인)

스탠리 밀그램Stanley Milgram의 유명한 복종 연구에서는 흰색 실험용 가운을 입은 권위 있는 인물이 참가자들에게 극도의 압박을 가해 또 다른 참가자로 여겨지는 타인이 비명을 지를 정도로, 혹은 그보다 더 심하게 전기충격을 가하라고 명령한다. 그런 압박에도 불구하고 참가자들 중 35퍼센트는 명령에 따르기를 거부했다.[1]

솔로몬 애쉬의 유명한 동조 실험에서는 실험 참가자인 척하는 연기자 다섯 명이 탁자에 둘러앉아 몇 가지 시각 인지 문제에 대해 똑같이 틀린 답을 돌아가며 큰 소리로 말한다. 진짜 참가자는 정답을 알고 있으며 무리 중에서 마지막으로 답을 말하는 사람이다. 그대로 따라야 할 것 같은 압력에도 불구하고 참가자들 중 25퍼센트는 모든 문제에 대해 정답을 말했다. 그들은 자신의 생각을 결코 바꾸지 않았다.[2]

키티 제노비스는 1964년 뉴욕의 한 아파트 단지에서 주변에 있던 38명 사람들이 아무 도움도 주지 않는 동안 살해당했다고 알려져 있다. 주변에 사람이 너무 많으면 책임감이 분산되어 저런 결과가 벌어진다. 아니, 적어도 대부분의 기사는 그렇게 보도했다. 그러나 밝혀진 바에 따르면 (사건 초기에) 고함을 질러 가해자를 쫓아버린 사람이 한 명 있었고, 그 덕에 제노비스는 자기 아파트 건물로 들어갈 수 있었다.[3]

제노비스 사건에서 비롯된 최초의 방관자 효과 연구에서 존 달리John Darley와 비브 라타네Bibb Latané는 어느 학생이 간질 발작을 일으킨 것 같은 상황을 연출해 구내방송으로 실험 참가자가 들을 수 있게 했다. 똑같은 내용을 듣는 참가자가 (아무도 없는 것이 아니라) 세 명이 더 있는 것으로 여겨지는 상황에서도 참가자들 중 31퍼센트는 여전히 1분 안에 그 응급상황을 알렸다(혼자만 들었다고 생각한 참가자들 중에는 85퍼센트가 알렸다).[4]

이러한 예들은 맥락이 행동에 얼마나 큰 영향을 미치는지 보여주는 고전적 연구들에서조차 개인이 중요하다는 점을 증명한 수많은 예들 중 겨우 몇 가지일 뿐이다. 맥락이 모든 사람에게 영향을 미친 것은 아니었다. 전형적 패턴에 들어맞지 않고 상황요인들의 영향을 받지 않거나 덜 받은 개인들은 언제나 있었다. 이 개인들은 어떤 사람들인가? 그들의 성격적 특징에는 그들이 다르게 반응하도록 만든 뭔가가 있는 걸까?

잔은 완전히 비지 않았다

굳건히 버티는 소수의 개인들은 언제나 존재한다. 그러나 개인성에 가치를 두는 사람들에게 이것이 "그 잔은 반이 빈 것인가 반이 찬 것인가?"라는 식의 이야기가 아님을 말해두어야겠다. 앞에 나온 고전적인 연구들에서 대다수의 참가자들은 명백히 상황에 굴복했다(그들이 부끄러워했어야 한다는 뜻은 아니다). 오히려 내가 하려는 말은 잔이 완전히 비지는 않았다는 것이다.

사회과학 연구의 결과들은 늘 평균치다. 언제나 개인차들은 존재한다. 강력한 상황들이 대부분을 압도할지언정 모든 사람을 압도하는 경우는 흔치 않다. 어떤 사람들은 상황의 영향을 덜 받는 듯한 특징이나 경험 또는 목표를 갖고 있다. 상황이 실제로 영향을 미칠 때조차, 다소나마 우리의 어떤 측면 때문이지 우리 뜻을 완전히 거슬러 그렇게 되지는 않을 것이다. 일부 사람들에게는 특정한 상황적 영향들에 더 민감하도록 만들거나 시류를 따르는 쪽에 더 관심을 두게 만드는 성격적 특징이나 경험 또는 목표가 있다. 쉽게 자극되는 사람은 자극에 더 강력히 반응할 것이다. 이런 사례들은 상황의 영향력이 존재하지만 개인의 성격요인들이 그 영향력의 정도를 줄이거나 키울 수 있는, 일종의 사람과 상황의 상호작용이라 할 수 있다.[5]

그러나 성격요인과 상황요인이 단순히 동시에 작동할 수도 있다. 이 책 전체에 걸쳐 내가 전달하려고 노력해왔듯이, 사람들의 행동 또는 어떤 일들의 결과는 대개 성격적 요인과 상황적 요인들의 (상호작용뿐 아니라) 조합에서 비롯된다. 해로운 행동을 행하는 것은 엄밀히 말하면, 예컨대 명령을 받는 등의 상황적 압박과 공격적 성격이라는 개인의 성격적 특징 둘 다에 의해 초래될 수 있는 것이다. 십 대가 또래들과 어울려 미심쩍은 일을 따라하는 것은 순응압력과 올바른 판단력 부족 둘 다가 원인일 수 있다. 무모한 운전은 부분적으로는 멍청함과 부분적으로는 비상상황 때문일 수 있다. 직장을 잃는 것은 부분적으로 무능함 때문이고, 부분적으로 경제의 거대한 힘 때문일 수 있다.

보통 과소평가하는 것들은 순응압력, 경제적 힘, 보이지 않는 비상상황 같은 상황적 요인들이지만, 개인적 요인들도 여전히 중요할 수 있다. 개인도 그 방정식을 이루는 하나의 항인 것이다. 우리 생각보다 훨씬 작은 부분인 경우가 많지만, 그렇다고 꼭 제로 수준은 아니다. 개인의 성격적 특징은 맥락의 영향 못지않게 행동이나 결과의 한 원인이 될 수 있다 (반드시 그렇다는 말은 아니다).

개인적인 것을 놓치지 말자

사회심리학자로서 나는 사람들에게 맥락의 힘을 간과하지 않도록 가르치기 원하는 전통 속에서 교육을 받았다. 대부분은 서로의 성격과 의도를 너무 쉽고 성급하게 추정한다. 우리가 아는 누군가의 행동을 우리가 추측한 그들의 특징들에 근거해 예측할 수 있다고 지나치게 확신한다. 사람의 얼굴 표정이나 신체언어를 읽는 자신의 능력을 과대평가한다. 누군가 우리에게 던지는 단순한 질문이나 심지어 단 하나의 단어 선택에서 그 사람의 태도나 편견, 부정적 의도를 추론할 수 있다고 생각한다.

정치인들이나 언론은 맥락을 제거한 채 인용문들을 제시하고, 우리는 전체 맥락이 무엇인지 궁금해하지도 않거나 인용된 발언을 한 당사자가 나설 때까지 기다리지도 않고 격하게 반응한다. 피해자들이 스스로 그런 운명을 자초했다고 여기거나, 적어도 그 일을 막기 위해 더 할 수 있는 일이 있었을 거라고 생각한다. 우리는 너무 쉽게 남들을 비난하고 화를 내며, 때로는 오류에 근거해서 공격적 행동을 취하기도 한다. 대체로 우리는 사악한 행위 뒤에 사악한 사람이 있다는 생각밖에 하지 못한다.

개인에게 집중하는 시선을 넘어 좀 더 온전한 맥락을 보는 능력이 커진다면, 처음의 가정들이 틀렸거나 바로잡을 필요가 있음을 깨닫는 일이 자주 생길 것이다. 더 전체적인 맥락이 **존재하며** 보이지 않는 상황요인들이 있을 가능성을 고려해볼 수 있다면, 우리는 더욱 기꺼이 피해자들을 도우려 할 것이다. 비난하고 화부터 내고 보는 성급함을 고칠 수도 있다. "당신은 무엇이 잘못되었는가?"라고 말하는 대신 "당신의 상황은 무엇이 잘못되었는가?"라고 말한다면, 누군가가 위반했다는 인지에 뒤따르는 사회적 상호작용의 역학을 완전히 바꿀 수 있다.

이는 지금까지 이 책에서 전달하려고 노력한 몇 가지 메시지다. 모두가 앞서 언급한 패턴에 해당되지는 않더라도 나는 여전히 이 모든 메시지들을 지지한다.

하지만 때로는 사회심리학의 이 중요한 가르침과 목적이 다소 지나치게 나아간 건 아닐까 싶을 때가 있다. 맥락에 더욱 주의를 기울이게 하려고 노력하는 와중에 개인의 힘을 어느 정도 간과해버릴 수 있는 것이다. 적어도 일부 독자들과 학생들의 머릿속에서는 말이다.[6]

《무엇이 우리의 선택을 좌우하는가》의 저자 샘 소머스는 성격에 관한 일반적 믿음들에도 불구하고 "우리가 세상에 어떻게 반응하는지는 실제로 상황들에 좌우된다"고 말했다.[7] 그는 연애에 대해서도 "끌림은 상당수의 일상적 경험들과 마찬가지로 순전한 상황의 문제"라고 썼다.[8] 마찬가지로 다른 대중서 저자들도 스탠리 밀그램이나 솔로몬 애쉬, 존 달리의 고전적 연구에 관해 이야기하면서 "성격이 아니라 상황이 우리의 행동을 결정"한다거나 상황이 "개인적 가치들을 눌러버린다"는 식으로 흑백논리의 메시지를 전한다.[9]

언젠가 한 사회과학 입문 강의에서 강사가 밀그램의 복종 연구를 설명하는 모습을 본 적이 있다. 그녀는 그 연구에 관해 아주 훌륭히 묘사했고, 홀로코스트 당시 나치에 관한 논의로 적절히 넘어갔다. 그런데 나치가 사악해서 그런 일을 했을 가능성은 매우 낮다는 결론으로 마무리했다. 이 강사는 '모 아니면 도'의 접근법을 취해, 극단적 악행을 상황만의 힘으로 설명하는 쪽을 택한 것 같았다. 밀그램의 연구를 이런 식으로 가르치는 사람이 이 강사뿐만은 아니다.

만약 상황이냐 사람이냐 오직 두 가지 선택만이 존재한다면 사회심리학은 전형적으로 상황에 판돈을 거는 것이 사실이지만, 그 정도로 단순한 일은 아니다. 나치는 상관들과 사회가 자신과 가족에게 가하는 엄청난 압력에 굴복한 것일 뿐 아니라 실제로 악한 사람들이었을 수도 있다. 사회심리학자들이 그런 복잡성을 언급하지 않고, 학생들과 독자들에게 그러한 설명이 핑계를 만들어주는 것이 아님을 지적해주지 않는다면, 때로 그들은 (사실은 그렇지 않음에도) 악행을 행한 자들을 면죄해주는 일을 하는 사람들로 보일 수 있다. 연구 결과에 따르면 맥락이 악을 초래한다는 단순한 메시지는 사회심리학의 신뢰성을 훼손하며, 어떤 사람들에게는, 특히 그 악행에서 개인적으로 피해를 입은 사람들에게는 상황이 중요하다는 말에 대한 확신을 더욱 떨어뜨리는 원인이 된다.[10]

필립 짐바르도는 책 한 권을 통틀어 맥락은 선한 사람들도 악한 행동을 하게 만들 수 있다는 주제만을 다룸으로써 너무 과했다는 비판을 받기도 한다. 그는 이 책에《루시퍼 이펙트》라는 제목을 붙였다. 심지어 악을 초래하는 일상적 상황들을 만들어내는 더 커다란 제도적·체제적 영향까지 거론하며 맥락에 또 하나의 층을 덧붙였다. 짐바르도의 책은 그의 유명한 스탠퍼드 감옥 실험에 초점을 맞춘다. 충분히 강력한 체제와 상황은 평범한 학생들을 수감자를 학대하는 간수로 바꿔놓을 수도 있음을 보여준 실험이었다. 짐바르도는 이 실험을 "매우 강력한 사회적 상황, 환경, 구조는… 개인적 차이들을 억누를 수 있고, 마음 깊이 품고 있던 가치관들도 손상시킬 수" 있음을 보여주는 가장 중요한 예로 들었다.[11]

그러나 스탠퍼드 감옥 실험조차 그렇게 명백한 것은 아니었음이 밝혀졌다. 간수들도 다양한 개인차를 보였고, 여전히 그들의 행동에서는 성격이 어떤 역할을 했을 수 있다. 이 실험에 관해서는 이 장의 뒤에서 더 이야기할 것이다. 그리고 짐바르도 본인조차 책의 말미에서는 영웅들,

즉 맥락이 그러기를 권하거나 요구할 때조차 악해지지 않고 모른 척 눈감아버리지 않은 사람들을 다룬 장에서 짧게나마 개인의 힘을 부각시키고 넘어간다. 상황은 매우 중요하지만, 개인도 중요하다.

나는 개인의 힘에 관한 이 논의를 시작할 때, 키티 제노비스 사건과 방관자 효과 연구 문헌에 관한 이야기를 이어갔다. 주변에 있던 어떤 사람이 개입했을 뿐 아니라 초기에는 그 사람이 제노비스의 생명을 구한 것으로 보인다. 그러나 연구를 더 자세히 들여다보면 피해자들은 사회과학자들이 말해온 만큼 큰 무리의 방관자들에 대해 염려하지 않아도 된다는 사실을 알 수 있다. 단지 결과를 명확히 하는 문제가 아니다. 1981년에 발표된 방관자 효과에 대한 유명한 검토에는 안타깝게도 한 가지 실수가 있었고, 그 실수를 수정하면 중요한 함의가 달라진다.

1990년대 말에 나는 우연히 그 실수를 발견했고, 결국 2008년에 그것을 수정한 내용을 논문으로 발표했다. 그러나 여전히 그 실수는 거의 알려져 있지 않다. 나는 주변에 있는 사람들의 수가 증가할수록 피해자들이 한 사람 이상에게서 도움받을 확률이 실제로 증가한다는 점을 보여주었다. 현장에 있는 개개인은 생각보다 더 중요하고, 심지어 책임 분산의 힘까지 거스른다. 이러한 발견은 교과서들과 방관자 연구 문헌들에 아주 천천히 포함되어가는 중이며, 나는 이 사실을 알리기 위해 할 수 있는 일을 해왔다.[12]

방관자 효과의 진실

키티 제노비스 이야기는 주변에 보는 사람이 더 많을수록 그런 상황이 돕는 행위를 억제하게 된다는 방관자 효과를 설명하는 예로 자주 거론

된다. 이는 처음 발견되었을 때 놀랍고 직관에 어긋나는 것이었지만, 이제는 미국인의 정신에 하나의 상식처럼 자리 잡은 것 같다. 강의에서 방관자 효과를 이야기할 때 학생들 대부분은 이미 들어본 눈치다. 그렇기에 그 연구와 제노비스 이야기를 보도한 방식에 혼동이 많았고 실수들이 있었다는 사실은 아주 역설적이다.

그날 밤 제노비스를 도우려고 나선 사람이 아무도 없었다고들 말한다. 그 뉴스는 전국을 충격에 빠뜨렸다. 그러나 이미 언급했듯이 흔히 알려진 그 이야기에는 오류가 있었다. 사실 여러 오류가 있었으나, 가장 중요한 오류는 실제로 그 일에 곧장 개입한 사람이 있었다는 사실이다. 그는 제노비스가 자기 아파트 건물로 들어갈 수 있게 해줌으로써 그녀의 목숨을 구했다. 그러나 불행히도 가해자는 다시 돌아와 계단에서 제노비스를 살해했고, 전해진 이야기와 달리, 주변에 있던 사람들 대부분은 자기네 아파트 창문을 통해 그 장면을 볼 수 없었다.

제노비스가 시야에서 사라지기 전에도 목격자는 38명보다 훨씬 적었던 것으로 보인다. 그중 첫 공격에서 비명소리는 들렸지만 그 장면을 직접 또는 지속적으로 볼 수 있었던 이는 많지 않았다. 게다가 최소한 한 명은 바로 경찰에 전화를 걸었고, 어쩌면 전화한 사람이 더 있었을지도 모른다. 경찰이 도착했을 때 제노비스는 아직 살아 있었지만, 끝내 목숨을 잃었다.[13]

두 명 또는 그 이상의 사람들이 직접 도왔음에도 그들이 더 큰 도움을 줄 수도 있었다고 생각하는 사람도 있을 것이다. 그곳으로 달려 나가 제노비스를 그녀의 아파트까지 데려다주었을 수도 있다. 가해자가 다시 왔을 때 함께 싸워 그를 쫓아버릴 수 있었을지도 모른다. 그러나 목숨이 위태로운 상황에서 사람들이 스스로 해를 입을 상황에 들어갈 것이라고 기대하기는 어렵다. 평균적인 사람이라면 아마 그만큼 용감하지 않을 테지만, 영웅처럼 행동하지 않은 데는 상황적 이유들도 있을 수 있다. 어떤 사람은 자녀가 있는 독신 부모여서 만약 (영웅적으로 행동한) 엄마나 아빠에게 무슨 일이 생기면 자녀가 홀로 남겨지게 되는 경우였을지도 모른다.

제노비스 사건 이후 제일 먼저 실시된 연구는 앞에서도 언급한 달리와 라타네의 간질 발작 연출실험이었다. 다른 참가자가 세 명 더 있다고 생각한 참가자들에 비해 홀로 있던 참가자들의 응급 신고 비율이 더 높았지만, 연구자들은 세 명의 다른 참가자가 실제로는 존재하지 않았다는 중요한 사실을 지적했다. 실제로 네 명의 참가자가 그 응급상황을 들었다면 어땠을까? 그럴 경우 환자가 한 명 이상의 참가자로부터 도움을 받았을 확률은 얼마나 될까? 연구자들은 한 가지 답을 추정할 수 있었다. (곁에 있는 사람의 수가 적을수록 도움을 더 빨리 받게 되기는 했지만) 환자가 도움을 받을 확률은 어느 조건에서든 다르지 않음을 발견했다.[14]

계산상 오류 수정하기

그러나 이는 단 한 건의 연구일 뿐이다. 어쩌면 다른 연구들에서는 다른 확률이 나올지도 모른다. 따라서 하나의 연구보다 더 중요한 것은 다수 연구들의 평균을 알려주는 보고서다. 그런 보고서를 메타 분석이라고 한다. 1981년에 비브 라타네와 스티브 니다Steve Nida가 방관자 효과에 관한 50여 건의 연구를 검토해 메타 분석을 내놓았다.[15]

라타네와 니다는 주변에 사람들이 많을수록 피해자가 도움을 받을 가능성은 더 작아진다고 결론 내렸다. 그러나 이 저자들은 메타 분석에서 계산 착오를 범했다. 제노비스 사건 당시 서로 떨어져 있는 각자의 아파트 안에서 그녀가 공격당하는 소리를 들은 경우처럼, 주변 사람들 간

의사소통이 제한적이었던 경우에 대한 평균치 계산에 오류가 있었다. 나는 이 실수를 발견하고 수정해 업데이트한 분석을 몇 차례 실시했고, 2008년에 그 함의들을 논하는 논문을 발표했다. 나는 이 새로운 결과가, 의사소통이 제한된 상황에서는 주위 사람들이 많을수록 피해자가 도움을 받을 확률이 **더 높아짐**을 보여준다고 설명했다.[16]

이런 결과는 제노비스 사건의 잘 알려지지 않은 진실들을 감안하면 더욱 의미가 잘 통한다. 극소수의 사람들만 제노비스의 비명소리를 들었다면, 그들 중 어떤 행동을 취할 만큼 용기 있거나 충분히 감정이입하는 사람이 나타날 가능성은 더 낮았을지도 모른다. 비명을 들은 사람이 더 많았을수록 그중 한 사람이 충분히 용감하거나 충분히 공감할 가능성이 높아지는 것이다. 이 패턴은 순전히 수의 힘이지만, 그런 힘도 그중 돕기를 원하거나 도울 수 있는 사람이 없다면 돕는 행동으로 이어지지 않는다. 사람들 중에는 상황을 평계 삼지 않는 영웅들이 존재하는 것이다. 그리고 곁에 있는 사람들의 수가 많을수록 영웅이 있을 확률도 더 높아진다.

그러나 수정한 계산은 의사소통이 제한된 경우에만 적용되었다. 참가자들이 서로 볼 수 있어 온전한 의사소통이 가능한 조건에서는 저자들이 내린 결론이 여전히 기술적으로 정확했다. 즉, 피해자는 주변에 혼자 있는 사람에게서 도움받을 가능성이 더 크다. 의사소통이 제한된 조건에 비해 온전히 의사소통할 수 있는 참가자들은 다른 사람들이 자신의 행동을 볼 때 쑥스러워질 위험이 더 크다고 느낄 수 있다는 것이 한 가지 설명이다.

그런데 이 연구자들은 주변에 한 명이 있을 때와 둘 이상이 있을 때로 두 가지 상황 범주를 나누어 메타 분석을 실시했다. 다시 말해, 곁에 사람이 두 명 있을 때나 열 명 있을 때나 모두 한 범주에 들어간다는 것이다. 그후 이렇게 몰아넣는 것은 데이터를 분석하는 좋은 방법이 아니라는 비판을 받아왔지만, 당시에는 이런 식의 분류가 드물지 않았다. 이후로 통계학자들은 상관분석을 대신 실시할 것을 강력히 권고해왔다.[17]

나는 주변 사람의 수가 한 명씩 늘어나면서 어떤 일이 벌어졌는지 더 정확히 평가하기 위해 데이터를 다시 분석했다. 내가 한 상관분석은 이번에도 제한된 의사소통 조건에서는 사람이 많을수록 피해자가 도움을 받을 확률이 높아졌다. 온전한 의사소통 조건에서는 사람 수는 의미가 없었고, 통계학적으로 상관관계가 0이었다. 제한된 의사소통 조건과 온전한 의사소통 조건을 결합하자 양의 상관관계가 나타났다. 즉, 곁에 사람이 많을수록 도움받을 확률이 더 높았다. 요컨대 전반적으로는 숫자가 클수록 그 안에 어느 정도 안전함이 들어 있는 것으로 보인다.

연구자들이 메타 분석을 실시하며 내린 또 한 가지 결정은, 기본적으로 각각의 연구에 동일한 무게를 부여해 효과의 평균치를 낸 것이다. 하지만 어떤 연구는 참가자 수가 훨씬 많았고, 따라서 표본 크기를 고려하면 어떤 일이 벌어질지에 관해서도 보고했다. 결과적으로 둘 이상일 때 도움받을 가능성이 더 커지는 것으로 드러났고, 이는 내 새로운 발견과도 일치한다. 그러나 연구자들은 이 결과에 큰 의미를 두지 않고 처음의 가중치를 고수했다. 두 접근법 모두 당시에는 정당한 근거가 있었다.

도움받을 가능성 vs. 사회적 억제

그 메타 분석과 나의 수정 논문은 여기서 이야기할 수 있는 수준보다 훨씬 복잡하다. 그래도 매우 중요한 한 가지는 분명히 말할 수 있다. 한 사람의 피해자가 최소 한 명의 도움을 받을 가능성은, 보통 사람 한 명이 도움을 줄 확률과는 엄밀히 말해 다르다는 것이다. 즉, 보통 사람이 피해자를 도울 확률은 무리가 커질수록 감소할 수 있지만(사람이 가득한 지하철 한 량 안의 승객 한 사람을 생각해보라), 동시에 피해자가 군중 속 최소 한 명의 도움을 **받을** 가능성은 더 클 수 있다. 도움받는 일이 일어나려면 한 사람만 도우면 되는 것이다.

그들의 메타 분석과 내 연구가 공히 확증한 것은 주변에 사람이 많을수록 보통 사람이 도울 확률은 낮아진다는 점이었다. 이 효과는 '사회적 억제' 효과로 불린다. 주변에 있는 보통 사람은 큰 무리를 이루는 주변 사람들에 의해 억제된다는 것이다. 그러나 언급한 대로 전반적으로는 주변의 사람이 많을수록 피해자가 도움받을 가능성은 커진다. 사회적 억제는 일반적으로 순전한 수의 힘을 능가할 만큼 강하지 않고, 특히 의사소통이 제한될 때는 더욱 그렇다. 이는 경쟁하는 확률들의 순효과를 둘러싼 미묘한 수학적 문제지만, 군중 속에서 한 명의 피해자에게 어떤 일이 일어날지 이해하는 데는 결정적이다.

안타깝게도 많은 대중서 저자들과 학자인 저자들은 방관자 효과에 관한 글을 쓸 때 도움받을 가능성과 사회적 억제 사이의 구분을 혼란스럽게 만드는 방식으로 쓴다. 실제로 몇몇 저자들은 자신이 인용하는 연구 결과들이 사회적 억제에 관한 것임을 깨닫지 못한 채, 방관자 효과를 도움받을 가능성이 줄어드는 것으로 정의한다. 나는 대부분의 사람이 방관자 효과를 도움받을 가능성의 감소로 이해한다고 생각한다. 라타네와 니다가 직접 지적했듯이, 피해자는 사회적 억제나 주변의 평범한 사람이 도와줄 확률에 대해서는 신경 쓰지 않는다. 피해자가 실제로 신경 쓰는 것은 도움을 **받는 일**, 그러니까 적어도 주변의 한 사람이라도 피해자를 도울 어떤 행동을 할지 여부다.

사실 비극적 사건의 뉴스를 읽는 사람들이 신경 쓰는 것 역시 도움받을 가능성일 것이다. 방관자 효과 연구가 뉴스에서 논의되는 것은 때로 보는 사람들이 많은데도 피해자들이 아무 도움을 받지 못하는 일이 벌어지고, 이 비극적은 일은 뉴스에서 다룰 가치가 있기 때문이다. 그런가 하면 대규모 군중이 모인 가운데 그중 누군가가 나서 피해자를 구하는 영웅 이야기도 있다. 하지만 이런 영웅 이야기에 "보통의 사람이 도울 가능성이 폭락한 와중에 군중 속 영웅이 아이를 구하다"와 같은 제목이 붙을 리는 없다.

  사람들은 도움을 받았는지 여부에 신경을 쓰지, 평균적인 가능성에 대해서는 신경 쓰지 않을 것이다. 그리고 내가 얻은 새로운 결과들과 심지어 라타네와 니다의 원래 결과들 일부를 기반으로 보면, 전반적으로 주변 사람들이 많을수록 피해자가 도움받을 가능성도 커진다. 요컨대 피해자는 주변에서 보는 사람들이 많더라도 우리가 생각하는 것만큼 많이 걱정할 필요는 없다.

  물론 지나가는 행인이 매우 많았는데도 아무도 돕지 않은 비극적인 사건에 관한 뉴스들은 여전히 나온다. 거기에는 여러 독특한 요인들이 있을 수 있고, 심지어 행인이 더 적었더라도 똑같은 결과가 발생했을 수도 있다. 따라서 큰 군중 속에서는 피해자가 전혀 걱정할 필요가 없다는 말이 아님을 강조하는 바다. 만약 당신이 많은 사람들 앞에서 도움이 필요한 상황에 처한다면 교과서에 나오는 충고를 따르는 것이 여전히 좋은 방법이다. 가능하면 주변 사람들 중 한 명을 고르거나 지목해서 도움이 필요하다고 말하라. 이 조언을 따르면 늦지 않게 도움받을 가능성을 높일 수 있다.

  또한 만약 당신이 지나가다가 비명소리를 듣게 될 경우, 전혀 걱정할 필요가 없다고 말하는 것이 아니다. 바라건대 나의 새로운 결론을 바탕으로 주변의 누군가 다른 사람이 피해자를 도울 거라고 가정하지는 않았으면 좋겠다. 당신이 나서서 도우려 한 사람이었다면 여전히 그렇게 하기를 바란다. 실제로 고전적인 방관자 효과 연구에 관해 배운 학생들은 이후 돕는 행동을 할 가능성이 더 커졌다.[18] 방관자 효과에 대해 알고 있었던 것이 내게도 도움이 된 적이 있었다.

　나는 결혼한 직후 밀워키에서 살았는데, 어느 저녁 우리 아파트에 있던 아내와 나는 거리에서 한 여성의 비명소리를 들었다. 소리는 우리 집 창문에서 모퉁이를 돌아간 곳에서 들려왔다. 수십 호의 아파트들 중 한 곳에서 들려온 비명소리는 즉각 키티 제노비스를 떠올리게 했다. 다른 사람들도 우리가 들은 소리를 들었다고 가정했고, 또한 아무도 어떤 행동에 나서지 않거나 충분히 빨리 행동하지 않을 위험이 있다는 점도 알았다. 그래서 두려운 마음으로 바깥 거리로 향했다. 계단으로 나갔을 때 또한 명의 남자가 계단을 달려 내려가는 모습을 보고 고마운 마음이 들었다. 우리는 재빨리 둘 다 같은 이유로 달려가고 있음을 확인했다. 바깥에 도착했을 때는 소매치기가 지갑을 갖고 달아난 뒤였다. 비명을 질렀던 여성은 무사했다. 우리보다 먼저 도착한 사람들도 있었다. 내가 방관자 효과를 몰랐더라도 달려 나갔을 수 있지만(확신할 수는 없다), 그래도 그 효과를 알고 있었던 게 다행이라고 느꼈다. 물론 개개인이 어떤 식의 위험이라도 감수하고 피해자를 도우려 시도할지 말지는 각자의 판단에 달렸다.

사이버공간에서

《무엇이 우리의 선택을 좌우하는가》의 저자 샘 소머스는 방관자 효과 또는 책임의 분산이 얼마나 쉽게 볼 수 있는 현상인지 설명하며 이렇게 썼다. "이 과정이 작동하는 것을 포착하려면 멀리 볼 것 없이 어디에나 존재하는 단체 메일만 봐도 알 수 있다." 자신은 그런 이메일을 받으면 즉각 삭제해버린다면서, 얼마 전 한 동료가 인턴직에 관해 질문하려는 한 학생을 도와줄 사람이 없느냐고 묻는 단체 메일을 보낸 것을 예로 들었다. 소머스는 다른 동료들도 모두 자기와 비슷하게 그 요청을 무시했을 거라고 추측하고, "군중 안에 있다는 것은 가상의 사이버공간에 있을 때조차 아무 행동도 하지 않는 것을 허용"하며 그 학생은 교수나 강사 중 한 사람에게 직접 찾아가보는 것이 더 나았을 거라고 결론지었다.[19]

하지만 1981년의 메타 분석에서 나온 데이터들을 내가 재분석한 결과에 따르면, 그 반대가 맞다. 사이버공간은 개개인의 수신자들 또는 주변인들이 서로를 볼 수는 없지만, 존재한다는 사실은 아는 제한된 의사소통의 완벽한 사례다. 재분석에 따르면 제한된 의사소통에서는 그 안에 존재하는 사람이 많을수록 도움받을 가능성이 커진다. 따라서 각 수신자가 다른 수신자들이 많다는 것을 알고 있더라도, 그 학생은 단체 메일을 보내는 편이 더 나았을 것이고, 수신자 수가 많을수록 결과를 얻기도 더 좋았을 것이다.

나는 2008년에 발표한 논문 말미의 '온라인 도움 요청'이라는 글에서, 이와 관련된 사이버공간 연구 3건을 새로 분석한 결과를 짤막하게 요약했다. 세 연구에서는 누군가가 다양한 사람들에게 도움을 요청하는 이메일 또는 인터넷에 기반을 둔 요청문을 작성했다. 각 연구에서는 예측한 대로 수신자 수가 늘어날수록 도움을 받을 가능성도 높아졌다. 각 수신자가 다른 수신자들이 몇 명인지 알고 있을 때도 그랬다. (한 사람의 수신자가 요청에 응할 평균 확률은 줄었다는 점에서) 사회적 억제는 여전히 발생했지만, 수의 힘을 능가할 만큼 강력하지는 않았다.

이후 나는 소규모 메타 분석을 실시해 사이버공간 패턴에 대한 좀 더 전반적인 내용을 보고했다. 그러니 온라인에서도 당신이 접촉하는 사람의 수가 많을수록 당신을 도울 의지나 능력이 있는 사람이 있을 가능성도 더 커진다. 당신이 곤란에 빠져 있다면, 더 많은 사람들에게 연락할수록 그들 중 영웅이 있을 가능성도 더 크다고 할 수 있다.[20]

영웅들

나는 2007년 여름 어느 콘퍼런스에서 필립 짐바르도의 강연을 들었다. 그 강연은 그의 책《루시퍼 이펙트》에 관한 것이었는데, 제일 기억에 남는 것은 그가 영웅들에 관해 들려준 감동적인 이야기였다. 그는 영웅이란 악을 행하거나 누군가 도움이 필요할 때 아무 행동도 하지 말라는 상황적 압력에 저항할 수 있는 사람이라고 정의했다. 내가 웨슬리 오트리Wesley Autrey 이야기를 처음 들은 것이 그때였다. 2007년에 달리와 라타네의 간질 발작 연출실험과 같은 상황을 실제로 맞닥뜨린 '지하철 영웅' 말이다.

사람들이 가득한 뉴욕 지하철 플랫폼에서 한 남자가 발작을 일으키며 철로 위로 떨어지자 오트리는 낯선 사람에게 자기 아이들을 맡기고 철로로 뛰어내려 그 사람을 안전하게 끌어내려 했다. 그러나 열차가 들어오고 있었고, 시간은 충분하지 않았다. 오트리는 그 남자의 몸 위로 자기 몸을 덮쳤고, 열차는 오트리의 머리 위로 1인치 정도 간격을 두고 지나갔다. 그 남자의 발작이 시작되었을 때 오트리 외에 주변에 있던 두 사람이 더 "도우러 달려갔다"는 사실을 나중에 알게 되었다. 남자는 처음에 괜찮은 것 같다가 철로 위로 떨어졌다고 한다.[21]

책임의 분산은 왜 오트리와 그 두 사람이 행동하는 것을 막지 않았을까? 그게 내 요점과 관련해 중요한 문제는 아니라고 생각한다. 강력한 상황요인들이 사람들에게 행동하지 말라는 압력을 가하더라도 여전히 누군가를 도우려 행동하는 몇몇 개인은 나올 수 있는 것이다.

돌아보기

나는 이 장의 전반부에서 현장에 있는 개개인이 이전에 대부분이 생각했던 것보다 더 중요하다는 점과, 상황 맥락이 아무것도 하지 말라는 압력을 가할 때조차 죄 없는 사람을 돕는 영웅들은 존재한다는 점에 초점을 맞추었다. 그러나 지금 내가 '숫자에 깃든 안전함'에 관한 새로운 과학적 진술을 한다는 점도 알고 있다. 약 50년 전만 해도 우리는 큰 수에 안전함이 따른다고 가정했다. 그러다가 키티 제노비스 사건과 수십 건의 연구 이후로 숫자에 안전함이 있다는 개념은 헛된 믿음으로 여겨지게 되었고, 2010년에는 《대중심리학의 50가지 거대 신화 50 Great Myths of Popular Psychology》라는 책에서 그 50가지 중 하나로 꼽혔다.[22] 그리고 지금 나는 그 신화가 부분적으로는 진실일 수 있다고 말하는 것이다. 우리는, 적어도 부분적으로는 원래 믿음으로 돌아갈 수 있다. 일반적으로 주변 사람의 수가 많을수록 피해자가 도움받을 가능성은 같거나 더 커진다. 최소한 사람 수가 많을수록 안전함이 **줄어든다**는 통념은 무시해도 좋다.

사회과학과 일반 대중이 너무나 오랫동안 숫자 속 안전함의 개념을 신화라고 불러왔기 때문에 지금 내가 하는 주장에 반발이 일더라도 나는 놀라지 않을 것이다. 나는 토론을 환영한다. 그 토론이 어떻게 전개될지 안다고 단정하지 않으며, 어쩌면 이 사안은 계속 그다지 주목받지 못하고 지나갈지도 모른다. 그러나 독자들과 서평가들이 내 주장을 신중하게 평가하며, 심지어 내 데이터들도 검토하고 내가 달아둔 단서들에 유념함으로써, 많은 개인들의 무리가 죄 없는 피해자에게 도움이 필요하다는 사실을 알게 되었을 때 어떤 일이 벌어지는지에 대해서 조금은 덜 비관적인 관점을 갖기를 희망한다. 다른 연구자들도 규모가 큰 무리들에 대해, 특히 그들이 피해자에게 도움을 줄 수 있다는 측면에서 좀 더 긍정적인 관점을 가져야 할 이유를 제시하기 시작했다.[23]

스탠퍼드 감옥 실험: 간수들은 원래 공격적인 사람들이다?

방관자 효과 연구 외에도 상황의 힘을 증명하는 예로 사용되는 또 하나의 고전적인 연구는 크레이그 헤이니Craig Haney와 커티스 뱅크스Curtis Banks, 필립 짐바르도가 1973년에 실시한 스탠퍼드 감옥 실험이다.[24] '감옥 생활' 연구에 자원한 대학생들이 간수와 수감자의 역할을 연기했다. 짐바르도는 교도소장 역할을 맡았다. 대부분의 이야기에 따르면 이 모의 감옥의 맥락과 역할들은 간수들이 수감자들을 학대하도록 몰아갔고, 그 때문에 상황이 너무 심각해져 짐바르도는 연구를 계획했던 것보다 더 일찍 끝내야 했다. 그러나 실험에서 간수들의 성격이 어떤 역할을 했을 가능성들에 관한 질문들이 제기되어왔다.

스탠퍼드 감옥 실험을 둘러싼 몇 가지 논란 중 하나는, 공격적인 사람들을 걸러내고 실시한 이후의 반복 실험에서는 자신에게 주어진 폭력적 방식의 역할에 고분고분 따르지 않는 간수들이 나왔다는 사실이다. 짐바르도의 보고를 포함해 이후 나온 보고들 중에는 원래의 스탠퍼드 감옥 실험에서도 '못된 간수와 착한 간수'가 모두 있었으며, "수감자들과 간수들 모두 실험이 시작될 때뿐 아니라 연구가 진행되는 내내 자신들의 역할에

대해 이의를 제기했다"며 참가자들의 개인차를 부각한 내용도 있었다.[25]

스탠퍼드 감옥 실험을 재현하는 데 실패한 앞의 연구는 원래 실험과 몇 가지 점에서 달랐으므로 공격적인 사람들을 걸러낸 것만이 그 반복 실험에서 간수들이 수감자들을 학대하지 않은 이유라고 단정할 수는 없다. 그러나 2007년에 토머스 카나한Thomas Carnahan과 샘 맥팔랜드Sam McFarland가 실시한 연구는 스탠퍼드 감옥 실험에 자원한 사람들이 원래 학대 행동을 할 경향이 더 큰 성격 특징들을 지녔을 현실적인 가능성을 보여주었다.[26]

카나한과 맥팔랜드는 스탠퍼드 감옥 실험 광고에 사용된 '감옥 생활'이라는 단어가 그 실험에 기꺼이 자원하려는 사람들의 특정한 경향성을 이끌어낸 것은 아닐지 궁금했다. 그래서 그들은 두 가지 광고를 만들었다. 둘 다 원래 스탠퍼드 감옥 실험 광고와 거의 똑같았지만, 한 광고에는 "감옥 생활에 대한 심리학 연구"라고 썼고, 다른 하나에는 "심리학 연구"라고만 썼다. 결과는 정말 놀라웠다. 그냥 '심리학 연구'에 자원한 참가자들과 비교해 "감옥 생활에 대한 심리학 연구"에 자원한 이들은 공격성과 권위주의, 권모술수, 자기애, 사회적 지배 성향에서 유의미하게 더 높은 점수가 나왔다. 또한 '감옥 생활' 참가자들은 감정이입과 이타주의의 척도에서 유의미하게 더 낮은 점수를 기록했다.

카나한과 맥팔랜드는 스탠퍼드 감옥 실험에서 간수들의 학대 행동이 단지 감옥이라는 막강한 상황의 힘 때문만은 아닐 수 있다고 결론 내렸다. 자원한 사람들에게 자기선택적 편향이 작용했으니 간수들의 성격도 그런 행동을 한 이유에 포함될 것이다. 구체적으로 두 연구자는 상황과 성격적 특징들이 서로 상호작용해 학대하는 결과를 만들어냈을 것이라는 의견을 제시했다. 그들은 또한 아부그라이브 교도소 스캔들의 실제

학대행위 뒤에도 비슷한 상호작용이 있었을 거라고 주장했다. 그 스캔들은 짐바르도도《루시퍼 이펙트》에서 다룬 바 있다.

카나한과 맥팔랜드는 자신들의 결론을 매우 신중하고 조심스러운 언어로 표현한 것 같다. 그들은 '일지 모른다'와 '아마도'라는 표현을 쓰면서 한 상호작용에 개인적 요인과 상황적 요인 모두가 있음을 이야기했다. 심지어 그들은 자신들의 결과가 "모의감옥이나 실제 감옥이 지닌 학대행위를 유도하는 힘을 깎아내린" 것은 아니라고 인정했다.[27]

그러나 놀랍게도 이런 수식어들과 인정들도 별 의미가 없었던 것 같다. 원래 스탠퍼드 감옥 실험을 실시한 헤이니와 짐바르도가 자신들의 원래 해석을 변호하며 카나한과 맥팔랜드의 논문을 호되게 비판한 것을 보면 말이다. 헤이니와 짐바르도는 몇 가지 중요한 사항들을 제기하기도 했지만, 카나한과 맥팔랜드의 중간적 입장을 실제보다 더 극단적인 입장인 것처럼 과장했다.[28]

그러니 스탠퍼드 감옥 실험의 재현 실패라는 문제가 있었고, 이 실험의 간수들 사이에 개인차가 있었다고 기록되어 있으며, 실험에 자원한 사람들에게 자기선택적 편향이 있었을 가능성이 있다. 이 문제들은 개인의 역할이 스탠퍼드 감옥 실험의 상황적 힘에 완전히 무력화되지는 않았을 강력한 가능성을 시사한다. 그러나 안타깝게도 이런 사안들이나 연구들을 참조하는 교과서나 강사는 아주 적다. 예컨대 최근의 한 조사에 따르면 심리학 입문 강의에서 자기선택적 편향의 가능성을 언급한 강사는 4분의 1밖에 안 된다. 대부분의 학생은 스탠퍼드 감옥 실험에서 개인의 역할에 관한 여지를 거의 남겨두지 않는 고전적 해석을 배운다.[29]

솔직히 나도 개인의 역할이 얼마나 큰지는 단언할 수 없다. 나는 감옥이라는 맥락의 역할이 크다고 믿는다. 그러나 더 많은 교과서들과 강사들이 스탠퍼드 감옥 실험에 관해 논의할 때 이런 잠재적 문제들을 언급할 필요가 있다고 생각한다. 현실은 더 복잡할 수 있다는 것을 학생들이 알도록 말이다.

사람 사이의 끌림: 사랑은 맹목적인가?

곤경에 빠진 피해자들과 감옥에서 일어나는 학대에 관한 고전적 연구들 말고 로맨스와 사람 사이의 끌림이라는 더 가볍고 일상적인 주제에 관해 잠깐 이야기해보자. 누군가와 사랑에 빠진 사람을 볼 때 우리는 그 사랑을 어떻게 설명하는가? 왜 그 사람은 바로 그 특정한 타인에게 끌린 걸까?

대부분은 사랑이 개인적 선호와 특정 짝에 대한 욕망과 관련된다고 생각한다. 그 또는 그녀가 우리에게 특별해야 한다는 것이다. 그러나 어떤 사람의 구체적 특징들을 제대로 알아보지 않고도 끌릴 수 있다고 말하는 저자들이 많다. 버스나 강의실에서 자주 옆자리에 앉는 것만으로도 누군가에게 끌릴 수 있다고 한다. 이를 '단순노출효과'라고 한다. 근접성이 끌림을 낳는다. 익숙함이 끌림을 낳는다. 이는 다소 사랑이 맹목적일 수 있다는 말로 (그러나 일반적으로 그 말을 쓸 때의 낭만적인 의미와는 달리) 들린다.[30]

'무서운 줄다리 연구scary-suspension-bridge study'라는 고전적인 연구도 있다. 흔들리는 다리 위에서 남자들은 다리가 흔들려서 발생한 심박동수 증가 같은 생리적 자극을 그 다리에 올라온 여성에 대한 끌림과 혼동할 수 있는 것으로 드러났다. 이는 사랑의 기회를 높이려면 데이트 상대와 무서운 영화를 보러 가거나, 롤러코스터를 타러 가라고 제안하는 멋진 연구다. 사랑이 롤러코스터로 속일 수 있는 것이라면, 이 역시 사랑은 맹목적인 것일 수 있다는 말 같다.[31]

어쨌든 버스에서 가까이 앉았다는 이유로, 또는 위태로운 다리에 대한 공포를 오해한 탓에 누군가와 사랑에 빠진다는 생각이 그리 낭만적이지는 않다. 하지만 그런 자극의 전환은 실제로 일어난다. 그러나 익숙함에 관해서는 그것이 경멸을 낳는지 좋아하는 마음을 낳는지에 관한 논쟁이 실제로 벌어진다.[32] 근접성의 경우 연애 파트너들이 이전에 서로 가까운 곳에서 살거나 일한 적이 있음을 보여주는 많은 상관연구들이 있다. 그러나 앞에서도 말했듯이 상관관계가 인과관계를 의미하지는 않는다. 가까운 곳에 사는 것과 내밀한 사이가 되는 것이 함께 발생했다고 해서 한 사건이 다른 사건의 원인이었다는 뜻은 아니다. 근접성은 사랑에 빠지는 데 필요한 요소이기는 하지만 충분한 요소는 아닐 것이다. 근접성이 사람의 육체적 끌림을 초래할 수 있음을 보여준 진짜 실험들이 있을까? 많지는 않다.

가장 흔히 인용되는 실험은 리처드 모어랜드Richard Moreland와 스콧 비치Scott Beach가 수행했다. 이 연구자들의 보고에 따르면 강의실에서 한 여학생 옆에 수동적으로 앉아 있는 것이, 그 여학생이 없을 때나 자주 출석하지 않을 때보다 그 학생에 대한 더 큰 끌림을 초래할 수 있다. 그러나 끌림에 관한 이런 결과에도 불구하고 연구의 주요 측정 항목은 평균적으로 10가지 특징이었고, 그중 9가지는 육체적 끌림과 아무 관계도 없었다. 학생들이 그 여학생에 대해 평가한 10가지 특징은 '흥미롭다', '매력적이다', '이기적이지 않다', '인기 있다', '우쭐대지 않는다', '지적이다', '따뜻하다', '성공적이다', '솔직하다', '진지하다'였다. 더욱 놀라운 점은 참가자 중에는 남학생과 여학생이 모두 있었고, 두 성별의 반응은 통계적으로 유사했다. 나는 끌림에 관한 전문가가 아니지만, 남성 평가자와 여성 평가자가 똑같이 느낀 측정치를 기반으로 육체적 끌림을 추론하는 것은 어쩐지 미심쩍어 보인다.[33]

이 연구를 인용한 저자들 대부분은 연구 결과를 로맨스나 육체적 끌림의 '스파크'를 설명하는 데 사용하는 무리수를 두지는 않았다. 그보다는 근접성이 누군가에 대한 선호나 긍정적 평가를 높이는 원인이 된다는 점을 언급했다. 샘 소머스는 끌림이 "순전히 상황의 문제"이며, 강의실에서 옆에 앉는 것에 관한 연구는 "스파크를 일으킨다는" 증거라고 말했지만,[34] 사랑을 다룬 장의 말미에는 좀 더 균형 잡힌 입장을 취해 특정 짝에 대한 개개인의 선호가 상황만큼 중요할 수도 있다고 말했다. 마찬가지로 균형 잡힌, 또 다른 사회심리학자 셸리 테일러Shelley Taylor가 우정과 사랑에 관해 쓴 글을 읽어보자.

그가 길 건너 아파트에 세 들지 않았다면, 혹은 그녀가 마지막 순간에 스키장에 가기로 결정하지 않았다면 그들이 만날 일은 없었을 것이라는 식의 말을 자주 듣는다. 분명 이런 우연의 요소들은 관계에서 중요한 역할을 한다. 그러나 달리 보면 인간관계는 그 관계 속의 사람들이 능동적으로 구성하고 만들어가는 것이다. 세계는 우리가 수만 명과 접촉하게 만들지만, 그중 소수만이 친구나 연인이 된다. 이런 관점에서 보면 우정과 짝 맺기 과정이 얼마나 까다로운 선별 과정인지 좀 더 쉽게 알 수 있다.[35]

누가 기본귀인오류에 더 빠지기 쉬운가?

따라서 우리의 개인적 선호도 로맨스 방정식의 한 부분인 것이다. 순응하고 학대하라는, 피해자가 도움이 필요할 때 못 본 척 고개를 돌리라는 막강한 힘에 반응하는 일에도 개인차가 존재한다. 개인이 중요한 것이다. 단, 대부분이 생각하는 만큼 중요한 것은 아니지만 말이다.

이 장이 책 전체의 맥락 안에서 다소 혼란스럽게 여겨질 경우를 대비해 반복해서 말하자면, 책의 주된 메시지는 대부분의 행동과 결과가 개인적 요인과 상황적 요인의 결합으로 초래되지만, 대부분은 상황의 힘을 과소평가한다는 것이다. 개인도 중요한 것이 대체로 맞다. 단지 대부분이 생각하는 것만큼 많이 중요하진 않다는 뜻이다. 개인에게 과도한 중요성을 부여하고 상황에는 충분히 중요성을 부여하지 않는 경향이 기본귀인오류다. 때때로 나는 좋은 의도를 지닌 사회심리학자들이 너무 지나치게 밀고 나가 개인에 대한 유의미한 언급을 완전히 생략하는 것이 우려스럽지만, 대다수는 기본귀인오류를 저지르며, 이는 자신과 사회 모두에 부정적 결과를 불러올 수 있다는 데 확실히 동의한다.

우리는 대부분 기본귀인오류를 범한다. 그렇다면 이를 범하지 않는 소수는 누구일까? 아니면 이렇게 한번 표현해보자. 기본귀인오류를 범할 가능성이 더 큰 사람은 누구인가? 우리가 상황의 영향을 받는 데도 개인차가 존재하듯이, 기본귀인오류를 범하는 데도 개인차가 있다. 이미 다룬 연구들을 포함해 몇 가지 연구들에서, 기본귀인오류를 강력히 예측하게 만드는 몇 가지 개인적 성격이나 특성을 찾아냈다. 예컨대 앞에서 세상은 정의롭다는 믿음이 강한 사람일수록 피해자를 탓할 가능성이 더 크다는 결과에 대해 말했다.

나는 기본귀인오류의 성격 예측요인들을 아는 것이 대단히 가치 있는 일이라고 생각한다. 여러 이점들 가운데서도 특히 기본귀인오류를 줄일 개입법이나 전략이 훨씬 더 필요한 사람이 누구인지 분간할 수 있게 해준다. 또 그런 전략을 개발하는 데도 도움이 될 것이다. 전략들에 대해서는 다음 장에서 논의할 것이다.

지금은 기본귀인오류를 범할 확률이 매우 높음을 예측하게 만드는 성격, 기질, 개인적 신념이나 그 밖의 특성들이 거의 포함된 목록이 만들어져 있다. 여러분 스스로 이런 특성들 중 일부가 자신과 일치한다고 판단하더라도 그것이 꼭 당신이 기본귀인오류를 더 쉽게 범할 사람이라고 말하는 게 아님을 알아주기 바란다. 이 결과들은 평균치다. 그러나 이 부분이 여러분에게 자기반성을 촉발한다면 그리 나쁜 일은 아닐 것이다.

특정한 특징이나 기질을 지닌 사람들

논리적 추론과 과학적 추론의 점수가 낮게 나온 사람은 기본귀인오류를 범하기가 더 쉽다.[36] 이 발견은 앞서 기본귀인오류를 범하는 대부분의 경우가 역오류라는 논리적 오류에서 발생한다고 했던 내 견해와도 통한다. 마찬가지로, 노력이 드는 인지적 활동들을 좋아하지 않는 사람들, 즉 '인지에 대한 요구' 점수가 낮게 나온 사람들 역시 기본귀인오류를 범할 가능성이 더 크다.[37]

앞서 말했듯이, 천성이 더 공격적인 사람들은 모호한 상황에서 적대적 의도를 추론할 가능성이 더 큰데, 이 역시 기본귀인오류의 한 형태로서 '적대적 귀인편향'이라고 불린다. 마찬가지로 마음챙김 점수가 낮거나 성급히 방어적 태도를 취한다고 여겨지는 사람들 또한 적대적 귀인편향에 빠지기 쉽다.[38] 앞서 화면 속 배우들이 연기하는 역할과 실제 성격이 비슷할 거라고 생각하는 것 역시 기본귀인오류의 하나라고 말했다. 영화나 텔레비전 드라마를 보며 그 속에 훨씬 잘 '빠져드는' 사람들이 이런 유형의 기본귀인오류를 저지르기 쉽다는 것은 놀라운 일이 아니다.[39]

또한 스스로 더 큰 통제력이 있다고 느끼고 싶은 욕구 때문에 기본귀인오류가 일어나기도 한다고 말했다. 따라서 통제욕구나 종결욕구, 구조욕구가 강할수록 기본귀인오류를 범하기가 더 쉬울 것이다. 통제욕구가 높으면 실제로 타인에 대한 기질적 귀인을 과장한다. '종결욕구'와 '구조욕구'라는 특성 또한 기본귀인오류의 예측요인이다. 이 두 가지 특성에서 높은 점수를 받은 사람들은 불확실한 것을 유독 불편해한다.[40]

끝으로, 다수의 기본귀인오류 연구가 귀인적 복잡성AC, Attributional Complexity이라는 특징에 대해 조사했다. 귀인적 복잡성에는 사람의 행동을 설명하는 것에 대한 높은 관심, 다양한 원인을 고려하는 경향, 사람의 내면과 과거에서 기인한 복잡한 원인들을 고려하는 경향이 포함된다.[41] 귀인적 복잡성이 높은 사람들은 사회적으로 똑똑한 사람으로 간주되며, 이 척도를 만든 사람들은 귀인적 복잡성이 높을수록 기본귀인오류를 범할 가능성이 더 낮을 거라고 강력히 예측했다. 그러나 결과는 정반대였다. 오히려 기본귀인오류를 저지를 확률도 **더 높았다.**[42]

현시점에는 귀인적 복잡성이 높을수록 기본귀인오류의 가능성도 더 높음을 보인 연구들이 많지만, 몇몇 연구들은 첫 예측대로 그 가능성이 더 적다는 결과를 내놓기도 했다. 나는 이에 대한 메타 분석을 실시해 귀인적 복잡성이 높은 사람들은 전반적으로 기본귀인오류에 더 취약해 보인다는 결과를 얻었지만, 아주 조금 더 그랬다. 잠정적으로 이론을 세워보자면, 귀인적 복잡성이 높은 사람들은 자기를 과신할 수 있기 때문이다. 특히 귀인에 관련된 의문이 자신의 귀인 기술들을 사용할 동기를 자

극할 만큼 충분히 어렵지 않을 때는 더욱 그럴 것이다.[43]

특정 믿음을 지닌 사람들

여러 연구들에 따르면 특정 믿음들을 품고 있는 사람들이 다양한 형태의 기본귀인오류에 더 빠지기 쉽다. 그런 결과들 중 일부는 앞의 여러 장들에서 언급했다. 먼저 내가 특정 믿음을 지닌 사람들에 대한 고정관념을 만들려는 것이 아님을 분명히 해두고, 그 믿음들이 어떤 것인지 열거해보겠다. 사람은 특정 관점들만으로 단정할 수 없는 훨씬 복잡한 존재다. 그리고 앞서도 말했듯이 이 결과들 역시 평균치다. 자, 그러면 말해보자. 세상은 정의롭다는 믿음이 강한 사람, (성장 마인드셋이 아닌) 고정 마인드셋을 지닌 사람, 정치적으로 (진보적 신념이 아니라) 보수적 신념을 지닌 사람, (가톨릭 신앙이 아닌) 개신교 신앙을 가진 사람, (사람의 진정한 특징과 태도는 관찰 가능한 행동들에서 새어나온다는 믿음인) '누출신념'을 지닌 사람이 기본귀인오류에 더 쉽게 빠지는 편이다.[44]

기타

동양인과 서양인이 비슷한 정도로 기본귀인오류에 빠지기 쉬움을 보여주는 몇몇 연구가 있지만, 전반적으로 서양 사람들이 약간 더 취약하다는 증거가 더 많다. 이 결과는 서양 사람들이 개인주의적 이상을 지닐 확률이 더 높은 데서 기인하는 것 같다. 좀 더 개인주의적으로 사고하는 사람들은 맥락보다는 다른 사람들의 성격적 특징들에 더 많이 주의를 기울인다.[45] 몇몇 연구자들은 연령도 검토했다. 그 연구의 결과는 다소 모호해 보이기는 하지만, 전반적으로 나이 든 성인들이 젊은 성인들에 비해 기본귀인오류에 쉽게 빠지는 것으로 보인다.[46]

몇 건의 연구에 따르면 상위계층과 중산층 사람들이 하위계층이나 노동자 계층 사람들보다 특정 형태의 기본귀인오류에 더 빠지기 쉽다. 구체적으로 더 높은 계층의 사람들일수록 사회경제적 불평등과 실직, 열악한 건강관리에 대해 맥락적 설명을 할 가능성이 적다. 그런 결과들에 대해 맥락을 탓하는 것은 더 하위계층에 속하는 이들의 자기 위주 설명으로 보일지도 모르지만, 더 높은 계층의 사람들은 다른 이들의 감정적 표현, 자선활동, 범죄행동을 설명할 때도 맥락에 주의를 덜 기울인다. 또한 그들은 시지각visual-perception 문제에서도 한 장면이 다음 장면으로 넘어갈 때 맥락 변화를 감지하는 비율도 더 낮았다.[47]

마지막으로, 역설적이지만 행복한 사람들 혹은 '좋은 하루'를 보내는 사람들도 기본귀인오류에 더 쉽게 빠지는데, 이때 구체적으로 고전적인 태도귀인 패러다임과 사회적 역할 패러다임을 사용한다. 행복한 상태는 어떤 상황에 담긴 정보를 처리할 때 신중함을 떨어뜨리는 것 같다(반면 슬픔은 더욱 신중히 처리하게 한다). 어쩌면 이와 비슷한지도 모르겠는데, 또 다른 연구는 감정적으로 더 잘 적응된 참가자들이 사회적 역할과 관련한 기본귀인오류에 더 쉽게 빠진다는 사실을 발견했다. 그러나 흥미롭게도, 피해자 탓하기로 더 잘 쏠리는 쪽은 슬픈 사람들이다. 앞의 연구 결과들 중 일부는 다음 장에서 좀 더 자세히 이야기하겠다.[48]

대부분의 개인차 연구 결과들은 상관연구에서 나왔다. 예를 들어 통제욕구와 구조욕구가 높은 사람들은 기본귀인오류에 더 쉽게 빠지지만, 이것이 통제욕구와 구조욕구가 기본귀인오류를 초래한다는 뜻은 아니다. 하지만 그럴 수도 있다. 어쩌면 그런 욕구를 줄이는 것이 기본귀인오류를 줄일 수 있을지도 모른다. 다음 장에서는 기본귀인오류를 줄일 여러 잠재적 전략들에 관해 논의할 것이다.

10장

편향될 것인가 말 것인가

편향의 장점과 단점

모르는 게 약이다.

—토머스 그레이Thomas Gray(시인)

아는 게 힘이다.

—프랜시스 베이컨Francis Bacon(철학자)

빠른 것도 좋지만, 정확성이 가장 중요하다.

—와이어트 어프Wyatt Earp(부보안관, 집행관)

기질적 추론은 관찰자가 자신의 환경에 대한 통제감을 얻을 수 있는
문화적으로 용인되는 방식을 제공하며, 통제감은 아무리 환상에 불과하더라도
결국 논리적으로 완전무결한 추론들보다 더 큰 심리적 이점들을 줄 수 있다.

—대니얼 길버트, 패트릭 멀론(사회심리학자)

해리 포터 시리즈의 여섯 번째 영화에서 론 위즐리는 자신이 행운의 물약이라고 생각한 것을 마신 뒤 퀴디치* 경기에서 생애 최고의 기량을 선보였다. 행운의 물약은 시도하는 모든 일에서 성공하도록 만들어주는 진귀한 마법을 지닌 약이다. 물론 론은 경기를 잘 해냈다. 단, 론이 실제로 마신 건 행운의 물약이 아니었다. 그걸 마셨다고 생각했을 뿐이다. 론은 현실을 잘못 인식했고, 그 오해에는 커다란 이점이 따랐다. 판타지 소설의 세계 밖에서도 이런 결과는 발생할 수 있다. 이를 플라세보 효과placebo effect라고 한다.

편향되는 것의 장점

오해와 편향에는 장단점이 모두 있을 수 있다. 편향을 다루는 책들은 공통적으로 편향이 나쁘다고 전제하기는 하지만 말이다. 플라세보 효과는 장점의 한 사례로, 환자 스스로 특정 약을 먹었다고 착각할 때 실제로 먹은 것처럼 개선 징후가 나타나는 것이다. 더 범위를 넓혀보면 플라세보 효과는 특정 결과에 대한 기대가, 비록 편향된 기대일망정 실제 그 결과를 이루는 데 도움이 되는 것을 가리키는 '자기충족적 예언'의 범주에 포함된다. 일례로 학생들이 잘할 거라는 교사의 기대가 더 높은 성적을

• 해리 포터 시리즈에 등장하는 가공의 스포츠로 빗자루를 이용해 경기를 펼친다.

이끌어낼 수 있다.[1]

확증편향은 자신이 굳건하게 유지하는 관점들이 틀렸음을 보여주는 증거를 피함으로써 에고를 보호해준다. 자신의 세계관이나 정치관에 절대적인 확신을 느끼면 공포와 불안을 막을 수 있다. 그 생각이 틀렸다는 게 객관적으로 아무리 명백한 사실이라도 말이다. 어떤 정당에 대한 맹목적 지지는 당 후보들이 선거에 승리하는 데도 도움을 줄 수 있다. 가까운 사람들의 결점을 간과하고, 심지어 그들이 화가 난 것도 알아차리지 못하는 것이 더욱 행복한 관계를 만들어주기도 한다.[2]

긍정적 환상 논쟁

셸리 테일러는 긍정적인 환상의 이로운 역할을 다룬 책 한 권과 논문 여러 편을 썼다. 테일러 연구팀을 포함한 여러 연구자들은 수십 년간 수백 건의 연구를 통해서 비현실적 낙관주의, 비현실적으로 긍정적인 자아관, 통제환상은 지나치지만 않다면 건전한 정신 건강과 심지어 좋은 육체건강의 한 부분이기도 하다는 증거를 축적해왔다. 자신과 세계를 너무 정확하게 보는 사람들, 특히 세계에 대한 우리의 통제력이 얼마나 작은지를 정확히 보는 사람들은 경미한 우울증에 빠질 위험이 더 크고, 이를 가리키는 용어가 '우울성 현실주의'다.

비현실적 낙관주의에 관해 생각할 때 때로 나는 J. K. 롤링J. K. Rowling을 떠올린다.《해리 포터》첫 권의 원고가 12번 거절당했는데도 꿋꿋이 버텨냈던 그 시기를 돌아보며 그녀는 이렇게 썼다. "모든 출판사가 모조리 나를 거절할 때까지 포기하지 않을 작정이었다." 그 시절 그녀의 생각이 정확히 무엇이며 건강을 나타내는 지표들이 어땠는지 모르지만, 그 비현실적인 불굴의 의지에는 그녀가 고마워하는 많은 이점들이 따라왔다.[3]

사례들은 그렇다 치고, 긍정적 환상과 우울성 현실주의에 관한 연구 내부에서도 논쟁들은 있어왔다. 우울성 현실주의 연구에 대한 가장 최근의 리뷰들은 그 현상이(처음 암시한 것처럼 강력하지 않을지는 몰라도) 실재한다고 결론 내렸다.[4] 적당한 긍정적 환상이 건강과 어떻게 연관되는지에 관한 더 폭넓은 논쟁은 간단히 요약하기 어렵다. 그러나 더 나은 건강 결과 쪽을 뒷받침하는 증거가 더 많다. 그 증거의 대부분은 상관연구에서 나왔다. 긍정적 환상이 좋은 건강에 기여했을 수도 있고, 좋은 건강이 사람들에게 긍정적이 될 이유를 주었을 수도 있다. 증거들 중에는 진짜 실험에서 나왔던 것들도 있는데, 긍정적 기분을 유도하자 긍정적 건강 결과로 이어졌음을 보여준 실험도 포함된다.[5]

테일러와 동료들은 어떤 연구에서는 긍정적 환상과 건강 사이에 부정적 상관관계가 나타나는 반면 다른 많은 연구에서는 긍정적 상관관계가 나타나는 이유를 설명할 때, 논쟁의 양측이 긍정적 환상에 대해 전형적으로 서로 다른 측정법을 사용한다는 점을 지적했다. 부정적 결과가 나온 쪽은 긍정적 환상이 있는 사람들이 그 환상과 충돌하는 증거를 분명히 접했을 거라고 생각해, 더 공공연하거나 명백히 설명할 수 있는 맥락에서 이루어지는 지각들을 측정했다. 반면 긍정적 결과가 나온 쪽에서는 모순적 증거가 존재할 가능성이 낮은 좀 더 일반적인 지각들을 측정했다.

지나치게 단순한 예를 하나 들어보자. 건물 안 칠판이 대부분 검정색이라는 것을 알고 있어도, 직접 보지 않은 사람이 흰색일 거라고 생각하는 쪽보다는 칠판을 보면서도 흰색이라고 말하는 쪽이 더욱 명백한 환상이다(건강의 부정적 결과도 예측할 수 있을지 모른다). 부정적인 결과와 더 관련성 있는 예는, 신경증이나 자기애 성향이 있는 개인이 "자신을 매우 하찮게 생각하면서도 남들에게는 거창하게 부풀리거나 자기애를 내세우는 방식으로 자신을 드러내는 것"이다. 그런 사람은 실제로 긍정적인 자기관이 없고 겸손과 같은 사회적 기술이 없을 수도 있기 때문에, 긍정적 환상을 표현한다 해도 정신 건강 측정에서 낮은 점수가 나오는 것은 놀라운 일이 아닐 것이다.[6]

테일러는 그 논쟁에서 긍정적 환상이 부정적 결과를 낸다고 주장하는 쪽은 긍정적 환상을 신경증이나 자기애처럼 장기간 지속되는 특징들의 결과로 보고, 긍정적 결과를 낸다고 주장하는 쪽은 "긍정적 환상은 검증 가능성이 커질수록 줄어든다"는 점에서 긍정적 환상을 "상황에 대한 반응"으로 본다고 정리했다. 정신적으로 건강한 사람은 아직 결과가 확실하지 않을 때 희망을 더 오래 유지한다는 것이 긍정적 결과를 주장하는 연구자들의 생각 중 하나인 듯하다. 예컨대 프로젝트의 결과가 나오기 시작하는 프로젝트 말기보다는 초기에 긍정적 환상이 더 뚜렷이 나타난다는 점이 연구 결과로 드러났다. 긍정적 자기인식은 "명료하게 참조해볼 행동들이 있는 구체적인 개인적 특징들보다는 모호한 개인적 특징들과 관련해" 더 뚜렷이 나타난다. 예를 들어 나는 스스로 운전 실력이 탁월하다고 생각할 수 있다. "오, 평행주차도 잘한다는 말인가요?" "아니, 그렇게 잘하지는 못하지만 계속 나아지고 있어요."[7]

테일러의 관점으로 그 논쟁을 바라볼 때 특히 흥미로운 점은, 부정적 결과를 낸 쪽 연구자들은 긍정적 환상이 사람들의 변함없는 성격적 특징에서 비롯되었다고 봄으로써 긍정적 환상을 지닌 사람들에 대해 일종의 기본귀인오류를 범하는 것일 수도 있다는 점이다. 반면 긍정적 결과를 낸 쪽은 그 환상이 특정 상황에 대한 가장 적응적인 반응이라고 본다.

기본귀인오류 범하기의 장점

　기본귀인오류만의 잠재적 이점에는 통제환상을 유지하는 것 또는 통제감 상실을 예방하는 것이 포함된다. 3장에서 언급했듯이, 사람들은 통제감이 줄어들거나 위협받는다고 느낄 때 기본귀인오류를 범함으로써 존재하지도 않는 연결들을 만들어내거나 패턴들을 감지하는 경우가 많다. 개인차를 다룬 9장에서는 통제욕구와 구조욕구가 강하면 기본귀인오류에 빠지기 쉽다고 언급했다. 8장에서는 피해자 탓하기가 개인적 안전감과 삶에 대한 통제감을 유지하는 데 도움이 될 뿐 아니라, 세상은 정의롭다는 믿음에도 불구하고 죄 없는 피해자가 고통받는 것을 볼 때 발생할 수 있는 부정적 감정과 스트레스를 줄이는 데 도움이 될 수 있다고 했다. 피해자 탓하기는 (의도했든 아니든) 그 피해자에게 고통을 초래한 사람의 스트레스나 인지부조화를 줄여주고 에고를 보호해줄 수 있다.

　또한 기본귀인오류는 빠르고 효율적이기 때문에 일상생활에서 유리하다. 고전적인 사회심리학은 전형적인 (편향된) 지각자perceivers에 대해 인지자원을 아껴 쓰는 '인지 구두쇠'라고 칭했다. 대니얼 길버트와 패트릭 멀론은 "기질적 추론은 아주 경제적"이라고 썼다.[8] 대부분은 고속도로에서 어떤 멍청이가 차 앞에 끼어든 이유를 판단하거나 조사하는 데 하루종일을 (심지어 10분도) 쓸 여유가 없다. 나는 자주 학생들에게 내가 기본귀인오류를 범하는 데 얼마나 걸리는지 재보라고 한다. 멍청한 운전자가 끼어드는 시나리오를 설정한 다음 학생들에게 시간을 재게 한다. 그러고는 말한다. "얼간이! 좋아, 얼마나 걸렸지?"

　반면 다양한 가능성들에 대해 깊이 생각하고 조사하려면 시간이 훨씬 많이 들 수 있고, 친구나 가족, 치료사, 심지어 사회과학 강사와 상담하거나 (때로 학생들이 나와 하는 것처럼) 사회과학 연구를 조사해야 할지도 모른다. 그리고 뇌는 하루 종일 또는 한 주나 한 달 내내 계속 쳇바퀴 돌 듯 원인을 재차 생각하게 될 수도 있다. 자신이 다르게 반응했어야 하는지 자문하기도 하는데, 그 답은 부분적으로 상대방이 그렇게 행동한 이유에 달려 있다. 불확실성은 (불편할 뿐만 아니라) 시간을 잡아먹는다. 한 가지 기질적 원인을 찾아내 확신해버리는 것이 훨씬 빠르다.

편향되는 것의 단점

그런가 하면 편향에는 단점들도 있다. 속도가 전부는 아니다. 테일러의 말이 옳고 그 세 가지 긍정적 환상이 대체로 건강상 더 나은 결과와 연관되더라도, 여전히 어떤 사람들에게는 건강의 부정적 결과와 관련될 수 있다. 그리고 (내가 8장에서 의문을 제기했던) 인지치료에 대해 공정을 기하자면, 부당한 자기비난이나 과장된 염세주의 또는 막막함의 감정 같은 부정적 환상들이 몇 가지 특정 정신질환에서 핵심적 역할을 할 수도 있다. 편향에 관한 모든 책이 편향이 불러오는 부정적인 잠재적 결과들의 목록을 구체적으로 제시하지는 않지만, 저자들이 그런 책을 쓴 이유는 상당 부분 그런 부정적 결과들 때문일 거라고 생각한다. 다음은 잠재적으로 부정적인 결과들을 간단히 요약한 것으로, 몇 가지는 앞 장들에서 가져온 것이다.

(적어도 다른 사람들이 부정적이거나 모호하게 행동할 때) 기본귀인오류와 그밖의 오해들이 가져오는 부정적 결과로는 분노, 스트레스, 적대감, 대인관계 갈등, 선입견, 집단 간 갈등, 잘못된 판단으로 인한 보복과 공격성, 심지어 전쟁이 있고, 거기에 갈등을 해결하거나 갈등 재발을 예방하는 능력의 저하까지 추가된다. 피해자 탓하기의 부정적 결과들에는 도움이

필요한 사람들을 도우려는 의지의 감소, 피해자의 자기비난과 불안, 우울의 증가가 포함된다. 치료 과정에서 내담자를 탓하는 것 역시 부정적 환경을 변화시키려 노력하는 그들의 동기나 능력을 감소시킬 수 있다.[9]

더 전반적으로 말해, 여러 편향들은 직장에서든 인간관계에서든 운전할 때든, 아니면 신체 건강과 정신 건강의 맥락에서든 우리 스스로 잘못된 결정을 내리는 결과를 초래할 수 있다. 예를 들어 자신의 어떤 기술을 과대평가하면 자기 역량으로는 벅찬 과제를 떠맡게 될 수 있다. 통제 환상은 운전 중에 과도한 위험을 감수하고 모험하도록 만들 수 있으며, 낙관론이 너무 과하면 병원에 꼭 가야 할 상황에도 병원 방문을 미루기도 한다. 테일러라면 이런 수준의 긍정적 환상은 적응에 불리하므로 적정 수준을 넘어섰다고 말할 것이다. 그러나 긍정적 환상에 관한 결과들도 평균치이므로, 적정한 환상도 어떤 사람들에게는 적응에 항상 도움이 되는 것은 아닐 수 있다.

가정이나 직장, 정부에서 책임지는 위치에 있는 사람이 편향 때문에 잘못 판단하고 내리는 결정은 자기 한 사람에게만 부정적 영향을 미치는 것이 아니다. 역사 속에서 재앙을 부른 몇 가지 형편없는 결정들은 지도자와 그들의 충성스러운 조언자들이 적에 대해 "협상하기에는 너무 사악한 존재들"로 생각하며 기본귀인오류를 범하는 집단사고 현상에서 비롯된 것으로 보인다. 집단사고를 기반으로 한 기본귀인오류의 또 다른 예를 들자면, 모든 사람들이 끔찍한 계획에 동의한 것은 평지풍파를 일으키지 말라는 집단의 압력 때문이 아니라 그들이 정말로 그 계획을 지지해서라고 생각하는 것이다.[10]

나는 학생들에 대한 긍정적 기대가 비록 편향되었더라도 자기충족적 예언을 통해 긍정적 결과로 이어질 수 있다고 언급했는데, 반대로 학생들이 성적이 좋지 않을 것이라는 편향된 기대는 성적을 더 떨어뜨릴 수도 있다. 5장에서 사회가 예컨대 흑인 학생이나 여학생 등 특정 집단의 학생들이 공부를 못할 것으로 예상하는 '고정관념 위협'에 대해 이야기했는데, 이런 예상은 해당 집단 학생들이 낮은 성적을 받는 한 원인으로 작용한다. 연인이나 배우자가 우리에게 화나 있는 것을 눈치채지 못하는 것은 축복일 수도 있지만, 오히려 그 분노가 서서히 끓어올라 폭발할 때까지 갈 수도 있다. 심지어 플라세보 효과에도 그와 반대되는 노시보 효과 nocebo effect가 있다. 어떤 약을 먹었다고 생각하는 것만으로 그 약의 부작용을 경험하게 되는 것이다.[11]

우리가 굳건하게 유지하는 관점들과 어긋나는 증거를 회피하는 일은 에고를 보호해주기는 하지만(확증편향), 그런 보호의 효과는 단기적일 뿐이다. 증거가 계속 쌓여간다면 나중에 어떤 사람들은 그토록 오래 거짓된 관점을 유지한 자신을 더 어리석다고 느낄 수 있고, 특히 그 관점을 요란하게 말로 표현했거나 그 관점에 근거해 공적 행동을 취했을 경우에는 더욱 그럴 것이다. 반대 증거를 회피하는 것은 결혼 생활이나 직장에서의 문제든, 지구온난화 같은 지구적 규모의 문제든 성공적인 문제 해결을 방해할 수 있다.

자신의 편향 관리하기

편향에는 장단점이 모두 있기 때문에 지금 내가 전하려는 짤막한 메시지는 (자신이 편향되었다고 생각한다면) 모든 편향을 단번에 혹은 너무 빨리 줄이려고 시도하지 말라는 것이다. 그러면 더 막막한 느낌이 들거나 더 안전하지 않은 느낌, 통제감이 줄었다거나 자신이나 자신에게 중요한 사람에 대한 긍정적 시각이 감소하는 느낌이 들 수 있고, 이는 우울감을 키울 수도 있기 때문이다. 오랫동안 견고한 진실이라 믿어왔던 것들에 대해 확신이 사라져가는 것을 느낄 수도 있고, 이는 스트레스와 불안과 공포를 키울 수 있다.

자기 자신과 자신의 관점들, 가까운 타인들, 사는 곳에 대해 약간은 호의적인 편향을 갖는 게 좋은 일일 수 있다. 화가 났을 때 성급히 다른 사람들을 비난하는 것, 성급하게 피해자들을 탓하는 것, 한두 가지 미신을 믿는 것은 일관성과 통제감을 좀 더 높여줄 수 있고 정신 건강에도 이롭다. 실제로 기본귀인오류의 전문가 대니얼 길버트와 패트릭 멀론은 기본귀인오류가 적어도 지각자 본인에게는 장점이 단점을 능가한다고까지 말했다. 심지어 부정확한 기질적 귀인들도 "관찰자에게는 소수의 불리한 결과들과 다수의 유리한 결과들이 있을 수 있다"고 썼다.[12] 그러니 자신에게 심하지 않은 정도의 몇 가지 편향이 있음을 깨달았다고 해서 너무 심하게 자책하지는 말자.

그러나 적정 수준을 넘어서는 편향을 지닌 이들도 있다. 9장에서 어떤 사람이 기본귀인오류에 빠질 가능성이 더 큰지 대략적으로 정리했다. 길버트와 멀론은 우리가 기본귀인오류로 누군가를 부당하게 판단할 때 그들에게 미치는 부정적 결과들은 간과한 것 같다. 그들의 감정과 그들에게 벌어지는 결과, 그리고 그들의 보복은 여전히 우리에게 영향을 미칠 수 있다. 내가 보기에 편향은 단점들이 장점들을 압도한다. 우리에게만 그런 것이 아니라 우리와 관계된 다른 사람들과 사회 전반에 대해서도 그렇다. 기본귀인오류는 피해자를 돕는 일을 감소시킬 수 있기 때문에 가난과 재해로 고통받는 아이들에게 그 영향이 미칠 수 있다. 또한 기본귀인오류는 갈등을 초래할 수 있으므로 그 갈등의 결과로 폭력의 피해자들이 생길 수 있다. 최근 급증하는 편견과 증오범죄, 미국 내 정치적 분열도 부분적으로는 기본귀인오류 때문일 수 있다.

편향에 관한 책을 쓴 저자들 대부분이 장점보다 단점이 많다는 데 동의할 거라고 생각한다. 학생들도 동의하는 듯하다. 일부 편향들에는 정신 건강의 잠재적 이점도 있음을 배우고 난 후에도 말이다. 구체적으로 나는 학생들에게 너무 정확히 판단하려고 하면 우울증의 위험이 있음을 알려주고, 여러 반의 학생들에게 "더 정확히 판단하기 위해 정신 건강을 얼마나 희생할 용의가 있느냐"고 질문했다. 평균적인 대답은 어느 정도 용의가 있다는 것이었고, 이는 척도의 중간 지점을 (조금) 넘어서는 수준이었다. 물론 정확성을 향상시키기 위해 우울증의 위험을 감수할 가치가 있는지 여부는 스스로 판단할 문제다.[13]

그러나 대부분의 사람들은 정신 건강을 희생하는 수준까지 갈 거 같지는 않다. 우리 대부분은 우울증이나 불안증의 위험을 감수하지 않으면서도 개선할 여지가 있다는 말이다. '나가는 글'에서 편향을 줄이고 더 정확해지면서도 그런 위험을 상쇄할 방법들에 관해 이야기할 것이다. 지금은 연구 결과들을 바탕으로 편향, 특히 기본귀인오류를 줄일 다양한 방법들을 알아보자.

편향에 관해 배우기: 그게 정말 도움이 될까?

편향을 다루는 많은 대중서들은 편향에 관해 배우면 편향을 줄이는 데 도움이 된다는 의견을 제시한다. 때로 이런 책들은 독자들이 새롭게 발견한 지식을 활용해 일상생활에서 각자의 편향들을 식별해 줄이라고 권하기도 한다. 또 다른 경우 저자들은 편향에 관한 자신의 책이 들려주는 충고를 읽으면 어떻게든 독자의 편향이 줄어들 것이라는 식으로 암시만 한다. 편향에 대해 배우는 것이 정말로 편향을 줄이는 데 도움이 될까? 그렇다. 하지만 우리가 바라는 정도까지는 아니다.

심리학자이자 인공지능 전문가인 얼 헌트Earl Hunt는 이렇게 지적했다. "사람은 로봇이 아니다. 사람들을 수동적으로 정보를 실어 나르는 존재처럼 행동하게 만들려는 것은 근본적인 착각이다."[14] 사람들이 편향에 관해 배울 때 벌어질 수 있는 일은 자신이 들은 것을 이렇게 해석하는 것이다. "다른 사람들은 이렇게 해. 하지만 나는 아니야." 이런 현상은 자신은 평균적인 사람보다 낫다고 생각하는 경향인 '평균이상효과'에 속한다. 그리고 실제 연구 결과들 역시 모든 사람이 아니라 실험 참가자들의 평균에 대한 것이다. 사회과학의 이러한 진실은 모든 독자가 자신은 편향된 참가자들보다 더 똑똑하다고 생각하게 할 커다란 여지를 남겨둔다.

'들어가는 글'에서 여러분 자신이 평균일 가능성에 대해 마음을 열어보라고 충고한 것도 '평균이상효과' 때문이다. 특정 편향을 일으킬 가능성이 낮은 일부 사람들도 있지만, 그래도 대다수의 사람들이 이렇게 마음을 연다면 평균에서도 전반적으로 편향이 감소할 것이다.

사회심리학자 에밀리 프로닌과 동료들은 스스로 자신의 편향들을 찾아내기가 얼마나 어려운지를 보여주는 많은 연구를 수행하고 인용했다. 우리는 자신의 편향보다 타인의 편향을 훨씬 쉽게 알아보는데, 이를 '편향맹점bias blind spot'이라고 한다. 그리고 편향맹점 또는 평균이상효과는 그것에 대해 배워도 대개는 줄어들지 않을 뿐 아니라, 심지어 더 커질 수도 있다![15]

편향을 키우는 또 하나의 요인은 자신의 인식은 현실에 기반을 두었다는 믿음이다. 이런 믿음은 순진한 현실주의naive realism라고 불린다. 이 때문에 다른 사람들이 우리가 세상을 보는 방식에 동의하지 않을 때, 우리 자신의 인식이 왜곡되었을 가능성은 대체로 고려하지 않는다. 오히려 기본귀인오류를 범하면서 다른 사람들의 관점은 그들의 개인적 정치 성향 또는 기질이나 편향 때문이라고 단정한다. 이견의 폭이 클수록 상대가 더 많이 편향되었다고 판단하며, 자신의 입장은 더욱더 현실을 기반으로 한 것이라고 여긴다.[16]

따라서 다른 사람들이 우리 의견에 동의하지 않거나 우리가 틀렸다고 말할 때, 그들이 자기 의견을 뒷받침하는 연구 결과나 사실들을 제시하더라도 우리는 기본귀인오류 때문에 자신의 착오를 직시하지 못할 수도 있다. 기본귀인오류란 우리 관점과 어긋나는 정보를 현실에 귀인하는 것이 아니라, 뉴스 미디어든 정당이든 과학이든 아니면 특정 개인이든 그 정보를 제공하는 쪽의 편향이나 나쁜 의도로 귀인함으로써 자신의 확증편향을 정당화하는 한 방법이다.

그러나 다행히도 적잖은(겨우 열 건을 조금 넘지만) 연구들에서 기본귀인오류를 포함한 편향에 관해 알게 되거나 편향에 관한 수업을 듣는 것이 실제로 편향들을 줄이는 데 도움이 될 수 있다는 결론이 나왔다. 탈편향 전문가인 스콧 릴리언펠드Scott Lilienfeld의 말처럼 "일부 연구일 뿐 모든 연구는 아니"지만 최소한 일부라도 존재하는 것이다.[17]

내 경험을 이야기하자면, 사회심리학 수업을 들은 학생들에게서 기본귀인오류에 관해 배우고 난 뒤 그 오류를 피했다는 경험담을 수년에 걸쳐 들어왔다. 그들은 동급생, 연인이나 배우자, 가족과 친척, 다른 운전자에게 화를 덜 내게 되었다고 했다.

하지만 사회과학 교육에는 한계가 있다. 모든 학생들이 그 교육을 받는 것도 아니고, 때로는 역효과를 낼 수도 있다. 9장에서 이야기했듯이 기본귀인오류를 가르치고 더 많은 학생들에게 알리는 가장 좋은 방법은, 개인적 요인들도 행동을 유발한다는 언급 없이 상황이 행동을 유발한다고만 말하는 것, 즉 이것 아니면 저것이라는 흑백논리 메시지를 피하는 것이다. 이 접근법에는 진실에 매우 가까워진다는 추가적 이점도 있다. 행동들은 대개 개인적 요인과 상황적 요인이 결합되어 일어난다.

레너드 뉴먼Leonard Newman, 아서 밀러Arthur Miller, 필립 짐바르도Philip Zimbardo를 비롯한 많은 심리학자들은 심각한 악행이 상황 탓일 수도 있다는 생각에 저항하는 미국 대중의 특정 경향에 관한 논문들을 발표해왔다. 대부분의 사람은 나쁜 행동이 나쁜 사람들에 의해 초래되며, 거기에 더 이상 토를 달 수 없다고 생각한다. 구체적으로 한 사회심리학자가 언론을 통해 널리 알려진 범죄나 인권 학대 사례에 관해 논평하며 상황요인들도 역할을 하므로 기본귀인오류를 범하지 않도록 조심하라고 말하면, 사람들은 흔히 심리학자가 그 악행에 대해 변명하는 거라는 잘못된 가정을 한다. 이런 가정이 사람들을 더 화나게 만들고 상황에 관한 정보에 저항하도록 만드는 것이다.[18]

이와 비슷한 경우로, 빈센트 이제르비트Vincent Yzerbyt와 동료들은 실험 참가자들에게 특정 행동을 설명할 때 기질적 요인에 대해서는 생각하지 말라고 지시하면 그 행동이 포함된 시나리오에 대한 기본귀인오류는 감소하지만, 그 후에 역풍이 일어난다는 것을 발견했다. 그런 지시를 받은 적 없는 참가자들에 비해, 처음에 지시를 받은 참가자들은 그런 지시를 받지 않은 다음 시나리오에 대해서는 더욱 강력한 기본귀인오류를 범했다. 연구자들은 이를 '리바운드 효과'라고 불렀다. 내가 여기서 배운 교훈은 가능한 원인들을 고려할 때 해야 할 것과 하지 말아야 할 것에 대해 지나친 압력을 가하지 말아야 한다는 점이다.[19]

내 연구에서는, 전체를 개관하는 입문 과정의 학생들에게 공격적 행동이나 나쁜 운전 행동을 설명할 때 상황적 요인을 상기시킬 경우 기본귀인오류를 범하는 비율이 더 높아졌지만, 동일한 조건에서 상급 과정의 학생들은 기본귀인오류를 범하는 비율이 더 낮아졌다.[20] 일화를 이야기하자면, 미국에 대한 테러 행위를 설명할 때 상황적 요인들이 어떤 식으로든 조금이라도 역할을 할 수 있다고 말하면 겉보기에도 심하게 냉정을 잃는 몇몇 학생들이 있었다. 한 학생은 이렇게 썼다. "테러리스트들은 상황요인들로써 '설명해줄' 필요가 없다. 그들의 행위가 스스로 말해준다."

일부 학생들이 보인 이런 저항은 부분적으로 기본귀인오류에 근거한 믿음들 때문이다. 또한 이 저항은 내가 매 학기마다 "설명하는 것은 변명하는 것이 아니"라고 강조하는 이유이기도 하다. 사람들이 범죄나 테러 행위를 저지르는 이유의 일부가 상황에 있어도, 그것으로 그 범죄행위가 용서되지는 않는다. 어떤 사람들은 용서하려는 게 아니라면 왜 굳이 귀찮게 상황요인들을 밝혀내야 하는지 묻는다. 한 가지 대답은, 나쁜 행동에 대한 더 나은 설명이 미래에 그런 행동을 방지하는 데 도움이 된다는 것이다.

편향을 다루는 대중서들은 대체로 편향에 대해 배우는 것 외에 편향을 줄일 수 있는 방법을 제시하지 않는다. 게다가 이러한 배움에 한계나 어려움이 있음을 인정하는 경우도 극히 드물다. 나는 그 공백을 메우려 노력하는 중이다. 이 장의 남은 부분에서는 기본귀인오류를 줄일 수 있는, 연구를 기반으로 한 추가적 방법들에 관해 논의할 것이다. 나는 여러분에게 이런 일들을 하라고 말하는 것이 아니다. 그러나 당신의 목적이 기본귀인오류를 줄이는 것이라면 이 전략들은 고려해볼 가치가 있다.

기본귀인오류를 줄이는 그 밖의 방법

1. 상황요인 알아보기

모르거나 보이지 않는 상황요인이 곧잘 간과된다는 것은 누구나 쉽게 이해하는 것 같다. 통화를 하다가 강아지가 내 발을 핥아서 키득거렸다면, 상대편은 내가 이야기하지 않는 한 웃는 이유를 모를 것이다. 내 누이는 통화 중 때때로 난데없는 감탄사를 내뱉는다. 처음에는 나의 어떤 말 때문에 그러는 건가 생각했는데, 사실은 자신의 강아지들에게 뭔가 즉시 알려줘야 했던 것이다. 더 중요한 사례는 실직이나 주택 압류, 가난의 배후에 구체적인 경제적 영향력이나 사회적 영향력이 작동한다는 사실을 알아차리지 못하는 경우다. 또한 소수집단 구성원들의 학업 성적을 떨어뜨리는 고정관념 위협이나, 십 대 청소년이건 대통령의 충성스러운 조언자들이건 형편없는 결정을 내리게 만드는 순응압력을 간과할 수도 있다. '들어가는 글'과 2장에서 다루었듯이, 녹음된 질문과 답변 중 "저 친구 나쁜 일을 꾸미고 있는 것 같아요. … 흑인인 것 같아요"라는 답변만 뉴스에서 공개할 때, 우리는 911 응답원이 인종에 관해 던진 질문을 들을 수 없다.

4장에서 이야기했듯이, 누군가가 찍힌 사진을 아무거나 한 장 골라내면 거기에는 상황이나 물리적 환경의 대부분이 필연적으로 배제될 수밖에 없다. 이는 심지어 사진 속 사람이 미소 짓거나 화난 표정인 듯 보일 때도 그 사람의 마음을 잘못 읽기 쉬운 한 가지 이유다. 사진에 찍힌 사람이나 사진을 찍은 사람과 이야기를 나누든가 해서 생략된 상황요인을 알게 되면, 사진을 본 사람들 중 최소한 일부는 그 표정에 대한 해석을 바꿀 것이다.

이런 점에서《마음을 읽는다는 착각》의 저자 니컬러스 에플리는 사람들을 보는 것만으로 판단하지 말고 이야기도 나누어볼 것을 추천했다. 그러면 겉으로 보인 모습이나 미심쩍은 행동에 대해 설명할 수 있는 상황들을 알려줄 것이다. 다양한 문화권의 의사소통에 관해 여러 책을 쓴 로저 액스텔도 누군가가 특정 제스처를 사용하는 이유에 대해 결정적인 판단을 내리기 전에 그 문화 안에서 돌아다니며 질문해보라고 제안한다. 동일한 제스처라도 문화마다 그 제스처를 취하는 이유가 다른데, 당신이 그 사실을 모르는 채로 판단하거나 불쾌해한다면 기본귀인오류를 범할 위험에 처한 것이다. 일반적으로 맥락을 알아보면 기본귀인오류를 분명 줄일 수 있다.

2. 판단 속도 줄이기

그러나 에플리나 액스텔의 조언대로 사람들과 이야기를 나누려면 시간이 걸린다. 그러면 즉각적으로 명확한 판단을 내리지는 못할 것이다. 토머스 길로비치와 리 로스 역시 2015년에 낸 책《이 방에서 가장 지혜로운 사람The Wisest One in the Room》에서 기본귀인오류를 다룬 장을 마무리하며 독자들에게 속도를 낮추라고 권한다.

> 방 안에서 가장 지혜로운 사람이 되고 싶다면, 실제로 영향력을 발휘한 상황적 요인들과 제약들을 다 인지하고 정말 그것들을 제대로 평가했다는 느낌이 들 때까지는 성급히 개인들에 대해 판단하지 않도록 스스로 훈련하라.[21]

《블링크》의 저자이자, 출간 당시 기본귀인오류에 취약한 눈 깜빡할 사이의 판단을 지지했던 맬컴 글래드웰도 나중에는 그렇게 신속한 판단은 "좋은 판단일 때보다 끔찍한 판단인 경우가 더 많은 것 같다"고 인정했다. 그는 또한 《블링크》를 쓴 경험을 통해 다른 사람들을 판단할 때 본능에 의지하지 말아야 한다는 것을 배웠다는 취지의 말도 했다.[22] 기본귀인오류는 본능적·자동적으로 신속히 일어나며, 심지어 상황 정보가 알려진 후에도 이를 충분히 고려하지 않고 자동적 또는 즉흥적으로 내리는 기질적 판단이다.

결정을 내리는 시간을 뒤로 미룰 수만 있다면, 그 시간을 더 많은 정보를 모으는 데 쓰지 않아도 될지 모른다. 제리 버거Jerry Burger는 고전적인 기본귀인오류 패러다임을 실행한 뒤 참가자들에게 며칠 기다렸다가 원인에 대해 판단하라고 요청한 것만으로도 기본귀인오류를 상당히 줄일 수 있었다.[23] 며칠 기다린다고 당신의 마음이 바뀔 것 같지 않다는 생각이 들더라도 시도해볼 가치는 있다. 언어 공격이나 물리적 공격을 받은 피해자들도 몇 달이 지난 뒤에는 맥락을 좀 더 고려해볼 수 있게 된다.[24]

물론 어떤 경우에는 즉시 누군가에 대한 판단을 내려야 할 때가 있다. 술집이나 사교 모임에 갔을 때 방금 만난 사람에게서 데이트 신청을 받는다면 재빨리 판단을 내려야 할 수도 있다. 이때 시간을 들여 정보를 더 수집해야 한다고 말하면 어떤 반응이 나올지 모르겠다. (그래도 첫 번째 데이트에서 정보를 좀 모은 다음 두 번째 데이트에 동의할지 결정할 수 있다.) 그러나 누군가 고속도로에서 끼어들기를 했거나 동료들 앞에서 부당하게 당신을 향해 고함을 질렀다면, 그런 사람에게 화를 내는 데는 공소시효가 없다. (그 순간에는 스스로 방어했다고 하더라도) 당신이 그 일에 관해 곰곰이 생각해보기로 결정한다면 나중에 언제든 판단하고 화낼 수 있다. 사무실에서 고함을 들은 경우라면 상황이 진정된 후에 단둘이 대화를 나누어볼 수 있다.

그들의 (상황에서) 문제가 무엇인지 알아보는 일이 가치 있다고 생각한다면 시도해볼 수 있다.

물론 화내기 부분은 우리가 항상 통제할 수 있는 것이 아니라고 느낄 수도 있다. 화는 자동적으로 일어날 수 있고, 앞에서도 말했듯이 분노가 자동적으로 기본귀인오류를 촉발할 수도 있다. 따라서 판단을 늦추려면 때로는 화부터 늦추어야 한다. 말처럼 쉬운 일은 아니다. 뒤에서 마음챙김 수행에 관해 이야기할 것이다. 이는 화를 줄이는 여러 전략 중 하나다. 그러나 판단 내리는 일을 뒤로 미룰 수 있다면, 거기서 생긴 여분의 시간이 화를 자연스럽게 가라앉힐 수도 있다. 따라서 심술궂은 문자 메시지나 이메일에는 가능하면 즉시 답하지 말자고 제안하는 바다. 아니면 일단 그 심술궂은 발신자의 코를 납작하게 해줄 답장의 초안을 작성한 다음, 발송 버튼을 클릭할지 말지는 나중에 결정할 수도 있다.

3. 인지부하 줄이기

연구 결과들은 실험 참가자들에게 인지부하를 더하거나 정신적 과제로 계속 바쁜 상태를 유지하게 하면 기본귀인오류가 증가한다는 사실을 보여준다.[25] 따라서 누군가에 대한 판단을 내릴 때는 과제나 주의를 산만하게 하는 요소를 제거하거나 인지부하를 줄이면 기본귀인오류가 감소할 것이다. 스트레스가 심하거나 바쁜 시간이라서 인지부하가 높아질 경우 (가능한 한) 그 시간대가 지나길 기다렸다가 판단을 내리면 기본귀인오류를 줄일 수 있을 것이다.

어떤 행동을 기록한 비디오나 오디오가 시각적 혹은 청각적으로 흐릿해서 집중이 더 요구될 때도 기본귀인오류는 증가한다. 따라서 재난 현장을 생방송으로 내보내는 뉴스를 보거나 범죄 장면이 담긴 동영상을 볼 때는 화면이 충분히 선명하고 소리가 충분히 커야 기본귀인오류를 최소화할 수 있다. 영상의 화질이 나쁘다면 유튜브에서 화질이 더 좋은 다른 영상을 찾아보라.[26]

4. 자신의 판단에 책임추적성 부여하기

영상을 선명하게 하거나 판단을 미룰 수 없다면, 최소한 우리의 판단을 합리화하려는 시도는 해볼 수 있다. 책임추적성accountability은 다양한 방식으로 조작화*되어 왔지만, 공통 요소는 우리 판단을 다른 누군가에게 설명하거나 합리화해야만 하는 상황을 예상하는 것이다. 이런 예상을 해보는 것만으로도 기본귀인오류를 포함한 편향들을 줄일 수 있다.[27] 자녀를 양육하거나 학생을 가르칠 때는 이 방법으로 기본귀인오류를 줄이는 법을 가르치기가 쉬울지 모른다. 요컨대 자녀나 학생에게 스스로 자기 행동에 대해 해명해보도록 요구하거나 권할 수 있다. 나는 때때로 시험 문제를 낼 때 "자신의 답을 정당화해보시오"라고 써둔다. 그러나 편향을 줄이기 위해 자신에게 이 기준을 유지하는 것은 더 어려울 수 있다. 옳다고 확신한다면 자신에게까지 설명할 필요는 느끼지 않을 테니 말이다. 그렇다면 말을 들어줄 사람을 정해서 그 사람에게 이야기할 수도 있고, 일기를 쓰는 방법도 있다.

스티븐 슬로먼Steven Sloman은 사람들이 극단적인 정치적 태도를 취하며, 사실은 잘 알지 못하는 특정 정책을 잘 안다고 굳게 확신할 때, 책임추

• 사회과학이나 자연과학의 연구를 설계할 때, 직접 측정할 수는 없지만 다른 현상들을 통해 그것이 존재함을 추론할 수 있는 어떤 현상을 어떻게 측정할지 정의하는 과정을 말한다. 이를 통해 모호한 개념을 경험적 관찰로써 명확히 구별하고 측정하며 이해할 수 있게 된다.

적성 비슷한 무언가가 과도한 확신을 줄일 수 있음을 발견했다. 그는 참가자들에게 "어떤 정책이며 어떻게 특정한 결과들로 이어질지" 설명해보라고 요청했다. 그 결과, 참가자들의 태도와 자신의 이해수준에 대한 의식이 덜 극단적으로 변했다.[28]

5. 논리적·통계적·과학적 추론 훈련하기

9장에서는 좀 더 논리적이거나 과학적인 정신을 지닌 사람들이 기본귀인오류에 덜 빠진다는 점을 보여주는 연구를 인용했다. 그 연구들은 상관연구였지만, 논리 훈련이 기본귀인오류를 감소시킨다는 입장을 뒷받침하는 진짜 실험이 최소 하나는 있었다. 마크 셸러Mark Schaller와 동료들은 참가자들에게 공분산covariance*의 통계분석 논리를 교육했다. 다양한 교육 시나리오 중 하나에서 연구자들은 참가자들에게 승률이 40퍼센트와 60퍼센트인 두 테니스 선수를 비교해보라고 요청했다. 후자의 선수가 더 뛰어난 능력을 지닌 것처럼 보이긴 했지만, 참가자들은 승률 40퍼센트인 선수가 60퍼센트 선수보다 실력 좋은 선수들이 많아 경쟁이 더 치열한 리그에서 더 많이 경기한 점 등 관련성 있는 상황요인들에 대해서도 알게 되었다. 이런 상황요인들은 서로 다른 승률과 공분산(함께 발생)했고, 승률 40퍼센트 선수가 실제로 더 능력이 뛰어나다는 점을 암시했다. 이런 내용을 배운 참가자들은 대조군과 비교해 이후 두 가지 새로운 시나리오에서 능력과 지력을 판단할 때 기본귀인오류를 범하는 확률이 더 낮았다.[29]

---

* 두 변수의 관계를 나타내는 양.

6. 슬픈 상태

직관에 어긋나는 말처럼 들릴지도 모르지만, 내가 직접 실시한 연구든 다른 이들의 연구든 실험실이나 영화관에서 사람들을 더 행복하게 만들었을 때 기본귀인오류에 더 쉽게 빠졌고, 더 슬프게 만들었을 때 기본귀인오류에 덜 빠졌다. 이미 어느 정도 우울한 상태이거나 '나쁜 하루'를 보낸 사람들 역시 기본귀인오류에 덜 빠졌다. 슬픔과 과하지 않은 우울감이 더 신중히 생각하게 만들고 세부적인 환경에 더 주의를 기울이도록 만들기 때문인 것 같다.[30] 기본귀인오류를 줄이기 위해 일부러 슬퍼지라고 말하고 싶지는 않다. 그러나 당신이 아주 행복하다는 느낌이 들거나 웃긴 영화를 보고 있을 때는, 감정 상태가 중립적인 상태에 가깝게 떨어질 때까지 다른 사람의 행동에 대한 중요한 판단은 미뤄두는 게 좋겠다.

7. 행복하기, 자기긍정하기, 무거운 감정 덜어내기

슬플 때 더 지혜롭다는 연구 결과에서 매우 눈에 띄는 예외가 있다. 기본귀인오류가 피해자 탓하기로 나타나는 경우다. 행복은 (태도귀인 패러다임과 사회적 역할 패러다임을 사용하는) 전형적인 형태의 기본귀인오류들을 증가시키지만 피해자 탓하기는 줄인다. 8장에서 논의했듯이 죄 없는 피해자가 고통당하는 모습을 보는 것은 세상이 정의롭거나 예측 가능하기를 원하는 마음에 어긋나 부정적 감정을 일으킬 수 있으며, 이런 감정은 사람들이 예측 가능성을 회복하고 부정적인 감정을 덜 느끼기 위한 방법으로 피해자를 탓하게 만드는 동기가 된다. 행복이 죄 없는 사람의 고통이라는 슬픈 현실에 대한 자연적인 완충장치라는 점은 쉽게 이해가 된다. 따라서 행복한 사람들은 피해자 탓하기에 의지할 필요를 덜 느낀다.[31]

그러나 행복이 대다수 형태의 기본귀인오류를 증가시키면서도 피해자 탓하기만은 감소시킨다는 점을 자연스레 납득하도록 직접적으로 설명한 저자는 내가 알기로 아직 없다. 행복한 사람은 상황의 세부적인 측면들에 주의를 덜 기울인다. 그런데 이런 인지결손이 다른 형태의 기본귀인오류들에 더 잘 빠지도록 만드는 것과 달리, 피해자 탓하기의 확률은 줄이는 이유가 뭘까? 아마도 고통받는 피해자의 상황적 심각성 자체가 행복한 사람들의 주의 저하 경향을 압도해버리는 것 같다. 달리 표현하면, 피해자가 고통당하는 상황적 이유들은 행복한 사람과 슬픈 사람의 주의를 똑같이 끈다는 말이다.

결론적으로 여기서 내놓을 제안은 피해자에 대해 판단하기 전에 당신을 행복하게 만드는 무언가를 보거나 행하라는 것이다. 기분전환이라고 불러도 좋다. 누군가에게 나쁜 일이 일어난 이유에 관한 최종 판단은 그 다음에 하자.

물론 좋아하는 활동이나 영화 말고도 우리를 행복하게 하는 원천은 많다. 다른 사람들에게 칭찬받는 것, 성공을 이루는 것, 과거의 성취를 반추하는 것도 우리를 행복하게 만들 수 있다. 자신의 몇 가지 긍정적인 면들을 생각하는 것도 도움이 된다. 이런 반추를 '자기긍정'이라고 한다. 아네마리 로세만Annemarie Loseman과 케이스 판덴보스Kees van den Bos는 자기긍정 이론을 인용하면서, 자신의 긍정적 특징 세 가지를 적어보는 것만으로도 실제로 피해자 탓하기를 줄일 수 있음을 보여주었다. 이 연구자들은 행복과 기본귀인오류에 관한 연구를 언급하지는 않았지만, 자기긍정이 원치 않는 감정들을 더 잘 조절하거나 줄이는 데 도움이 된다고 말했다.[32]

부정적 감정을 조절하거나 줄이는 것은 감정을 털어놓는 일로도 가능하다. 8장에서 이야기했듯이, 감정을 털어놓는 것은 피해자 탓하기도 줄일 수 있다. 켄트 하버와 동료들은 죄 없는 피해자가 고통받는 것을 볼 때 부정적 감정들이 이는 것은, 그런 고통이 정의로운 세상에 대한 믿음과 조화되지 않거나 불일치하기 때문이라고 추론했다. 그런 다음 불일치 이론을 인용하며, 다른 사람에게 감정을 털어놓으면 마음을 혼란스럽게 만드는 사건을 "더 작고 더 쉽게 분석할 수 있게" 되고, 그럼으로써 사건들에 대한 믿음들을 "재조정"하게 되어, 그 결과로 부정적 감정이 흩어져 사라진다고 설명했다.[33]

따라서 자기긍정이든 자기조절이론이든, 불일치나 부조화 이론이든, 아니면 단지 행복이 지닌 그 자체의 힘이든 부정적 감정을 줄임으로써 피해자 탓하기를 줄일 수 있다. 당신을 행복하게 해주는 무언가를 하거나, 자신의 긍정적 측면들에 대해 생각하거나, 신뢰하는 누군가에게 당신의 감정에 관해 이야기해보라.

8. 감정이입하기

감정이입이나 다른 사람의 관점을 취해보는 것이 기본귀인오류를 줄인다는 생각은 매우 직관적이다. 남의 입장에서 생각해보는 것은 그 사람의 상황을 더 명확히 볼 수 있게 해준다. 어떤 사람들에 대해서는 감정이입한다는 게 말처럼 쉽지 않지만, 구조적인 방법에 따라 타인의 관점을 취할 때 그들이 처한 곤경에 대해 상황을 들어 설명하는 경향이 증가했음을 보여준 연구들이 많다.

한 연구에서는 상담을 전공하는 대학원생들에게 비디오테이프로 어느 내담자의 사례를 보여준 후, 그 내담자의 입장을 상상해보고 그 입장이라면 어떤 느낌일지 말로 표현하게 하는 역할 바꾸기를 해보았다. 대조군과 비교했을 때, 이 참가자들은 나중에 상황 문제들이 있는 여러 내담자의 비디오를 시청하고 나서 기본귀인오류의 정도가 낮아진 결과를 보였다.[34]피해자 탓하기에 대한 연구에서는 참가자들에게 전기충격실험(8장에서 묘사한 종류의 실험) 피해자들의 관점을 취하도록 했다. 이 참가자들은 대조군에 비해 피해자를 탓하는 정도가 덜했다.[35]

관점 취하기 지시는 타 집단 구성원들의 부정적인 결과를 설명할 때 상황의 힘을 과소평가하는 기본귀인오류의 한 형태인 궁극적 귀인오류도 줄여주는 듯하다. 테리사 베시오Theresa Vescio와 동료들은 백인 실험 참가자들에게 아프리카계 미국인 남학생이 집안에서 대학생이 된 첫 세대로 적응하면서 겪는 어려움들을 묘사한 라디오 드라마를 듣게 해 이러한 효과를 발견했다.[36]

관점 취하기 지시 외에도, 누군가의 동작을 흉내 내는 것만으로도 그 사람에 대한 감정이입을 유도할 수 있음이 연구를 통해 밝혀졌다. 마리엘러 스텔Mariëlle Stel과 동료들도 범죄 피해자의 행동을 흉내 내는 것이 피해자 탓하기를 줄였음을 보여주었다. 한 피해자를 흉내 냈던 것이 그와 무관한 전혀 다른 범죄 시나리오의 전혀 다른 피해자를 탓하는 행동까지 감소시켰다. 이 연구자들은 흉내 내기가 흉내 대상이 된 사람을 보기만 하는 것을 넘어서 감정이입의 마음가짐을 만들어낸다고 주장했다. 그들은 실제 범죄 피해자 곁에 있으면 자연스러운 흉내 내기가 잘 안 되므로 경찰관이나 치료사, 피해자와 가까운 다른 사람들이 피해자와 대화를 나눌 때 그의 행동과 표정을 흉내 내도록 의도적으로 노력하라고 제안했다.[37]

집에서 이것을 시도해보면서 우스꽝스럽다고 느끼는 독자들이 있을지도 모른다. 그러나 여기서 핵심은 뉴스에서 본 경우든 우리의 사교 범위 안에서 일어난 일이든, 나쁜 일을 겪은 누군가의 움직임과 표정을 의도적으로 흉내 내는 것이 전반적으로 피해자 탓하기를 줄일 가능성이 있다는 사실이다.

9. 자신이 했던 비슷한 행동 떠올리기

상대방이 심리적 문제가 있는 내담자이거나, 부정적인 일이나 범행을 당한 피해자라면 그 사람에게 감정이입해 기본귀인오류를 줄일 수 있다. 그러나 상대가 악행을 한 사람이고 우리가 피해자라면 어떨까? 비행을 저지른 사람에게 감정이입할 수 있다는 생각이 현실적인 것일까? 악행을 행한 자에 대한 기본귀인오류를 줄이는 데 감정이입만으로 충분할까? 그자가 먼저 사과한다면?

세이지 타카쿠Seiji Takaku는 이런 질문들을 탐구해왔다. 그는 사과만으로 기본귀인오류를 줄이기 충분하지 않은 경우가 많지만, 사과에 감정이입을 더하면 효과가 있을 수도 있다고 말했다. 그러나 나쁜 짓을 한 사람의 관점을 취해보라는 판에 박힌 지시로는 감정이입을 이끌어내는 데 충분하지 않을 수 있다. 타카쿠는 과거 자신의 나쁜 행동들을 상기해봐야 할지도 모른다고 말한다. 나아가 이런 식의 감정이입 유도는 위선이나 인지부조화의 느낌을 일으킬 수도 있다. 지금 나쁜 짓을 한 자를 비난하고 싶은데 자신이 그와 비슷한 나쁜 짓을 했다면 다른 사람이나 상황을 탓하고 싶어지기 때문이다. 이는 이중 잣대를 들이대는 일일 것이다. 이런 불일치 때문에 마음이 불편해지면 그 불일치를 줄이기 위해서 현재 나쁜 짓을 한 사람에 대한 비난의 수위도 낮출 수 있다.

타카쿠는 한 연구에서 참가자들에게 급우가 참가자 자신을 부당하게 대한 후 진심으로 사과하는 시나리오를 들려주었다. 하지만 그보다 먼저 타카쿠는 참가자들이 의도했건 아니건 누군가에게 상처 입힌 과거의 사건을 머릿속에 떠올려보거나 글로 쓰도록 지시했다. 이런 지시를 받은 참가자들은 대조군과 비교해 시나리오 속 급우의 나쁜 행동에 대해 기질적 귀인을 하는 비율이 낮았다. 타카쿠는 또 다른 연구에서 다른 운전자의 차 앞으로 사람이 끼어드는 내용의 운전 시나리오를 보여주었다. 이번에도 자신이 운전할 때 저지른 위반들을 떠올리게 했더니, 참가자들은 심지어 위반자가 사과를 하지 않은 경우에도 그 행동에 대해 기질적 귀인을 하는 비율이 낮았다.[38]

지금까지 살펴본 기본귀인오류 줄이기 방법 중에서 자신의 위반 사례에 대해 생각하는 것이 가장 어려운 방법일지도 모르겠다. 그러나 당신의 삶에서 실제로 마주한 위반자들은 상황적 영향을 거의 받지 않은 정말로 나쁜 사람들일 수도 있고, 당신 자신이 한 위반들은 그에 비교할 바가 안 될 수도 있다는 점을 강조하고 싶다. 그리고 언제나 그렇듯, 어떻게 생각하고 행동할지는 당신 스스로 결정할 수 있다. 타카쿠가 기본귀인오류를 언급했고 귀인에 관해 측정하기는 했지만, 그가 초점을 맞춘 것은 용서다. 용서를 할지 말지는 아주 개인적인 결정이다. 하지만 여기서 요점은 자신의 나쁜 행동에 대해 돌이켜 생각해보는 것이 기본귀인오류를 약화시킨다는 사실이다. 그러니 기본귀인오류를 줄이는 것이 목적이라면 이 전략은 시도해볼 가치가 있다.

10. 마음챙김: 건포도 과제

감정이입을 유도하는 또 다른 방법은 마음챙김 수련이다. 이 수행 또는 개념은 불교에서 수 세기 동안 전해오다가 '마음챙김 기반 인지치료mindfulness-based cognitive therapy'와 '수용 전념 치료acceptance and commitment therapy' 등 다양한 심리치료 과정에 도입되었다. 마음챙김의 정의는 텍스트마다 조금씩 다르지만, 기본적으로는 수용적이며 판단하지 않는 방식으로 현재 순간에 주의를 기울이는 과정을 말한다.[39]

과학은 다양한 심리적·신체적 문제가 있는 사람들을 돕는 마음챙김의 효과를 시험해왔고, 이런 연구를 수행하는 이들 중 다수가 마음챙김이 감정이입을 키울 수 있다고 주장해왔다.[40] 그렇다면 감정이입이 기본귀인오류를 줄일 수 있으므로 마음챙김도 그럴 수 있을 것이다. 그리고 9장에서도 언급했듯이, 마음챙김 척도의 점수가 높은 사람들은 기본귀인오류를 범할 가능성이 더 낮았다.

팀 홉스로Tim Hopthrow와 동료들은 세 가지 실험을 통해 5분 동안의 마음챙김 수련이 (태도귀인 패러다임을 사용하는) 전형적 형태의 기본귀인오류를 줄일 수 있음을 보여주었다. 그들은 이 연습을 '건포도 과제raisin task'라고 불렀다. 건포도 한 알을 천천히 조심스럽게 만지고 냄새 맡으며 마침내 먹는 일이 포함되기 때문이다. 건포도 과제가 왜 기본귀인오류를 줄이는지 그 이유는 확실치 않다. 연구자들은 마음챙김이 감정이입을 증진하기 때문일 수도 있다고 인정했다. 그러나 마음챙김이 세부적인 것에 대한 주의를 포함한(그러나 거기에만 한정되지 않는) 인지 과정을 향상시키기 때문일 거라는 의견을 더욱 강력히 제시했다.[41]

이 장에서는 마음챙김이 왜 효과가 있는지보다는 효과가 있다는 사실이 더 중요하다. 건포도 한 알을 5분 동안 천천히 음미하는 과제는 누구나 쉽게 할 수 있는 일은 아닌지도 모른다. 사실 마음챙김 수련이 어떤 사람들에게는 위험할 수도 있다.[42] 그래도 건포도 과제는 금방 할 수 있고, 잘 알려져 있으며, 여러 홈페이지에서 방법과 동영상을 소개하고 있으니 시도해볼 만하다.[43]

11. 불확실한 것을 더 편안하게 받아들이기

마음챙김이 기본귀인오류를 줄일 수 있는 또 하나의 이유는 사람들이 불확실함을 더 잘 받아들이거나 편안히 느끼도록 만들 수 있기 때문이다. 앞의 장들에서 이야기했듯이 기본귀인오류를 일으키는 주요 동기, 그중 특히 피해자를 탓하게 되는 가장 큰 이유는 통제감이나 확실성을 키우고 싶기 때문이다. 이 동기를 감안하면 기본귀인오류를 감소시키는 두 가지 방법이 떠오른다. 첫째, 통제감과 확실성을 키울 다른 방법을 찾는다. 8장에서도 인용했듯이 연구자들은 그런 방법을 최소 한 가지는 찾아냈는데, 이는 참가자들이 중요한 삶의 가치들을 긍정하도록 만드는 것이었다. 둘째, 불확실한 것이 있어도 더 편안해할 줄 아는 방법을 찾는 것이다. 9장에서 인용한 것처럼, 통제감이나 확실성의 욕구가 더 낮고 불확실성을 더 편안하게 느끼는 사람일수록 기본귀인오류를 범할 확률도 당연히 더 낮다. 우리 스스로 그런 욕구를 덜 느끼고 더 편안해할 방법이 있을까?

책 한 권 전체를 이 주제로 쓴 책들이 있는데, 그중 페마 초드론Pema Chödrön의 《불확실해도 편안하게Comfortable with Uncertainty》는 불확실함을 더 편안히 받아들이게 해주는 몇 가지 방법을 소개한다. 이 중 하나가 마음챙김이다. 제이미 홈스Jamie Holmes는 《난센스Nonsense: The Power of Not Knowing》라는 책에서 불확실함을 더 편안히 받아들이는 것은 가능한 일일 뿐 아니라 그럼으로써 어떤 강점을 획득하게 된다고 말한다. 그 강점에는 실수로부터 배우는 것, 알 수 없었던 수수께끼를 푸는 것이 포함된다.[44] 나는 거기에 기본귀인오류를 줄이는 것도 포함된다고 말하고 싶다. 대부분의 타인들이 어떤 식으로 행동하는 이유를 우리는 필연적으로 모를 수밖에 없다. 그 사실을 받아들이고 기질적 원인 때문이라는 확신을 조금만 줄일 줄 알게 된다면 기본귀인오류는 반드시 줄어들 것이다.

그런 시도를 해보고 싶다고 해도, 불확실성과 다른 사람들의 행동 이유를 도무지 알지 못하는 현실을 더 편안하게 받아들이기까지는 길고도 어려운 과정이 될지도 모른다. 초드론의 책 등을 읽으면 도움이 된다. "확실성은 바보들의 어머니"라거나 "의심은 즐거운 상태가 아니지만 확실함은 터무니없는 상태"처럼 확실성이 얼마나 어리석은 것인지 알려주는 유명한 글귀들을 읽는 것도 도움이 될 수 있다.[45] 성장 마인드셋과 고정 마인드셋에 관한 연구 문헌을 보면, 실험 참가자들에게 관련 기사나 속담을 읽히는 것만으로도 최소한 단기적으로는 특정한 마인드셋을 채택하도록 유도하기에 충분했다.[46] 그러니 연구자들은 학생들에게 앞서 인용한 것과 같은, 불확실성도 괜찮다는 내용의 글이나 속담을 보여줌으로써 그런 마인드셋을 만들 수도 있을 것이다.

12. 진지한 비디오게임

삶은 불확실한 것이라는 진실을 직면하기보다는 비디오게임을 하는 게 훨씬 덜 어려운 일일 것이다. 최근 연구자들은 기본귀인오류를 포함한 여러 편향을 줄이기 위해 '진지한 게임serious games'을 설계했다. 이는 기본적으로 아바타를 통해 실제 삶의 의사결정 과정을 시험해보는 교육용 게임으로 일종의 체험학습이라고 할 수 있다. 이런 시도들이 지금까지 어느 정도 성공적인 결과를 보여주었지만, 주로 기본귀인오류 이외의 다른 편향들에서 더 성공적이었다. 기본귀인오류를 대상으로 시행했던 두 건의 진지한 게임 연구 중 하나에서는 진지한 게임이 실제로 기본귀인오류를 감소시켰다. 하지만 이보다 덜 체험적인 교육 비디오를 보았을 때와 비교하면 그 정도가 더 크지는 않았다.[47]

나는 이 연구자들이 현재 나온 결과를 바탕으로 게임을 더 개발하면 비디오게임을 통한 체험학습이 기본귀인오류를 줄이는 전통적인 교육 방법보다 더 효과적일 거라고 낙관적으로 전망한다. 최소한 학생들은 강의를 듣는 것보다는 득점이 가능한 잘 설계된 게임을 할 때 동기가 더 자극될 것이다. 나는 학생들이 이런 게임들을 무료로 해볼 수 있는 교육 사이트를 상상해본다. 물론 내가 아는 강사들 중에는 전통적인 교실에서도 체험학습을 이뤄내는 데 아주 뛰어난 이들이 있지만 말이다.

13. 성장 마인드셋 취하기

성장 마인드셋에 관한 연구는 학생들의 성취를 돕는 교육운동의 하나로서 꾸준히 발전해왔다. 성장 마인드셋은 능력과 기질은 고정된 것이 아니므로 더 배울 수 있고 더 잘할 수 있다고 믿게 해준다. 대부분의 연구 문헌이 개인의 성취에 초점을 맞추고 있긴 하지만, 성장 마인드셋은 타인의 행동에 대한 기질적 귀인을 줄여준다는 점이 초기 마인드셋 연구에서 입증되었다.[48] 따라서 성장 마인드셋 채택은 기본귀인오류를 줄이는 데 도움이 될 것이다. 이 책 끝부분에 있는 주에 성장 마인드셋을 길러주는 데 참고가 될 자료 링크를 넣어두었다.[49]

14. 기본귀인오류를 피하는 언어 사용하기

감정 연구자들은 (이로 펜을 물거나 고무밴드를 뺨에 걸어 머리 뒤로 넘겨 붙이는 방법을 통해) 강제로 미소 짓는 모양의 얼굴 근육을 만들면 긍정적 감정을 유발할 수 있다는 사실을 알아냈다. 정말로 미소 짓는 건 아니지만, 뇌는 어떤 식으로든 우리가 미소 짓고 있다고 생각해 그에 걸맞은 감정을 만들어낸다. 이와 유사하게 손가락을 욕하는 모양으로 만들면 적대적인 생각이 촉발되고 적대적 귀인편향이 더 심해진다. 전체적인 요점은 "어떤 감정을 느끼는 '것처럼' 행동하면 결국 그 감정을 느끼게 된다"는 것이다.[50]

앞서 "당신은 뭐가 잘못된 겁니까?" 대신 "당신의 상황에서 잘못된 일은 무엇입니까?"라고 말할 경우 어떤 잠재적 효과가 있는지 논할 때, 나는 이 연구를 생각하고 있었다. 미소나 적대적 제스처는 시늉만으로도 진심으로 그런 동작을 한 듯한 감정이나 생각을 촉발할 수 있다. 언어로도 시늉만 하는 것이 같은 결과를 낼 수 있을까? 나쁜 행동을 보고 "무슨 생각을 한 거요?" 혹은 "당신의 문제가 뭐요?"라고 묻는 대신, "당신 삶의 어떤 문제가 이런 행동을 하도록 만든 겁니까?"라고 물어볼 수 있다. 기본귀인오류 없는 언어가 기본귀인오류를 줄일 수 있을까? 우리 자신에게서 안 된다면, 우리 말을 듣는 사람들은 어떨까?

2016년에 나온 SF 영화 〈컨택트Arrival〉의 주제는 언어가 뇌 회로를 재배선rewire할 수 있다는 것이다. 영화 속에서 이는 외계인의 언어였고, 외계인의 언어로 뇌를 재배선하자 영적 능력이 생겨났다. 이 예는 물론 너무 나간 것이지만, 언어심리학과 인지심리학도 단어 선택이 실제로 생각과 기억에 영향을 미칠 수 있음을 알아냈다. 예컨대 소방관을 'fireman'이 아니라 'firefighter'라고 하는 것처럼, 직업을 가리키는 성별 중립적 언어가 그 직업에 대한 인식에 영향을 미칠 수 있다.[51] 치료사나 수사관의 유도질문이 기억에 영향을 미칠 수도 있다.

엘리자베스 로프터스Elizabeth Loftus의 고전적인 유도질문 연구에서는 실험 참가자들에게 자동차 사고 장면이 담긴 화면을 보여준 후 자동차들이 서로 '부딪혔을' 때 혹은 서로를 '박살냈을 때' 차들이 얼마나 빠르게 달렸는지 질문했다. '부딪혔다'라는 단어로 질문을 받은 집단에 비해 '박살냈다'를 사용한 질문을 받은 집단은 속도를 더 높게 추정했고, 한 주가

지난 뒤에는 실제로 깨진 유리가 없었는데도 깨진 유리를 기억하는 경우가 더 많았다. 유도질문들이 목격자의 증언을 훼손할 수 있는 것이다.[52] "당신은 뭐가 잘못된 겁니까?"라는 질문 대신 "당신의 상황에서 잘못된 일은 무엇입니까?"라고 질문하는 것은 응답자뿐 아니라 질문자에게도 친사회적인 유도질문 같은 역할을 할 수 있다.

다른 연구에 따르면 "존은 그 과목에서 낙제했다"가 아니라 "존은 우둔하다"라고 하는 것이, 즉 누군가의 행동을 동사가 아니라 형용사로 묘사하면 그 묘사를 듣는 사람들에게서 기질적 귀인을 더 유도하는 것으로 나타났다. 형용사보다 동사를 사용해 사실만을 말하는 접근법이 기본귀인오류를 줄일 수 있고, 어쩌면 그렇게 말하는 사람 자신의 기본귀인오류도 줄일 수 있다.[53]

사용하는 동사의 유형과 관련된 더욱 미묘한 효과도 발견되었다. 두 사람 사이의 상호작용이나 관계에 대한 글을 읽을 때 '비판하다' 또는 '공격하다' 같은 해석적 행위동사들은 '싫어하다'나 '미워하다' 같은 상태동사와 다른 추론을 유도한다. 일반적으로 상태동사에 비해 행위동사는 그 관계가 덜 안정적이라고 추론하도록 만들며, 그 특정 상호작용은 반복될 가능성이 적고 상황요인들의 영향을 더 많이 받으며, 비판이나 공격을 받은 사람에게 별로 책임이 없다고 추론하게 한다.[54]

1장에서 어떤 사람이 사용하는 특정 단어가 반드시 그 사람의 시각이나 편향을 반영하는 것은 아니라고 언급했다. 그러나 특정 단어를 사용하는 것에는 편향을 초래하거나 줄일 잠재력이 있다.

"당신의 상황에서 잘못된 일은 무엇입니까?"와 같은 식으로 말하는 것의 효과를 구체적으로 시험한 사람은 아직 없지만, 그래도 오랜 시간에 걸쳐 의도적으로 연습한다면 말하는 사람과 듣는 사람 모두의 기본귀인오류를 줄일 수 있을 것이다. 아이들과 학생들을 위해 이런 종류의 언어와 사고에 관한 모델링을 생각해볼 수 있다. 자신의 스타일이나 그들과의 관계에 더 잘 맞게 그런 문구들을 마음껏 수정해보라. "너의 상황에서 무엇이 잘못되었니?" 대신 "아무 문제없니?" 같은 질문도 시도해볼 수 있다. 특정 판단을 고정시키지 않는 질문이어야 한다. 이는 어떤 단어들을 어떻게 사용해 질문을 만드는가에 달렸다.

가까운 사람들의 기본귀인오류 줄이기

편향맹점 연구는 자신의 편향보다 남들의 편향이 더 잘 보인다는 사실을 알려준다. 그렇다고 해서 다른 사람이 편향되었다는 우리 생각이 정확하다고 보장할 수는 없다. 실제로 다른 연구는 우리가 편향이라고 생각하는 인식 자체가 편향된 것일 수도 있음을 보여준다. 그런데 만약 그 판단이 옳았다면? 가족이나 친구, 연인, 배우자나 동료가 (우리에게든 누군가 다른 사람에게든) 기본귀인오류를 범한다면? 우리가 그 편향을 바로 잡으려고 시도해야 할까?

어떤 사람이 나 자신만 아는 내 상황 속의 무언가를 보지 못해 나를 잘못 판단했다면, 나만 아는 정보를 그 사람에게 알려주는 것이 아주 쉬운 일처럼 여겨질 수 있다(물론 그들이 내 개인적 정보를 전혀 알고 싶어 하지 않는다면 안 되겠지만). 사람들이 다른 사람들의 대우에 마음이 상해 우리에게 지원을 요청하러 오는 경우에 관해 몇 가지 이야기하고 싶다. 나는 여러 차례 이런 상황에서 들어주는 사람의 입장이 되어보았고, 시간이 지나면서 잠재적 기본귀인오류를 줄이는 섬세한 과제를 점점 더 잘해내게 된 것 같다.

이를테면 당신의 친한 친구가 직장에서 일진이 나쁜 하루를 보냈다고 하자. 상사가 친구에게 고함을 질렀거나 친구 잘못이 아닌 일에 대해 친구를 무시하는 투로 이야기를 했다. 당신의 친구는 겉으로 보기에도 몹시 화가 나 있고, 상사의 성미가 고약하다거나 멍청하다거나 직원들이 매일 겪는 일들에 대해서는 전혀 고려하지 않는다고 말한다. 당신은 전에도 그 상사에 관한 이야기를 들었고, 예컨대 결혼 문제나 뭔가 다른 문제가 있는 것 같다고 생각할 근거가 있었다고 치자. 이때 당신은 그 상사의 행동에 대해 설명해줄 상황적 요인들이 있을 가능성을 제시하고 싶은 유혹을 느낄지도 모른다. 그러나 당신의 친구는 화가 나서 울고 있으며, 지지를 받고 싶어서 당신을 찾아왔다. 당신은 어떻게 해야 할까? 기본귀인오류를 줄여주면 친구의 분노와 스트레스도 줄일 수 있다. 친구의 기분이 더 나아질 수도 있다. 당신이 그런 시도를 해야 할까?

첫째, 이는 당신에게 달렸다. 당신의 친구는 당신이 안다. 그 친구는 화가 난 상태일 때 당신이 보이는 특정 반응들을 비교적 잘 소화할 수도 있고 그렇지 않을 수도 있다. 그리고 당신이 고개를 끄덕이거나 안아주거나, 직접적인 충고를 포함해 여러 반응을 해줄 때 편안해할 수도 있고 불편해할 수도 있다. 만약 친구의 잠재적 기본귀인오류를 바로잡아주려는 시도를 하기로 결정했다면, 당신이 고려해야 하는 몇 가지 일반적인 사항을 제안하려 한다.

먼저 피해자 탓하기를 조심하라. 친한 친구가 고통스러워하는 모습을 보는 건 힘들다. 특히 친구 탓이 아닌 일로 괴로워할 때는 더 그렇다. 친구가 상사에게 과민반응하고 있다거나, 상사의 상황에서 무언가를 간과했다고 말하고 싶은 것은 피해자 탓하기가 반영된 마음일 수 있다. 그런 말을 하고 싶은 유혹을 떨치고 친구의 상황에 대해 고려할 수 있도록

이 장에서 소개한 피해자 탓하기의 위험을 줄이는 전략들을 따라해보라.

설명하는 것이 변명하는 것은 아니라는 점을 친구에게 어떤 식으로든 반드시 알려야 한다. 어떤 방법으로 할지는 당신이 결정하라. 특히 "상사의 행동을 변명해주려는 건 아니지만, 그래도 … "라는 식으로 말을 시작하는 방법은 추천하지 않는다. 어떤 사람들은 화가 났을 때 남들이 자기 의견에 동의해주지 않을 거라는 낌새를 느끼면 '그래도' 다음부터는 귀를 닫아버린다. 내가 아는 몇몇 사람은 이런 경우 그와는 정반대로 생각한다고, 즉 "당신은 지금 정확히 변명을 해줄 작정이며, 일단 변명이라는 단어를 꺼냈기 때문에 더더욱 그렇게 생각"한다고 솔직히 말하기도 했다. 변명의 여지가 없는 일이라거나 상사가 그렇게 행동해서는 안 되었다는 말만 해보는 것도 괜찮다. 그런 다음 한동안 지켜보면서 '그래도'를 붙일지 말지 판단하라.

사실 무엇이 되었든 상황요인에 관해 이야기하려면 감정이 가라앉을 때까지 기다리는 게 현명하고, 여기에는 여러 이유가 있다. 임상심리학자인 내 친구들은 제일 먼저 "정말 짜증나겠다" 또는 "정말 힘들겠다"라는 식으로 친구의 감정을 인정해주어야 한다고 말했다. 꼭 그 정당성을 인정하는 것이 아니어도 된다. 마음 상한 친구의 관점에서 보면 세상은 흑과 백으로 보일 것이다. 그에게 사람들은 자기에게 동의하는 사람과 반대하는 사람으로 양분되며, 당신은 친구의 말에 반대하는 범주로 분류되어 상사 편을 들어주는 것처럼 보일지도 모른다. 당신도 이런 위험은 감수하고 싶지 않을 것이다. 그러면 친구는 배신당했다고 느낄 수도 있다. 자기가 틀렸다는 말을 하는 거라고 생각한다면 그 친구는 에고도 위협당하는 느낌이 들 것이다.

그런데 9장에서 말했듯이, 감정을 털어놓는 것은 적어도 기본귀인오류 중 피해자 탓하기는 줄일 수 있다. 어쩌면 친구가 당신에게 모든 감정을 토로하게 해주고 친구의 고통이 정당하다고 인정해주면, 상사에 대한 기본귀인오류를 서서히 줄여나갈 수도 있을 것이다.

상황요인의 가능성을 제기하기로 했다면 그 생각을 직접적 진술이 아닌 의문으로 표현해보라. "뭔가 다른 일이 벌어지고 있을 가능성이 있을까?"라거나 "우리가 모르는 무슨 일이 벌어지고 있는 건 아닌지 궁금하네"처럼 말이다. 또한 그 모두가 상황 때문이라고 생각하는 '모 아니면 도'의 접근법은 피해야 한다. 사람들은 일반적으로 잘못된 행위가 전부 상황 때문이라는 설명을 잘 받아들이지 못한다.

마지막으로 기본귀인오류의 장점들도 염두에 두자. 물론 당신은 기본귀인오류가 초래한 친구의 화와 스트레스를 줄이고 싶다. 그러나 앞에서도 이야기했듯이, 기본귀인오류에는 예컨대 통제감의 유지 같은 심리적 이점도 있다. "네 상사는 나보다 네가 더 잘 알잖아" 혹은 "직장에서 네가 하는 일이 뭔지는 네가 더 잘 알잖아" 같은 말이 친구가 통제감을 유지하는 데 도움이 될 수 있다. 그런 말을 한 다음, 잠재적 상황요인들에 관한 이야기로 조금씩 옮겨가보라. 당신의 노력에 행운이 따르기를 빈다.

전반적으로 나는 기본귀인오류에 장점보다 단점이 훨씬 많다고 확신하지만, 너무 정확히 따지고 들면 우울이나 불안감이 자극될 위험이 있는 사람들도 있다. 당신이 상사 편을 드는 것처럼 들리면 친구는 응원이 필요할 때 더 이상 당신을 찾아오지 않을지도 모른다. 친구가 응원을 필요로 할 때는 고개를 끄덕여주는 것만으로도 충분히 좋다. '나가는 글'에서는 장단점 문제를 좀 더 다루고, 마지막으로 정확성이 갖는 정신 건강상 위험을 상쇄할 몇 가지 방법을 제안해보려 한다.

나가는 글

합리적 웰빙

진실은 당신을 자유롭게 할 테지만, 그보다 먼저 당신을 우울하게 할 것이다.

—마크 트웨인(소설가, 유머작가)

우리가 실수하는 건 진실이 잘 보이지 않아서가 아니다.
진실은 한눈에 바로 보인다. 우리가 실수하는 건 실수하는 게
더 편하기 때문이다.

—알렉산드르 솔제니친 Александр Солженицын(소설가, 역사가)

때로 진실은 쉽게 알아볼 수 있다. 바로 눈앞에 있다. 그러나 그 진실을 받아들이기는 여전히 어렵다. 성폭행 등 비극적인 일로 해를 입은 사람은 피해자다. 직업에는 계약상 의무가 따른다. 그런데도 의무 수행이 어떤 식으로든 개인적 선호나 성격적 특성을 드러내 보이는 거라고 생각하는 사람들이 여전히 많다. 우리가 어떤 후보를 지지할 때 그 후보가 엄청난 거짓말을 한 것이 들통났다고 해도 여전히 우리의 후보를 믿으며 오히려 언론을 비판한다.

자신이 굳건히 유지하는 관점에 대해 수백 건의 연구와 거의 모든 과학자들이 그와 어긋나는 말을 해도, 어떻게든 정보를 회피하거나 별것 아닌 것으로 치부하며 왜곡하는 방법을 찾아내고야 마는 이들도 많다. 적어도 처음에는 그렇다. 에고, 정치적 충성심, 통제감이 무너지느냐 마느냐 하는 상황이기 때문이다. 생각을 돌리는 데는 어느 정도 시간이 필요할지도 모른다. 그러나 결코 생각을 바꾸려 하지 않는 사람들도 있다. 해리 포터 시리즈에서 마법부 장관은 어둠의 마왕 볼드모트가 돌아왔다는 사실을 필사적으로 믿지 않으려 했고, 결국 볼드모트가 자기 앞에 왔을 때야 그 사실을 받아들였다.

그러나 때로 진실이 알아차리기 어렵거나, 물리적으로 눈에 보이지 않을 때도 있다. 뉴스 방송국이나 정치 광고에서 우리에게 전체 맥락을 알려주지 않을 때도 그런 일이 일어난다. NBC가 911 녹음테이프에서 "저 친구 나쁜 일을 꾸미고 있는 것 같다. … 흑인처럼 보인다"라는 부분을 들려주었을 때, 거기서 중요한 정보가 제거되었다는 사실을 사람들이 어떻게 알 수 있겠는가? 우리는 사진에서 어떤 얼굴 표정이나 손동작을 볼 때 사진 한 장의 테두리를 벗어난 그 너머의 맥락은 볼 수 없다. 그 손동작이 갱들의 제스처와 같아 보여도 말이다. 다른 사람들이 부적절하게 운전하거나 직장 또는 교실에서 빈약한 성과를 내는 모습을 볼 때, 때로 사람들에게서 상처 주는 말을 들을 때도 대개는 그들의 맥락에서 어떤 일이 벌어지는지 알지 못할 때가 많다. 그 운전자는 황급히 누군가를 병원에 데려가고 있는 게 아닐까? 낮은 성적을 낸 학생은 고정관념의 위협을 느끼는 건 아닐까? 이 사람들은 남몰래 어떤 스트레스를 견뎌내고 있지는 않을까? 그들이 골라서 사용한 그 상처 주는 말은 어디서 배운 걸까?

겉으로 드러나는 행동을 바꿀 수도 있었을 상황요인이 존재한다고 무조건 가정할 수는 없지만, 그것이 존재하지 않는다고 가정할 수도 없다. 당신이 만나는 사람은 누구나 당신이 까맣게 모르는 모종의 전쟁을 치르고 있다고 한 로빈 윌리엄스의 말이 옳았던 걸까? 그 말이 틀렸다면, 누가 그런 전쟁을 치르고 있고 누가 치르고 있지 않은지 구별하기란 매우 어려울 것이다. 편향을 줄이려 할 때 가장 어려운 과제는 눈에 보이지 않더라도 상황요인들이 작동하고 있을 가능성에 마음을 여는 것이다.

그러나 자신의 맥락들은 볼 수 있다. 911 응답원이 우리에게 피해자의 인종을 물었다면 우리는 그 맥락을 알 것이다. 우리가 누군가를 급히 병원으로 데려가고 있다는 건 우리가 안다. 우리가 치르고 있는 전쟁이 어떤 것인지 남들은 몰라도 우리는 안다. 어쩌면 이것이 솔제니친이 쉽게 보인다고 말한 진실의 한 부분인지도 모른다. 자신의 행동과 일어난 결과들에 상황적 요인들이 있었음을 우리는 안다. 특히 그 행동과 결과가 해롭거나 극단적인 것일 경우에는 더욱 그렇다. 그러나 너무 많은 사람들이 다른 사람들에게 그런 요인이 있을 가능성을 감안하는 일을 무척 어려워한다. 행동과 결과를 설명하는 일에서 하나의 진실은, 눈에 보이는 것 이상이 존재한다는 이 보편적 가능성이다. 그런데도 다른 사람들을 볼 때는 표면적인 설명을 고수하는 것이 더 편하고 시간도 덜 잡아먹는다.

이 책을 쓰면서 많은 연구 문헌들에서 배워 알게 된 내용을 업데이트했다. 그중 어떤 내용은 양적으로도 개념적으로도 몹시 놀라웠다. 운전 연구자들의 연구에서는 도로 위 분노를 다른 운전자에 대해 비난하는 일과 연결 짓는 결과들이 계속 나왔다. 정의로운 세상에 대한 믿음을 연구하는 사람들은 죄 없는 피해자들이 죄가 없다는 진실을 회피하기 위해 우리가 어떤 일까지 할 수 있는지(그리고 그 이유가 뭔지) 훨씬 상세히 알아냈다. 벌어진 일의 결과가 부당할수록 우리는 더 극단적으로 나아가며, 그로써 피해자들이 겪는 부정적 결과들은 더욱 악화된다. 감정과 비언어 해독을 연구하는 사람들은 표정을 이해하는 일에서 점점 더 맥락과 문화에 초점을 맞추어왔다. 감정을 정확히 읽어낸다는 것은 우리가 생각하듯이 보편적인 일이 아니다. 맥락이 필요한 것이다.

맥락은 실제로 대부분이 아는 것보다 훨씬 강력하다. 맥락은 단순히 원인을 판단할 때 과소평가하게 되는 것일 뿐 아니라, 누군가의 말과 행위, 외양, 곤경, 감정에 대한 해석을 돕는 일이기도 하다. 맥락을 검토하고 포함시키려면 노력과 시간이 더 많이 든다. 어떤 사람에 대해 처음 세운 가정들을 없던 것으로 되돌려야 한다는 사실은 불편하거나 머쓱한 일일 수 있다. 특히 그 사람이 잘못을 저지른(그리고 우리가 그에 보복한) 경우라면 더욱 그렇다. 생각한 것보다 세상이 정의롭고 통제 가능한 곳이 아니라는 사실을 깨닫고, 오래 품어온 관점이 틀렸음을 입증하는 증거를 접하면 비참하거나 두려운 마음이 들 수도 있다.

진실은 불편한 것일 수 있다. 진실은 우리를 두렵고 불안하며 우울하게 만들 수 있다. 그러니 정신적으로 건강한 사람들이 몇 가지 긍정적 환상을 품고 그 환상을 뒷받침하는 편향을 저지르는 것도 놀라운 일은 아니다. 어떤 연구들은 항우울제가 먼저 긍정적 편향을 유도함으로써 기분을 개선한다는 의견을 내놓기도 했다.[1] 우리의 웰빙은 합리적이지 않은 것이다.

기본귀인오류를 범함으로써 다양한 맥락적 원인들이 존재하는 복잡하고 무서운 현실에 대해 불확실한 느낌을 줄이고 통제감을 높일 수 있다. 기본귀인오류는 근거 없는 분노를 정당화하거나, 정의롭고 안전한 세계에 대한 환상을 뒷받침해줌으로써 불편한 인지부조화를 줄여준다.

그러나 기본귀인오류를 포함한 편향들에 빠지는 일에는 몇 가지 손실도 따르며, 내 생각에 손실이 혜택보다 훨씬 크다(10장 참조). 그러므로 우리가 가야 할 방향은 편향을 줄이는 쪽이다. 불안이나 우울을 느끼지 않으면서 그럴 수 있을까? 기본귀인오류와 긍정적 편향들을 줄이는 동시에 웰빙을 유지하는 것이 가능할까? 가능하다. 나는 사람들이 합리적이면서도 행복할 수 있다고 믿는다. 나는 이런 상태를 '합리적 웰빙rational well-being'이라고 부른다. 이는 정신적으로 건강한 수많은 사람들이 빠지기 쉬운 비합리적 편향들을 저지르지 않으면서도 좋은 정신 건강을 유지하는 것을 말한다.

10장에서 말했듯이, 우리 대부분이 우울이나 불안의 위험 없이 개선될 여지가 있다고 나는 생각한다. 대다수의 사람들은 편향을 조금 줄인다고 해서 정신 건강이 위험해질 것 같진 않다. 그러나 꽤 많이 줄이거나 여러 편향을 성급하게 줄이면 위험이 따를 수도 있다. 또 일부 사람들에게는 조금 줄이는 일도 웰빙에 위협이 될 수 있다. 우리는 웰빙을 유지하면서도 더 합리적이 되도록 노력해야 할 것이다.

내가 제안하는 방법들

나는 그동안 편향들을 줄여 더 정확한 판단을 하면서도 우울함의 위험은 최소화시킬 방법들을 '나가는 글'에서 제안하겠다고 약속해왔다. 편향을 줄이는 방법에 대해서는 10장을 보라. 지금 제안하는 것은 우울의 위험을 상쇄할 방법들이다. 이미 당신이 정확한 사람이고 약간의 우울을 경험하고 있다면, 그 경우에도 이 부분이 도움이 될 것이라고 기대한다. 사회심리학 강의를 하면서 한 학기 동안 학생들의 편향이 줄어든 경우, 학기 말에 이런 방법들을 알려주었다. 경미한 우울이 아니라 심각한 우울이라면 의사나 심리치료사에게 전문적 도움을 구할 것을 권한다.

나는 학생들에게 내가 알려주는 방법이 마음껏 나눠주어도 문제가 되지 않는 항우울제라고 말한다. 이는 한마디로 '상기시키기'다. 예를 들어 학생들에게 (편향되는 것의 모든 단점들에서 추론해) 정확히 판단할 때 생기는 모든 이점들을 학생들에게 상기시킨다. 자신을 위해 더 좋은 결정을 내리는 것, 문제를 더 잘 해결하는 사람이 되는 것, 피해자들이 느끼는 치욕을 줄이는 것, 곤궁에 처한 사람들을 기꺼이 도우려는 의지를 높이는 것, 다른 사람들과 더 잘 지내는 것, 집단 간 편견을 줄이는 것, 고정관념 위협을 줄이는 것, 근거 없는 분노와 보복을 줄이는 것, 대인관계의 갈등과 스트레스를 예방하거나 줄이는 것 등이 바로 그 이점들이다.

이렇듯 더 정확히 판단하게 되면서 찾아오는 우울의 위험을 상쇄시키기 위해 제안하는 첫째 방법은 더 정확해지는 데 따르는 모든 이점을 기억하는 것이다. 이는 결코 사소한 것이 아니다. 혼자서도 소리 내 읽으면서 그 이점들을 다시 검토해볼 수 있다. 이렇게 상기시키면, 받아들이기 어려운 진실을 받아들였다는 사실에 기분이 더 좋아질 수 있고, 그렇게 좋아진 기분은 우울을 상쇄할 수 있다.

　더욱이 이렇게 상기시키는 것은 더 정확히 판단하는 것과도 조화롭게 일맥상통하며, 조화로운 인지는 인지부조화의 불편함을 줄일 수 있는 최고의 방법이다. 기억하는지 모르겠지만, 편향들에 빠지는 이유 중 하나는 인지부조화를 줄이기 위한 것이다. 선하고 죄 없는 사람들이 끔찍한 운명을 겪을 수 있다는 사실을 받아들이는 것은 정의로운 세상에 대한 믿음과 조화되지 않는다. 타인이 우리에게 저지른 나쁜 행동이 참작할 수 있는 상황들 때문이라는 것을 받아들이는 일은, 우리가 느끼고 느낀 대로 행동하게 한 분노와 조화되지 않는다. 지지하는 후보에 대해 언론인들이 전하는 부정적인 정보를 인정하는 것은 그 후보를 지지하는 우리의 마음과 조화되지 않는다. 기후변화의 증거를 받아들이는 일은 기후변화를 부인하는 것과 조화되지 않는다. 부조화는 정확하게 판단하고 증거를 받아들이는 데서 올 수 있는 부정적 감정과 우울의 한 부분이다. 이런 부조화를 떨쳐내는 흔한 방법은 증거를 받아들이지 않고 피해자에 대해, 분노의 대상에 대해, 언론인에 대해, 과학에 대해 편향을 갖는 것이다. 이런 편향들이 전형적인 비합리적 웰빙의 밑바탕에 깔려 있다. 요컨대 받아들이기 어려운 진실을 받아들일 때 생기는 부조화를 줄이는 방법은 조화로운 인지를 늘리는 것이다. 만약 당신이 편향을 피하느라 무섭거나 서글픈 진실과 씨름하고 있다면 정확성이 주는 이점을 생각해보라. 이런 조화로운 인지들, 즉 정확성의 이점들을 상기시키는 것으로써 부조화를 줄일 수 있다면 더 뿌듯해질 뿐 아니라, 부조화를 줄이기 위해 택하는 더 편향된 길들로 다시 들어서려는 유혹도 덜 느끼게 될 것이다. 우리는 더 합리적인 방식으로도 웰빙을 유지할 수 있다.

더 정확해지는 데서 오는 우울의 위험을 상쇄하기 위한 나의 둘째 제안은 더 정확해지는 것이 더 지적이 되는 것임을 인정하기다. 이는 책에서 배운 지혜와 거리에서 배운 지혜가 합쳐지는 것이며, 자랑스러워 할 일이다. 바꿔 말해, 우리가 똑똑하다는 것을 우리 자신에게 말하거나 보여주는 것은 자기긍정이고, 부조화는 자존감에 대한 위협인 경우가 많으므로 자기긍정은 부조화를 줄일 수 있다. 자기긍정이 직접적으로 부조화를 줄이지는 않더라도 여전히 우울을 상쇄할 수는 있다.

정확성을 지성이나 지혜와 동등하게 보는 자기긍정 방법에 도움이 될 유명한 문장들도 있다. 알렉산더 포프Alexander Pope의 말이다. "사람은 자기의 잘못을 인정하는 걸 결코 부끄러워해서는 안 된다. 이는 달리 말해 그 사람이 어제보다 오늘 더 지혜로워졌다는 말일 뿐이기 때문이다." 편향을 줄이는 것은 우리를 더 지혜롭게 만든다. 소크라테스Socrates가 했다는 이런 말도 있다. "단 하나 진실한 지혜는 당신이 아무것도 모른다는 것을 아는 것이다." 조금 과장된 감은 있지만, 이는 누군가 어떤 식으로 행동하는 이유를 필연적으로 알 수 없다는 말처럼 들린다. 받아들이는 편이 현명한 것 같다.[2]

셋째 제안은 사회비교 이론이라는 유명한 사회심리학 이론에서 나온 것이다. 여기서 강조하는 점은 사람은 자기보다 못한 사람과 비교할 때 자신에 대해 더 기분 좋게 느낀다는 것이다. 이 책을 읽기로 한 추진력과 이 책에서 배운 것은 당신을 평균적인 사람 이상으로 올려놓는다. 진짜다. 아니 그냥 해본 말이다. 사회심리학 교과서나 이 책을 읽어본 적 없는 사람에 비해 당신은 이제 편향들과 그것들을 줄이는 방법에 대해 더 잘 알게 되었을 것이다. 그랬으면 좋겠다. 그 앎은 정확성이 주는 모든 이점들로 이어질 수 있다.

사회비교 연구는 또 같은 배를 탄 사람들과 자신을 비교하는 것만으로도 자존감을 높이고 우울을 상쇄할 수 있음을 보여주었다. 특정 문제가 자신에게만 있는 것이 아님을 아는 일은 사회적 지지 모임들이 수많은 사람에게 도움을 줄 수 있는 이유이기도 하다. 특히 편향에 빠질 위험이 있는 건 당신 혼자만이 아님을 알아두기 바란다. '익명의 PARBs'라는 나의 웹사이트는 바로 이 지지 모임을 주제로 빌려와 만든 것이다('PARBs'는 '편향의 위험이 있는 사람들Persons at Risk of Bias'을 뜻한다). 모두가 편향의 위험이 있으므로 내 웹사이트는 자랑스럽게도 지구상 비공식 회원이 가장 많은 지지 모임이다.

물론 임상심리학은 사회비교 외에 지지모임이 사람들에게 도움을 주는 다른 이유들도 밝혀냈다. 그리고 심리학 전반은 긍정적 감정을 증가시킬 수 있는 다양한 개입법들을 개발해왔다. 그중에는 특정 사람들에게 더 도움이 되는 개입법들도 있지만, 더 정확해지는 데서 오는 우울의 위험을 상쇄하기 위해 시도해볼 가치는 있을 것이다. 최근의 어떤 리뷰는 강력한 지지(효과)를 지닌 개입법들을 밝혀냈다. 그 방법들로는 미래에 일어날 수 있는 긍정적인 사건들 상상하기, 과거의 긍정적 사건들을 기억하거나 그에 관해 글쓰기, 강제적 웃음(웃음 요가나 웃음 에어로빅 등), 자애명상loving-kindness meditation 같은 마음챙김 수행 등이 있다.

이 책과 관련해 특히 더 중요한 의미를 띠는 개입법에는 자신의 맥락에 영향을 미치려고 시도하는 방법들도 있다. 이는 '상황수정situation modification' 또는 '상황선택situation selection'이라고 불린다. 스스로 선택할 수 있는 상황들에는 분명 한계가 있지만, 연구 결과에 따르면 평균적인 사람은 사교와 운동, 자연 속에 있기, 친절한 행위를 통해 더 행복해지며, 일과 통근, 컴퓨터 작업에서는 그리 행복을 얻지 못하는 것으로 드러났다 (물론 자기 직업을 정말로 사랑하는 사람들도 있다). 어떤 활동을 할 때 그 일에 **어떻게** 참여하는지도 중요하다. 긍정적 감정을 최대화할 수 있는 전략에는 가장 좋은 활동을 마지막 차례로 남겨놓기, 즐거운 활동의 시간을 사이사이에 배분해두기가 포함된다.[3]

더 행복해지도록 자신의 맥락에 영향을 미치려 노력한다는 것은 이 책의 광범위한 메시지를 반영한다. 바로 우리의 행동과 결과는 대체로 개인적 요인들과 상황적 요인들이 더해져서 초래된다는 것이다. 개인과 맥락은 둘 다 중요하지만, **다른 사람들**의 행동과 결과를 설명할 때는 맥락의 힘을 인식하면 설명이 훨씬 더 정확해질 것이다.

감사의 말

이 책을 완성하기까지 크나큰 도움을 받았다. 저자이자 편집자 수전 시몬스Susan Simmons는 처음부터 나와 함께하며 내가 출판 과정을 배우도록 도와주었다. 그녀는 내 아이디어들에서 중심점들을 찾아내도록 도와주고, 초반 장들에 대한 핵심적인 피드백을 제공해주었으며, 질문이나 사회적 지지가 필요할 때 언제나 도움을 주었다. 여러 장들을 읽고 자신의 전문지식과 경험을 내게 나누어준 분들께도 감사한 마음을 표한다. 존 위버John Weaver, 린다 워릭Lynda Warwick, 데이비드 하바스David Havas, 하이디 버그Heidi Berg, 줄리 맥퀸Julie McQuinn, 다이앤 크니치Diane Knich, 그리고 특히 나의 친구이자 동료 저자인 셰리 여크Sherrie Yurk가 바로 그분들이다.

메시지를 대중과 나눌 기회를 준 편집자 스티븐 미첼Steven Mitchell과 프로메테우스북스에 감사를 전한다. 또 대학원 시절 멘토이자 연구자로서 삶에 영향을 주었고, 시간을 내어 추천사를 써주었으며, 나의 책 쓰기 프로젝트가 시작된 뒤로는 격려의 피드백을 보내주신 두 분 로버트 S. 배런Robert S. Baron과 존 하비John Harvey에게 감사드린다.

교육과정의 모든 단계에서 늘 응원을 아끼지 않으셨던 아버지 로버트 스탤더와 돌아가신 어머니 테리사 스탤더께 감사드린다. 책이 출간되는 걸 보셨다면 어머니도 행복해하셨을 것이다. 이 책을 쓰고 만드는 동안 아내와 나는 또 다른 사랑하는 분들을 떠나보냈다. 아내의 종조부이신 다타 파틸Datta Patil이 그중 한 분인데, 이 분이 아니었다면 아내가 인도에서 우리가 만나게 된 밀워키로 오는 일은 없었을 것이다. 그분들을 잃은 것은 이 책 프로젝트를 완수할 때까지 이겨내야 했던 여러 어려움 중 하나였다. 아내와 나는 그 시간 동안 우리에게 힘이 되어준 분들, 특히 누이 줄리 맥퀸Julie McQuinn에게 깊이 감사한다.

이 책에서 소개한 가족 이야기의 세세한 부분을 확인해준 아버지와 형제자매들에게 감사한다. 자주 마음을 써 집필에 관해 물어봐주고 응원해준 처형 아누라다 살룬케에게도 감사드린다. 아이디어들을 들어주고 장들을 읽어주며, 컴퓨터에만 붙어 있는 나를 끌어내 운동하도록 격려해주고 그 외에도 여러 방식으로 나를 지원해준 아내 슈방기 스탈더Shubhangi Stalder에게 특별한 감사를 표한다. 이 프로젝트를 시작하도록 그 누구보다 격려해준 사람이 바로 아내다.

마지막으로 내가 책 쓰기 프로젝트를 시작할 때 안식년을 허락해준 위스콘신대학교 화이트워터 캠퍼스의 문리과학대에도 감사드린다. 내가 안식년에 들어가면서 더 무거워진 강의 부담을 기꺼이 넘겨받아준 학과 동료들에게도 감사를 전한다.

주

들어가는 글: 사회적 판단과 오류

1   Christopher Y. Olivola and Alexander Todorov, "Elected in 100 Milliseconds: Appearance-Based Trait Inferences and Voting," *Journal of Nonverbal Behavior*, 34(2010), pp.83-110.

2   Nicholas Epley, *Mindwise: How We Understand What Others Think, Believe, Feel, and Want* (New York: Alfred A. Knopf, 2014)[니컬러스 에플리, 《마음을 읽는다는 착각》, 박인균 옮김, 을유문화사, 2014]; Lee Ross and Richard E. Nisbett, *The Person and the Situation: Perspectives of Social Psychology* (London: Pinter & Martin, 2011).

3   Matt Philbin, "Shameless: NBC Never Tells Viewers It Smeared Zimmerman with Doctored Audio," *NewsBusters*, 2013.6.20, http://newsbusters.org/blogs/matthew-philbin/2013/06/20/shameless-nbc-never-tells-viewers-it-smeared-zimmerman-doctored-aud(접속일: 2017.7.25).

4   엄밀히 말해 사회심리학 문헌에서 '오류'와 '편향'이 같은 의미는 아니다. 편향은 논리나 증거에 개의치 않는 왜곡된 인식인데, 그렇다고 그런 인식이 항상 오류인 것만은 아니다. 고장 난 시계도 하루에 두 번은 정확한 것처럼 말이다. 그러나 이 책에서 나는 대체로 두 용어를 섞어서 사용할 것이다.

5   David Myers, *Social Psychology*, 11th ed.(New York: McGraw Hill, 2013)[데이비드 마이어스, 《마이어스 사회심리학》, 이종택 옮김, 한올출판사, 2015]; Daniel R. Stalder, "Political Orientation, Hostile Media Perceptions, and Group-Centrism," *North American Journal of Psychology*, 11(2009), pp.383-399.

6   Shelley E. Taylor, *Positive Illusions: Creative Self-Deception and the Healthy Mind* (New York: Basic Books, 1989).

7   Epley, *Mindwise*, p.59, 63, 111, 119.

8   *Christopher Chabris and Daniel Simons, The Invisible Gorilla: How Our Intuitions Deceive Us* (New York: Broadway Paperbacks, 2009), p.7[크리스토퍼 차브리스, 대니얼 사이먼스, 《보이지 않는 고릴라》, 김명철 옮김, 김영사, 2011].

9   Daniel J. Simons and Christopher F. Chabris, "Gorillas in Our Midst: Sustained Inattentional Blindness for Dynamic Events," *Perception*, 28(1999), pp.1059–1074. 그들의 논문에는 총 9가지 실험 조건이 묘사되어 있는데, 주요 실험과정에 8가지 조건이 나오고 논문 끝부분에서 한 가지 조건이 더 등장한다. (8가지 다른 조건에서는 고릴라 대신 '우산 쓴 여자'가 등장했고 참가자의 3분의 1만이 그녀를 알아보지 못했는데, 이 점은 아마도 그 책의 제목이 '보이지 않는 우산 쓴 여인'이 되지 않은 이유 중 하나일 것이다.) 9가지 고릴라 조건 중에서 5가지는 실제로 보는 것과 유사한 상황으로 진행되었다. 나머지 4가지 조건에서는 상황을 연출한 배우들과 고릴라가 "다소 투명한" 상으로 처리되었다(연구자들이 이런 조건을 포함시킨 것은 각 행위를 담은 화면들을 중첩시켜 사용했던 이전 연구를 재현하기 위해서였다). '다소 투명한' 조건에서는 약 70퍼센트의 참가자가 고릴라를 보지 못했다. 고릴라가 약간 투명해져서 흐릿하게 보였으니 그럴 만하다. 차브리스와 사이먼스가 책에서 참가자의 '약 절반'이 고릴라를 보지 못했다고 말한 것은 상을 어느 정도 투명하게 만든 조건의 결과와 실제로 보는 것과 같은 조건에서 나온 결과를 합했기 때문이다.

10   Trafton Drew, Melissa L.-H. Võ, and Jeremy M. Wolfe, "The Invisible Gorilla Strikes Again: Sustained Inattentional Blindness in Expert Observers," *Psychological Science*, 24(2013), p.1848; Elizabeth R. Graham and Deborah M. Burke, "Aging Increases Inattentional Blindness to the Gorilla in Our Midst," *Psychology and Aging*, 26(2011), p.162; Daniel Memmert, Christian Unkelbach, and Steffen Ganns, "The Impact of Regulatory Fit on Performance in an Inattentional Blindness Paradigm," *Journal of General Psychology*, 137(2010), p.133; Aude Oliva, "Seeing and Thinking in the Mist," *Science*, 329(2010), p.1017.

11   Janet S. Hyde, "The Gender Similarities Hypothesis," *American Psychologist*, 60(2005), pp.581–592; Janet S. Hyde, "Gender Similarities Still Rule," *American Psychologist*, 61(2006), p.641.

12   Barbara Oakley, *Evil Genes: Why Rome Fell, Hitler Rose, Enron Failed, and My Sister Stole My Mother's Boyfriend* (Amherst, NY: Prometheus Books, 2007), p.19[바버라 오클리, 《나쁜 유전자》, 이종삼 옮김, 살림, 2008]. 펠프스 박사가 쓴 이 책의 서문에서 인용했다.

13   Ross and Nisbett, *Person and the Situation*, p.3, 7.

14   같은 책.

15   Maria Sciullo, "Pitt's 'Vampire Professor' Competes on 'Ninja Warrior,'" *Pittsburgh Post-Gazette*, 2014.8.2, http://www.post-gazette.com/ae/tv-radio/2014/08/03/Pitt-s-vampire-professor-competes-on-Ninja-Warrior/stories/201408030001(접속일: 2017.7.25).

16   "Yoga for American Soldiers: Yoga for Veterans and Service Members," *Yoga*

across America, 2014, http://www.yogaacrossamerica.org/drupal-7.0/yfas

17   Hal R. Arkes and Philip E. Tetlock, "Attributions of Implicit Prejudice, or 'Would Jesse Jackson Fail the Implicit Association Test?'" *Psychological Inquiry*, 15(2004), pp.257-278; Frederick L. Oswald et al., "Using the IAT to Predict Ethnic and Racial Discrimination: Small Effect Sizes of Unknown Societal Significance," *Journal of Personality and Social Psychology*, 108(2015), pp.562-571; Daniel R. Stalder, "Thinking We Can See Invisible Racism," PARBs Anonymous(blog), 2016.8.18, https://parbsanonymous.wordpress.com/2016/08/18/thinking-we-can-see-invisible-racism/(접속일: 2016.8.18).

18   James Friedrich, "On Seeing Oneself as Less Self-Serving than Others: The Ultimate Self-Serving Bias?" *Teaching of Psychology*, 23(1996), pp.107-109.

19   Jamil Zaki, "Psychological Studies Are Not about You," *Scientific American*, September 5(2013), http://blogs.scientificamerican.com/moral-universe/2013/09/05/psychological-studies-are-not-about-you/(접속일: 2014.4.6).

20   Ross and Nisbett, *Person and the Situation*, p.ix.

21   "Author Malcolm Gladwell on His Best-Selling Books," interview by Anderson Cooper, 60 Minutes Overtime, 2013.11.24, http://www.cbsnews.com/news/author-malcolm-gladwell-on-his-best-selling-books/(접속일: 2017.7.25).

22   Thomas Carnahan and Sam McFarland, "Revisiting the Stanford Prison Experiment: Could Participant Self-Selection Have Led to the Cruelty?" *Personality and Social Psychology Bulletin*, 33(2007), pp.603-614.

23   Daniel R. Stalder, "Revisiting the Issue of Safety in Numbers: The Likelihood of Receiving Help from a Group," *Social Influence*, 3(2008), pp.24-33; Daniel R. Stalder, "Updating the Bystander-Effect Literature: The Return of Safety in Numbers"(presentation, Annual Convention of the Midwestern Psychological Association, Chicago, IL, May 5-7, 2011).

24   Taylor, *Positive Illusions*.

25   Michael T. Moore and David M. Fresco, "Depressive Realism: A Meta-Analytic Review," *Clinical Psychology Review*, 32(2012), pp.496-509.

26   "James A. Garfield," *Wikiquote*(2017), https://en.wikiquote.org/wiki/James_A._Garfield(접속일: 2017.7.28). 이 인용문의 원 출처는 분명하지 않으며, 가필드 대통령 외 다른 사람들의 말이라고도 전해져왔다.

1장 말투와 교통체증: 기본귀인오류 기본편

1   Peter M. Rowe, "Let Those Shoulder Drivers Stew in Their Own Juice," *New*

York Times, 1995.6.25, http://www.nytimes.com/1995/06/25/nyregion/
1-let-those-shoulder-drivers-stew-in-their-own-juice-939495.html(접속일:
2017.7.28).

2   Abraham Piper, "Car Drives on the Shoulder to Avoid Traffic Jam, Gets Proper
Payback," *22 Words*, September 12(2012), http://twentytwowords.
com/2012/09/12/car-drives-on-the-shoulder-to-avoid-traffic-jam-gets-
proper-payback/(접속일: 2017.7.28).

3   기본귀인오류는 '대응편향+correspondence bias+'이라고도 한다.

4   Gustav Ichheiser, "Misinterpretations of Personality in Everyday Life and the
Psychologist's Frame of Reference," *Character and Personality*, 12(1943), p.152.

5   Kurt Lewin, "The Conflict between Aristotelian and Galileian Modes of
Thought in Contemporary Psychology," *Journal of General Psychology*, 5(1931),
pp.141-177.

6   Floyd Rudmin et al., "Gustav Ichheiser in the History of Social Psychology: An
Early Phenomenology of Social Attribution," *British Journal of Social Psychology*,
26(1987), pp.165-180.

7   Daniel T. Gilbert and Patrick S. Malone, "The Correspondence Bias,"
Psychological Bulletin, 117(1995), p.23.

8   Ichheiser, "Misinterpretations of Personality in Everyday Life."

9   Rudmin et al., "Gustav Ichheiser in the History of Social Psychology."

10   Friedrich Nietzsche, *Human, All Too Human: A Book for Free Spirits*, 2nd ed.,
trans. R. J. Hollingdale(Cambridge: Cambridge University Press, 1996).

11   Fritz Heider, *The Psychology of Interpersonal Relations*(New York: Wiley, 1958),
p.54. 인용된 실제 문장은 이렇다. "특히 행동은 대단히 두드러지는 속성들을 갖고
있기 때문에, 그것을 둘러싼 장의 추가적 정보가 있어야만 해석할 수 있는 지엽적
자극이라는 타당한 제 위치에 한정되기보다는 전체 장을 집어삼켜 버리는 경향이
있는 듯하다."

12   Ichheiser, "Misinterpretations of Personality in Everyday Life," p.152.

13   Lee Ross, "The Intuitive Psychologist and His Shortcomings: Distortions in the
Attribution Process," *Advances in Experimental Social Psychology*, ed. Leonard
Berkowitz, vol.10(New York: Academic Press, 1977), pp.173-220.

14   Edward E. Jones and Victor A. Harris, "The Attribution of Attitudes," *Journal of
Experimental Social Psychology*, 3(1967), pp.1-24. 존스와 해리스는 1967년에 발표
한 이 논문에서 사실상 두 가지 개별적인 연구에서 나온 비슷한 결과들을 보고했
는데, 첫 번째 연구의 결과는 그들이 예상한 것과 달랐다. 그래서 그들은 실험그룹
을 다시 짜서 더욱 강력한 두 번째 실험을 설계했고, 교과서들과 이 책에 실린 실
험이 바로 그 실험이다.

15 Gilbert and Malone, "Correspondence Bias," p.22.

16 Bo Bennett, *Logically Fallacious: The Ultimate Collection of over 300 Logical Fallacies*(Sudbury, MA: eBookIt.com, 2012). 이 원리를 A가 B의 충분조건일 수는 있지만 필요조건은 아닌, '후건긍정'의 원리로 알고 있는 독자도 있을 것이다.

17 Leora Broydo, "(Not Such a) Thriller! Critics Give Movie Studios a Thumbs-Down for Twisting Their Words," *Mother Jones*, November/December(1997), http://www.motherjones.com/politics/1997/11/not-such-thriller(접속일: 2017.7.26).

18 V. P. Poteat, "Contextual and Moderating Effects of the Peer Group Climate on Use of Homophobic Epithets," *School Psychology Review*, 37(2008), pp.188-201.

19 Gilbert and Malone, "Correspondence Bias," p.21.

20 Malcolm Gladwell, *Blink: The Power of Thinking without Thinking*(New York: Little, Brown, 2005)[맬컴 글래드웰, 《블링크》, 이무열 옮김, 21세기북스, 2016]; Timothy D. Wilson, *Strangers to Ourselves: Discovering the Adaptive Unconscious*(Cambridge, MA: President and Fellows of Harvard College, 2002)[티모시 윌슨, 《내 안의 낯선 나》, 정명진 옮김, 부글북스, 2012년].

21 Myers, *Social Psychology*, p.12. 마이어스에게, 그리고 비슷한 주장을 한 다른 많은 이들에게 공정을 기하기 위해 말하자면, 개인적 가치관을 추론하는 것이 정확할 때도 있다. 그 빈도가 어느 정도인지는 정확히 말하기 어렵고 구체적 상황에 따라 다르지만, 우리 대부분이 생각하는 것보다 그 빈도는 훨씬 낮다.

22 Poteat, "Contextual and Moderating Effects of the Peer Group Climate"; Francesca M. Franco and Anne Maass, "Intentional Control over Prejudice: When the Choice of the Measure Matters," *European Journal of Social Psychology*, 29(1999), pp.469-477.

23 J. L. Cowles, "Defeating My Anxiety," *New York Times*, 2015.11.10, http://opinionator.blogs.nytimes.com/2015/11/10/defeating-my-anxiety/(접속일: 2017.7.26).

24 "Words Can Hurt," *Global Down Syndrome Foundation*, 2015, http://www.globaldownsyndrome.org/about-down-syndrome/words-can-hurt/(접속일: 2017.7.26).

25 Nick Paumgarten, "Fighting Words: Whatever," *New Yorker*, 2005.7.11., http://www.newyorker.com/archive/2005/07/11/050711ta_talk_paumgarten(접속일: 2017.7.26).

26 Daniel T. Gilbert and Edward E. Jones, "Perceiver-Induced Constraint: Interpretations of Self-Generated Reality," *Journal of Personality and Social Psychology*, 50(1986), pp.269-280.

1   Daniel T. Gilbert and Patrick S. Malone, "The Correspondence Bias," *Psychological Bulletin,* 117(1995), pp.21-38.

2   Margaret Sullivan, "Editorial Is under Fire for Saying President 'Clearly Misspoke' on Health Care," *Public Editor's Journal at New York Times,* 2013.11.4, https://publiceditor.blogs.nytimes.com/2013/11/04/editorial-is-under-fire-for-saying-president-clearly-misspoke-on-health-care/(접속일: 2017.7.26).

3   Sam Stein, "Mitt Romney Campaign: We Will Not 'Be Dictated by Fact-Checkers,'" *HuffPost,* 2012.8.28, http://www.huffingtonpost.com/2012/08/23/mitt-romney-_n_1836139.html(접속일: 2017.7.26).

4   Linda Feldmann, "How 2016 Became the Fact-Check Election," *Christian Science Monitor,* 2016.7.1, https://www.csmonitor.com/USA/Politics/2016/0701/How-2016-became-the-fact-check-election(접속일: 2017.7.26).

5   Julian Zelizer, "Do Facts Matter?" CNN, 2012.10.16., http://www.cnn.com/2012/10/15/opinion/zelizer-facts-matter/index.html(접속일: 2017.7.26).

6   Feldmann, "How 2016 Became the Fact-Check Election."

7   Jenna Johnson, "Many Trump Supporters Don't Believe His Wildest Promises — And They Don't Care," *Washington Post,* 2016.6.7, https://www.washingtonpost.com/politics/many-trump-supporters-dont-believe-his-wildest-promises--and-they-dont-care/2016/06/06/05005210-28c4-11e6-b989-4e5479715b54_story.html(접속일: 2017.7.26).

8   Charles F. Bond Jr. and Bella M. DePaulo, "Accuracy of Deception Judgments," *Personality and Social Psychology Review,* 10(2006), pp.214-234.

9   Derald W. Sue, *Microaggressions in Everyday Life: Race, Gender, and Sexual Orientation*(Hoboken, NJ: John Wiley & Sons, 2010).

10 Derald W. Sue et al., "Racial Microaggressions in Everyday Life: Implications for Clinical Practice," *American Psychologist,* 62(2007), p.276; Sue, *Microaggressions in Everyday Life.*

11 Xuan Thai and Ted Barrett, "Biden's Description of Obama Draws Scrutiny," CNN, 2007.2.9., http://www.cnn.com/2007/POLITICS/01/31/biden.obama/(접속일: 2017.7.28).

12 Sue et al., "Racial Microaggressions in Everyday Life," p.276.

13 John McWhorter, "'Microaggression' Is the New Racism on Campus," *Time,* 2014.3.21, http://time.com/32618/microaggression-is-the-new-racism-on-campus/(접속일: 2017.7.28).

14 Scott O. Lilienfeld, "Microaggressions: Strong Claims, Inadequate Evidence," *Perspectives on Psychological Science*, 12(2017), pp.138-169. 릴리언펠드는 미세공격 연구의 몇 가지 한계들을 설명하고, 미세공격 교육 프로그램들이 미칠 수 있는 잠재적 폐해들을 지적했다. 같은 저널의 같은 호에 실린 응답 논문들도 주로 같은 의견을 보였다.

15 Sue et al., "Racial Microaggressions in Everyday Life," p.276.

16 McWhorter, "'Microaggression' Is the New Racism on Campus."

17 Kenneth R. Thomas, Robert E. Wubbolding, and Morris L. Jackson, "Psychologically Correct Race Baiting?" *Academic Questions*, 18(2005), p.50.

18 Derald W. Sue et al., "Racial Microaggressions and the Power to Define Reality," *American Psychologist*, 63(2008), pp.278-279.

19 Kenneth R. Thomas, "Macrononsense in Multiculturalism," *American Psychologist*, 63(2008), 274; Sue et al., "Racial Microaggressions and the Power to Define Reality."

20 Carl Bialik, "The Best Worst Blurbs of 2007," *Gelf Magazine*, 2008.1.6, http://www.gelfmagazine.com/archives/the_best_worst_blurbs_of_2007.php(접속일: 2017.7.28).

21 Matt Philbin, "Shameless: NBC Never Tells Viewers It Smeared Zimmerman with Doctored Audio," *NewsBusters*, 2013.6.20., http://newsbusters.org/blogs/matthew-philbin/2013/06/20/shameless-nbc-never-tells-viewers-it-smeared-zimmerman-doctored-aud(접속일: 2017.7.28).

22 "The Splice Channel," *The Daily Show with Jon Stewart*, 2012.4.9, video 5:15, http://www.cc.com/video-clips/2v4c0b/the-daily-show-with-jon-stewart-the-splice-channel(접속일: 2017.7.28).

23 Tobias Greitemeyer, "Article Retracted, but the Message Lives On," *Psychonomic Bulletin and Review*, 21(2014), pp.557-561.

24 Brian Montopoli, "Mitt Romney Attack Ad Misleadingly Quotes Obama," *CBS News*, 2011.11.23., http://www.cbsnews.com/news/mitt-romney-attack-ad-misleadingly-quotes-obama/(접속일: 2017.7.28).

25 Lucy Madison and Sarah B. Boxer, "Mitt Romney: 'I Like Being Able to Fire People' for Bad Service," *CBS News*, 2012.1.9, http://www.cbsnews.com/news/mitt-romney-i-like-being-able-to-fire-people-for-bad-service/(접속일: 2017.7.28).

26 Jim Acosta, "Welcome to the 'Out of Context' Campaign," CNN: Political Ticker, 2012.6.12, http://politicalticker.blogs.cnn.com/2012/06/12/welcome-to-the-out-of-context-campaign/(접속일: 2017.7.28).

27 Matthew S. McGlone, "Contextomy: The Art of Quoting out of Context,"

Media, Culture, and Society, 27(2005), pp.511–522.

28   John Pieret, "The Quote Mine Project: Or, Lies, Damned Lies, and Quote Mines," *The TalkOrigins Archive: Exploring the Creation/Evolution Controversy*, 2006.10.31, http://www.talkorigins.org/faqs/quotes/mine/project.html(접속일: 2017.7.28).

29   Daniel T. Gilbert, Brett W. Pelham, and Douglas S. Krull, "The Psychology of Good Ideas," *Psychological Inquiry*, 14(2003), p.258.

30   Sam Sommers, *Situations Matter: Understanding How Context Transforms Your World*(New York: Riverhead, 2011).

31   Carol S. Dweck, *Mindset: The New Psychology of Success*(New York: Ballantine, 2006), p.53, 144[캐롤 드웩, 《마인드셋》, 김준수 옮김, 스몰빅라이프, 2017]. (드웩의 몇몇 연구가 증명한 것처럼) 특정 마인드셋을 훈련하는 것이 특정 행동을 유발할 수 있다고 해도, 그것이 우리가 어떤 동료나 학생에게서 특정 행동을 발견하면 그 행동 뒤에 특정 마인드셋이 있다고(그럴 수도 있지만) 결론지을 수 있다는 의미는 아니다. 그런 결론은 역오류에 해당한다. 고정 마인드셋을 갖고 있다고 판단된 사람들이 성장 마인드셋을 지닌 사람들과 달리 행동한다고 해도 이는 엄밀히 따져서 상관적 결과이며, 상관관계가 인과관계를 함축하는 것은 아니다. 고정 마인드셋을 지닌 사람이 더 쉽게 피곤하거나 배가 고파진다면, 이는 그 사람이 그런 일이 일어나도록 '허용한' 것일까, 아니면 주기적인 피로와 배고픔이 고정 마인드셋을 초래한 것일까? 내가 학생들에게 자주 말하는 것처럼, 상관관계 구도에서는 무엇이 무엇을 초래했는지 우리는 결코 확신할 수 없으며, 그것이 바로 상관관계의 저주이다. 원인이 결과일 수 있다. 위가 아래일 수 있다. 하지만 우리는 성장 마인드셋과 관련한 드웩의 훈련이 많은 사람들에게 도움을 주었다는 사실은 분명히 안다.

32   Emily Pronin, "The Introspection Illusion," *Advances in Experimental Social Psychology*, 41(2009), p.26, 55. 프로닌은 부분적으로 암묵적 태도들과 비언어적 행동 사이의 긍정적 상관관계를 들어 말한 것이지만, 상관관계는 인과관계를 함축하지 않는다. 그리고 만약 상관관계가 정말로 인과관계를 함축하고, 암묵적 태도가 항상 그러한 비언어적 행동들을 초래한다 하더라도(다시 말해 태도 A가 행동 B를 함축한다고 하더라도), 이는 행동이 자동적으로 태도를 드러낸다는 것을 의미하지는 않는다(즉, B가 반드시 A를 함축하지는 않는다).

33   Sue et al., "Racial Microaggressions and the Power to Define Reality," p.277, 279.

34   Rafael S. Harris Jr., "Racial Microaggression? How Do You Know?" *American Psychologist*, 63(2008), pp.275–276.

35   Rafael S. Harris Jr., "Racial Microaggression? How Do You Know?—Revisited," *American Psychologist*, 64(2009), p.220; Derald W. Sue, "Racial Microaggressions and Worldviews," *American Psychologist*, 64(2009), pp.220–221. 실수는 생기게 마련이다. 그러나 수의 사과에도 불구하고 그가 기본귀인오류를 바탕으로 한 자신의

논리 전개를 수정했는지 여부는 분명하지 않다. 수는 계속해서 해리스의 관점과 그의 인종적 정체성을 연결 짓는 듯 보였다. 그는 (해리스처럼) 미국으로 이주한 유색인들은 자기 나라에서는 미국에서와 매우 다른 방식으로 차별을 경험했을지도 모르고, 따라서 미국에서 벌어지는 미세공격의 존재를 부정하는지도 모른다고 말했다. 사실 해리스는 수의 승무원 이야기에서 미세공격이 존재한다는 사실을 부정한 것이 아니며, 그 외에 다른 설명들도 가능하지 않겠느냐는 의견을 제기한 것이었다. 심지어 해리스는 더 자세한 정보를 얻기 위해 수에게 두 차례 연락을 취했지만, 수는 한 번은 답을 하지 않았고 한 번은 해리스의 질문에 대답하지 않은 채 표준적인 편지로만 답장을 했다. 수가 해리스의 질문에 답할 의무가 있었다는 말은 아니지만, 해리스가 기꺼이 질문을 던지려 했던 (그리고 당연히 답을 받을 거라고 가정하지는 않았다는) 점은 그가 수의 관점이 옳을 가능성에 대해 열린 태도를 갖고 있었음을 보여준다. 물론 수가 옳았을 수도 있고, 해리스의 관점은 그의 인종적 정체성에서 기인하는 것이 맞을 수도 있다. 또 어쩌면 수가 원래 해리스에 대해 자신이 취했던 잘못된 태도를 합리화하려는 것일 수도 있다.

36 Hal R. Arkes and Philip E. Tetlock, "Attributions of Implicit Prejudice, or 'Would Jesse Jackson Fail the Implicit Association Test?'" *Psychological Inquiry*, 15(2004), pp.257–278; Frederick L. Oswald et al., "Using the IAT to Predict Ethnic and Racial Discrimination: Small Effect Sizes of Unknown Societal Significance," *Journal of Personality and Social Psychology*, 108(2015), pp.562–571; Daniel R. Stalder, "Thinking We Can See Invisible Racism," PARBs Anonymous(blog), 2016.8.18, https://parbsanonymous.wordpress.com/2016/08/18/thinking-we-can-see-invisible-racism/(접속일: 2016.8.18).

37 Mahzarin R. Banaji and Anthony G. Greenwald, *Blindspot: Hidden Biases of Good People*(New York: Delacorte, 2013), p.224[마자린 R. 바나지, 앤서니 G 그린월드, 《마인드버그: 공정한 판단을 방해하는 내 안의 숨겨진 편향들》, 박인균 옮김, 청림출판, 2014].

38 Roy F. Baumeister, *Evil: Inside Human Violence and Cruelty*(New York: W. H. Freeman, 1997), p.97.

39 Jonathan Haidt, *The Happiness Hypothesis: Finding Modern Truth in Ancient Wisdom*(New York: Basic Books, 2006), p.75[조너선 하이트, 《행복의 가설》, 권오열 옮김, 물푸레, 2010].

40 Sommers, *Situations Matter*, p.286.

41 Haidt, *Happiness Hypothesis*, p.75.

42 David Brooks, "Tools for Thinking," *New York Times*, 2011.3.28, http://www.nytimes.com/2011/03/29/opinion/29brooks.html(접속일: 2017.10.19).

43 David C. Funder, "Errors and Mistakes: Evaluating the Accuracy of Social Judgment," *Psychological Bulletin*, 101(1987), p.80.

44   Bella M. DePaulo et al., "Lying in Everyday Life," *Journal of Personality and Social Psychology*, 70(1996), p.991.

45   Funder, "Errors and Mistakes," p.81.

46   다음으로 넘어가기 전에 태도귀인 패러다임의 문제뿐 아니라, 일부 연구자들이 '기본귀인오류'가 전통적으로 정의된 개념으로서 존재하는지 여부를 두고 의문을 제기했었다는 사실도 잠깐 인정하고 넘어가자. 2001년에 존 사비니와 데이비드 펀더 같은 심리학자들이 저널 《사이콜로지컬 인쿼리(Psychological Inquiry)》에 실은 일련의 논문을 통해 기질 원인 대 상황 원인의 의미를 세밀하고 깊게 파고듦으로써 기본귀인오류라는 개념에 대해 의미 있는 비판을 가했다. 하지만 그런 비판에도 불구하고 기본귀인오류 개념이 살아남았다는 말만 해두자. 반대 의견을 낸 다른 심리학자들은 외적 원인에 의한 비극에 대해 피해자들을 탓하는 경우들을 포함해, 전통적인 기본귀인오류의 명백하고 중심적인 많은 예들에까지 비판적 분석이 적용되지는 않았음을 지적했다.

3장 직관이라는 환상: 비언어 해독

1   Steve Ottman, "New Falcons Take Flight," *Sheboygan Falls News*, 2014.1.1, p.4.

2   Jeff Pederson, "As We See It: Perception vs. Reality," *Sheboygan Falls News*, 2014.1.16, https://www.facebook.com/permalink.php?story_fbid=501976516584782&id=297859563663146&stream_ref=10(접속일: 2017.7.28).

3   Sheboygan Falls Police Department, "Incident Report F14-00162," Sheboygan Falls, WI, 2014.1.13, http://media.mwcradio.com/mimesis/2014-01/18/Sheboygan%20Falls%20Police%20Picture%20Investigation_1.pdf(접속일: 2017.7.28).

4   WBAY TV-2, "Sheb. Falls Mayor Speaks on Basketball Photo Controversy," Facebook, January 18, 2014, https://www.facebook.com/WBAYTV/posts/10202816064939617(접속일: 2017.7.28).

5   Nicholas Epley, *Mindwise: How We Understand What Others Think, Believe, Feel, and Want*(New York: Alfred A. Knopf, 2014)[니컬러스 에플리, 《마음을 읽는다는 착각》, 박인균 옮김, 을유문화사, 2014].

6   Pederson, "As We See It."

7   Sheboygan Falls Police Department, "Incident Report F14-00162."

8   Anne M. Paul, "Mind Reading," *Psychology Today*, 2007.9.1, http://www.psychologytoday.com/articles/200708/mind-reading(접속일: 2017.10.19).

9   David D. Burns, *The Feeling Good Handbook*(New York: Plume, 1999).

10   Malcolm Gladwell, *Blink: The Power of Thinking without Thinking*(New York: Little, Brown, 2005), p.213.

11 같은 책, pp.12-13; Nalini Ambady and Robert Rosenthal, "Half a Minute: Predicting Teacher Evaluations from Thin Slices of Behavior and Physical Attractiveness," *Journal of Personality and Social Psychology*, 64(1993), pp.431-441. 글래드웰의 보고에 나타난 또 하나의 문제는 그가 전한 연구 결과가 처음의 신속한 판단과 학기말 등급 사이의 상관관계라는 점이다. 이는 절대적인 점수에서 두 점수가 반드시 비슷하다는 의미가 아니다. 앰바디와 로젠탈은 앞으로의 연구에서는 교사들의 실제 유능함을 평가하기 위한 추가적 기준을 사용해야 한다고 제안함으로써 학기말 점수에 오류가 있을 수 있음을 인정했다.

12 Timothy Levine, Kim B. Serota, and Hillary C. Shulman, "The Impact of Lie to Me on Viewers' Actual Ability to Detect Deception," *Communication Research*, 37(2010), pp.847-856.

13 Sharon Weinberger, "Airport Security: Intent to Deceive?" *Nature*, 465(2010), pp.412-415.

14 John Tierney, "At Airports, a Misplaced Faith in Body Language," *New York Times*, 2014.3.23, http://www.nytimes.com/2014/03/25/science/in-airport-screening-body-language-is-faulted-as-behavior-sleuth.html?hpw&rref=science&_r=0(접속일: 2017.7.28).

15 Jane Fritsch, "The Diallo Verdict: The Overview; 4 Officers in Diallo Shooting Are Acquitted of All Charges," *New York Times*, 2000.2.26, http://www.nytimes.com/2000/02/26/nyregion/diallo-verdict-overview-4-officers-diallo-shooting-are-acquitted-all-charges.html(접속일: 2017.7.28).

16 Gladwell, *Blink*, p.191.

17 Fritsch, "Diallo Verdict."

18 Camila Domonoske and Bill Chappell, "Minnesota Gov. Calls Traffic Stop Shooting 'Absolutely Appalling at All Levels,'" *NPR*, 2016.7.7, http://www.npr.org/sections/thetwo-way/2016/07/07/485066807/police-stop-ends-in-black-mans-death-aftermath-is-livestreamed-online-video(접속일: 2017.7.28). 물론 그 맥락은 여기에 묘사된 것보다 훨씬 더 다면적이다.

19 Daniel T. Gilbert, Brett W. Pelham, and Douglas S. Krull, "On Cognitive Busyness: When Person Perceivers Meet Persons Perceived," *Journal of Personality and Social Psychology*, 54(1988), pp.733-740.

20 Amos Tversky and Daniel Kahneman, "Judgment under Uncertainty: Heuristics and Biases," *Science*, 185(1974), pp.1124-1131.

21 Daniel T. Gilbert and Patrick S. Malone, "The Correspondence Bias," *Psychological Bulletin*, 117(1995), pp.21-28; Fritz Heider, *The Psychology of Interpersonal Relations*(New York: Wiley, 1958).

22 Melvin J. Lerner, *The Belief in a Just World: A Fundamental Delusion*(New York:

Plenum, 1980). 물론 가난한 사람이 게으른 경우도 있고 마찬가지로 부유한 사람이 게으른 경우도 있지만, 그렇더라도 게으름이 가난의 유일한 이유인 경우는 드물고, 적어도 우리 대부분이 생각하는 것보다는 훨씬 드물다.

23 Daniel R. Stalder, "Competing Roles for the Subfactors of Need for Closure in Committing the Fundamental Attribution Error," *Personality and Individual Differences*, 47(2009), pp.701-705.

24 Daniel Sullivan, Mark J. Landau, and Zachary K. Rothschild, "An Existential Function of Enemyship: Evidence That People Attribute Influence to Personal and Political Enemies to Compensate for Threats to Control," *Journal of Personality and Social Psychology*, 98(2010), pp.434-449; Jennifer A. Whitson and Adam D. Galinsky, "Lacking Control Increases Illusory Pattern Perception," *Science*, 322(2008), pp.115-117.

25 Fritsch, "Diallo Verdict."

26 Alan Feuer, "$3 Million Deal in Police Killing of Diallo in '99," *New York Times*, 2004.1.7, https://www.nytimes.com/2004/01/07/nyregion/3-million-deal-in-police-killing-of-diallo-in-99.html(접속일: 2017.7.28).

27 Gladwell, *Blink*, p.233.

28 B. K. Payne, "Prejudice and Perception: The Role of Automatic and Controlled Processes in Misperceiving a Weapon," *Journal of Personality and Social Psychology*, 81(2001), pp.181-192.

29 Birt L. Duncan, "Differential Social Perception and Attribution of Intergroup Violence: Testing the Lower Limits of Stereotyping of Blacks," *Journal of Personality and Social Psychology*, 34(1976), p.597.

30 John F. Dovidio, Kerry Kawakami, and Samuel L. Gaertner, "Implicit and Explicit Prejudice and Interracial Interaction," *Journal of Personality and Social Psychology*, 82(2002), pp.62-68.

31 Joseph Cilmi, "Without a Thought!" Amazon.com customer review of Blink by Malcolm Gladwell, 2008.3.6, https://www.amazon.com/gp/customer-reviews/RXELGQDIWU1ZH/ref=cm_cr_srp_d_rvw_ttl?ie=UTF8&ASIN=0316010669(접속일: 2017.7.28).

32 Gladwell, *Blink*, pp.213-214, 233.

33 같은 책, pp.196-197.

34 Wikipedia, s.v. "Sheboygan Falls, Wisconsin," last updated November 1, 2017, https://en.wikipedia.org/wiki/Sheboygan_Falls,_Wisconsin(접속일: 2017.7.28).

35 "School Spirit or Gang Signs? 'Zero Tolerance' Comes under Fire," NBC News, 2014.3.9, http://www.nbcnews.com/news/education/school-spirit-or-gang-signs-zero-tolerance-comes-under-fire-n41431(접속일: 2017.7.28).

36 Samantha Grossman, "Deaf Man Stabbed after Sign Language Mistaken for Gang Signs," *Time*, 2013.1.15, http://newsfeed.time.com/2013/01/15/deaf-man-stabbed-after-sign-language-mistaken-for-gang-signs-2/(접속일: 2017.7.28).

37 Ben Rohrbach, "Illinois Girls Basketball Players Suspended for Racy Hand Gesture," *Yahoo! Sports*, 2013.12.6, http://sports.yahoo.com/blogs/highschool-prep-rally/illinois-girls-basketball-players-suspended-racy-hand-gesture-172308236.html(접속일: 2017.7.28).

38 만약 학교 정책들이 의도가 무엇이든 개의치 않고 특정 신체적 비언어 신호들이 사진에서 드러났다는 사실만을 문제 삼는다면, 그런 정책들은 일종의 제도적 기본 귀인오류의 한 형태일 수 있고 재검토해야 한다. 일부 비언어 신호들은 여러 의미가 있고, 정책을 만들 때는 그 모든 의미를 예측할 수 없기 때문이다.

39 Dovidio, Kawakami, and Gaertner, "Implicit and Explicit Prejudice and Interracial Interaction."

40 Tierney, "At Airports, a Misplaced Faith in Body Language."

41 Epley, *Mindwise*.

42 Roger E. Axtell, *Gestures: The DO's and TABOOs of Body Language around the World*, rev. and expanded ed.(New York: John Wiley & Sons, 1997), p.130.

43 같은 책, p.xvii, 49.

44 Dane Archer, "Unspoken Diversity: Cultural Differences in Gestures," *Qualitative Sociology*, 20(1997), pp.79-105.

45 Axtell, *Gestures*, p.ix.

46 Archer, "Unspoken Diversity," p.103.

47 Axtell, *Gestures*. 닉슨부터 일본인들의 사례는 액스텔이 제공한 것이다.

48 Leila Fadel and Lulu Garcia-Navarro, "How Different Cultures Handle Personal Space," *NPR*, 2013.5.5, http://www.npr.org/blogs/codeswitch/2013/05/05/181126380/how-different-cultures-handle-personal-space(접속일: 2017.7.28).

49 Roy Wenzl, "KU Researcher Studies Flirting," *Wichita Eagle*, 2014.6.4, http://www.kansas.com/news/article1145210.html(접속일: 2017.7.28).

50 Jessica L. Watkins and Jeffrey A. Hall, "The Association between Nonverbal Sensitivity and Flirting Detection Accuracy," *Communication Research Reports*, 31(2014), pp.348-356.

51 Paul Ekman and Maureen O'Sullivan, "Who Can Catch a Liar?" *American Psychologist*, 46(1991), pp.913-920; Paul Ekman, Maureen O'Sullivan, and Mark G. Frank, "A Few Can Catch a Liar," *Psychological Science*, 10(1999), pp.263-266.

52 Charles F. Bond Jr., "A Few Can Catch a Liar, Sometimes: Comments on Ekman and O'Sullivan(1991), as Well as Ekman, O'Sullivan, and Frank(1999)," *Applied*

Cognitive Psychology, 22(2008), pp.1298-1300; Christian A. Meissner and Saul M. Kassin, "'He's Guilty!': Investigator Bias in Judgments of Truth and Deception," *Law and Human Behavior*, 26(2002), pp.469-480; Carol A. E. Nickerson and Kenneth R. Hammond, "Comment on Ekman and O'Sullivan," *American Psychologist*, 48(1993), p.989; Marc-Andre Reinhard et al., "The Case of Pinocchio: Teachers' Ability to Detect Deception," *Social Psychology of Education*, 14(2011), pp.299-318. 라인하르트 등은 경험이 많은 교사들도 경험이 적은 교사들에 비해 더 정확하지는 않다는 것을 보여주었다. 본드와 니커슨은 특정 집단이 더 뛰어난 정확성을 보인다고 주장한 에크먼과 동료들의 연구에서 통계상 오류들 또는 누락된 내용을 밝혀냈다. 이후 에크먼과 동료들은 본드와 니커슨의 주장들을 반박하거나 그 의미를 대수롭지 않게 취급했다. 그러나 더 폭넓은 연구 문헌들을 보면 '전문가들' 사이에서도 비언어 해독 능력은 기껏해야 아주 조금 더 뛰어날 뿐임을 알 수 있다.

53 Epley, *Mindwise*.

54 Gladwell, *Blink*.

55 David Myers, *Social Psychology*, 11th ed.(New York: McGraw Hill, 2013).

56 "JSL: Younger Brother," YouTube video, 0:22, posted by "SignTV2009," 2012.5.3, https://www.youtube.com/watch?v=p0_HevkD9Z8 (accessed July 28, 2017); "Taiwan Sign Language VS Japanese Sign Language," YouTube video, 3:30, posted by "jslvideodayo," November 6, 2014, https://www.youtube.com/watch?v=RMbG2d-cNhc(접속일: 2017.7.28).

57 Mary E. Kite and Kay Deaux, "Gender Belief Systems: Homosexuality and the Implicit Inversion Theory," *Psychology of Women Quarterly*, 11(1987), pp.83-96.

58 Gerulf Rieger et al., "Dissecting 'Gaydar': Accuracy and the Role of Masculinity-Femininity," *Archives of Sexual Behavior*, 39(2010), pp.124-140.

59 Nicholas O. Rule and Nalini Ambady, "Brief Exposures: Male Sexual Orientation Is Accurately Perceived at 50 ms," *Journal of Experimental Social Psychology*, 44(2008), pp.1100-1105.

60 "Ellen on Gaydar," YouTube video, 2:58, posted by "Marianaa18," 2013.7.31, https://www.youtube.com/watch?v=2bCTC0LhF8M(접속일: 2017.7.28).

61 "Molly Ringwald Says 'Pretty in Pink' Friend Duckie Was Gay, but Jon Cryer Disputes Allegation," *HuffPost*, 2012.5.23, http://www.huffingtonpost.com/2012/05/23/molly-ringwald-pretty-in-pink-duckie-gay_n_1539778.html(접속일: 2017.7.28).

62 Jaroslava Valentova et al., "Judgments of Sexual Orientation and Masculinity-Femininity Based on Thin Slices of Behavior: A Cross-Cultural Comparison," *Archives of Sexual Behavior*, 40(2011), p.1150.

63 Rieger et al., "Dissecting 'Gaydar.'"

64 Noah Michelson, "25 Celebrity Coming Out Stories That Shocked the World," *HuffPost*, 2011.10.17, http://www.huffingtonpost.com/2011/10/17/25-celebrity-coming-out-stories_n_1015381.html(접속일: 2017.7.28).

65 Nalini Ambady and Mark Hallahan, "Using Nonverbal Representations of Behavior: Perceiving Sexual Orientation," *The Languages of the Brain*, eds. Albert M. Galaburda, Stephen M. Kosslyn, and Yves Christen(Cambridge, MA: Harvard University Press, 2002), pp.320-332; David Sylva et al., "Concealment of Sexual Orientation," *Archives of Sexual Behavior*, 39 (2010), pp.141-152.

4장 사진도 거짓말을 할 수 있다: 얼굴에는 무엇이 있나

1 Stephen Porter et al., "Is the Face a Window to the Soul? Investigation of the Accuracy of Intuitive Judgments of the Trustworthiness of Human Faces," *Canadian Journal of Behavioral Science*, 40(2008), p.176.

2 Mats Larsson, Nancy L. Pedersen, and Hakan Stattin, "Associations between Iris Characteristics and Personality in Adulthood," *Biological Psychology*, 75(2007), pp.165-175. 물론 사람들은 누군가의 눈에 대해 표현이 정말 풍부하다고 말하지만, 이때 그들이 말하는 것은 눈 근처 또는 주변의 얼굴 표정일 터이다. 좀 더 전체적인 얼굴 표정에서 무엇을 읽어낼 수 있는지 더 자세히 이야기하니 계속 읽어보기 바란다.

3 Charles F. Bond Jr. and Bella M. DePaulo, "Accuracy of Deception Judgments," *Personality and Social Psychology Review*, 10(2006), p.229, 231.

4 Nicholas O. Rule and Nalini Ambady, "Brief Exposures: Male Sexual Orientation Is Accurately Perceived at 50 ms," *Journal of Experimental Social Psychology*, 44(2008), p.1103. 정확도 결과가 52퍼센트로 나온 그 게이 남성들의 얼굴은 페이스북에서 가져오긴 했지만, 본인이 포스팅한 사진이 아니라 여럿이 함께 찍어 친구나 지인들이 올린 사진 속 얼굴들에서 나온 것이다.

5 Jaroslava V. Valentova et al., "Shape Differences between the Faces of Homosexual and Heterosexual Men," *Archives of Sexual Behavior*, 43(2014), pp.353-361.

6 Nalini Ambady and Mark Hallahan, "Using Nonverbal Representations of Behavior: Perceiving Sexual Orientation," *The Languages of the Brain*, eds. Albert M. Galaburda, Stephen M. Kosslyn, and Yves Christen(Cambridge, MA: Harvard University Press, 2002), pp.320-332. 논문 저자들은 그 결과를 '예비' 결과라고 표현했다.

7 Nalini Ambady, Mark Hallahan, and Brett Conner, "Accuracy of Judgments of

Sexual Orientation from Thin Slices of Behavior," *Journal of Personality and Social Psychology*, 77(1999), p.544.

8   이 기사가 라이트와 그의 무표정한 유머를 자세히 다루고 있다. Hal Boedeker, "Comedian Steven Wright: Deadpan but Delighted," *Orlando Sentinel*, 2017.8.29., http://www.orlandosentinel.com/entertainment/tv/tv-guy/os-et-comedian-steven-wright-deadpan-but-delighted-20170829-story.html(접속일: 2017.12.29).

9   Brian Parkinson, "Do Facial Movements Express Emotions or Communicate Motives?" *Personality and Social Psychology Review*, 9(2005), p.278.

10   Lauren Collins, "The Obama Selfie-Face-Gate," *New Yorker*, 2013.12.13, http://www.newyorker.com/news/news-desk/the-obama-selfie-face-gate(접속일: 2017.7.24).

11   Andy Soltis, "Michelle Not Amused by Obama's Memorial Selfie," *New York Post*, 2013.12.10, http://nypost.com/2013/12/10/michelle-annoyed-by-obamas-selfie-at-mandela-memorial/(접속일: 2017.7.24).; Linda Stasi, "Stasi: President Obama Cluelessly Joins Danish Prime Minister's Selfie Fun as Wife Makes 'the Face,'" *New York Daily News*, 2013.12.15, http://www.nydailynews.com/new-york/stasi-obama-cluelessly-joins-danish-prime-minister-selfie-fun-article-1.1548216(접속일: 2017.7.24).

12   Eun K. Kim, "First Lady Not Peeved, Says Photographer Who Caught the Obama Selfie," *Today*, 2013.12.11, http://www.today.com/news/first-lady-not-peeved-says-photographer-who-caught-obama-selfie-2d11723566(접속일: 2017.7.24).

13   Hillel Aviezer et al., "Angry, Disgusted, or Afraid? Studies on the Malleability of Emotion Perception," *Psychological Science*, 19(2008), pp.724-732.

14   Roxane Gay, "The Media's Michelle Obama Problem: What a Selfie Says about Our Biases," *Salon*, 2013.12.10, http://www.salon.com/2013/12/10/the_medias_michelle_obama_problem_what_a_selfie_says_about_our_biases/(접속일: 2017.7.24).

15   Carol Tavris and Elliot Aronson, *Mistakes Were Made (But Not by Me): Why We Justify Foolish Beliefs, Bad Decisions, and Hurtful Acts*(Orlando, FL: Harcourt, 2007)[캐롤 태브리스, 엘리엇 애런슨, 《거짓말의 진화 - 자기정당화의 심리학》, 박웅희 옮김, 청림출판, 2007].

16   Paige Lavender, "Obama Takes Selfie with World Leaders at Mandela Memorial, and Michelle Is Having None of It (UPDATED)," *HuffPost*, 2013.12.10, http://www.huffingtonpost.com/2013/12/10/obama-selfie_n_4419349.html(접속일: 2017.7.24).

17　같은 글. 이 댓글은 앞의《허핑턴 포스트》기사에 달린 것이다.

18　Roberto Schmidt, Agence France-Presse, Correspondent/Behind the News(blog), "The Story Behind 'That Selfie,'" *Tampa Bay Times*, 2013.12.11, http://www.tampabay.com/opinion/columns/the-story-behind-that-selfie/2156613(접속일: 2013.12.14). 이 댓글들은 로베르토 슈미트의 블로그 '통신원(Correspondent)' 포스트에 달린 것들이다.

19　Jose-Miguel Fernandez-Dols, "Advances in the Study of Facial Expression: An Introduction to the Special Section," *Emotion Review*, 5(2013), p.3.

20　Alan J. Fridlund, "The New Ethology of Human Facial Expressions," *The Psychology of Facial Expression*, eds. James A. Russell and Jose-Miguel Fernandez-Dols(New York: Cambridge University Press, 1997), p.121, 123.

21　Paul Ekman, "Strong Evidence for Universals in Facial Expressions: A Reply to Russell's Mistaken Critique," *Psychological Bulletin*, 115(1994), p.287.

22　James A. Russell, "Facial Expressions of Emotion: What Lies Beyond Minimal Universality?" *Psychological Bulletin*, 118(1995), p.388.

23　James A. Russell, "Is There a Universal Recognition of Emotion from Facial Expression? A Review of the Cross-Cultural Studies," *Psychological Bulletin*, 115(1994), pp.102-141.

24　Ekman, "Strong Evidence for Universals in Facial Expressions."

25　Russell, "Facial Expressions of Emotion."

26　Sara M. Lindberg et al., "New Trends in Gender and Mathematics Performance: A Meta-Analysis," *Psychological Bulletin*, 136(2010), pp.1123-1135.

27　Paul Ekman and Wallace V. Friesen, "Constants across Cultures in the Face and Emotion," *Journal of Personality and Social Psychology*, 17(1971), pp.124-129.

28　James A. Russell, Jo-Anne Bachorowski, and Jose-Miguel Fernandez-Dols, "Facial and Vocal Expressions of Emotion," *Annual Review of Psychology*, 54(2003), pp.329-349.

29　Jose-Miguel Fernandez-Dols and Carlos Crivelli, "Emotion and Expression: Naturalistic Studies," *Emotion Review*, 5(2013), pp.24-29; Mary Kayyal, Sherri Widen, and James A. Russell, "Context Is More Powerful than We Think: Contextual Cues Override Facial Cues Even for Valence," *Emotion*, 15(2015), pp.287-291; James A. Russell, "A Sceptical Look at Faces as Emotion Signals," *The Expression of Emotion: Philosophical, Psychological, and Legal Perspectives*, eds. Catharine Abell and Joel Smith(New York: Cambridge University Press, 2016), pp.157-172. 이외 다수. 여전히 에크먼과 같은 쪽에 있는 소수 중 일례는 David Matsumoto et al., "Cross-Cultural Judgments of Spontaneous Facial Expressions of Emotion," *Journal of Nonverbal Behavior*, 33(2009), pp.213-238.

30　Tanya L. Chartrand and John A. Bargh, "The Chameleon Effect: The Perception-Behavior Link and Social Interaction," *Journal of Personality and Social Psychology*, 76(1999), pp.893-910.

31　Phoebe E. Bailey and Julie D. Henry, "Subconscious Facial Expression Mimicry Is Preserved in Older Adulthood," *Psychology and Aging*, 24(2009), pp.995-1000; Ulf Dimberg, Monkia Thunberg, and Kurt Elmehed, "Unconscious Facial Reaction to Emotional Facial Expressions," *Psychological Science*, 11(2000), pp.86-89; Katja U. Likowski et al., "Facial Mimicry and the Mirror Neuron System: Simultaneous Acquisition of Facial Electromyography and Functional Magnetic Resonance Imaging," *Frontiers in Human Neuroscience*, 6(2012), pp.1-10.

32　Patrick Bourgeois and Ursula Hess, "The Impact of Social Context on Mimicry," *Biological Psychology*, 77(2008), pp.343-352; Evan W. Carr, Piotr Winkielman, and Christopher Oveis, "Transforming the Mirror: Power Fundamentally Changes Facial Responding to Emotional Expressions," *Journal of Experimental Psychology: General*, 143(2014), pp.997-1003; Ursula Hess and Patrick Bourgeois, "You Smile— Smile: Emotion Expression in Social Interaction," *Biological Psychology*, 84(2010), pp.514-520.

33　"Can We All Smile and Be a Villain?" *Toronto Star*, 2000.1.23, p.1.

34　Alan J. Fridlund et al., "Social Determinants of Facial Expressions during Affective Imagery: Displaying to the People in Your Head," *Journal of Nonverbal Behavior*, 14(1990), pp.113-137.

35　Alan J. Fridlund and James A. Russell, "The Functions of Facial Expressions: What's in a Face?" *The Sage Handbook of Nonverbal Communication*, eds. Valerie Manusov and Miles L. Patterson(Thousand Oaks, CA: Sage, 2006), pp.299-319.

36　Esther Jakobs, Antony S. R. Manstead, and Agneta H. Fischer, "Social Context Effects on Facial Activity in a Negative Emotional Setting," *Emotion*, 1(2001), pp.51-69; Parkinson, "Do Facial Movements Express Emotions or Communicate Motives?"; Michelle S. M. Yik and James A. Russell, "Interpretation of Faces: A Cross-Cultural Study of a Prediction from Fridlund's Theory," *Cognition and Emotion*, 13(1999), pp.93-104.

37　Marwan Sinaceur et al., "Weep and Get More: When and Why Sadness Expression Is Effective in Negotiations," *Journal of Applied Psychology*, 100(2015), pp.1847-1871.

38　Fridlund et al., "Social Determinants of Facial Expressions"; Alan J. Fridlund, "Sociality of Solitary Smiling: Potentiation by an Implicit Audience," *Journal of Personality and Social Psychology*, 60(1991), pp.229-240.

39   Russell, "Sceptical Look at Faces," p.166.

40   Hillary A. Elfenbein, "Nonverbal Dialects and Accents in Facial Expressions of Emotion," *Emotion Review*, 5(2013), pp.90-96.

41   Adam Carlson, "Man in Viral Beyonce Photo Explains the Story behind Her Apparent Side Eye: She Was 'Beyond Polite,'" *People*, 2016.6.18, http://people. com/celebrity/beyonce-side-eye-photo-man-explains-the-viral-moment-on-twitter/(접속일: 2017.7.25).

42   Daniel Cervone and Tracy L. Caldwell, *Psychology: The Science of Person, Mind, and Brain*(New York: Worth, 2016); Daniel L. Schacter et al., *Psychology*, 4th ed.(New York: Worth, 2017).

43   Sofia Wenzler et al., "Beyond Pleasure and Pain: Facial Expression Ambiguity in Adults and Children during Intense Situations," *Emotion*, 16(2016), p.813.

44   "Can We All Smile and Be a Villain?"

45   Kayyal, Widen, and Russell, "Context Is More Powerful than We Think."

5장 교황은 나이트클럽 경비를 서지 않는다: 사회적 역할

1   Arlin Cuncic, "Shy Actors," *Verywell*, 2016.9.20, https://www.verywell.com/shy-actors-list-3024270(접속일: 2017.10.21); Arlin Cuncic, "Shy Comedians," *Verywell*, 2016.9.20, https://www.verywell.com/shy-comedians-3024275(접속일: 2017.10.21); Matthew Jacobs, "Celebrities with Stage Fright Include Adele, Hayden Panettiere, Barbra Streisand, Megan Fox and Many More," *HuffPost*, 2013.4.5, http://www.huffingtonpost.com/2013/04/05/celebrities-with-stage-fright_n_3022146.html(접속일: 2017.10.21).

2   David K. Li, "Pope Francis Worked as a Nightclub Bouncer," *New York Post*, 2013.12.3, http://nypost.com/2013/12/03/pope-francis-i-worked-as-a-bouncer/(접속일: 2017.10.21); Michael Solomon, "Holy Rollers: Harley-Davidsons Owned by Pope Francis and Pope Benedict Sell at Auction," *Forbes*, 2015.2.11, https://www.forbes.com/sites/msolomon/2015/02/11/pope-francis-harley-davidson-auction-pope-benedict-xvi/#67287d453dee(접속일: 2017.10.21).

3   Louise Wattis and Liz James, "Exploring Order and Disorder: Women's Experiences Balancing Work and Care," *European Journal of Women's Studies*, 20(2013), pp.264-278.

4   James A. Russell, "A Sceptical Look at Faces as Emotion Signals," *The Expression of Emotion: Philosophical, Psychological, and Legal Perspectives*, eds. Catharine Abell and Joel Smith(New York: Cambridge University Press, 2016), p.169.

5   Alice H. Eagly and Wendy Wood, "The Origins of Sex Differences in Human Behavior: Evolved Dispositions versus Social Roles," *American Psychologist*, 54(1999), p.409. 이 호는 논쟁의 대상이지만, 앨리스 이글리는 여러 해에 걸쳐 계속 강력한 주장을 펼쳐오고 있다.

6   Christian Gollayan, "Bar Explains Why Female Bartenders Are Being Nice to You," *New York Post*, 2017.5.30, http://nypost.com/2017/05/30/bars-message-to-rude-drunk-dudes-goes-viral/(접속일: 2017.10.21).

7   Mark D. Alicke, Jennifer I. Zerbst, and Frank M. LoSchiavo, "Personal Attitudes, Constraint Magnitude, and Correspondence Bias," *Basic and Applied Social Psychology*, 18(1996), pp.211-228.

8   Eagly and Wood, "Origins of Sex Differences in Human Behavior."

9   내 학생들은 '망할(damn)'이 엄밀히 말해 욕설이 아니라고 말한다. 확인해보니 인터넷에서도 대체로 그 의견에 동의하는 편이다.

10   "Do Teachers Swear?" Yahoo! Answers, 2017, https://answers.yahoo.com/question/index?qid=20080109030237AAsNziD(접속일: 2017.10.21).

11   Elliot Aronson, *The Social Animal*, 8th ed.(New York: Worth, 1999), p.165.

12   A. Pawlowski, "Strict Math Teacher's Secret Identity … as a Baby Cuddler," *Today*, 2014.2.27, http://www.today.com/health/strict-math-teachers-secret-identity-baby-cuddler-2D12172837(접속일: 2017.10.21).

13   Cuncic, "Shy Actors"; Cuncic, "Shy Comedians"; Jacobs, "Celebrities with Stage Fright."

14   Lee Ross and Richard E. Nisbett, *The Person and the Situation: Perspectives of Social Psychology*(London: Pinter & Martin, 2011)[리 로스, 리처드 니스벳,《사람일까 상황일까》, 심심, 2019]; Richard E. Nisbett, *Mindware: Tools for Smart Thinking*(New York: Farrar, Straus, and Giroux, 2015)[리처드 니스벳,《마인드웨어》, 김영사, 2016].

15   Ryan Howes, "Why People Lie to Their Therapists: You Spend Time, Money, and Energy in Therapy—So Why Not Tell the Truth?" *Psychology Today*, 2016.10.26, https://www.psychologytoday.com/blog/in-therapy/201610/why-people-lie-their-therapists(접속일: 2017.10.21); Ryan Howes, "The World's Best Therapy Client: Trying Too Hard in Therapy," *Psychology Today*, 2011.4.1, https://www.psychologytoday.com/blog/in-therapy/201104/the-worlds-best-therapy-client(접속일: 2017.10.21); Ryan Howes, "Say Anything: The Joy of Confronting Your Therapist," *Psychology Today*, 2008.7.17, https://www.psychologytoday.com/blog/in-therapy/200807/say-anything(접속일: 2017.10.21).

16   그리고 자신은 다른 대부분의 교사들보다 비언어 해독에 능하다고 생각하는 평균

이상효과도 조심해야 한다. 물론 실제로 더 나을 가능성도 없지는 않지만 말이다.

17 "How to Behave in Class," wikiHow, 2017, http://www.wikihow.com/Behave-In-Class(접속일: 2017.10.21).

18 Robert J. Coplan et al., "Is Silence Golden? Elementary School Teachers' Strategies and Beliefs regarding Hypothetical Shy/Quiet and Exuberant/Talkative Children," *Journal of Educational Psychology*, 103(2011), pp.939-951.

19 "How to Be Smart and Cool at the Same Time," wikiHow, 2017, http://www.wikihow.com/Be-Smart-and-Cool-at-the-Same-Time(접속일: 2017.10.21).

20 Rhonda S. Jamison, Travis Wilson, and Allison Ryan, "Too Cool for School? The Relationship between Coolness and Academic Reputation in Early Adolescence," *Social Development*, 24(2015), pp.384-403; Karolyn Tyson, William Darity Jr., and Domini R. Castellino, "It's Not 'a Black Thing': Understanding the Burden of Acting White and Other Dilemmas of High Achievement," *American Sociological Review*, 70(2005), pp.582-605.

21 Mary M. Reda, "What's the Problem with Quiet Students? Anyone? Anyone?" *Chronicle of Higher Education*, 2010.9.5, http://www.chronicle.com/article/Whats-the-Problem-With-Quiet/124258/(접속일: 2017.10.21).

22 Shankar Vedantam, "How Stereotypes Can Drive Women to Quit Science," *NPR*, 2012.7.12, http://www.npr.org/2012/07/12/156664337/stereotype-threat-why-women-quit-science-jobs(접속일: 2017.10.21); Eileen Pollack, "Why Are There Still So Few Women in Science?" *New York Times*, 2013.10.3, http://www.nytimes.com/2013/10/06/magazine/why-are-there-still-so-few-women-in-science.html(접속일: 2017.10.21).

23 Deborah Hastings, "Engineering Student with No Female Friends Has All Male Bridesmaids," *Inside Edition*, 2017.5.22, http://www.msn.com/en-us/lifestyle/whats-hot/engineering-student-with-no-female-friends-has-all-male-bridesmaids/ar-BBBoUfZ?li=BBnbfcL&ocid=ASUDHP(접속일: 2017.10.21).

24 Tyson, Darity, and Castellino, "It's Not 'a Black Thing,'" p.582.

25 Claude M. Steele, "Race and the Schooling of Black Americans," *Atlantic Monthly*, April(1992), https://www.theatlantic.com/magazine/archive/1992/04/race-and-the-schooling-of-black-americans/306073/(접속일: 2017.10.28).

26 Tyson, Darity and Castellino, "It's Not 'a Black Thing,'" pp.594-595.

27 Reda, "What's the Problem with Quiet Students?"

28 "Alison Arngrim," tv.com, 2017, http://www.tv.com/people/alison-arngrim/trivia/(접속일: 2017.10.21).

29 John H. Fleming and John M. Darley, "Actors and Observers Revisited:

Correspondence Bias, Counterfactual Surprise, and Discounting in Successive Judgments of Constrained Behavior," *Social Cognition*, 11(1993), pp.367-397; Nurit Tal-Or and Yael Papirman, "The Fundamental Attribution Error in Attributing Fictional Figures' Characteristics to the Actors," *Media Psychology*, 9(2007), pp.331-345.

30 Leonard Nimoy, *I Am Not Spock* (Cutchogue, NY: Buccaneer, 1975).

31 John Patterson, "Aubrey Plaza: 'Things Take on a Different Meaning When Death Comes So Close,'" *Guardian*, 2016.8.4, https://www.theguardian.com/culture/2016/aug/04/aubrey-plaza-mike-dave-different-meaning-death-so-close(접속일: 2017.10.21).

32 Lee D. Ross, Teresa M. Amabile, and Julia L. Steinmetz, "Social Roles, Social Control, and Biases in Social Perception Processes," *Journal of Personality and Social Psychology*, 35(1977), pp.486-487.

33 Stephanie Jouffre and Jean-Claude Croizet, "Empowering and Legitimizing the Fundamental Attribution Error: Power and Legitimization Exacerbate the Translation of Role-Constrained Behaviors into Ability Differences," *European Journal of Social Psychology*, 46(2016), pp.621-631.

34 Bertram Gawronski, "On Difficult Questions and Evident Answers: Dispositional Inference from Role-Constrained Behavior," *Personality and Social Psychology Bulletin*, 29(2003), pp.1457-1475.

35 Ronald Humphrey, "How Work Roles Influence Perception: Structural Cognitive Processes and Organizational Behavior," *American Sociological Review*, 50(1985), pp.242-252. 관리자들과 사무원들이 자기 자신을 평가한 것은 아니고 각자 동료 관리자들과 동료 사무원들을 평가한 것이다. 두 역할 모두와 무관한 특징들에 대해서는 관리자들과 사무원들 모두 비슷한 평가를 받았다.

36 Amanda J. Koch, Susan D. D'Mello, and Paul R. Sackett, "A Meta-Analysis of Gender Stereotypes and Bias in Experimental Simulations of Employment Decision Making," *Journal of Applied Psychology*, 100(2015), pp.128-161; Pollack, "Why Are There Still So Few Women in Science?"

37 Janet M. Riggs, "Social Roles We Choose and Don't Choose: Impressions of Employed and Unemployed Parents," *Sex Roles*, 39(1998), pp.431-443.

38 Gawronski, "On Difficult Questions and Evident Answers," p.1460.

39 Sabine Sczesny and Dagmar Stahlberg, "The Influence of Gender-Stereotyped Perfumes on Leadership Attribution," *European Journal of Social Psychology*, 32(2002), pp.815-828.

40 Katherine H. Karraker, Dena A. Vogel, and Margaret A. Lake, "Parents' Gender-Stereotyped Perceptions of Newborns: The Eye of the Beholder Revisited," *Sex*

Roles, 33(1995), pp.687-701; Laura S. Sidorowicz and G. S. Lunney, "Baby X Revisited," *Sex Roles*, 6(1980), pp.67-73; Marilyn Stern and Katherine H. Karraker, "Sex Stereotyping of Infants: A Review of Gender Labeling Studies," *Sex Roles*, 20(1989), pp.501-522.

41 나는 트랜스젠더 성 정체성을 지닌 사람들을 제외하려는 의도는 없지만, 연구자들이 성 역할에 비해 트랜스젠더의 역할에 관해 아는 것은 아직 매우 적다.

42 Alice H. Eagly and Wendy Wood, "The Nature-Nurture Debates: 25 Years of Challenges in Understanding the Psychology of Gender," *Perspectives on Psychological Science*, 8(2013), p.340, 351.

43 Claire C. Miller, "How to Raise a Feminist Son," *New York Times*, 2017.7.1, https://www.nytimes.com/2017/06/02/upshot/how-to-raise-a-feminist-son.html?ribbon-ad-idx=22&rref=opinion&module=Ribbon&version=origin&region=Header&action=click&contentCollection=Opinion&pgtype=article&_r=0(접속일: 2017.10.21).

6장 기본귀인오류를 품고 운전하기

1 Sam Sommers, *Situations Matter: Understanding How Context Transforms Your World*(New York: Riverhead, 2011), pp.285-286[샘 소머스, 《무엇이 우리의 선택을 좌우하는가》, 임현경 옮김, 청림출판, 2013].

2 Lisa Precht, Andreas Keinath, and Josef F. Krems, "Effects of Driving Anger on Driver Behavior: Results from Naturalistic Driving Data," *Transportation Research Part F*, 45(2017), pp.75-92.

3 J. L. Deffenbacher, A. N. Stephens, and M. J. M. Sullman, "Driving Anger as a Psychological Construct: Twenty Years of Research Using the Driving Anger Scale," *Transportation Research Part F*, 42(2016), pp.236-247; Thomas A. Dingus et al., "Driver Crash Risk Factors and Prevalence Evaluation Using Naturalistic Driving Data," *Proceedings of the National Academy of Sciences*, 13(2016), pp.2636-2641; Leon James and Diane Nahl, *Road Rage and Aggressive Driving: Steering Clear of Highway Warfare*(Amherst, NY: Prometheus, 2000); Christine M. Wickens et al., "Driver Anger on the Information Superhighway: A Content Analysis of Online Complaints of Offensive Driver Behaviour," *Accident Analysis and Prevention*, 51(2013), pp.84-92.

4 Deffenbacher, Stephens, and Sullman, "Driving Anger"; Dwight A. Hennessy, "Social, Personality, and Affective Constructs in Driving," *Handbook of Traffic Psychology*, ed. Bryan E. Porter(San Diego: Academic Press, 2011), pp.149-163; Louis Mizell, "Aggressive Driving"(Washington, DC: AAA Foundation for

Traffic Safety, 1997); Wickens et al., "Driver Anger on the Information Superhighway."

5   Clayton Neighbors, Nathaniel A. Vietor, and C. Raymond Knee, "A Motivational Model of Driving Anger and Aggression," *Personality and Social Psychology Bulletin*, 28(2002), pp.324-335.

6   Jennifer S. Lerner and Larissa Z. Tiedens, "Portrait of the Angry Decision Maker: How Appraisal Tendencies Shape Anger's Influence on Cognition," *Journal of Behavioral Decision Making*, 19(2006), pp.115-137.

7   James and Nahl, Road Rage and Aggressive Driving Jennifer S. Lerner, Julie H. Goldberg, and Philip E. Tetlock, "Sober Second Thought: The Effects of Accountability, Anger, and Authoritarianism on Attributions of Responsibility," *Personality and Social Psychology Bulletin*, 24(1998), pp.563-574; Brian Parkinson, "Anger on and off the Road," *British Journal of Psychology*, 92(2001), pp.507-526; Christine M. Wickens et al., "Understanding Driver Anger and Aggression: Attributional Theory in the Driving Environment," *Journal of Experimental Psychology: Applied*, 17(2011), pp.354-370; Tingru Zhang and Alan H. S. Chan, "The Association between Driving Anger and Driving Outcomes: A Meta-Analysis of Evidence from the Past Twenty Years," *Accident Analysis and Prevention*, 90(2016), pp.50-62.

8   Mizell, "Aggressive Driving."

9   Frank Schultz, "UW-Whitewater Professors Examine Winter Driving," *Journal Sentinel*, 2014.11.30, http://archive.jsonline.com/news/wisconsin/uw-whitewater-professors-examine-winter-driving-b99399739z1-284275651.html(접속일: 2017.7.23).

10   Karin Miller, "This Woman Had a Baby in Her Car on the Way to the Hospital: And That's More Common Than You'd Think," *Self*, 2016.5.4, http://www.self.com/story/this-woman-had-a-baby-in-her-car-on-the-way-to-the-hospital-and-thats-more-common-than-youd-think(접속일: 2017.7.12).

11   Marisa Cuellar, "Baby Born in Car on Way to Marshfield Hospital," *Marshfield News-Herald*, 2014.9.25, http://www.marshfieldnewsherald.com/story/news/local/2014/09/24/baby-born-car-way-marshfield-hospital/16166131/(접속일: 2017.7.12).

12   "Baby Named Camryn After Toyota Camry," *Nancy's Baby Names*, 2010.8.17, http://www.nancy.cc/2010/08/17/baby-named-camryn-after-toyota-camry/(접속일: 2017.7.14).

13   "Baby Named After Car She Was Born In," What Car?, 2009.11.19, https://www.whatcar.com/news/baby-named-car-she-born/(접속일: 2017.7.14).

14   Craig A. Anderson and Brad J. Bushman, "Human Aggression," *Annual Review of Psychology*, 53(2002), pp.27-51.

15   Thomas W. Britt and Michael J. Garrity, "An Integrative Model of Road Rage," *International Review of Social Psychology*, 16(2003), pp.53-79.

16   James R. Averill, "Studies on Anger and Aggression: Implications for Theories of Emotion," *American Psychologist*, 38(1983), pp.1145-1160.

17   Frank P. McKenna, "Accident Proneness: A Conceptual Analysis," *Accident Analysis and Prevention*, 15(1983), pp.65-71; Jerry I. Shaw and James A. McMartin, "Perpetrator or Victim? Effects of Who Suffers in an Automobile Accident on Judgemental Strictness," *Social Behavior and Personality*, 3(1975), pp.5-12.

18   James S. Baxter et al., "Attributional Biases and Driver Behaviour," *Social Behaviour*, 5(1990), p.186.

19   Thaddeus A. Herzog, "Automobile Driving as Seen by the Actor, the Active Observer, and the Passive Observer," *Journal of Applied Social Psychology*, 24(1994), p.2069.

20   Niki Harre, Theo Brandt, and Carla Houkamau, "An Examination of the Actor-Observer Effect in Young Drivers' Attributions for Their Own and Their Friends' Risky Driving," *Journal of Applied Social Psychology*, 34(2004), pp.806-824; Dwight A. Hennessy and Robert Jakubowski, "The Impact of Visual Perspective and Anger on the Actor-Observer Bias among Automobile Drivers," *Traffic Injury Prevention*, 8(2007), pp.115-122; Dwight A. Hennessy, Robert Jakubowski, and Alyson J. Benedetti, "The Influence of the Actor-Observer Bias on Attributions of Other Drivers," *Contemporary Issues in Road User Behavior and Traffic Safety*, eds. Dwight A. Hennessy and David L. Wiesenthal(Hauppauge, NY: Nova Science Publishers, 2005), pp.13-20; Alexia Lennon et al., "'You're a Bad Driver but I Just Made a Mistake': Attribution Differences between the 'Victims' and 'Perpetrators' of Scenario-Based Aggressive Driving Incidents," *Transportation Research Part F*, 14(2011), pp.209-221; Tova Rosenbloom, Adar Ben Eliyahu, and Dan Nemrodov, "Causes of Traffic Accidents as Perceived by Pre-Driving Adolescents," *North American Journal of Psychology*, 18(2016), pp.533-550.

21   Anderson and Bushman, "Human Aggression"; Christopher R. Engelhardt and Bruce D. Bartholow, "Effects of Situational Cues on Aggressive Behavior," *Social and Personality Psychology Compass*, 7(2013), pp.762-774; Hennessy, "Social, Personality, and Affective Constructs in Driving"; David Myers, *Social Psychology*, 11th ed.(New York: McGraw Hill, 2013).

22 Anderson and Bushman, "Human Aggression," p.38.

23 Redlantrn, "Smells Like Something Died in My Car ⋯" Acurazine forum post, 2009.4.9, https://acurazine.com/forums/3g-tl-problems-fixes-114/smells-like-something-died-my-car-720085/(접속일: 2017.8.2).

24 Hennessy, "Social, Personality, and Affective Constructs in Driving," p.156.

25 Mizell, "Aggressive Driving."

26 같은 글.

27 Anderson and Bushman, "Human Aggression"; Hennessy, "Social, Personality, and Affective Constructs in Driving"; David C. Schwebel et al., "Individual Difference Factors in Risky Driving: The Roles of Anger/Hostility, Conscientiousness, and Sensation-Seeking," *Accident Analysis and Prevention*, 38(2006), pp.801-810.

28 Hennessy, "Social, Personality, and Affective Constructs in Driving," p.156.

29 Kenneth A. Dodge, "Translational Science in Action: Hostile Attributional Style and the Development of Aggressive Behavior Problems," *Development and Psychopathology*, 18(2006), pp.791-814.

30 Hennessy, "Social, Personality, and Affective Constructs in Driving," p.159.

31 Craig A. Anderson et al., "Violent Video Game Effects on Aggression, Empathy, and Prosocial Behavior in Eastern and Western Countries: A Meta-Analytic Review," *Psychological Bulletin*, 136(2010), pp.151-173; Brad J. Bushman, Mario Gollwitzer, and Carlos Cruz, "There Is Broad Consensus: Media Researchers Agree That Violent Media Increase Aggression in Children, and Pediatricians and Parents Concur," *Psychology of Popular Media Culture*, 4(2015), pp.200-214. And numerous others.

32 Bryan Gibson et al., "Just 'Harmless Entertainment'? Effects of Surveillance Reality TV on Physical Aggression," *Psychology of Popular Media Culture*, 5(2016), pp.66-73.

33 논문과 저서, 대중매체와의 여러 인터뷰로 볼 때, 미디어에서 접하는 폭력에 관한 다수 의견에 가장 목소리를 높여 비판하는 과학자는 크리스토퍼 퍼거슨(Christopher Ferguson)인 듯하다. 그가 허수아비 논쟁과 인신공격을 하고 있는 것 역시 꽤 명백하다. 그러나 나는 어떤 주장을 '인신'에 대한 '공격'이라고 규정하는 데는 어느 정도 주관성이 개입될 수 있음을 인정한다. 또한 뜨거운 논쟁이 벌어질 때는 흔히 양측에서 그런 인신성 공격들이 나온다는 점도 인정한다. 아니나 다를까 내가 읽은 퍼거슨의 최근 논문에는 다수 연구자들이 퍼거슨 쪽을 향해 "놀랍도록 공격적인" 주장을 펼치며 "인신공격성 논평을" 했다는 말이 나온다. 그러나 인신공격성 논평이라고 퍼거슨이 언급한 두 가지를 추적해보니, 어느 쪽도 그 주장에 맞지 않았다. 그중 한 사례에서 퍼거슨은 스트래스버거와 그 동료들이 퍼거슨

쪽 주장을 하는 '학자들'을 '홀로코스트를 부정하는 사람들'에 비유했다고 말했는데, 알고 보니 그 저자들은 학자가 아니라 일반인의 한 부류에 대해 그렇게 표현한 것이었다(이것도 그리 좋은 행동은 아닐지 모르지만). Christopher J. Ferguson and Eugene Beresin, "Social Science's Curious War with Pop Culture and How It Was Lost: The Media Violence Debate and the Risks It Holds for Social Science," *Preventive Medicine*, 99(2017), p.73; Victor C. Strasburger, Ed Donnerstein, and Brad J. Bushman, "Why Is It So Hard to Believe That Media Influence Children and Adolescents?" *Pediatrics*, 133(2014), p.572.

34   Arlin J. Benjamin Jr. and Brad J. Bushman, "The Weapons Priming Effect," *Current Opinion in Psychology*, 12(2016), pp.45-48.

35   Craig A. Anderson, Arlin J. Benjamin, and Bruce D. Bartholow, "Does the Gun Pull the Trigger? Automatic Priming Effects of Weapon Pictures and Weapon Names," *Psychological Science*, 9(1998), pp.308-314; Engelhardt and Bartholow, "Effects of Situational Cues on Aggressive Behavior."

36   Daniel R. Stalder, "Another School Shooting: Consider the Weapons Effect," PARBs Anonymous(blog), 2014.6.8, https://parbsanonymous.wordpress.com/2014/06/08/another-school-shooting-consider-the-weapons-effect/ (접속일: 2017.8.2).

37   Engelhardt and Bartholow, "Effects of Situational Cues on Aggressive Behavior."

38   같은 글; William Pederson, "Are You Insulting Me? Exposure to Alcohol Primes Increases Aggression Following Ambiguous Provocation," *Personality and Social Psychology Bulletin*, 40(2014), pp.1037-1049.

7장 도로가 아닌 곳에서의 대인관계 갈등

1   Thomas F. Pettigrew, "The Ultimate Attribution Error: Extending Allport's Cognitive Analysis of Prejudice," *Personality and Social Psychology Bulletin*, 5(1979), pp.461-476.

2   Rejeanne Dupuis and C. W. Struthers, "The Effects of Social Motivational Training Following Perceived and Actual Interpersonal Offenses at Work," *Journal of Applied Social Psychology*, 37(2007), pp.426-456.

3   Philip Zimbardo, *The Lucifer Effect: Understanding How Good People Turn Evil*(New York: Random House, 2007)[필립 짐바르도, 《루시퍼 이펙트: 무엇이 선량한 사람을 악하게 만드는가》, 이충호, 임지원 옮김, 웅진지식하우스, 2007].

4   Dupuis and Struthers, "The Effects of Social Motivational Training."

5   "Section 6. Training for Conflict Resolution," Community Tool Box, 2017, http://ctb.ku.edu/en/table-of-contents/implement/provide-information-

enhance-skills/conflict-resolution/main(접속일: 2017.8.3).

6   Birgit Schyns and Tiffany Hansbrough, "The Romance of Leadership Scale and Causal Attributions," *Journal of Applied Social Psychology*, 42(2012), pp.1870-1886; Birgit Schyns and Tiffany Hansbrough, "Why the Brewery Ran Out of Beer: The Attribution of Mistakes in a Leadership Context," *Social Psychology*, 39(2008), pp.197-203.

7   L. V. Anderson, "Toward a Unified Theory of the Office Kitchen," *Slate*, 2016.7.27, http://www.slate.com/articles/business/the_ladder/2016/07/why_are_office_kitchens_so_filthy_and_disgusting.html(접속일: 2017.8.3).

8   David Myers, *Social Psychology*, 11th ed.(New York: McGraw Hill, 2013), p.485.

9   Dupuis and Struthers, "The Effects of Social Motivation Training"; C. W. Struthers, Rejeanne Dupuis, and Judy Eaton, "Promoting Forgiveness among Co-Workers Following a Workplace Transgression: The Effects of Social Motivation Training," *Canadian Journal of Behavioural Science*, 37(2005), pp.299-308.

10   Valerie S. Folkes, "Consumer Reactions to Product Failure: An Attributional Approach," *Journal of Consumer Research*, 10(1984), pp.398-409; Valerie S. Folkes, Susan Koletsky, and John L. Graham, "A Field Study of Causal Inferences and Consumer Reaction: The View from the Airport," *Journal of Consumer Research*, 13(1987), pp.534-539.

11   Elizabeth Cowley, "Views from Consumers Next in Line: The Fundamental Attribution Error in a Service Setting," *Journal of the Academy of Marketing Science*, 33(2005), pp.139-152.

12   Brad Tuttle, "We Hate You Too: Pet Peeves from Consumers—nd from Retail Workers," *Time*, 2010.8.24, http://business.time.com/2010/08/24/we-hate-you-too-pet-peeves-from-consumers-and-from-retail-workers/(접속일: 2017.8.3).

13   Brian Alexander, "Low Blood Sugar Tied to 'Hangry' Fights with Spouse," *Today*, 2014.4.14, http://www.today.com/health/low-blood-sugar-tied-hangry-fights-spouse-2D79526249(접속일: 2017.8.3).

14   Bernard Weiner, "Searching for Order in Social Motivation," *Psychological Inquiry*, 7(1996), pp.199-216.

15   그 저자들에게 공정을 기하자면, 그들의 연구는 2개의 변수로 된 단순상관연구인 경우가 드물고, 제3의 변수들을 통제하는 편상관분석을 포함하는 좀 더 복잡한 형태의 상관분석들이었다. 엄밀히 따지면 이런 연구설계들이 인과관계의 결론을 정당화해주지는 않지만, 그에 아주 근접할 수는 있다. 또한 이 저자들은 때로 다른 진짜 실험연구들도 인용했다.

16   Clive Seligman et al., "Manipulating Attributions for Profit: A Field Test of the Effects of Attributions on Behavior," *Social Cognition*, 3(1985), pp.313-321.

17   Weiner, "Searching for Order."

18   Kenneth A. Dodge, "Social Cognition and Children's Aggressive Behavior," *Child Development*, 51(1980), pp.162-170.

19   Jason E. Plaks, Sheri R. Levy, and Carol S. Dweck, "Lay Theories of Personality: Cornerstones of Meaning in Social Cognition," *Social and Personality Psychology Compass*, 3(2009), pp.1069-1081; David S. Yeager et al., "Implicit Theories of Personality and Attributions of Hostile Intent: A Meta-Analysis, an Experiment, and a Longitudinal Intervention," *Child Development*, 84(2013), pp.1651-1667.

20   Myers, *Social Psychology*, 138.

21   Karl Ask and Par A. Granhag, "Hot Cognition in Investigative Judgments: The Differential Influence of Anger and Sadness," *Law and Human Behavior*, 31(2007), pp.537-551; Karl Ask and Afroditi Pina, "On Being Angry and Punitive: How Anger Alters Perception of Criminal Intent," *Social Psychological and Personality Science*, 2(2011), pp.494-499; Dacher Keltner, Phoebe C. Ellsworth, and Kari Edwards, "Beyond Simple Pessimism: Effects of Sadness and Anger on Social Perception," *Journal of Personality and Social Psychology*, 64(1993), pp.740-752.

8장 피해자 탓하기

1   David Myers, *Social Psychology*, 11th ed.(New York: McGraw Hill, 2013), p.131[데이비드 마이어스, 《마이어스 사회심리학》, 이종택 옮김, 한올출판사, 2015].

2   Juliana Breines, "Why Do We Blame Victims? When Others' Misfortune Feels Like a Threat," Psychology Today, November 24, 2013, https://www.psychologytoday.com/blog/in-love-and-war/201311/why-do-we-blame-victims(접속일: 2017.8.8).

3   Brandon Smith, "Orlando Victims Died Because They Were Unarmed —ot Because They Were Gay," Alt-Market.com, 2016.6.15, http://alt-market.com/articles/2921-orlando-victims-died-because-they-were-unarmed-not-because-they-were-gay(접속일: 2017.8.8).

4   M. J. Davis and T. N. French, "Blaming Victims and Survivors: An Analysis of Post-Katrina Print News Coverage," *Southern Communication Journal*, 73(2008), pp.243-257; Thomas Gilovich and Lee Ross, *The Wisest One in the Room: How You Can Benefit from Social Psychology's Most Powerful Insights*(New York: Free Press, 2015)[토머스 길로비치, 리 로스, 《이 방에서 가장 지혜로운 사람》, 이경식 옮

김, 한국경제신문, 2018].

5   Peter Jamison, "These 8th-Graders from New Jersey Refused to Be Photographed with Paul Ryan," *Washington Post*, 2017.5.28, https://www. washingtonpost.com /politics /these-8th-graders-from-new-jersey-refused-to-be-photographed-with-paul-ryan /2017 /05 /28 /ca46b116-43b9-11e7-bcde-624ad94170ab_story.html?utm_term=.b0c1a38bb752(접속일: 2017.8.8); Kelly Wallace, "Gorilla Tragedy: Why Are We So Quick to Blame the Parents?," CNN, 2016.6.1, http://www.cnn.com /2016 /06 /01 /health /gorilla-tragedy-parenting-blame /(접속일: 2017.8.8).

6   Kees van den Bos and Marjolein Maas, "On the Psychology of the Belief in a Just World: Exploring Experiential and Rationalistic Paths to Victim Blaming," *Personality and Social Psychology Bulletin*, 35(2009), pp.1567-1578; Carolyn L. Hafer and Laurent Begue, "Experimental Research on Just-World Theory: Problems, Developments, and Future Challenges," *Psychological Bulletin*, 131(2005), pp.128-167.

7   Thomas Gilovich and Richard Eibach, "The Fundamental Attribution Error Where It Really Counts," *Psychological Inquiry*, 12(2001), pp.23-26.

8   Warren J. Blumenfeld, "Why Do Christians Always Blame LGBT People for Natural Disasters?" *LGBTQ Nation*, 2016.10.12, https://www.lgbtqnation. com /2016 /10 /christians-always-blame-lgbt-people-natural-disasters / (2017 년 7월 23일).

9   Kent D. Harber, Peter Podolski, and Christian H. Williams, "Emotional Disclosure and Victim Blaming," *Emotion*, 15(2015), p.603.

10   Kathleen A. Fox and Carrie L. Cook, "Is Knowledge Power? The Effects of a Victimology Course on Victim Blaming," *Journal of Interpersonal Violence*, 26(2011), pp.3407-3427; Harber, Podolski, and Williams, "Emotional Disclosure and Victim Blaming"; Annemarie Loseman and Kees van den Bos, "A Self-Regulation Hypothesis of Coping with an Unjust World: Ego-Depletion and Self-Affirmation as Underlying Aspects of Blaming of Innocent Victims," *Social Justice Research*, 25(2012), pp.1-13.

11   Bernard Weiner, "Searching for Order in Social Motivation," *Psychological Inquiry*, 7(1996), pp.199-216; Hanna Zagefka et al., "Donating to Disaster Victims: Responses to Natural and Humanly Caused Events," *European Journal of Social Psychology*, 41(2011), pp.353-363.

12   Harber, Podolski, and Williams, "Emotional Disclosure and Victim Blaming."

13   Ellen Berscheid, David Boye, and Elaine Walster, "Retaliation as a Means of Restoring Equity," *Journal of Personality and Social Psychology*, 10(1968), pp.370-

376; David C. Glass, "Changes in Liking as a Means of Reducing Cognitive Discrepancies between Self-Esteem and Aggression," *Journal of Personality*, 32(1964), pp.520-549.

14 Harber, Podolski, and Williams, "Emotional Disclosure and Victim Blaming"; Melvin J. Lerner, *The Belief in a Just World: A Fundamental Delusion*(New York: Plenum, 1980).

15 Hafer and Begue, "Experimental Research on Just-World Theory," p.145; Melvin J. Lerner, "The Justice Motive: Where Social Psychologists Found It, How They Lost It, and Why They May Not Find It Again," *Personality and Social Psychology Review*, 7(2003), pp.388-399.

16 Hafer and Begue, "Experimental Research on Just-World Theory."

17 Jennifer A. Whitson and Adam D. Galinsky, "Lacking Control Increases Illusory Pattern Perception," *Science*, 322(2008), pp.115-117.

18 Shelley E. Taylor, *Positive Illusions: Creative Self-Deception and the Healthy Mind*(New York: Basic Books, 1989).

19 Lerner, *Belief in a Just World*, p.9.

20 Hafer and Begue, "Experimental Research on Just-World Theory."

21 Whitson and Galinsky, "Lacking Control Increases Illusory Pattern Perception," p.116.

22 Daniel R. Stalder, "Competing Roles for the Subfactors of Need for Closure in Committing the Fundamental Attribution Error," *Personality and Individual Differences*, 47(2009), pp.701-705.

23 Yamiche Alcindor, "Ben Carson Calls Poverty a 'State of Mind,' Igniting a Backlash," *New York Times*, 2017.5.25, https://www.nytimes.com/2017/05/25/us/politics/ben-carson-poverty-hud-state-of-mind.html(접속일: 2017.8.8).

24 Emily Badger, "Does 'Wrong Mind-Set' Cause Poverty or Vice Versa?" *New York Times*, 2017.5.30, https://www.nytimes.com/2017/05/30/upshot/ben-carsons-thinking-and-how-poverty-affects-your-state-of-mind.html(접속일: 2017.8.8).

25 "Obama's Own Story Defines His American Dream," *NPR*, 2012.5.30, http://www.npr.org/2012/05/30/153994202/obamas-own-story-defines-his-american-dream(접속일: 2017.8.8).

26 만약 당신이 사랑하는 사람들을 응원할 때 이런 식의 말들을 사용하고 있으며, 내 말을 듣고 당신이 조금이라도 피해자 탓을 하는 것일 수도 있다는 생각에 경악하고 있다면 부디 용서해주기 바란다. 나는 단지 가능성을 제기할 뿐이다. 그리고 분명히 말했듯이 이런 문장들은 도움이 될 수 있다. 당신이 사랑하는 사람은 나보다 당신이 더 잘 안다!

27   Carolyn Gregoire, "This Is Scientific Proof That Happiness Is a Choice," *HuffPost*, 2013.12.13, http://www.huffingtonpost.com/2013/12/09/scientific-proof-that-you_n_4384433.html(접속일: 2017.8.8).

28   "Quotes about Victim Blaming," Goodreads, 2017, http://www.goodreads.com/quotes/tag/victim-blaming(접속일: 2017.8.8).

29   Barbara S. Held, "The Tyranny of the Positive Attitude in America: Observation and Speculation," *Journal of Clinical Psychology*, 58(2002), pp.965-992.

30   Louis Mizell, "Aggressive Driving"(Washington, DC: AAA Foundation for Traffic Safety, 1997), p.17.

31   Alexandra Brodsky, "Blame Rape's Enablers, Not the Victims," *New York Times*, 2013.10.23, http://www.nytimes.com/roomfordebate/2013/10/23/young-women-drinking-and-rape/blame-rapes-enablers-not-the-victims(접속일: 2017.8.8).

32   Kayleigh Roberts, "The Psychology of Victim-Blaming," *Atlantic*, 2016.10.5, https://www.theatlantic.com/science/archive/2016/10/the-psychology-of-victim-blaming/502661/(접속일: 2017.8.8).

33   Mei-whei Chen, Thomas Froehle, and Keith Morran, "Deconstructing Dispositional Bias in Clinical Inference: Two Interventions," *Journal of Counseling and Development*, 76(1997), pp.74-81; Yael Idisis, Sarah Ben-David, and Efrat Ben-Nachum, "Attribution of Blame to Rape Victims among Therapists and Non-Therapists," *Behavioral Sciences and the Law*, 25(2007), pp.103-120.

34   Karen Kleiman, "Lying in Therapy: Is It Self-Preservation or Intentional Manipulation?" *Psychology Today*, 2013.2.1, https://www.psychologytoday.com/blog/isnt-what-i-expected/201302/lying-in-therapy(접속일: 2017.8.8); Gordon Shippey, "My Client, the Liar," Counselling Resource, January 4, 2011.1.4, http://counsellingresource.com/features/2011/01/04/my-client-the-liar/(접속일: 2017.8.8).

35   Joseph Burgo, "Lying to Our Clients," After Psychotherapy, 2013.4.12, http://www.afterpsychotherapy.com/lying-to-our-clients/(접속일: 2017.8.8).

36   Harber, Podolski, and Williams, "Emotional Disclosure and Victim Blaming."

37   John Barton, "The Great CBT Debate," John Barton Therapy(blog), 2014.11.18, http://www.johnbartontherapy.com/blog/the-great-cbt-debate(접속일: 2017.8.8); William J. Lyddon and Robin Weill, "Cognitive Psychotherapy and Postmodernism: Emerging Themes and Challenges," *Journal of Cognitive Psychotherapy: An International Quarterly*, 11(1997), pp.75-90.

38   David D. Burns, *The Feeling Good Handbook*(New York: Plume, 1999), pp.77-78,

314; Daniel R. Stalder, "It's Not the End of the World: Comforting but Illogical," PARBs Anonymous(blog), 2016.2.21, https://parbsanonymous. wordpress.com/2016/02/21/its-not-the-end-of-the-world-comforting-but-illogical/(접속일: 2017.8.9).

39 Karl Ask and Par A. Granhag, "Hot Cognition in Investigative Judgments: The Differential Influence of Anger and Sadness," *Law and Human Behavior*, 31(2007), pp.537-551; Michael T. Moore and David M. Fresco, "Depressive Realism: A Meta-Analytic Review," *Clinical Psychology Review*, 32(2012), pp.496-509; John H. Yost and Gifford Weary, "Depression and the Correspondent Inference Bias: Evidence for More Effortful Cognitive Processing," *Personality and Social Psychology Bulletin*, 22(1996), pp.192-200.

40 Taylor, Positive Illusions Shelley E. Taylor et al., "Are Self-Enhancing Cognitions Associated with Healthy or Unhealthy Biological Profiles?" *Journal of Personality and Social Psychology*, 85(2003), pp.605-615.

41 Timothy P. Baardseth et al., "Cognitive-Behavioral Therapy versus Other Therapies: Redux," *Clinical Psychology Review*, 33(2013), pp.395-405; Gro Janne H. Wergeland et al., "An Effectiveness Study of Individual vs. Group Cognitive Behavioral Therapy for Anxiety Disorders in Youth," *Behaviour Research and Therapy*, 57(2014), pp.1-12; Henny A. Westra and David J. A. Dozois, "Preparing Clients for Cognitive Behavioral Therapy: A Randomized Pilot Study of Motivational Interviewing for Anxiety," *Cognitive Therapy and Research*, 30(2006), pp.481-498.

9장 개인도 중요하다

1 David Myers, *Social Psychology*, 11th ed.(New York: McGraw Hill, 2013).
2 같은 책.
3 Rachel Manning, Mark Levine, and Alan Collins, "The Kitty Genovese Murder and the Social Psychology of Helping: The Parable of the 38 Witnesses," *American Psychologist*, 62(2007), pp.555-562.
4 John M. Darley and Bibb Latane, "Bystander Intervention in Emergencies: Diffusion of Responsibility," *Journal of Personality and Social Psychology*, 8(1968), pp.377-383.
5 Joachim I. Krueger, "A Componential Model of Situation Effects, Person Effects, and Situation-by-Person Interaction Effects on Social Behavior," *Journal of Research in Personality*, 43(2009), pp.127-136.
6 같은 글; Scott O. Lilienfeld, "Further Sources of Our Field's Embattled Public

Reputation," *American Psychologist*, 67(2012), pp.808-809.

7 "SITUATIONS MATTER by Sam Sommers," YouTube video, 2:46, posted by "RiverheadBooks," 2011.3.15, https://www.youtube.com/watch?v=90YC_yReluc(접속일: 2017.8.18).

8 Sam Sommers, *Situations Matter: Understanding How Context Transforms Your World*(New York: Riverhead, 2011), p.201[샘 소머스, 《무엇이 우리의 선택을 좌우하는가》, 임현경 옮김, 청림출판, 2013]. 소머스가 이 책에서 전하려는 궁극적 메시지에는 개인에 대한 여지가 분명히 남아 있지만, 그는 대체로 각 장의 끝부분에 가서야 그 점을 언급한다. 연애에 관한 소머스의 메시지는 이 장 뒤쪽에서 더 이야기할 것이다.

9 "When Situations Not Personality Dictate Our Behaviour," *PsyBlog*, 2009.12.15, http://www.spring.org.uk/2009/12/when-situations-not-personality-dictate-our-behaviour.php(접속일: 2017.8.18); Allen R. McConnell, "Paterno Surprise Reflects Ignoring the Power of the Situation," *Psychology Today*, 2011.11.10, https://www.psychologytoday.com/blog/the-social-self/201111/paterno-surprise-reflects-ignoring-the-power-the-situation(접속일: 2017.8.18).

10 Leonard S. Newman and Daria A. Bakina, "Do People Resist Social-Psychological Perspectives on Wrongdoing? Reactions to Dispositional, Situational, and Interactionist Explanations," *Social Influence*, 4(2009), pp.256-273; Leonard S. Newman, Daria A. Bakina, and Ying Tang, "The Role of Preferred Beliefs in Skepticism about Psychology," *American Psychologist*, 67(2012), pp.805-806; Lilienfeld, "Further Sources of Our Field's Embattled Public Reputation"; Daniel R. Stalder, "A Role for Social Psychology Instruction in Reducing Bias and Conflict," *Psychology Learning and Teaching*, 11(2012), pp.245-255.

11 Craig Haney and Philip G. Zimbardo, "Persistent Dispositionalism in Interactionist Clothing: Fundamental Attribution Error in Explaining Prison Abuse," *Personality and Social Psychology Bulletin*, 35(2009), p.807; Philip G. Zimbardo, *The Lucifer Effect: Understanding How Good People Turn Evil*(New York: Random House, 2007)[필립 짐바르도, 《루시퍼 이펙트: 무엇이 선량한 사람을 악하게 만드는가》, 이충호, 임지원 옮김, 웅진지식하우스, 2007].

12 Daniel R. Stalder, "Revisiting the Issue of Safety in Numbers: The Likelihood of Receiving Help from a Group," *Social Influence*, 3(2008), pp.24-33.

13 Manning, Levine, and Collins, "Kitty Genovese Murder."

14 Darley and Latane, "Bystander Intervention in Emergencies"; Bibb Latane and Steve Nida, "Ten Years of Research on Group Size and Helping," *Psychological Bulletin*, 89(1981), pp.308-324. 달리와 라타네는 정확한 확률은 보고하지 않았지

만, 라타네와 니다는 달리와 라타네의 연구에서 나온 확률들을 밝혔다.

15 Latane and Nida, "Ten Years of Research on Group Size and Helping."

16 Stalder, "Revisiting the Issue of Safety in Numbers."

17 Robert C. MacCallum et al., "On the Practice of Dichotomization of Quantitative Variables," *Psychological Methods*, 7(2002), pp.19-40.

18 Arthur L. Beaman et al., "Increasing Helping Rates through Information Dissemination: Teaching Pays," *Personality and Social Psychology Bulletin*, 4(1978), pp.406-411.

19 Sommers, *Situations Matter*, pp.64-65. 소머스 외에 다른 저자들도 컴퓨터를 통한 의사소통을 방관자 효과의 증거를 발견하기 좋은 장소로 지적했다.

20 Daniel R. Stalder, "Updating the Bystander-Effect Literature: The Return of Safety in Numbers"(presentation, Annual Convention of the Midwestern Psychological Association, Chicago, IL, May 5-7, 2011).

21 Cara Buckley, "Man Is Rescued by Stranger on Subway Tracks," *New York Times*, 2007.1.3, http://www.nytimes.com/2007/01/03/nyregion/03life.html(접속일: 2017년 8월 19일).

22 Scott O. Lilienfeld et al., *50 Great Myths of Popular Psychology: Shattering Widespread Misconceptions about Human Behavior*(Chichester, UK: Wiley-Blackwell, 2010)[스콧 릴리언펠드 외,《유혹하는 심리학》, 문희경, 유지연 옮김, 타임북스, 2010].

23 Manning, Levine, and Collins, "The Kitty Genovese Murder."

24 Craig Haney, Curtis Banks, and Philip Zimbardo, "Interpersonal Dynamics in a Simulated Prison," *International Journal of Criminology and Penology*, 1(1973), pp.69-97.

25 Joachim I. Krueger, "Lucifer's Last Laugh: The Devil Is in the Details," *American Journal of Psychology*, 121(2008), p.338; Stephen Reicher and S. A. Haslam, "Rethinking the Psychology of Tyranny: The BBC Prison Study," *British Journal of Social Psychology*, 45(2006), p.4.

26 Thomas Carnahan and Sam McFarland, "Revisiting the Stanford Prison Experiment: Could Participant Self-Selection Have Led to the Cruelty?" *Personality and Social Psychology Bulletin*, 33(2007), pp.603-614.

27 같은 글, p.612.

28 Haney and Zimbardo, "Persistent Dispositionalism in Interactionist Clothing."

29 Jared M. Bartels, Marilyn M. Milovich, and Sabrina Moussier, "Coverage of the Stanford Prison Experiment in Introductory Psychology Courses: A Survey of Introductory Psychology Instructors," *Teaching of Psychology*, 43(2016), pp.136-141.

30   Myers, *Social Psychology*; Sommers, *Situations Matter*.

31   Donald G. Dutton and Arthur P. Aron, "Some Evidence for Heightened Sexual Attraction under Conditions of High Anxiety," *Journal of Personality and Social Psychology*, 30(1974), pp.510-517.

32   Tom Bartlett, "Does Familiarity Breed Contempt or Fondness," *Chronicle of Higher Education*, December 9, 2013, https://www.chronicle.com/blogs/percolator/does-familiarity-breed-contempt-or-fondness/33767(접속일: 2017.8.19).

33   Richard L. Moreland and Scott R. Beach, "Exposure Effects in the Classroom: The Development of Affinity among Students," *Journal of Experimental Social Psychology*, 28(1992), pp.255-276. 이 연구는 참가자들을 동일한 여배우를 대상으로 한 여러 노출 조건들에 무작위로 할당한 것이 아니라 연구자들이 여러 여배우가 강의실에 방문하는 횟수를 통제했다는 점에서 전형적으로 설계된 실험은 아니었다. 여배우들은 실험 이전에 비슷한 정도의 매력을 지녔다고 미리 평가받은 이들이다.

34   Sommers, *Situations Matter*, p.209.

35   Shelley E. Taylor, *Positive Illusions: Creative Self-Deception and the Healthy Mind*(New York: Basic Books, 1989), p.135.

36   Stephen J. Blumberg and David H. Silvera, "Attributional Complexity and Cognitive Development: A Look at the Motivational and Cognitive Requirements for Attribution," *Social Cognition*, 16(1998), pp.253-266; Lou E. Hicks, "Is There a Disposition to Avoid the Fundamental Attribution Error?" *Journal of Research in Personality*, 19(1985), pp.436-456; Daniel R. Stalder, "Does Logic Moderate the Fundamental Attribution Error?" *Psychological Reports*, 86(2000), pp.879-882.

37   Paul R. D'Agostino and Rebecca Fincher-Kiefer, "Need for Cognition and the Correspondence Bias," *Social Cognition*, 10(1992), pp.151-163.

38   Whitney L. Heppner et al., "Mindfulness as a Means of Reducing Aggressive Behavior: Dispositional and Situational Evidence," *Aggressive Behavior*, 34(2008), pp.486-446.

39   Nurit Tal-Or and Yael Papirman, "The Fundamental Attribution Error in Attributing Fictional Figures' Characteristics to the Actors," *Media Psychology*, 9(2007), pp.331-345.

40   Dale T. Miller, Stephen A. Norman, and Edward Wright, "Distortion in Person Perception as a Consequence of the Need for Effective Control," *Journal of Personality and Social Psychology*, 36(1978), pp.598-607; Daniel R. Stalder, "Competing Roles for the Subfactors of Need for Closure in Committing the

Fundamental Attribution Error," *Personality and Individual Differences*, 47(2009), pp.701-705.

41   Garth J. O. Fletcher et al., "Attributional Complexity: An Individual Difference Measure," *Journal of Personality and Social Psychology*, 51(1986), pp.875-884.

42   Garth J. O. Fletcher, Glenn D. Reeder, and Vivian Bull, "Bias and Accuracy in Attitude Attribution: The Role of Attributional Complexity," *Journal of Experimental Social Psychology*, 26(1990), pp.275-288.

43   Daniel R. Stalder, "Are Attributionally Complex Individuals More Prone to Attributional Bias?" (presentation, Annual Convention of the Midwestern Psychological Association, Chicago, IL, May 1-3, 2014). 궁금한 독자들을 위해 밝히자면 내 메타 분석에서 AC와 FAE(기본귀인오류)의 관계에 대한 코헨의 d 값은 평균 0.18로 나왔다. 그 메타 분석에서는 또한 AC가 높은 사람들이 지속적으로 집단 간 편견에는 덜 빠지는 것으로 나타났지만, 자기 고양적 편향에는 더 빠지기 쉬운 것으로 나타났다. AC가 높은 사람들은 아주 흥미로운 집단이다.

44   Chi-yue Chiu, Ying-yi Hong, and Carol S. Dweck, "Lay Dispositionism and Implicit Theories of Personality," *Journal of Personality and Social Psychology*, 73(1997), pp.19-30; Carolyn L. Hafer and Laurent Begue, "Experimental Research on Just-World Theory: Problems, Developments, and Future Challenges," *Psychological Bulletin*, 131(2005), pp.128-167; Yexin J. Li et al., "Fundamental(ist) Attribution Error: Protestants Are Dispositionally Focused," *Journal of Personality and Social Psychology*, 102(2012), pp.281-290; Charles G. Lord et al., "Leakage Beliefs and the Correspondence Bias," *Personality and Social Psychology Bulletin*, 23(1997), pp.824-836; Linda J. Skitka et al., "Dispositions, Scripts, or Motivated Correction? Understanding Ideological Differences in Explanations for Social Problems," *Journal of Personality and Social Psychology*, 83(2002), pp.470-487.

45   Daniel T. Gilbert and Patrick S. Malone, "The Correspondence Bias," *Psychological Bulletin*, 117(1995), pp.21-38; Kimberly J. Duff and Leonard S. Newman, "Individual Differences in the Spontaneous Construal of Behavior: Idiocentrism and the Automatization of the Trait Inference Process," *Social Cognition*, 15(1997), pp.217-241; Takahiko Masuda and Shinobu Kitayama, "Perceiver-Induced Constraint and Attitude Attribution in Japan and the US: A Case for the Cultural Dependence of the Correspondence Bias," *Journal of Experimental Social Psychology*, 40(2004), pp.409-416.

46   Fredda Blanchard-Fields and Michelle Horhota, "Age Differences in the Correspondence Bias: When a Plausible Explanation Matters," *Journal of Gerontology: Psychological Sciences*, 60B(2005), pp.259-267.

47 Igor Grossmann and Michael E. W. Varnum, "Social Class, Culture, and Cognition," *Social Psychological and Personality Science*, 2(2011), pp.81-89; Michael W. Kraus, Paul K. Piff, and Dacher Keltner, "Social Class, Sense of Control, and Social Explanation," *Journal of Personality and Social Psychology*, 97(2009), pp.992-1004.

48 Jack Block and David C. Funder, "Social Roles and Social Perception: Individual Differences in Attribution and Error," *Journal of Personality and Social Psychology*, 51(1986), pp.1200-1207; Liz Goldenberg and Joseph P. Forgas, "Can Happy Mood Reduce the Just World Bias? Affective Influences on Blaming the Victim," *Journal of Experimental Social Psychology*, 48(2012), pp.239-243; Joseph P. Forgas, "On Being Happy and Mistaken: Mood Effects on the Fundamental Attribution Error," *Journal of Personality and Social Psychology*, 75(1998), pp.318-331; Daniel R. Stalder and Jessica A. Cook, "On Being Happy and Mistaken on a Good Day: Revisiting Forgas's(1998) Mood-Bias Result," *Journal of Social Psychology*, 154(2014), pp.371-374.

10장 편향될 것인가 말 것인가: 편향의 장점과 단점

1 Faith H. Brynie, *Brain Sense: The Science of the Senses and How We Process the World around Us*(New York: AMACOM, 2009); Thomas Gilovich and Lee Ross, *The Wisest One in the Room: How You Can Benefit from Social Psychology's Most Powerful Insights*(New York: Free Press, 2015)[페이스 히크먼 브라이니, 《브레인 센스》, 김지선 옮김, 뿌리와이파리, 2013].

2 Daniel R. Stalder, "The Bias Myth: Bias Is All Bad," PARBs Anonymous(blog), 2015.6.3, https://parbsanonymous.wordpress.com/2015/06/03/the-bias-myth-bias-is-all-bad/(접속일: 2017.9.2); R. W. Sternglanz and Bella M. DePaulo, "Reading Nonverbal Cues to Emotions: The Advantages and Liabilities of Relationship Closeness," *Journal of Nonverbal Behavior*, 28(2004), pp.245-266.

3 Anjelica Oswald, "Even Rockstar Author J. K. Rowling Has Received Letters of Rejection," *Business Insider*, 2016.7.29, http://www.businessinsider.com/jk-rowlings-rejection-letters-2016-7(접속일: 2017.9.2). 물론 끈기로 버티는 많은 저자들의 원고가 끝내 출간되지 않는 일도 많다.

4 David S. Greenawalt and Adele M. Hayes, "Is Past Depression or Current Dysphoria Associated with Social Perception?" *Journal of Social and Clinical Psychology*, 31(2012), pp.329-355; Michael T. Moore and David M. Fresco, "Depressive Realism: A Meta-Analytic Review," *Clinical Psychology Review*, 32(2012), pp.496-509.

5 Shelley E. Taylor, *Positive Illusions: Creative Self-Deception and the Healthy Mind*(New York: Basic Books, 1989); Shelley E. Taylor et al., "Psychological Resources, Positive Illusions, and Health," *American Psychologist*, 55(2000), pp.99-109; Shelley E. Taylor et al., "Are Self-Enhancing Cognitions Associated with Healthy or Unhealthy Biological Profiles?" *Journal of Personality and Social Psychology*, 85(2003), pp.605-615. A primary critique was written by C. R. Colvin and Jack Block, "Do Positive Illusions Foster Mental Health? An Examination of the Taylor and Brown Formulation," *Psychological Bulletin*, 116(1994), pp.3-20.

6 Shelley E. Taylor et al., "Portrait of the Self-Enhancer: Well Adjusted and Well Liked or Maladjusted and Friendless?" *Journal of Personality and Social Psychology*, 84(2003), p.174.

7 같은 글.

8 Daniel T. Gilbert and Patrick S. Malone, "The Correspondence Bias," *Psychological Bulletin*, 117(1995), p.34.

9 Mei-whei Chen, Thomas Froehle, and Keith Morran, "Deconstructing Dispositional Bias in Clinical Inference: Two Interventions," *Journal of Counseling and Development*, 76(1997), pp.74-81.

10 David Myers, *Social Psychology*, 11th ed.(New York: McGraw Hill, 2013), p.291.

11 Lissa Rankin, "The Nocebo Effect: Negative Thoughts Can Harm Your Health," *Psychology Today*, 2013.8.6, https://www.psychologytoday.com/blog/owning-pink/201308/the-nocebo-effect-negative-thoughts-can-harm-your-health(접속일: 2017.9.2); Sternglanz and DePaulo, "Reading Nonverbal Cues to Emotions."

12 Gilbert and Malone, "Correspondence Bias," p.35.

13 Daniel R. Stalder, "Using Social Psychology Instruction to Reduce Bias, Defensiveness, and Conflict"(presentation, Annual Teaching Institute of the Association for Psychological Science and Society for the Teaching of Psychology, Chicago, IL, May 22-25, 2008).

14 Earl Hunt, "Situational Constraints on Normative Reasoning," *Behavioral and Brain Sciences*, 23(2000), p.680.

15 James Friedrich, "On Seeing Oneself as Less Self-Serving than Others: The Ultimate Self-Serving Bias?" *Teaching of Psychology*, 23(1996), pp.107-109; Emily Pronin, Daniel Y. Lin, and Lee Ross, "The Bias Blind Spot: Perceptions of Bias in Self versus Others," *Personality and Social Psychology Bulletin*, 28(2002), pp.369-381; Daniel R. Stalder, "A Role for Social Psychology Instruction in Reducing Bias and Conflict," *Psychology Learning and Teaching*, 11(2012),

pp.245-255.

16   Gilovich and Ross, *Wisest One in the Room*.

17   Kathleen A. Fox and Carrie L. Cook, "Is Knowledge Power? The Effects of a Victimology Course on Victim Blaming," *Journal of Interpersonal Violence*, 26(2011), pp.3407-3427; Scott O. Lilienfeld, Rachel Ammirati, and Kristin Landfield, "Giving Debiasing Away: Can Psychological Research on Correcting Cognitive Errors Promote Human Welfare?" *Perspectives on Psychological Science*, 4(2009), p.393; Heidi R. Riggio and Amber L. Garcia, "The Power of Situations: Jonestown and the Fundamental Attribution Error," *Teaching of Psychology*, 36(2009), pp.108-112; Stalder, "Role for Social Psychology Instruction."

18   Leonard S. Newman and Daria A. Bakina, "Do People Resist Social-Psychological Perspectives on Wrongdoing? Reactions to Dispositional, Situational, and Interactionist Explanations," *Social Influence*, 4(2009), pp.256-273; Ying Tang, Leonard S. Newman, and Lihui Huang, "How People React to Social-Psychological Accounts of Wrongdoing: The Moderating Effects of Culture," *Journal of Cross-Cultural Psychology*, 45(2014), pp.752-763.

19   Vincent Y. Yzerbyt et al., "The Dispositional Inference Strikes Back: Situational Focus and Dispositional Suppression in Causal Attribution," *Journal of Personality and Social Psychology*, 81(2001), pp.365-376.

20   Stalder, "Role for Social Psychology Instruction."

21   Gilovich and Ross, *Wisest One in the Room*, p.70.

22   "Author Malcolm Gladwell on His Best-Selling Books," interview by Anderson Cooper, 60 Minutes Overtime, 2013.11.24, video, http://www.cbsnews.com/news/author-malcolm-gladwell-on-his-best-selling-books/(접속일: 2017.7.25).

23   Jerry M. Burger, "Changes in Attributions over Time: The Ephemeral Fundamental Attribution Error," *Social Cognition*, 9(1991), pp.182-193.

24   Didier Truchot, Gwladys Maure, and Sonia Patte, "Do Attributions Change over Time When the Actor's Behavior Is Hedonically Relevant to the Perceiver," *Journal of Social Psychology*, 143(2003), pp.202-208.

25   Gilbert and Malone, "Correspondence Bias."

26   Daniel T. Gilbert et al., "Blurry Words and Fuzzy Deeds: The Attribution of Obscure Behavior," *Journal of Personality and Social Psychology*, 62(1992), pp.18-25.

27   Jennifer S. Lerner and Philip E. Tetlock, "Accounting for the Effects of Accountability," *Psychological Bulletin*, 125(1999), pp.255-275; Philip E. Tetlock, "Accountability: A Social Check on the Fundamental Attribution Error," *Social*

Psychology Quarterly, 48(1985), pp.227-236.

28 Sean Illing, "Why We Pretend to Know Things, Explained by Cognitive Scientist," *Vox*, 2017.4.16, http://www.vox.com/conversations/2017/3/2/14750464/truth-facts-psychology-donald-trump-knowledge-science(접속일: 2017.9.2).

29 Mark Schaller et al., "Training in Statistical Reasoning Inhibits the Formation of Erroneous Group Stereotypes," *Personality and Social Psychology Bulletin*, 22(1996), pp.829-844.

30 Joseph P. Forgas, "On Being Happy and Mistaken: Mood Effects on the Fundamental Attribution Error," *Journal of Personality and Social Psychology*, 75(1998), pp.318-331; Daniel R. Stalder and Jessica A. Cook, "On Being Happy and Mistaken on a Good Day: Revisiting Forgas's(1998) Mood-Bias Result," *Journal of Social Psychology*, 154(2014), pp.371-374; John H. Yost and Gifford Weary, "Depression and the Correspondent Inference Bias: Evidence for More Effortful Cognitive Processing," *Personality and Social Psychology Bulletin*, 22(1996), pp.192-200.

31 Liz Goldenberg and Joseph P. Forgas, "Can Happy Mood Reduce the Just World Bias? Affective Influences on Blaming the Victim," *Journal of Experimental Social Psychology*, 48(2012), pp.239-243.

32 Annemarie Loseman and Kees van den Bos, "A Self-Regulation Hypothesis of Coping with an Unjust World: Ego-Depletion and Self-Affirmation as Underlying Aspects of Blaming of Innocent Victims," *Social Justice Research*, 25(2012), pp.1-13.

33 Kent D. Harber, Peter Podolski, and Christian H. Williams, "Emotional Disclosure and Victim Blaming," *Emotion*, 15(2015), p.604.

34 Chen, Froehle, and Morran, "Deconstructing Dispositional Bias in Clinical Inference."

35 David Aderman, Sharon S. Brehm, and Lawrence B. Katz, "Empathic Observation of an Innocent Victim: The Just World Revisited," *Journal of Personality and Social Psychology*, 29(1974), pp.342-347.

36 Theresa K. Vescio, Gretchen B. Sechrist, and Matthew P. Paolucci, "Perspective Taking and Prejudice Reduction: The Mediational Role of Empathy Arousal and Situational Attributions," *European Journal of Social Psychology*, 33(2003), pp.455-472.

37 Mariëlle Stel, Kees van den Bos, and Michlle Bal, "On Mimicry and the Psychology of the Belief in a Just World: Imitating the Behaviors of Others Reduces the Blaming of Innocent Victims," *Social Justice Research*, 25(2012),

pp.14-24.

38 Seiji Takaku, "The Effects of Apology and Perspective Taking on Interpersonal Forgiveness: Introducing a Dissonance-Attribution Model of Interpersonal Forgiveness," *Journal of Social Psychology*, 141(2001), pp.494-508; Seiji Takaku, "Reducing Road Rage: An Application of the Dissonance-Attribution Model of Interpersonal Forgiveness," *Journal of Applied Social Psychology*, 36(2006), pp.2362-2378.

39 Jon Kabat-Zinn, *Wherever You Go There You Are: Mindfulness Meditation in Everyday Life*(New York: Hyperion, 1994)[존 카밧진, 《존 카밧진의 마음챙김 명상: 당신이 어디에 가든 당신은 그곳에 있다》, 고명선·김언조 옮김, 물푸레, 2013].

40 Jennifer Block-Lerner et al., "The Case for Mindfulness-Based Approaches in the Cultivation of Empathy: Does Nonjudgmental, Present-Moment Awareness Increase Capacity for Perspective-Taking and Empathic Concern?" *Journal of Marital and Family Therapy*, 33(2007), pp.501-516.

41 Tim Hopthrow et al., "Mindfulness Reduces the Correspondence Bias," *Quarterly Journal of Experimental Psychology*, 70(2017), pp.351-360.

42 J. D. Creswell, "Mindfulness Interventions," *Annual Review of Psychology*, 68(2017), pp.491-416.

43 "Raisin Meditation," Greater Good in Action, 2017, http://ggia.berkeley.edu/practice/raisin_meditation(접속일: 2017.9.2). 유튜브에서 '건포도 명상(raisin meditation)'도 검색해보라.

44 Pema Chodron, *Comfortable with Uncertainty: 108 Teachings on Cultivating Fearlessness and Compassion*(Boston: Shambhala, 2002); Jamie Holmes, *Nonsense: The Power of Not Knowing*(New York: Crown, 2015)[제이미 홈스, 《난센스》, 구계원 옮김, 문학동네, 2017].

45 Daniel R. Stalder, "How to Reduce Biases: Accept Uncertainty," PARBs Anonymous(blog), 2015.3.23, https://parbsanonymous.wordpress.com/2015/03/23/how-to-reduce-biases-accept-uncertainty/(접속일: 2017.9.2).

46 Jason E. Plaks, Sheri R. Levy, and Carol S. Dweck, "Lay Theories of Personality: Cornerstones of Meaning in Social Cognition," *Social and Personality Psychology Compass*, 3(2009), pp.1069-1081.

47 Adrienne Shaw et al., "Serious Efforts at Bias Reduction: The Effects of Digital Games and Avatar Customization on Three Cognitive Biases," *Journal of Media Psychology*, 2016.5.20, https://doi.org/10.1027/1864-1105/a000174(접속일: 2017.9.2).

48 Chi-yue Chiu, Ying-yi Hong, and Carol S. Dweck, "Lay Dispositionism and

Implicit Theories of Personality," *Journal of Personality and Social Psychology*, 73(1997), pp.19-30.

49 "Resources for Teaching Growth Mindset," Edutopia, 2016.1.5, https://www.edutopia.org/article/growth-mindset-resources(접속일: 2017.9.2).

50 Jesse Chandler and Norbert Schwarz, "How Extending Your Middle Finger Affects Your Perception of Others: Learned Movements Influence Concept Accessibility," *Journal of Experimental Social Psychology*, 45(2009), pp.123-128; Myers, *Social Psychology* Simone Schnall and James D. Laird, "Keep Smiling: Enduring Effects of Facial Expressions and Postures on Emotional Experience and Memory," *Cognition and Emotion*, 17(2003), p.787.

51 Manizeh Khan and Meredyth Daneman, "How Readers Spontaneously Interpret Man-Suffix Words: Evidence from Eye Movements," *Journal of Psycholinguistic Research*, 40(2011), pp.351-366.

52 Elizabeth F. Loftus and John C. Palmer, "Reconstruction of Automobile Destruction: An Example of the Interaction between Language and Memory," *Journal of Verbal Learning and Verbal Behavior*, 13(1974), pp.585-589.

53 Klaus Fiedler and Tobias Kruger, "Language and Attribution: Implicit Causal and Dispositional Information Contained in Words," *The Oxford Handbook of Language and Social Psychology*, ed. Thomas M. Holtgraves(New York: Oxford University Press, 2014), pp.250-264.

54 Gun R. Semin and Christianne J. De Poot, "The Question-Answer Paradigm: You Might Regret Not Noticing How a Question Is Worded," *Journal of Personality and Social Psychology*, 73(1997), pp.472-480.

나가는 글: 합리적 웰빙

1 Barnaby D. Dunn, "Helping Depressed Clients Reconnect to Positive Emotion Experience: Current Insights and Future Directions," *Clinical Psychology and Psychotherapy*, 19(2012), pp.326-340; Catherine J. Harmer, Guy M. Goodwin, and Philip J. Cowen, "Why Do Antidepressants Take So Long to Work? A Cognitive Neuropsychological Model of Antidepressant Drug Action," *British Journal of Psychiatry*, 195(2009), pp.102-108.

2 알렉산더 포프가 Jonathan Swift, *Swift's Miscellanies*(1727)를 인용. 소크라테스의 인용문은 전거가 미심쩍다.

3 Jordi Quoidbach, Moira Mikolajczak, and James J. Gross, "Positive Interventions: An Emotion Regulation Perspective," *Psychological Bulletin*, 141(2015), pp.655-693.

찾아보기

인명

용어

문헌

《Blind Spots, 이기적 윤리Blind Spots》 19, 101
《거짓말의 진화Mistakes Were Made (But Not by Me)》 156
《나는 스팍이 아니다I Am Not Spock》 203
《난센스Nonsense》 354
《루시퍼 이펙트The Lucifer Effect》 31, 99, 302, 316
《마음을 읽는다는 착각Mindwise》 19~20, 100
《마인드버그Blindspot》 19, 101
《마인드웨어Mindware》 19, 100
《무엇이 우리의 선택을 좌우하는가Situations Matter》 32, 95, 100
《보이지 않는 고릴라The Invisible Gorilla》 19~22, 101
《불확실해도 편안하게Comfortable with Uncertainty》 354
《블링크Blink》 41, 123~124, 158, 169
《사악함Evil》 99
《상식 밖의 경제학Predictably Irrational》 19, 101
《생각의 오류Don't Believe Everything You Think》 19, 101
《생각의 함정Blunder》 19, 101
《우리는 왜 실수를 하는가Why We Make Mistakes》 19, 101
《이 방에서 가장 지혜로운 사람The Wisest One in the Room》 342
《인간, 그 속기 쉬운 동물How We Know What Isn't So》 101
《인간, 사회적 동물The Social Animal》 31~32
《젠더, 만들어진 성Delusions of Gender》 23
《착각의 심리학You Are Not So Smart》 19
《행복의 가설The Happiness Hypothesis》 100
〈맥락의 힘은 우리가 생각하는 것보다 강력하다Context Is More Powerful Than We Think〉 179
〈부분적 역사A Partial History〉 161
〈직관적 심리학자와 그의 단점들The Intuitive Psychologist and His Shortcomings〉 56